江西省"十四五"期间一流学科 —— 红色基因传承学科群专项经费资助

# 红色旅游规划

## 实践与探索

PLANNING ON RED TOURISM:
PRACTICE AND EXPLORATION

黄细嘉 ◎ 著

经济管理出版社
ECONOMY & MANAGEMENT PUBLISHING HOUSE

图书在版编目（CIP）数据

红色旅游规划：实践与探索/黄细嘉著. —北京：经济管理出版社，2023. 11
ISBN 978-7-5096-9446-6

Ⅰ.①红…　Ⅱ.①黄…　Ⅲ.①革命纪念地—旅游资源—旅游规划—中国　Ⅳ.①F592.3

中国国家版本馆 CIP 数据核字（2023）第 239280 号

组稿编辑：杜　菲
责任编辑：杜　菲
责任印制：许　艳
责任校对：蔡晓臻

出版发行：经济管理出版社
　　　　　（北京市海淀区北蜂窝 8 号中雅大厦 A 座 11 层　100038）
网　　址：www. E-mp. com. cn
电　　话：（010）51915602
印　　刷：唐山昊达印刷有限公司
经　　销：新华书店
开　　本：787mm×1092mm/16
印　　张：22. 75
字　　数：512 千字
版　　次：2024 年 5 月第 1 版　2024 年 5 月第 1 次印刷
书　　号：ISBN 978-7-5096-9446-6
定　　价：98. 00 元

# 序　言

　　红色旅游规划实践乃时代之呼唤。中国共产党在领导全国各族人民进行新民主主义革命、社会主义革命和建设的过程中留下了许多珍贵的革命遗存。据不完全统计，全国普查登记的革命遗存有近 5 万处。广袤中华大地上星罗棋布的革命遗存，是中国革命的重要历史见证，同时为红色旅游规划与开发提供了重要资源禀赋。

　　大力支持红色旅游发展，是党中央、国务院作出的一项重大战略部署。早在 2004 年 12 月、2011 年 5 月、2016 年 12 月，中共中央办公厅、国务院办公厅就先后三次印发了《全国红色旅游发展规划纲要》。党的十八大以来，以习近平同志为核心的党中央高度重视红色资源利用、红色基因传承工作，2018 年中共中央办公厅、国务院办公厅印发《关于实施革命文物保护利用工程（2018—2022 年）的意见》，2021 年发布《国务院关于新时代支持革命老区振兴发展的意见》。红色旅游实践在国家宏大叙事体系、思想教育体系和产业发展体系之中扮演着重要角色，组织好红色旅游规划与发展实践工作，对脱贫攻坚、乡村振兴、区域发展、生态建设等国家战略推进具有重要作用，红色旅游的实践与探索，逐渐成为浇筑革命文化遗存保护的坚实基座、推动红色基因薪火绵延的强劲引擎、谱写美丽乡村葳蕤蓬勃的绚丽华章。

　　从实施三期全国红色旅游发展规划纲要的 20 年时间来看，红色旅游规划的实践与探索为红色旅游市场有序增长做出了积极贡献。在供给侧端，全国红色旅游经典景区扩展至 300 处，推出"建党百年红色旅游百条精品线路"等红色专题旅游线路，"红色旅游+"新业态不断涌现，形成了全面反映新民主主义革命、社会主义革命和建设、改革开放和社会主义现代化建设、新时代中国特色社会主义四个历史时期成就的红色旅游经典景区体系。同时，红色旅游市场需求活力持续增强，红色旅游规模不断扩大，截至 2019 年，红色旅游接待游客年均增长率超过 11%。"十四五"时期以来，红色旅游市场呈现年轻化趋势，更多"90 后""00 后"游客加入红色旅游队伍中。

　　面对这些令人欣喜的变化，新时代红色旅游规划实践与探索迎来新的发展契机，同时面临更严峻的现实挑战。随着红色旅游成为大众旅游的重要组成部分，成为革命传统教育的重要载体，对红色旅游规划与开发提出了更高要求，如何加强红色旅游规划实践创新，并以此推动红色旅游高质量发展与红色基因代际传承，就成为一项重要的时代课题。

同为在革命文物、红色文化研究领域浸润多年的学者，我与本书作者黄细嘉教授相识相知几十年，此次能为他的书籍作序倍感荣幸。黄细嘉教授作为与我国红色旅游规划事业同步成长的红色旅游研究知名专家，在红色旅游规划实务上拥有高超的理论视野与实践素养。作为一名具有史学根底的文化学者、旅游专家，其创意、策划、规划与设计思路、思想和方案无不具有厚实的历史根源和深厚的文化渊源，他常常跟我说："资源再丰富但还是有限的，创意再稀缺但总是无限的。"这就是旅游规划和文化创意界常说的：资源有限，创意无限。1999~2001 年，他在时任南昌大学副校长邵鸿的直接领导下，在江西第一个"吃螃蟹"，带领团队并吸收其他高校从事旅游相关研究的优秀教师，率先主持编制完成了万安县、万年县、大余县、铅山县等地旅游业发展总体规划，形成了江西编制完成的第一批旅游规划，开拓了江西旅游规划事业，并在至今约 25 年的规划实践中，先后完成了近百项各类规划与策划成果。这些规划不但没有重复之嫌，而且上连文脉、下接地气，能入法眼、可通市场，新意迭出、嘉善可陈，促进了区域和重要景区的旅游发展，受到地方政府和旅游规划界的高度好评。由于他在旅游理论研究和旅游规划编制方面的积极作为和杰出贡献，分管旅游工作的时任江西省副省长朱虹同志高度评价黄细嘉教授是"江西旅游第一人"。作为旅游理论界、学术界和规划界人士，这个评价是恰当适宜、当之无愧的。确实，从旅游资源考察和红色旅游规划实践上看，黄细嘉教授是一位行者，从江西四大革命摇篮到全省 100 个县市区，他已平均留下过 5 次足迹，从地方旅游发展规划到景区提升建设方案，经年不辍用脚步拓展旅游规划实践的广度和宽度；黄细嘉教授也是一位智者，从红色旅游规划"六大区域战略模式"到一系列的旅游创新思维，砥志研思用智慧谋划旅游规划的高度和深度；黄细嘉教授更是一位勇者，从红色主题旅游策划到红色名村旅游扶贫规划，一往情深地用仁心展现红色旅游规划的温度和厚度。

《红色旅游规划：实践与探索》一书在编撰之初就听黄细嘉教授提及过，在了解该书的构想后一直充满期待，希望这本书能够打破红色旅游规划实务方面书籍稀缺的现状。该书对红色旅游规划开发进行了深入的探索，其中凝结了黄细嘉教授在红色旅游规划实践中的经验总结和理论归纳。该书分为红色旅游规划研究、红色旅游规划实践、红色旅游策划报告三篇，在研究视野及内容设置方面具有创新性、系统性和落地性。这是一本红色旅游规划思维启发书籍，创造性地总结了红色旅游规划区域开发的六大模式和规划思路，针对什么是红色旅游发展规划、怎样提出有针对性的红色旅游规划发展战略等问题提出了可行性、实操性的应对策略，具有启示作用。这是一本红色旅游规划基础指导书籍，收载了节录的红色旅游规划开发的相关案例，基于不同时空尺度、特色主题展现了红色旅游规划文本设计及相关步骤的差异性、在地性，对从事红色旅游规划开发及相关旅游经营管理人员具有参考价值。这是一本红色旅游项目产品策划的案例记录，展示有红色旅游项目产品的主要类型和组合形式，对红色旅游项目产品研发和市场营销推广人员具有一定价值。

希望这本书的出版能够引发相关人员的关注、思考与探讨，为今后的红色旅游规划奉献更多有价值的研究成果，推动新时代红色旅游规划实践，助推红色旅游高质量发展，增强红色旅游规划实践对地区经济社会文化发展的贡献度。相信红色旅游规划实践研究工作前景灿烂。

是为序。

孙家骅

2023 年 9 月 22 日

---

序言作者孙家骅，江西省人民政府文史研究馆馆员，曾任江西省文物局局长、省文化厅副巡视员，江西省旅游规划专家库成员。

# 目　录

# 下篇　红色旅游策划报告

# 上篇

## 红色旅游规划研究

# "营销式"规划成就
# "井冈山下庐陵文化游"<sup>*</sup>

　　江西省吉安市青原区是 2000 年吉安撤地设市时由国务院批准新组建的县级行政区，于 2001 年 1 月正式挂牌成立，区行政中心设在吉安市滨江新区。全区现辖 5 镇 2 乡 1 个街道，总面积 914.62 平方公里，总人口约 20.3 万。

　　青原区是民族英雄文天祥和南宋名臣胡铨的故乡，地处江西中西部，赣江中游，为井冈山的东大门。这里交通便利，商贸繁荣，京九铁路、105 国道和赣江三条"黄金通道"穿境而过，距南昌昌北机场 241 公里，距井冈山机场只有 46 公里。这里星汉灿烂，人才辈出，钟灵毓秀的山水哺育出大批的历史文化名人。在漫长的历史长河中，青原人民以自己的勤劳和智慧，为人杰地灵、"文章节义之邦"的庐陵文化增添了亮丽的色彩。悠久的历史、灿烂的文化给青原区留下了众多的名胜古迹。

　　区内景区景点自然风光旖旎，文化底蕴深邃悠远。有被誉为"山川江西第一景"的省级风景名胜区青原山，山中有名闻中外的佛教圣地净居寺，是佛教南宗七祖的道场，其佛教文化远播日本、东南亚一带；有被誉为"庐陵文化第一村"的渼陂村，保存有明清古民居 367 栋，古祠堂、书院、庙宇 10 余座以及一条近千米长的古商业街，是融书院文化、祠堂文化、红色文化和明清雕刻艺术于一体的千年古村；有被考古界称为"先有临江窑，后有景德镇"的天玉临江古窑遗址，是我国已发掘的最大古窑作坊遗址，几乎再现了明代宋应星《天工开物》一书中描绘的"作坊图记"；是民族英雄文天祥的故里，富田镇鹜湖大坑建有文天祥陵园，青山苍翠，巍然肃穆。文天祥浩然正气的民族气节，洋溢在这片恬静优美的田园风光中，令人敬仰；有白云山水库、螺滩水库和青龙河风景区，拥有大面积的清澈湖水、蜿蜒流淌的富水河和茂密的古樟林，可谓环境优美静谧，风光妩媚诱人，是集度假、休闲、保健、娱乐于一体的生态旅游区。

　　2001 年 8 月~2002 年 4 月，青原区旅游局集中了来自南昌大学、江西省旅游规划设计所、江西师范大学和江西财经大学的主要旅游规划力量参与到吉安市青原区的旅游规划设计工作中，以南昌大学黄细嘉教授为组长的规划组，通过前期细致周密的实地考察和调研，中期激烈讨论和细心编写，后期诚恳认真的征求意见、修改完善和专家评审，针对该区旅游业发展的现状，制定了与青原区旅游业相符的发展思路，完成

---

　　* 本文作者黄细嘉、黄建男，完成于 2006 年 12 月。

了《江西省吉安市青原区旅游业发展总体规划（2002—2020）》。

规划编制之初，规划组在对青原区旅游业发展进行 SWOT 分析时，体现在规划指导思想上就是："建立网络，突出形象，政府引导，滚动发展"，将"打出庐陵文化牌，塑造'佛禅祖关，天祥故里，宗祠王国，香樟之乡'品牌，打造'井冈山下庐陵文化游'的青原区旅游主题形象"作为发展目标。落实到具体策划上就是：

2002~2006 年，作为青原区旅游业的初创阶段，着眼于基础建设和产品初步开发。采取边营销、边建设的思路，打庐陵文化牌，搭船出海，主攻北部、中部。以名人、名山、名寺、名村、名树、名产为支撑，重点发展文化与自然生态旅游产品，突出名人文化、佛禅文化、宗祠文化、香樟之乡、特色购物五大特色的主题产品。依靠井冈山发展"一日游"观光揽胜购物精品项目，开发与井冈山风景名胜区内涵上具有互补性的景点（区），如井冈山革命胜迹——青原区庐陵文化；井冈山观光——青原区购物，同时开发与之具有延伸性（相似性）景点（区），如朱砂冲漂流——青原区富水河之漂（富田—值夏）。

2007~2011 年，作为青原区旅游业的发展阶段，着眼于重点建设和产品形成网络。采取营销、建设并重的思路，打出名人文化牌，构塑"文天祥故里之旅"，"节义江南，山水青原"的青原区旅游整体形象，主攻中部和南部，组合推出特色精品。即在五大特色主题产品的基础上，加上森林湖库生态、红色畬乡风情两大主要产品，把青原区作为旅游目的地发展"二日游"、"三日游"旅游产品和线路，融观光访习、禅学研修、生态休闲、康体度假、特色购物等综合性精品于一体，展示青原区旅游风采。

2012~2020 年，作为青原区旅游业的巩固提高阶段，着眼于系统建设和产品开发。加强新的旅游景区和景点建设，完善区域内公路网，使各旅游区（点）的联系更加通畅便捷；通过不断的旅游经营活动与旅游促销，打造青原区旅游品牌；努力提高旅游管理、接待设施和服务水平，使之与国内先进水平接轨。紧扣江西建设"三个基地，一个后花园"和生态旅游大省的主题，适应中国和世界旅游业的发展趋势，将青原区建设成为现代文明的花园区、江西旅游强区和华东地区乃至全国著名的旅游目的地，借助旅游开发，带动青原区与区外的人流、物流、资金流和信息流，从而使青原区区域经济步入良性互动的发展轨道。另外，在规划文本中规划组单独用一章的篇幅编写了旅游形象策划和促销规划，建立了青原区旅游形象驱动模式，给出了具体可行的宣传促销策略。

在上述旅游发展思路的引导下，青原区旅游事业发展迅速，"旅游工作高潮迭起"[①]，成绩斐然。2002~2006 年不到 5 年的时间里，大力完善了旅游基础设施，优化了旅游环境。青原山景区旅游道路已开工建设，修通了文天祥陵园公路，维修了东固革命根据地博物馆等革命遗迹旧址。加强了旅游宣传推介，举办了"第三届渼陂古村旅游文化节"，并在北京、南昌成功举办了中国历史文化名村渼陂古村图片展；举行了

---

① 摘自青原区区委书记梅黎明在中国共产党青原区第二次代表大会上的报告，2006 年 7 月 7 日。

文天祥陵园奠基典礼暨文氏宗亲祭祖活动，推出了文天祥、胡铨名人故里寻访游，青原山佛教文化游，渼陂古村建筑、商业文化游，临江古窑陶瓷文化游等旅游项目，初步形成了以丰厚的历史文化底蕴为基础，众多名人旧址为依托，完善的旅游服务设施为保障的"名人旅游圈"。青原区主动融入大井冈旅游圈，有效地拓展了旅游客源市场并成为井冈山旅游线路的一大亮点。2003 年，全年接待游客 16.5 万人次；2004 年，全年接待游客超过 29.2 万人次，比上年增长 25.9%；到 2005 年，全年接待游客 61.13 万人次，比上年增长 109.1%。2005 年接待游客人次为 2001 年的 4.2 倍，旅游业真正成为青原区国民经济的重要支柱。2006 年 1~8 月，全区共接待国内外游客 48.83 万人次，实现旅游总收入 2.86 亿元，同比分别增长 28.1% 和 28.06%，创历史新高。

　　青原区旅游业起步晚、基础差、底子薄，但发展迅猛，最大的原因莫过于发展思路正确。青原区的旅游资源十分丰富，自然资源特色明显，文化资源品位极高，以青原山净居寺为代表的佛禅文化，以文陂古街古村为代表的庐陵文化，以东固、渼陂为代表的革命历史文化和以富田文氏故里为代表的古代历史名人文化等，是该区宝贵的文化遗产，应该成为旅游开发的主体。这就需要在旅游基础设施建设的基础上对其进行大力的包装和宣传介绍，增加其知名度和影响力。只有这样才能产生广泛的市场效应，这也是"营销式"规划在青原区获得成功的根本原因。

　　随着青原山风景区成功创建 AA 级国家旅游景区，渼陂古村被授予"中国历史文化名村"称号和"东井冈"—东固红色旅游区成功纳入井冈山"革命摇篮"红色旅游区与以瑞金为中心的"共和国摇篮"红色旅游区，青原区正逐步成为融佛教文化、红色文化、自然风光、庐陵文化于一体的"四品合一"的独具特色的旅游观光区。有理由相信，青原区旅游事业的明天更美好！

# "立体式"发展打造红色旅游首选地[*]

## 一、发展背景

在中国旅游业发展的编年史上，2004 年是有着特殊意义的一年，因为这一年是"红色旅游"浪潮开始席卷大江南北的一年。是年 1 月，由江西省发起并联合 7 省市共同签订的发展红色旅游的《郑州宣言》，引起了社会对红色旅游的强烈关注；2 月，中共中央政治局常委李长春同志做出了"要积极发展'红色旅游'"的重要指示；5 月 21 日，《人民日报》发表《打造红色旅游品牌，推动红色旅游大潮》一文；8 月，国家旅游局正式启动"红色旅游 121 工程"，以江西省的井冈山市、瑞金市、永新县、兴国县、于都县的红色景点为主体构成的共和国摇篮——"中央苏区红色旅游基地"，被列为 5 年时间里在全国范围内重点建设的 10 个"红色旅游基地"之一；10 月，由江西省旅游局牵头成功地举办了"新世纪、新长征、新旅游——2004 中国红色之旅万里行"，此次行动，被国家旅游局领导高度评价为"不但是亲身实践和宣传推广红色旅游的一个创举，也是我国旅游业发展史上的一个壮举"；12 月，中共中央办公厅、国务院办公厅印发《2004—2010 年全国红色旅游发展规划纲要》，就发展红色旅游的总体思路、总体布局和主要措施做出明确规定。这些却表明大力发展红色旅游已成为推动"革命老区"发展的一项重要战略性举措。

同时，江西省委、省政府颁布实施由江西省旅游局制定的《江西省红色旅游发展纲要》，该纲要明确指出，井冈山红色旅游区包括赣西南井冈山革命根据地的井冈山、永新、莲花、泰和、万安、遂川、吉安、吉水、永丰等地的红色旅游景区景点。在江西要形成以井冈山红色旅游区为龙头，以南昌、瑞金、萍乡、上饶红色旅游区为基点，以省级红色旅游经典景区（点）为主要连接点，以南昌、赣州、吉安、九江、上饶为集散中心，以江西红色旅游金牌线路和赣南、赣西、赣东、赣西北、赣东北红色旅游精品线路为主干，促进和带动全省红色、绿色、古色旅游全面发展的总体格局。

---

[*] 本文作者黄细嘉、吴君晓，完成于 2006 年 12 月。

# 二、发展举措

正是在这种大好形势和背景下，井冈山红色旅游区结合《江西省红色旅游发展纲要》，抓住难得的机遇，坚决落实既定规划，在被誉为"红色旅游发展年"的 2005 年，锐意进取，重拳出击，使井冈山红色旅游获得了迅猛的发展。井冈山采取的措施主要有：

## 1. 内抓旅游景区环境优化，加快区内基础设施建设

2005 年 4 月 28 日，井冈山市政中心所有单位全部下迁至新城区厦坪镇，腾出空间扩大旅游容量，同时加强旅游景区管理，保持自然风光和历史遗迹整体风貌，并对环境进行大力整治。

2005 年 3 月 31 日，连接赣粤高速公路的泰和至井冈山的高速公路正式开通；始于京九线上的吉安南站，途经吉安县、泰和县、永新县后至井冈山的井冈山铁路正式破土动工；同年 7 月 1 日，井冈山又开通了吉安至北京西和吉安至深圳的两趟始发旅客列车，结束了没有始发旅客列车的历史，从而有效地解决了游客"进得来，出不去"的后顾之忧。加上 2004 年 5 月井冈山机场的通航，井冈山立体交通网逐步形成。在外部进入性问题得到基本解决的同时，井冈山着手解决内部交通，提高井冈山通往永新、遂川的公路等级为二级柏油路，打通西部进山通道，加强与湖南的连接，同时构筑以山下的泰和为中心的吉安交通网，尽快形成一小时交通圈。

井冈山卫星电视、互联网络、无线电话等现代信息通信设施齐备，通信便捷、信息畅通。全市"吃、住、行、游、购、娱"等旅游要素齐全，共有各类宾馆 120 多家，床位 15000 余张。其中，四星级酒店 4 家、三星级酒店 12 家、二星级酒店 7 家，另外还有 20 余家中央、省直单位投资的档次较高的宾馆或培训中心，旅游休闲、康体健身、文化娱乐、旅游购物、红色旅游纪念品等项目齐全，为发展红色旅游提供了强有力的支撑。

## 2. 外树旅游区主题形象，加强宣传力度吸引游客

井冈山红色旅游区树立"大旅游、大产业、大市场、大发展"观念，突出"革命摇篮"的主题和革命圣地与秀丽风光相结合的特色，提出了独具创意的 2005 年旅游宣传口号——"走红色之旅，游绿色井冈"，并加大了宣传推介的力度，多形式、多渠道、多层次搞好宣传推广。2005 年，井冈山通过重大旅游节庆活动推动了红色旅游深入开展，包括策划举办了"2005 井冈山红色旅游文化节"，邀请杨利伟同志到井冈山采集革命圣火进行井冈山革命圣火传递活动，举办首届全国红色旅游"井冈论坛"，赴全国各大城市如北京、上海、广州等地举办红色旅游大型推介会，并赴全国大中城市举办井冈山精神大型巡回展，策划组织了"2005 海外华裔中青年杰出人士井冈行"大

型活动，拓展海外华人市场，还派出了旅游促销小分队深入大江南北、长城内外进行深层次宣传。2005 年，来井冈山红色旅游区旅游的人次和收入均创历史新高。

3. 全盘整合区内旅游资源，优化更新旅游产品线路

井冈山红色旅游区自形成之初就放眼于"五百里井冈"，突破井冈山市的行政区划界限，把井冈山和永新、莲花、吉安、遂川、万安等周边县市紧密地联合起来，将外围的重要革命纪念地纳入目的地体系，全盘整合旅游资源，优化旅游线路，统一进行规划构思和规划布局，如把永新的三湾改编旧址、青原区的东固革命遗址等红色景区（点）纳入红色旅游线路，以便全面系统地体现井冈山斗争的伟大意义和毛泽东思想产生的过程。

2005 年，井冈山提高了现有红色旅游产品的参与性和文化品位，大力推进红色文艺节目的开发，推出完善了以井冈山斗争史为主的《岁月·井冈山》红色歌舞晚会；编排了《八角楼的灯光》等传统歌舞节目；制作推出了井冈山斗争图片展；实施了"吃一顿红米饭、唱一首红军歌、走一趟红军路、读一本红军书、听一堂传统课、扫一次烈士墓"的"六个一"革命传统教育工程。这些活动让游客印象深刻，从而在心里记住了井冈山，了解了井冈山。

# 三、发展成就

井冈山红色旅游的发展再创历史辉煌。2005 年，井冈山"红色旅游"各项经济指标创历史新高，旅游人次首次突破 200 万大关。据统计，全年共接待游客 218.46 万人次，实现旅游总收入 11.28 亿元，与上年同期相比分别增长 33.74%、34.93%。其中，接待国内旅游人次 215.26 万，实现国内旅游收入 10.76 亿元，与上年同期相比分别增长 33.54%、33.83%；接待入境旅游者 3.2 万人次，创汇 650 万美元，与上年同期相比分别增长 53.86%、60.90%。全年实现门票收入 1.14 亿元，同比增长 96.02%。更为重要的是井冈山红色旅游成为全国红色旅游的领跑者，井冈山红色旅游区的知名度得到显著提升，成为全国红色旅游的龙头品牌和中国红色旅游的"首选地"。

# 四、发展理念

井冈山红色旅游区成功的原因有很多，总结起来主要因素有三个。一是"应天时"，红色旅游的发展离不开政府主导，也离不开政策的扶持，党中央、国务院高度重视红色旅游的发展，把红色旅游定位为巩固党的执政地位的政治工程，弘扬伟大民族

精神、加强青少年思想道德教育、建设社会主义先进文化的文化工程，促进革命老区经济社会发展、提高群众生活水平的经济工程。井冈山很好地抓住了这个良好机遇，在党中央、国务院的亲切关怀下以红色旅游为龙头，带动了区域经济的发展。二是"争地利"，作为旅游发展的先决条件，交通业的迅速发展和交通条件的改善为井冈山红色旅游区的发展奠定了坚实的基础，机场、铁路、高速公路的建成和通车让游客"进得来，出得去"，使区内团队游、自助游"百花齐放"的局面成为可能，也促进了井冈山红色旅游区旅游人数和收入的飙升。三是"创人和"，旅游发展是个系统工程，除政府主导、各级政府部门通力支持协作外，社会参与是不可或缺的因素，井冈山红色旅游区树立了"游客为本"的观念，不断增强"处处都是旅游环境，人人都是旅游形象"的意识，组织和动员了社会各方面的力量，搞好精神文明建设，发扬革命优良传统，自觉塑造和展示良好的社会风貌。"您见到的是微笑、您感到的是满意"在井冈山红色旅游区得到了真情体现。

为了让红色旅游得到可持续的发展，井冈山红色旅游区将继续在红色旅游的内涵上下功夫，丰富文化内涵，发扬"坚定信念、艰苦奋斗；实事求是、敢闯新路；依靠群众、勇于胜利"的井冈山精神，井冈山的红色旅游事业必将在井冈山精神的指引下不断取得新成就。

# "互动式" 开发造就 "城乡互动型" 红色旅游区 *

## 一、发展背景

素有"军旗升起的地方"、"英雄城"和"军队摇篮"之称的南昌市，拥有众多品位极高的红色旅游资源。中华人民共和国成立后，随着江西革命烈士纪念堂、八一起义纪念馆、八一起义纪念塔、小平小道的筹划兴建以及一批革命旧址、故居的原貌恢复，南昌红色旅游区形成由以八一起义纪念馆为主的"八一起义旧址群"和"小平小道"构成的"城乡互动型"的红色旅游发展格局。

## 二、发展历程

从江西革命烈士纪念堂正式对外开放（1957年）至今，南昌红色旅游发展的50年历程，大致可分为以下三个阶段：

1. 起步阶段（1957~1979年）

1957年江西革命烈士纪念堂和1959年八一起义纪念馆的建成并对外开放以及随后朱德故居、朱德军官教育团旧址、第二十军指挥部旧址、叶挺指挥部旧址、新四军军部旧址等一大批革命旧址、旧居的原貌恢复，标志着南昌红色旅游发展正式起步。1961年，国务院将"南昌起义"的五大旧址群（八一起义纪念馆、朱德军官教育团、花园角朱德旧居、贺龙指挥部和叶挺指挥部）列为全国重点文物保护单位。此阶段主要是红色旅游资源的保护建设阶段，为今后南昌红色旅游的发展奠定了物质基础。

2. 发展阶段（1979~2000年）

改革开放后，我国经济建设取得巨大成就，人们生活水平逐渐提高，旅游业发展

---

* 本文作者黄细嘉、陈志军，完成于2006年12月。

条件逐步趋于成熟，旅游需求日益旺盛，红色旅游受到党中央的高度重视，并出台了一系列优惠政策、措施。在此大好背景下，南昌红色旅游区抓住了发展契机，在景点建设、产品开发、人才培育、宣传促销等方面取得了前所未有的好成绩。40多年来，以八一起义纪念馆为代表的南昌红色旅游区共接待游客逾1000万人次。此阶段，主要是红色旅游产品开发阶段，南昌红色旅游产业已初具规模。

3. 成熟阶段（2000年至今）

进入21世纪，我国旅游市场进一步扩大，中央及地方政府对红色旅游的投入进一步加大，红色旅游发展进入"全国一片红"阶段。南昌也不甘示弱，在产品开发、宣传促销、形象提升、规划管理等方面加大投入。2003年，"小平小道"景区正式对外开放，为南昌增加了又一块红色旅游"王牌"；2005年，八一起义纪念馆的扩建改造工程正式启动；2005年，中国（江西）红色旅游博览会在南昌举办，提升了南昌红色旅游形象；2005年，南昌被纳入《全国红色旅游经典景区》和《全国红色旅游精品线路名录》；此期间，还邀请了以东南大学喻学才教授为组长的专家团队编制了《南昌市旅游业发展总体规划》和《南昌市旅游发展"十一五"规划及中长期发展目标》，整合了红色旅游与绿色、古色旅游的发展，加强了规划的统一管理，促进了旅游业的整体、协调发展。此外，设施建设、法制体制、培训教育、产品体系等方面也逐渐趋于完善。此阶段，主要是红色旅游产品整合和提升阶段，南昌红色旅游发展体系逐步完善。

# 三、发展创意

旅游产品开发与策划贵在创意。南昌红色旅游区的迅速发展正是得益于其在政策措施和项目产品方面的创意。在政策措施方面，2005年江西省政府在南昌市成功举办了中国（江西）红色旅游博览会，加大对外宣传，提升了旅游形象；每年举办红色旅游导游大赛，注重导游等从业人员的教育培训；给相关旅游企业给予从事红色旅游经营的政策措施和优惠等。在项目产品方面，继"小平小道"、新八一广场成功策划建设后，又花巨资对八一起义纪念馆进行改扩建，提升产品档次；加大各革命旧址群的整合力度的同时，加强红色旅游与其他旅游的联合，如由湾里区政府出资，江西省城乡规划设计研究院高级工程师周建国主持编制的《梅岭—滕王阁风景名胜区总体规划》（2005—2025）提出，通过将滕王阁与裘家洲（作为滕王阁与梅岭的过渡景观带）连成一体，将城区的八一广场、八一起义纪念馆及一系列的红色景点和古色景点与郊区的梅岭风景区整合，增强南昌市的整体旅游吸引力。另外，利用现代高科技手段，使产品信息能更好地向游客展示。

# 四、发展经验

**1. 准确定位，树立形象**

首先是红色旅游在旅游产业中的定位，将红色旅游作为南昌市旅游产业中的"领头羊"，抓住机遇，发挥其带动作用，促进旅游产业的整体发展。其次是树立南昌市的旅游形象，充分利用"八一起义"事件的影响力，大打"八一"牌，突出"军旗升起的地方"、"英雄城"的主题形象，扩大在全国的影响力。

**2. 政府主导，政策扶持**

首先，在产品开发、宣传促销、设施建设、教育培训等方面，认真实施政府主导型的红色旅游发展战略，充分发挥政府作为，主导红色旅游的发展。其次，为促进红色旅游的快速、良性发展，出台了一系列的扶持旅游企业发展的优惠政策和措施，并给予行业发展指导，促进了产业发展。

**3. 加大投入，产品取胜**

加大资金投入，以产品取胜。2003 年，总投资 2000 万元的"小平小道"景区正式对外开放，为南昌增加了又一块红色旅游"王牌"。2004 年，总投资 6000 万元的八一广场改造工程竣工，以全新的面貌成为"英雄城"的象征。计划总投资 1 亿元的"八一起义"纪念馆扩建工程于 2005 年动工，计划于 2007 年重新开放，将成为南昌红色旅游的主导产品。

**4. 红色领跑，加强整合**

在打造"八一"品牌的同时，加强资源整合，化竞争为合作，促进共同发展。一方面，加强各红色旅游景点之间的整合，如将各散落的革命遗址打造成为"八一起义旧址群"共同开发；另一方面，加强红色旅游与绿色、蓝色和古色旅游的整合，形成产品优势互补，增强整体吸引力，促进共同发展。

# 五、发展理念

**1. 坚持政府主导，建设"三大工程"**

政府主导是我国旅游业发展的最主要战略之一。红色旅游是具有中国特色的文化遗产旅游，更应该以政府主导为基准，充分发挥政府在产品开发、设施建设、宣传促销、教育培训等方面的作用，把红色旅游发展作为我国的政治工程、文化工程、经济工程来抓，促进"三大工程"协调发展。

2. 深挖文化内涵，提升产品档次

深入挖掘革命遗址、革命事件和革命精神的文化内涵，结合声、光、电等高科技手段，增强旅游活动的参与性和体验性，提升红色旅游产品的档次，真正以"寓教于游"和"寓教于乐"的形式发挥红色旅游的价值，使其逐渐由"符号旅游"向"体验旅游"过渡。

3. 加强资源整合，实施品牌战略

一方面，红色旅游开发应本着"化竞争为合作"的原则，加强红色旅游资源之间以及红色与其他类型资源之间的整合，促进共同发展；另一方面，在加强资源整合的基础上，突出红色旅游的特色，切忌粗制滥造、生硬模仿，注重产品创新，实施品牌战略，如南昌红色旅游区的"八一"品牌。

4. 加强宣传造势，重视市场开发

红色旅游应改变以往不重视市场开发的误区，一方面，利用电视、报纸、期刊、广告、网络等现代媒介加强对外宣传，树立市场形象；另一方面，充分利用革命事件及革命纪念日进行营销活动策划，并通过媒体进行宣传造势，扩大社会影响力，提高市场知名度。

# "系统性"理念规划
# "多色并举型"红色旅游区[*]

## 一、规划前的发展状况

萍乡位于江西的西部,境内有着丰厚的旅游资源。萍乡被称为"中国工人运动的摇篮",是近代中国工业的发祥地、中国工人运动的策源地、秋收起义爆发地和中国工农革命军诞生地之一。震惊中外的"安源路矿工人大罢工"就发生在这里。毛泽东、刘少奇、李立三、陈潭秋、蔡和森、朱德、彭德怀、陈毅等都曾在这里从事革命活动。作为革命传统教育的重要基地,萍乡在中共党史、中国革命史、中国工业发展史上拥有众多的"第一",有着得天独厚的丰厚的红色旅游资源。绿色武功山拥有江南一绝的10万亩山顶草甸;神秘的杨岐山是佛教禅宗"五宗七家"之一——临济宗杨岐派的发祥地;古朴的傩文化以傩舞、傩庙、傩面具"三宝"俱全蜚声海内外;"地下长廊"义龙洞以深幽奇美闻名遐迩。安源的红色历史则赋予萍乡优秀的革命传统和丰富的历史人文景观。

但萍乡红色旅游起步较晚,尚处于发展的初期阶段。在辖区内,安源路矿工人运动纪念馆是售票接待游客参观的主要景点,平均每年购票游客在10万人次左右,最多时年游客接待量达18万人次。其他红色旅游资源则几乎未被开发利用,并且缺乏维修保护,部分资源损坏严重。

那么如何充分利用其丰富的旅游资源,特别是打好"安源牌",营造出富有特色的安源旅游,使"红色安源"的形象深入人心?就成为摆在萍乡人民面前需要解决的一大历史性课题。

---

[*] 本文作者黄细嘉、陈传金,完成于2006年12月。

# 二、规划的形成和实施

萍乡市和各县区党政领导非常重视旅游业的发展,逐步创造出良好的宏观条件。2001年,萍乡市政府委托中国社会科学院旅游研究中心编制了《江西省萍乡市旅游业发展规划》。2004年,安源区聘请了北京大学和北京联合大学的专家编制了旅游开发规划。2005年,由南昌大学旅游规划与研究中心黄细嘉教授主持编制了《萍乡市旅游业发展"十一五"规划》和《萍乡市红色旅游发展规划》。最终确定了以安源景区为中心,建设以安源和武功山两个核心旅游目的地,以上栗、芦溪、莲花三县城为旅游业发展支点的旅游业发展总体格局。安源旅游的总体发展思路为:"以伟人之路、青春之路、成功之路"为主线,以革命传统和历史人文景观为底蕴,以打响"安源牌"为目标,精心策划和包装项目,全方位招商引资,多渠道筹措资金,采用国家、集体、个人共同开发的方式,把安源建设成为集纪念、教育、旅游、休闲、观光、娱乐为一体的现代旅游热地。简言之,就是"以红色吸引人,用绿色留住人,让文化感染人;把红色做亮,绿色做美,品牌做响"。

其具体实施内容包括:

1. 高起点建设

为迎接安源路矿工人大罢工胜利80周年,投入150多万元将安源纪念馆改造一新,并投入大量资金进行城市建设和旅游项目开发,初步形成了适应旅游业发展的城市交通基本框架。如今,宽阔平坦的萍安大道直通安源;规模宏大的安源影视城正在建设中;安源广场、世纪广场、胜利广场互为呼应,安源新区内美轮美奂的欧式建筑群交相辉映,这些都为发展萍乡旅游打下了良好的基础。2005年,安源景区抓住"红色旅游发展年"的有利契机,全力打造了十大红色旅游景点。

2. 大手笔营销

多形式、多渠道、多层面推介红色安源。2004年,与潇湘电影集团联合拍摄了电影《毛泽东去安源》,并荣获第十届电影华表奖;成功举办了安源路矿工人大罢工胜利80周年纪念活动,举办了"2004年中国红色之旅万里行"走进安源活动,向全国人民展示了萍乡人民的新风貌;积极参加了国家实施的建设十大"红色旅游基地"、20个"红色旅游名城"、100个"红色旅游经典区"的"121工程";安源路矿工人运动景区入选江西省十大红色旅游景点,安源路矿工人纪念馆和秋收起义纪念地系列景点已列入全国100个"红色旅游经典区"目录。

3. 强化区域联合

通过区域联合,与浏阳、永新等地签订《旅游合作协议书》,使两地之间实现资源互补、客源互送、信息互流、旅游互动。尤其与南昌、宜春、新余、吉安、长沙、株洲、湘潭、井冈山、浏阳、韶山管理局10市1局共同签署"10+1"赣湘红色旅游区域合作宣言，加强赣湘两省红色旅游的整合开发，促进赣湘两省特别是赣湘边界地区红色旅游的合作与发展，形成资源共享、客源互动、优势互补、互利共赢、共同发展的新格局。

4. 精心组织红色旅游系列活动

2004年7~10月，萍乡市举办了红色旅游高峰论坛、红色安源推介会、《军民同唱一首歌》、萍乡旅游博览会、武功山全国登山邀请赛、中国傩舞大赛、旅游形象小姐大赛等一系列旅游推介活动，营造出健康浓郁的红色旅游氛围，努力提高萍乡在全国的知名度和美誉度。一系列活动获得了社会各界一致好评，取得良好的社会效益。

5. 推出特色精品线路，提升旅游品位

为发展红色旅游，结合萍乡市实际情况，打造精品旅游线路，提升城市旅游品位。一是重点推出"安源—井冈山—韶山"红色旅游精品线路；二是将"毛主席去安源"纪念铜像、安源煤矿总平巷、安源路矿工人运动俱乐部、安源路矿工人运动纪念馆、秋收起义纪念碑等著名红色景点，融合秋收起义广场和世纪广场等现代绿色广场，连接成一条城区红色旅游精品线；三是积极推出生态旅游，开辟"安源—武功山—明月山—仙女湖"赣西旅游精品线路；四是精心打造红色之旅万里行纪念墙、12位将军塑像纪念园、五陂生态风光带和民俗广化广场、安源外广场等十大景点。

## 三、规划实施效果和成绩

上述一系列的努力对于发展萍乡旅游起到了立竿见影的效果，据统计，2005年1~6月，来萍旅游人数和旅游收入分别比上年同期增长42%和48%。"五一"黄金周期间，安源接待北京、湖南、湖北、广东、上海、黑龙江等地30个旅游团队，共接待游客5.3万人次，同比增长55%；实现旅游总收入600万元，同比增长38.7%。而在2006年的"五一"黄金周期间，萍乡市的旅游人数为26.27万人次，比上年同期增长73.5%，实现旅游收入5174.8万元，比上年同期增长174.4%。旅游人数和旅游收入呈现稳步增长的态势。

经济收入增加，安源的旅游竞争力得到了进一步提高，2005年，安源首次在江西省假日旅游协调办公室统计的"五一"黄金周重点景区情况通报中榜上有名；首次接待上百人的旅游团队。在《2006中国城市旅游竞争力研究报告》中，江西省共有4个城市进入百强，萍乡位列其中。

# 四、成功的经验和理念

从萍乡的成功中我们发现，在编制旅游规划时应注意以下几个问题：

首先是调查研究的基础性作用。调查是规划最为基本的一步。所谓没有调查就没有发言权，没有正确的调查就没有正确的认识，没有全面的调查，就不会有清楚的认识和准确的定位，规划也就无从谈起。我国幅员辽阔、资源丰富，各个地方都有自己的地脉和文脉特点，运用何种方式来利用开发以保持并提升其吸引力是一件十分重要的工作，不进行全面的调查研究，摸清资源家底，并进行纵横对比，就没有准确认识和定位，设计出来的规划也不会适合这个地区发展的需要，反而会对这个地区的旅游业发展产生误导。安源的定位就是以红色旅游带动为主，一切的出发点都归于红色旅游，抛开红色旅游，安源的发展就会大打折扣。

其次是规划必须符合地方特色。一个好的规划就是要挖掘这个地区独特的资源，加以包装和开发，使之展现在世人面前。一个放之四海而皆准的规划是不存在的，只有体现出了这个地区的特色，这样的规划才是成功的。萍乡的特点在其红色旅游资源，但是也具有丰富的绿色、古色资源，萍乡的旅游规划确立了在系统性理念指导下的多色并举的发展格局，给旅游增色添彩的同时也实现了自身的发展。

最后是旅游规划要突出系统性和关联性。充分利用相关资源，要将从资源出发改变为从市场和资源出发，每一处吸引物的开发都要与其可能吸引的旅游市场相结合。萍乡的规划既看重自身的资源，更注重市场，突出了品牌的设立和绿色营销的理念。在萍乡，安源和武功山两大品牌随着一系列的营销手段建立起来，随着品牌的建立和产品链的延伸，市场也就随之打开。作为以红色旅游闻名的萍乡，正在形成以安源红色、武功绿色、杨歧古色等构成的"多色并举型"的红色旅游区。

# "典型性" 开发打造
# "红色主体型" 红色旅游区 *

## 一、发展背景

瑞金位于武夷山西麓，是江西省东南边陲重镇。全市总面积 2448 平方公里，辖 19 个乡镇，总人口 60 万。

瑞金在中国革命历史上曾经写下了光辉灿烂的一页，有着重要的历史地位。它是中国第一个全国性红色政权——中华苏维埃共和国临时中央政府的诞生地，第二次国内革命战争时期中央革命根据地的中心，是驰名中外的红军二万五千里长征的出发地之一。新中国成立后，瑞金以"红色故都"、"共和国摇篮"享誉海内外。瑞金是江西省首批公布的省级历史文化名城，是江西省红色旅游 5 个基点之一，并入选为江西省十大红色旅游景点，同时它还是全国 100 个爱国主义教育基地之一，在全国 20 个红色旅游名城之列。但其红色旅游经营发展过程中却存在着一些问题，如景点建设单一，震撼力不够，表现力不强，宣传促销不力，参与性项目少，旅游功能配套等方面投入不足等。"红、绿、古"三色不协调。红色文化宣传和挖掘不力，红色文化与旅游文化的融合不够。

这些情况制约了瑞金红色旅游的发展，如何做足红色遗产资源和其他相关资源的文章，使当地丰富的资源优势转化为经济优势，更好地促进经济社会的发展，就成为当地政府进入 21 世纪后的主要任务。

## 二、发展思路

针对上述情况和瑞金的实际，瑞金市委、市政府厘清瑞金旅游发展的思路，积极

---

* 本文作者黄细嘉、魏伟新，完成于 2006 年底。

策应国家发展红色旅游的战略，坚持走市场化融资、社会化融智、多元化融市之路，着力打造"红都"品牌，建设多彩苏区。科学规划，提升品位，以把瑞金打造成国内外重要的红色旅游名城为目标，以做大做优"红色故都"、"共和国摇篮"、"长征出发地"三大红色品牌为着力点，把旅游业培育成瑞金的国民经济支柱产业。瑞金下大力气对红色旅游进行了概念规划和景区规划。2003 年，聘请美国龙安公司专门制定《瑞金市红色旅游发展规划》和《瑞金市遗址保护与开发详细规划》，2004 年，根据国家、省红色旅游发展纲要，制订了《瑞金市 2004—2010 年红色旅游发展纲要》，大力推进红色旅游快速发展，将发展红色旅游与爱国主义教育、发展红色旅游与经济建设紧密结合起来，促进瑞金革命老区脱贫致富奔小康；将红、绿、古三色紧密结合起来，形成"三色"旅游互融；将瞻仰活动与观光浏览、休闲度假、会议商务紧密结合起来。这样既从整体上通过科学规划使分散的旅游资源得到有效整合，又立足于各个景点的特色，突出主题和个性，升华内涵，打破瑞金旅游一张脸孔、格调雷同的格局。同时按照"唱响红色、打造绿色、包装古色"的思路打造复合型旅游。全面推进旅游基础设施和配套设施建设。围绕食、住、行、游、购、娱六大要素，着力推进旅游硬件建设。做好对外宣传推介和横向合作工作，打响瑞金红色旅游品牌。

# 三、发展举措

具体而言，瑞金市委、市政府主要采取了以下一些做法：

1. 进行品牌建设

突出红色旅游品牌，向外推出了"红色之旅"品牌，先后推出了"红色故都游"、"共和国寻根游"、"重走长征路"等多条特色红色旅游线路。

2. 加强宣传促销

瑞金市分别在《中国旅游报》、《华东旅游报》、《香港商报》、《经济晚报》、中央电视台和广东、江西、东南、浙江等地方电视台强势宣传"红都"旅游。同时积极组织参加了广州、南昌、南京等地举办的大型旅游推介会。2004 年 10 月，承办了"2004中国红色之旅万里行活动"启动仪式，在全国产生重大影响。另外还建立了自己的旅游网站，并成功举办了"2006 中国（江西）红色旅游博览会"。

3. 拓宽投资渠道

瑞金采取有力措施，走多渠道筹集资金的路子，加大景区景点投入。红色旅游建设资金来源主要有：一是积极向上"争"，二是着力向内"挖"，三是大力向外"引"，四是争取银行"贷"，五是向社会"集"。

4. 科学编制规划

科学地制定旅游规划并予以实施，确保旅游沿着正确的方向发展。

5. 注重长远发展

瑞金在发展旅游过程中，坚持"在保护中开发，在开发中保护"原则，走可持续发展之路。一是严格保护，坚决保持历史遗产和生态环境的原真状态，尊重文化和自然，绝不乱修、乱改、乱造；二是合理科学利用，避免盲目性，对损坏文物、破坏生态、污染环境的工程项目坚决抵制。

6. 加强互动联合

瑞金加强与各地旅游部门尤其是旅行社的跨区域联合，先后邀请了广东、福建、北京、上海、浙江等地 200 多家旅游行业单位负责人到瑞金考察景点和线路，与 80 余家旅行社建立了业务合作关系，与长汀、上杭等周边县市建立了旅游合作联合体，共同推出线路，实行资源共享、客源互送，取得了良好的效果。

7. 着力提高质量

以创建中国优秀旅游城市为契机，提高旅游产业发展总体水平。"创优"活动的开展，大力推动了瑞金旅游产业的发展。一是美化了景区景点环境；二是规范了旅游市场秩序；三是加快了旅游配套产业发展。

# 四、发展成就

在瑞金市委、市政府及各方面的努力下，瑞金红色旅游的发展取得了可喜的成绩。2005 年，全市共接待游客 64.5 万人次，实现旅游收入 1.92 亿元，分别比上年增长 20.3% 和 23%。2006 年 1~5 月，全市共接待游客 31.9 万人次，实现旅游收入 9038 万元。此外，当地的红色旅游在宣传革命历史、振奋革命精神、进行革命传统教育等方面发挥了非常重要而独特的作用，宣传了瑞金，提高了老区的对外开放水平，加强了与国内外的交往，带来了资金流、信息流、商品流。同时增加了老区人民的收入，提高了他们的生活水平，推进了新农村建设。

# 五、发展理念

以上成绩的取得归结起来，主要在于：

1. 坚持规划先行

坚持规划先行使旅游发展的各项工作得以顺利有序地进行。例如，对什么进行开发、怎样开发以及开发到何种程度等问题的解决，有效地避免了盲目开发，使各项资源得到合理有效的配置和利用。

## 2. 坚持政府主导

坚持政府主导，提供强有力的政策扶持，保障红色旅游的发展。瑞金市政府充分发挥对旅游业发展的主导作用：一是确立了旅游业在国民经济发展中的支柱地位和在第三产业中的龙头地位；二是科学高标准地制定旅游发展规划，做到有章可循；三是大手笔地投入资金建设旅游景区景点及其配套设施。

## 3. 科学准确定位

2003 年，瑞金市政府把旅游产业化列入瑞金"四化"目标中，即工业化、农业产业化、城市化、旅游产业化，确立旅游业发展的战略地位。这为当地发展红色旅游确定了目标，指明了方向，在发展红色旅游的过程中找准位置，不能盲目发展。

## 4. 旅游综合开发

瑞金结合绿色旅游、古色旅游、彩色旅游等开发红色旅游，还将红色旅游的开发与新农村建设结合，提高了旅游开发的经济、社会效益。

## 5. 树立市场意识

从老区经济发展的角度，应该首先把红色旅游作为一项经济工程来抓。瑞金在发展红色旅游过程中很好地体现了这一点：一是通过市场融资等运作方式筹集建设资金；二是努力打造红色旅游品牌；三是加大营销和市场推广力度。各地在发展红色旅游过程中要具有这种市场观念，使之为经济社会发展服务。瑞金通过各种方式拓宽旅游的投资渠道，有效地解决了经费不足的难题。这对许多革命老区发展红色旅游都有一定的借鉴意义。

## 6. 保持原生环境

立足长远，保护好红色旅游资源赖以生存的周边环境。瑞金市在开发红色旅游时比较重视保护资源及其周边环境，这使得当地旅游朝着良性方向发展。确保红色旅游资源的永续利用是发展旅游业的基本前提和生命线，各地在发展红色旅游时不能以破坏资源为代价换得一时的繁荣。

# "深度性"开发成就
# "特色发展型"红色旅游区<sup>*</sup>

## 一、发展缘起

上饶集中营是国民党于 1941 年 1 月初发动震惊中外的"皖南事变"之后,在江西上饶周田、茅家岭、李村、七峰岩等地设立的一座规模庞大的"法西斯式"人间地狱。主要囚禁"皖南事变"中被扣的新四军军长叶挺将军和被俘的新四军排以上干部及其他一些抗日人士,共 700 余人。中华人民共和国成立后,党和人民政府为了缅怀先烈的丰功伟业,激励教育后人,先后在茅家岭建立了上饶集中营革命烈士陵园,上饶集中营革命烈士纪念碑,革命烈士纪念馆、纪念亭,烈士塑像等。上饶集中营由七峰岩、周田村、茅家岭、李村和石底 5 处集中营及其囚禁室组成,因都在上饶城附近,所以统称为"上饶集中营"。为了缅怀在集中营牺牲的近 200 名革命烈士,1955 年以来,上饶市政府依靠开发上饶集中营为重点,挖掘红色事迹,宣传革命斗士的英勇精神,为上饶的旅游发展注入了活力,并使其成为红色旅游的基地。上饶集中营名胜区发展总体规划,是在党中央、国务院大力提倡充分挖掘和利用红色革命历史文化资源,积极发展红色旅游,广泛开展爱国主义和革命传统教育,大力弘扬和培育伟大民族精神的时代背景下进行的,形成以 1955 年在茅家岭建立的革命烈士陵园和多处集中营遗址为中心的发展格局。上饶红色旅游发展至今已经有 50 多年的历史。

## 二、发展战略

打造红色旅游精品,突出独特的集中营现象,堪比东方的"奥斯维辛"。

打造地方品牌,靠联周边景区,实现资源整合优势,形成黄金游线。上饶的红色

---

* 本文作者黄细嘉、龙建新,完成于 2006 年底。

旅游是以上饶集中营、横峰葛源闽浙赣革命根据地、弋阳方志敏纪念地为中心展开的。红色旅游和周边地区的三清山绿色旅游又实现了互动发展，产生了"双赢"效应，而上饶集中营作为集历史遗迹游览及爱国主义教育于一体的旅游区，发展迅速，每年有近 10 万踏访者。

开发与红色旅游相关的旅游项目，如军事游戏、素质训练等，使之成为地区性的红色旅游集散中心。开发与红色相关的旅游项目，是上饶集中营旅游发展规划的重点内容。一方面，以爱国主义教育为主，发挥革命历史遗迹的社会性功能。另一方面，参加军事游戏和素质训练等实践式活动可以加强游客对红色旅游的切身体会，并增长游客的军事知识。

# 三、发展经验

为策应中央发展红色旅游的战略和实现发挥资源优势促进地方经济社会发展的目的，上饶市将发展红色旅游提到前所未有的高度，尤其重视上饶集中营红色旅游的规划和发展，对上饶集中营旧址名胜区的管理和开发进行了调整，实现了集中管理、统一规划、综合开发，以形成合力推动红色旅游超常规、跨越式发展。明确上饶集中营作为上饶红色旅游龙头的地位。自从 1955 年在茅家岭建立了革命烈士陵园以来，不断进行革命纪念地保护和建设，1988 年 8 月，国务院批准上饶集中营旧址为第二批全国重点革命烈士纪念建筑物保护单位。此后相继被南京军区、江西省委省政府命名为爱国主义教育基地，1996 年，由国家教委、民政部、文化部、国家文物局、共青团中央和解放军总政治部联合命名为全国中小学爱国主义教育基地。2001 年 6 月 11 日，被中共中央宣传部定为第二批 100 个全国爱国主义教育示范基地之一。上饶集中营旧址的保护和红色旅游的发展取得了可喜的成绩，其主要经验为：

1. 准确定位，树立形象

上饶集中营以集中营遗址（监狱旧址）为龙头，丰富相关的游憩功能，带动整个游览区的发展，使其不但保留鲜明的红色文化特色，而且完善其他项目，以达到加强革命传统教育，增强人们的爱国情感，弘扬和培育民族精神，推动经济社会全面协调发展的目的。受众定位为青少年和革命军人、党员领导干部，对加强革命传统教育，增强全国人民特别是青少年的爱国情感，弘扬和培育民族精神，推动本地区经济社会协调发展具有重要的现实意义和历史意义。上饶集中营红色旅游是整个江西红色旅游的重要组成部分，应充分利用其特殊的位于赣、浙、闽、皖交汇的地域优势，积极拓展本地与周边地区客源，逐步做大做强红色旅游。

2. 红色领跑，开发新品

在保护和复原旧址的基础上，着重开发相关旅游新产品，主要做了如下项目策划：集中营中心景区（茅家岭）分为三大活动区。一是集中营红色核心景区：主入口广场、英雄大道、叶挺广场、静思桥、纪念园、纪念碑广场、监狱旧址。二是生态景区：拓展运动园、素质体验测试园、军事知识馆、游戏模拟场、室内射击馆、民居度假区、生态体验区（林中栈道、自然林荫道、鸟类观察所）。三是红色旅游集散中心：乡土文化街、健身步道、林中剧场、风筝草坪、运动草坪、水上游乐中心、水上栈道、湿地景观。达到提高对集中营红色旅游的认识度、提高使用效率并发挥社会效益的目的。

3. 政府主导，政策扶持

以红色为内容，以旅游为载体，宣传革命传统和革命历史，既是新时期思想政治教育的一大创新，也是对旅游业的一种扩展。2006 年，上饶市集中营旧址进行了科学规划，投资了 1600 万元重建了总面积为 4300 平方米的革命烈士纪念馆，5 月 4 日开放。另规划投资 3 亿元，其中，茅家岭景区建设投资 2.493 亿元，周田苦工营等景点建设投资 4430 万元，景区道路建设 640 万元。政府强调发展红色旅游既要掌握思想教育的特点，也要兼顾旅游业的发展规律，只有不断地挖掘红色内容，不断拓展创新旅游载体，将两者结合，才能成为游客关注的红色旅游目的地。发展上饶集中营红色旅游，在创造大量物质财富的同时弘扬了革命精神，提高了老区群众和旅游者的素质，实现了精神变物质、物质变精神的良性循环。

# 四、发展理念

与时俱进，创新发展思路，是红色旅游发展的重要保证。发展红色旅游可以使物质财富转化为精神力量。红色景区承载深厚的革命内涵，是共产党培育干部的重要基地。红色旅游是有组织的革命传统教育，使精神财富转化为物质财富，造福人民和社会。利用革命旧址遗址发展红色旅游，既是观念的创新，也是产业的创新，是一条推动经济社会发展的新途径。规划理念：一是突出特色，即突出主题，围绕集中营文化和爱国主义文化、英雄主义文化三大特点广泛开展思想素质教育，开发富有特色的旅游产品；二是项目多元化，即在以红色文化广泛开展爱国主义教育的同时，开辟其他素质教育项目；三是协调提高，即深度拓展活动项目，不断提高景区的社会、环境、经济效益。

# 《长征国家文化公园（江西段）规划建议》修改建议[*]

　　第一章"历史地位与重大意义"，目前论述的历史地位，只是江西在红军长征史上的重要地位，所以，我认为这里的地位应该改为"建设定位"。即这一章首先回答国家长征文化公园（江西段）在整个国家长征文化公园中的定位，而目前的江西在红军长征史上的重要地位可以保留，但只是作为公园定位的历史依据和基础。所以第一章应该为"建设定位与重大意义"。文本中"重大意义"表述为五个方面：①构建国家形象，彰显中华文化的重要标识；②创新文保机制，强化传承利用的实施抓手；③讲好长征故事，传承红色基因的核心载体；④推广江西形象，展现建设成就的重要窗口；⑤融合特色资源，提振老区经济的有效手段。这样比较合理和准确。但从内在的逻辑和内容指向性来看，拟调整为：①树立国家形象，彰显中华文化的特色标识；②讲好长征故事，传承红色基因的核心载体；③推广江西形象，展现红土地成就的重要窗口；④做好融合发展，促进老区示范的有效手段；⑤创新文保机制，强化传承利用的重要抓手。

　　第二章"建设范围"，先提出重点建设区，再提出拓展建设区，并分别划分各自的重大历史事件片区。但科学逻辑的方法应该是：首先明确整体建设范围；其次确定重点建设区和拓展建设区；再次在两个区下划分重要历史事件片区；最后列出整个建设范围内不同区划和片区的表格。另外，建设三个范围的列表中如"第二次国内革命战争时期的全红县"只列了3个县市区（寻乌、广昌、黎川），必须注明除了列入全体类型的县市区，否则容易误导，其他表述类此。

　　将长征国家文化公园（江西段）主题定位为：长征出发，战略新篇。似乎也可以，但基于长征起初时的无奈盲目和左倾路线的指挥，还是改为"长征出发地，战略总转移"。本来可以说"大转移"，但大转移往往是高瞻远瞩的决策结果，而长征起初并没有明确的目的地，所以用"战略新篇"以及"战略大转移"不合适。

　　"德兴玉山山岳文旅融合区"含义不清，到底是德兴市有个叫玉山的地方，还是德兴市、玉山县两个地方共同建设一个山岳文旅融合区呢？如果是两地共建，名称就应该为"德兴—玉山山岳文旅融合区"。

　　"环境配套工程"内容指向性不明确，如果仅指环境上的配套，则要进一步细化一

　　* 本文完成于2020年底。

些关于环境建设的项目，而如果是指环境与利用配套工程，则可以一方面讲环境建设，另一方面讲关于公共基础设施配套方面的建设内容。

"政策保障"确实是要统筹利用已有政策或合理制定新政策。至于对全省长征文物和文化资源进行系统普查，加快推进《长征国家文化公园（江西段）建设总体规划》《长征文物保护条例》等文件和规划的出台等内容，不是政策保障。应该真正聚焦国家出台的政策，或下放哪些政策的制定权，以此切实促进长征国家文化公园（江西段）建设。

# 《长征国家文化公园（江西段）建设保护规划建议（送审稿）》修改建议<sup>*</sup>

因历史地位与重大意义，分别讲的是江西在长征史上的地位和建设长征国家文化公园（江西段）的重大意义。这是两个不同性质的问题，历史地位是历史背景、资源基础和立项理由，不是讲公园的定位和历史地位。因此拟将第一章分为"江西在长征史上的重要地位""长征国家文化公园（江西段）建设的重大意义"两章。

文稿的逻辑应该是：第一章：历史地位；第二章：建设范围；第三章：重大意义；第四章：战略定位；依此类推。

重大意义：第一点"树立国家形象，彰显中华文化的特色标识"建议改为"树立中国形象，彰显民族精神的文化符号"。第二点"讲好长征故事，传承红色基因的核心载体"建议改为"传承红色基因，讲好中国故事的核心载体"。第三点"推广江西形象，展现建设成就的重要窗口"建议改为"推广江西形象，展现苏区振兴的示范窗口"。第四点"融合特色资源，振兴老区经济的强大引擎"建议改为"推动文旅融合，促进高质量发展的强大引擎"。第五点"创新文保机制，强化传承利用的实施抓手"建议改为"强化传承创新，活化文物保护的利用机制"。

规划布局中的"四大主题功能区"，因"管控保护区"与"主题展示区"，大部分内容重叠，因此从区划结构来看，难以在空间上并列布局，如果改为"四大类主题功能区"，就避免了这个问题。还有"苏区干部好作风文旅融合区"落地哪个地方应该明确，以免批准后引起争议，根据历史和现实，应该是在兴国县或以兴国县为主体。另外，"传统利用区"的理解是否有点过于狭隘，仅限于长征文化主题公园（小镇）和红军村的建设，这和"主题展示区"属于一种性质类型，完全重复了。

赣西南（永新牛田—遂川横石）红六军团西征集中展示带，根据区划现状，中间一定会跨越泰和县或井冈山市，建设集中展示带要考虑到实施主体和后期运作问题。赣东北（鹰潭—景德镇—上饶）北上游击战争集中展示带，根据可连续性要求，线路表述要调整为鹰潭—上饶—景德镇。

"环境配套工程"实际上讲了环境工程和交通配套工程，拟修改为"环境与交通配套工程"。

---

* 本文完成于 2021 年初。

# 萍乡红色旅游规划的思考：
# 湘赣边界合作战略与模式[*]

如何搞好萍乡红色旅游规划，加快湘赣区域红色旅游合作，促进萍乡红色旅游发展？这次在萍乡举办的"湘赣红色旅游高峰论坛"，谈论的就是这个问题，真有一点雪中送炭的感觉，对我启发很大，也使我认识到我思考的问题的现实价值。今天，在大家的启发下，在前段时间全面考察萍乡红色旅游资源的情况下，在初步思考萍乡红色旅游规划的基础上，就萍乡红色旅游规划与发展的湘赣合作战略与模式谈点个人不成熟的想法，供学界和业界参考。

## 一、湘赣红色旅游合作的基础：密不可分的资源系统

1. 湘赣边界地区是中国革命的重要根据地

湘赣两省山水相连，人民相亲，资源相融，革命历史事件层出不穷，红色革命胜迹浑然一体，红色旅游资源密不可分，共同构成几个著名的革命根据地和革命圣地，完全可以打造成为湘赣一体的红色旅游区：一是 1906 年湘赣边界爆发中国资产阶级政党同盟会领导的资产阶级革命运动——萍浏醴起义，一时间湘赣边界成为中国资产阶级革命的中心地区之一；二是 1922～1930 年持续进行的安源路矿工人运动，使安源成为中国工人运动的策源地；三是 1927 年爆发的湘赣边秋收起义，使湘赣边界成为中国革命的重要策源地；四是 1927～1930 年创建了湘赣边工农武装割据的井冈山革命根据地；五是 1928～1936 年建立了湘赣边九陇山军事根据地；六是 1930～1936 年建立了湘赣革命根据地；七是 1929～1936 年建立了湘鄂赣革命根据地。这些革命事迹和革命胜迹都是湘赣间山水相连的红色旅游资源。

2. 湘赣两省是毛泽东进行革命实践的重要基地

我们说"中国出了个毛泽东"，其实，具体一点讲，可以说毛泽东作为有中国特色革命道路的开拓者，中国革命事业的领导人，人民军队的缔造者和共和国的建立者，他是从湘赣两省走出来的。吉水八都镇是毛泽东的祖籍地；韶山是毛泽东的诞生地；

\* 本文完成于 2005 年。

长沙是毛泽东的建党实践地；安源是毛泽东领导工人运动的实践地；浏阳、修水、铜鼓是毛泽东领导农民运动的实践地；浏阳、修水、铜鼓、安源是毛泽东领导的秋收起义的爆发地；井冈山是毛泽东建立的中国革命的第一个农村根据地，其实就是有中国特色革命道路的开拓地，同时也是毛泽东思想的初步形成地；湘赣边界的修水、铜鼓、安源、三湾、井冈山、茶陵是毛泽东的建军实践地；瑞金是毛泽东建国的实践地。毛泽东在湘赣边界地区江西的一系列革命活动是中国革命必不可少的重要环节。

## 二、湘赣一体的红色旅游合作战略

### 1. 合作的含义

合作的本义是互相配合做某事或共同完成某项任务。上海辞书出版社 1999 年版《辞海》解释"合作"为："社会互动的一种方式。指个人和群体之间为达到某一确定目标，彼此通过协调作用而形成的联合行动。参与者须具有共同的目标、相近的认识、协调的互动、一定的信用，才能使合作达到预期效果。其特征：行为的共同性、目的的一致性，甚至合作本身也可能变为一种目的。人类社会越发展，合作的范围越扩大。"从一般的意义上讲，合作就是协作、共建，合作就是投资、互利，合作就是合资、共享，合作就是交流、共进。其实这些都是合作的共同性、普遍性，就不同区域、不同行业来讲，合作还有其差异性、特殊性，这是我们所要关注的。就江西与湖南进行区域红色旅游合作来说，除了要进行传统的普遍意义上的合作形式，如整合红色资源、共建红色旅游品牌，连点成线、搭船出海，扩大交流、活跃市场，注资兴业、扶强助弱，取长补短、优势互补外，更重要的是要根据江西与湖南发展的不同状况，实事求是地描绘江西与湖南红色旅游合作的蓝图，创新我国区域红色旅游合作的发展战略。

### 2. 红色旅游发展战略

所谓战略，是指导全局的计划和策划。泛指对全局性、高层次的重大问题的筹划和指导。

（1）红色旅游发展战略模式。包括政府主导下的红色旅游地区联动战略；市场主导下的红色旅游精品名牌战略；效益驱动下的红色旅游管理创新战略；适度开发的红色旅游可持续发展战略。

（2）红色旅游发展战略构想。包括红色旅游开发建设联动化；红色旅游投资主体多元化；红色旅游区域产品网络化；红色旅游经营管理科技化。

（3）红色旅游发展战略策略。包括红色培训与研学旅游支撑战略；红色旅游专业市场拓展战略；红色革命圣地联动战略；红色旅游扶贫开发带动战略；红色文化与精神社会效益引导战略；红色旅游优质资源组合战略。

# 三、市场互动的红色旅游开发模式

## 1. 区域性红色旅游大板块的模式

所谓区域性红色旅游大板块模式，就是根据江西与湖南地域广阔、红色旅游资源丰富且分布不均衡的特点，打破省区界限，以相邻的县市及地缘相近的多个县市大宽度和大跨度红色旅游资源密集圈、红色旅游产业密集带和红色旅游市场互生地为基础，构造各具特色的红色旅游产业圈，以大板块的形式推向全国和国际旅游市场的一种模式。其出发点和落脚点均在于对区域内红色旅游资源和红色旅游产业进行整合，积极参与全国和国际旅游市场分工，凸显区域红色旅游资源的优势和特色，更加鲜明地烘托区域红色旅游产品形象，迅速提高红色区域旅游产业的竞争力。从区域间合作来讲，江西与湖南红色旅游合作是中部省份的合作，在我国具有十分重要的地位和典型示范的作用，应该从区域发展的战略高度来认识和理解这个问题。江西与湖南革命历史文化丰厚，土特物产富有，民情风俗淳朴，山水生态优良，山、江、湖等自然风光密集，是我国旅游资源尤其是红色旅游资源异常丰富的地区，具有发展红色旅游、开展区域红色旅游合作的得天独厚的资源优势、交通优势、产品优势、人才优势和市场优势。为了互动发展，应该联手合作，共推红旅线路，共创红旅品牌，共谋红旅发展。为了使这一区域的红色旅游产品、线路、品牌更具丰富性、系统性、完整性，江西与湖南应建立良好的红色旅游合作机制，进行红色旅游资源整合、优势互补、产品共建，实行资源互享、利益互惠、市场互有，共同构筑红色旅游板块。念好山海经，唱好江湖歌，走好城乡路。从红色旅游的景观资源出发，积极发展都市红色旅游和乡村红色旅游，大力发展山岳红色旅游，重点发展红色山水旅游和红色文化旅游。从旅游的功能出发，积极发展红色商务旅游和红色节庆旅游，大力发展红色修学和教育旅游，重点发展红色观光和度假旅游，适当发展红色探险和体验旅游，真正实现江西与湖南红色旅游共生、共赢、共荣，共同营造我国中部红色旅游的半壁江山，打造我国世界级红色旅游目的地。

## 2. 分区定位各得其所的模式

江西与湖南山水相连，地缘相近，人缘相亲，但毕竟由于经济发展水平不一，交通情况不同，地理位置差别，资源状况差异，开发程度各异，造成红色旅游发展水平的不同。湖南韶山旅游经济实力比较强，江西以井冈山为代表的红色旅游整体规模也不小，各自形成了特色和龙头景区，为进一步的发展建立了基础。为了实现不同发展状况地区的红色旅游互动，各地应正确定位，做到优势互补，发挥联动的作用。一般来讲，由于不同红色旅游区的相对位置不同，可划分为红色旅游的中心区、附属区、通道区、边缘区。红色旅游中心区是指具有远距离吸引力的红色旅游目的地；红色旅游附属区是由中心区辐射并带动发展起来的红色旅游目的地；红色旅游通道区是连接两个中心区或处在中心区和边缘区之间的红色旅游目的地；红色旅游边缘区是距离较远、交通欠发达、地位较孤立、特色较鲜明、与其他区域联系不大但又比较有吸引力的红色旅游目的地。各区在同周边红色旅游区组合时，其地位不是一成不变的，而是动态的、变化的，在不同的红色旅游线路组合中；其功能的发挥不是千篇一律的，而是发展的、变动的；在市场的细分和推广中，其形象的塑造不是千人一面的，而是特色化的、个性化的。只有这样，面对千变万化的市场他们都能保持较高的吸引力，各自的优势作用才能得到充分的发挥，各自在合作中才会有地位、有收益，他们和周边红色旅游区的合作的主动性、积极性才会更高。才能真正实现正确定位，各得其所、互动合作、共生共赢。

3. 多边合作点圈结构的模式

江西与湖南红色旅游的合作，要改变传统的一对一、一加一的单边合作形式，改变固定的点线结合、连点成线的横向合作模式。应建立多边合作、全方位互动，点圈结构、纵横发展的新型合作机制。为此，要在江西与湖南建立红色旅游大区域合作网络。如上所说，先将整个区域作为一个大红色旅游板块来构建，树立整体的观念，推介整体的形象，建立统一的市场，再将几个相邻相近的城市群作为大的红色旅游圈来建设。为了实现东西互动、南北呼应、线路对接、中部崛起，需要在这个红色旅游板块的中部，依托红色旅游大景区和红色名城等红色旅游资源富集区建设红三角旅游区：以萍乡、井冈山、韶山为支点的湘赣红三角旅游区，为在这些红色旅游区内部打造四小时旅游经济圈，共同培育市场、开发市场、拥有市场，改善心智模式，拆除省际边界线的藩篱，打破行政区划界限，设计跨省红色旅游金牌线路，创立红色旅游持续发展、共同繁荣的良好机制，建立一个有省无界、有区无墙，产品各异、市场统一，主题独特、品牌共铸，资源共享、效益共生，虽有差别、但无区别的网络化联盟型大红色旅游区，为江西与湖南红色旅游创造更加广阔的发展空间。

4. 互为目的地互为市场的模式

江西与湖南人口众多，共有1亿多人口，同时，由于资源的差异性、工业化程度的差别和产业结构的不同，经济互补性较强。这里有河川、湖泊、山岳、平原，这里有都市、古村、山寨、水乡，自然资源和气候差异性较突出，文化资源和风情特色性较明显。加以山水相连、人缘相亲、交通相接，有天然的交往和合作关系，有天生的亲情和友好传统，人员内部流动性大，在发展红色旅游、开发红色景区过程中，区域内部容易形成各具特色的红色旅游产品，产生潜力较大的客源市场，从而可以实现互为目的地、互为客源市场。同时，在山岳和湖泊、高山和平原、都市和古村、山寨和水乡，甚至在发达和落后、现代和古韵、繁华和贫瘠、商业和文化、现代生活和古老风情之间，因存在差别、存在个性、存在特色，既可以互为产品，也可以互为市场。这样，产品和市场实现有效对接，产品和市场可以互相转换，从而实现区域内部一体化和市场化，达到优势互补、带动前进，内部市场互生、外部客源共享的红色旅游共同发展局面。

# 江西省红色旅游规划思路之一：
## 发展与促进举措<sup>*</sup>

红色旅游是指以中国共产党领导人民在革命战争和社会主义建设时期所形成的纪念地、标志物为载体，以其所承载的革命历史、事迹和精神为内涵，组织接待旅游者开展缅怀学习、接受革命传统教育以及参观游览的主题旅游活动。开展红色旅游是新的历史条件下党中央、国务院从加强和改进新时期思想道德建设、弘扬革命传统、促进老区经济社会发展、巩固党的执政地位的战略高度，做出的一项重大历史性决策。

江西省红色旅游资源十分丰富，发展红色旅游具有得天独厚的优势。发展好江西红色旅游对于繁荣旅游经济，加强社会主义荣辱观教育、思想道德教育、爱国主义教育和革命传统教育都具有十分重要的意义。江西省在过去的一段时间内，发展红色旅游取得较大成就。回顾过去，展望未来，我们充满信心！依据《全国红色旅游发展规划纲要》、《江西省红色旅游发展纲要》和《江西省旅游业发展"十一五"规划纲要》，结合江西红色旅游业发展的实际情况，在制定《江西省红色旅游发展纲要》实施方案时，尤其要明确如下红色旅游发展与促进举措。

## 一、明确工作思路和发展原则

以邓小平理论、"三个代表"重要思想和"八荣八耻"的社会主义荣辱观为指导方针，坚持科学发展观，在切实搞好革命文物保护的前提下，紧紧围绕中共中央办公厅、国务院办公厅印发的《全国红色旅游发展规划纲要》和省旅游局制定印发的《江西省红色旅游发展纲要》的要求，依靠江西红色旅游资源的优势，加强红色旅游宣传推介，进一步突出江西"红色摇篮，绿色家园"主题形象，完善"一个龙头、四个支点、两个集散中心、六大区域、三大协作区"的总体布局，遵循红色、绿色、古色旅游有机结合的原则，注重区域合作，将红色旅游的发展同经济社会发展结合起来，为把江西建设成为红色旅游强省而努力。

发展红色旅游要遵循以下几个基本原则：

---

* 本文作者黄细嘉、曾群洲、龚志强等，完成于 2005 年。

1. 政治工程、文化工程、经济工程的全面启动原则

要充分认识红色旅游所具有的重大的政治功能、丰富的文化内涵和积极的经济作用三方面属性，充分发挥红色旅游的政治教育功能、先进文化的传播功能和带动社会经济发展的功能，把发展红色旅游作为一项重要的系统工程来抓。进一步挖掘红色旅游的文化内涵和发挥红色旅游的经济功效，走政治效益、文化效益和经济效益并进的红色旅游可持续发展之路。

2. 政府主导、社会参与、市场运作的协同互动原则

发展红色旅游，必须坚持政府主导。红色旅游作为新兴的一种旅游形式，从起步到发展都受到了国家和各级政府的正确指导，各级政府要进一步在指导红色旅游业健康发展方面作出贡献。而各红色旅游景区必须发挥自身的造血功能，积极拓宽融资渠道，鼓励多方参与，积极创造条件，鼓励民间资金和外资投资开发旅游资源，实现投资主体多元化，形成全社会办红色旅游的局面。遵循市场规律，按市场化的原则运作红色旅游，真正把红色旅游推向市场。

3. 统一规划、总体布局、分层开发的协调发展原则

坚持统一规划原则，对全省红色旅游业的发展空间、结构和开发时序进行总体规划。发展红色旅游要有长远眼光，在盘活全省红色旅游业的前提下统一规划，各地红色旅游业的发展要服从大局，按照"一个龙头、四个支点、两个集散中心、六大区域、三大协作区"的总体布局，优先建设重点景区，以重点景区的发展带动其他景区波浪式的发展，力求促成整个江西红色旅游协调发展的局面。

4. 求同存异、深挖主题、创新形式的特色发展原则

各地发展红色旅游要注意结合本地的实际情况，尊重客观现实。"红"是红色旅游发展的主题和品牌，和其他旅游一样可以形成不同的内容和形式。红色旅游区大多处于偏远的山区，生态环境好，人文积淀丰厚，有着发展其他多种旅游的良好基础。红色旅游应主打"红色"品牌，力推复合型精品，逐步形成红色主题、多彩内容的红色旅游新理念。

各个景区要通过各种形式的创新，改变单一的旧址观光、馆舍展览形式，开发成融瞻仰、教育、观光、休闲、体验、会议等多种形式于一体的复合型旅游产品，进一步丰富红色旅游内涵，开拓红色旅游市场。要充分发挥各红色旅游区的自身优势，形成一个主题，多种形式，差异化开发，个性化发展的红色旅游新气象。

5. 明确目标、立足国内、走向国际的战略提升原则

江西红色旅游以国内市场为主体，但也要瞄准国际市场。对国内、国外市场应采取不同措施。国内红色旅游在保持游客人数稳步增长的同时，努力提高质量效益。快速发展国际红色旅游，以增加红色旅游外汇收入。国内、国外两手硬，从而改善红色旅游人力资源结构，提高红色旅游软硬件设施建设水平，全面提升红色旅游产业整体素质。各红色旅游区在开发过程中，要明确并坚持这一目标，开拓思路，放眼未来，深刻挖掘红色文化内涵，做大做强国内市场，并进一步把红色旅游推向国际，推动中

国红色文化成为世界文化遗产。

# 二、确立发展目标和发展战略

1. 总体目标

从2006年起用两年时间高标准建设好一批重点红色旅游区，打造一批在国内具有影响力的红色旅游精品景区，进一步确定江西作为红色旅游强省的地位。再用3年时间将"红色摇篮、绿色家园"打造成为具有强大国内和国际影响力的旅游品牌，使江西成为全国乃至世界红色旅游"首选地"之一，主要红色旅游区成为国内外旅游热点，同时力争成为全国的红色旅游学术研究中心和信息资源发布中心，从各方面巩固江西作为红色旅游故乡和红色旅游强省的地位。发展红色旅游的同时要注重社会综合效益，为建设社会主义新农村和全面建设小康社会作出贡献。

2. 具体目标

（1）政治目标：通过发展红色旅游做好社会主义荣辱观教育、爱国主义教育、革命传统教育和青少年思想教育工作，以此坚持和完善党的领导，全面建设小康社会。

（2）文化目标：红色旅游要成为精神文明建设的一种重要途径；发展红色旅游的同时注意保护旅游原生态文化，保护旅游目的地的独特风情、风俗、风物；红色旅游要成为先进文化的传播课堂，弘扬革命历史文化遗产所承载的革命前辈们生命不息、冲锋不止的奋斗精神。

（3）经济目标：实现红色旅游产业化，使其成为带动革命老区发展的优势产业。到2007年，全省红色旅游接待人数达到2500万人次，综合收入达到150亿元，占全省旅游接待总人数和总收入的35%左右。到2010年，全省红色旅游接待人数达到5000万人次，综合收入达到300亿元，占全省旅游接待总人数和总收入的40%以上，相当于全省GDP的4.28%。

（4）社会目标：充分发挥红色旅游社会经济的引擎作用。通过红色旅游对革命老区经济社会发展的拉动作用，带动人流、物流、资金流、信息流，扩大招商引资，增加就业岗位，促进劳动力转移，加快革命老区脱贫致富奔小康的步伐，共同建设社会主义新农村，促进整个社会和谐发展。

（5）人才目标：培养一支高水平的红色旅游从业人员队伍，依托南昌大学、江西师范大学等高校，探求新形势下的人才培养模式。争取能在未来几年提高从业人员的学历，使学历层次科学化、合理化。

（6）专题产品：开发好一批成熟的、在国内国际市场上有竞争力的红色旅游产品，按照旅游十大要素的要求，高标准搞好重点红色旅游景区和线路的基础设施建设和相关配套设施建设，把红色文化研习游、革命摇篮体验游、红色故都寻访游、长征之路觅踪游、人民军队寻根游、工人运动探源游、秋收起义访习游等红色旅游产品和红色旅游文化节事活动打造成为精品项目。

（7）旅游目的地：建设主题鲜明、交通便利、服务配套、吸引力强，在国内外有较大影响的旅游目的地。把井冈山、瑞金、南昌建设成为国内一流、国际知名的红色旅游目的地；把萍乡、上饶、赣州建设成为国内著名、国际有一定影响的红色旅游目的地；同时建设一批省内著名、全国有一定影响的红色旅游目的地。

（8）旅游节事：组织举办在国内外有影响有特色的各类会议、展览、招商活动，加深社会对"红色摇篮、绿色家园"的认同感；组织召开中国现代革命史重大事件周年大型纪念活动，制造轰动效应，招揽旅游者，提高江西知名度，保持社会对江西红色旅游的持续关注。

重点巩固"红博会"的优势主导地位，办出规模，办出水平，办出影响，使之成为全国红色旅游标志性的会展品牌。力争把"红色旅游高峰论坛"办成国内主要的红色旅游学术会议。

### 3. 发展战略

红色旅游发展战略是指导全局的计划和策划，是对发展红色旅游相关重大问题的全局性、战略性的谋划。

（1）政府主导下的地区联动战略。政府在红色旅游的发展中应承担主导作用，要有长远目标，打破地方保护主义，实现资源共享。通过对省内外红色旅游资源的组合和产品结构的调整，做到各景区在空间上的融会贯通，在旅游目的地形象上的统一，在客源上的共享，以传统景区带动新兴景区，促进区域红色旅游整体联动高速发展。红色旅游区域合作开发还要注意红色旅游资源与区域内其他自然和人文旅游资源进行合作开发的重要性。

（2）市场导向下的多色互动战略。红色旅游能否持续发展，最终由市场来决定。红色旅游的发展不能脱离市场。在按照市场需求发展红色旅游的前提下，发挥多种资源的互补作用，把分散的红色、绿色、古色等多色旅游资源整合起来，形成多色互动的局面，增强江西红色旅游的整体实力。

（3）统筹规划下的精品名牌战略。全省发展红色旅游要统筹规划，要全面盘活、共同发展。认真做好红色旅游区域规划，以充分发挥整体效益。在这个目标下，江西红色旅游产品开发，应实施精品名牌战略，着力开发红色旅游精品，重点推出精品线路，要重点创建"红色摇篮，绿色宝库"井冈山、"花园英雄城"南昌、"红色故都"瑞金等名牌。对这些精品名牌的开发要深挖其人文内涵，增加其动态参与性活动，要有大手笔的项目策划和建设，要有整体环境的营造，推出针对不同客源市场的红色旅游精品线路，使各个景区优势互补，相得益彰。

（4）效益驱动下的管理创新战略。在兼顾各类效益的前提下，探求红色旅游发展的创新之路。用新方法来整合红色旅游资源，以便更有效地实现综合效益目标。做到"五个一"，即提出一种新发展思路并加以有效实施；创设一个新的组织机构并使之有效运转；提出一个新的管理方式方法；设计一种新的管理模式；进行一项制度的创新。

（5）适度开发的可持续发展战略。良好的生态与环境是旅游业可持续发展的保障。革命文物是红色旅游业发展的基础，革命遗址的保护和红色旅游的发展是相互促进的作用。走开发与保护、发展与稳定相结合的旅游发展道路。把旅游活动控制在资源环境的承载能力范围内，建立和完善生态补偿机制，实现红色旅游产业与资源、环境相适应的可持续发展。

# 三、明确总体布局和发展重点

1. 总体布局

依据江西省旅游资源的分布及各地区旅游业发展情况，全省红色旅游按照"一个龙头、四个支点、两个集散中心、六大区域、三大协作区、二十五个景区"和红色、绿色、古色旅游有机结合的原则进行布局。

（1）一个龙头。即井冈山红色旅游区，包括赣西南井冈山革命根据地的井冈山、永新、莲花、泰和、万安、遂川、吉安、吉水、永丰等地的红色旅游景区景点，为江西省红色旅游发展的龙头。

（2）四个支点。

1）南昌红色旅游区，包括南昌市区八一起义系列旧址、革命历史博物馆、革命烈士纪念堂、烈士陵园、新建望城岗"小平小道"等地的红色旅游景区景点。

2）瑞金红色旅游区，包括赣南的瑞金、兴国、于都、宁都、会昌、广昌、寻乌和石城县等地的红色旅游景区景点。

3）萍乡红色旅游区，包括赣西北的萍乡市安源路矿工人运动系列旧址和秋收起义萍乡纪念馆、铜鼓纪念馆、修水纪念馆以及万载、新余罗坊等地的红色旅游景区景点。

4）上饶红色旅游区，包括赣东北的弋阳县方志敏纪念馆（革命烈士纪念馆）、漆工镇方志敏故居、漆工镇暴动纪念馆，横峰县葛源镇闽浙赣革命根据地旧址和革命烈士纪念馆，乐平"红十军"诞生地，上饶集中营旧址，余江县"送瘟神纪念馆"等红色旅游景区景点。

（3）两个集散中心：南昌、赣州。根据省内红色旅游资源的空间布局情况，依托城市旅游业总体发展水平，分别建设一个主集散中心和一个次集散中心。

1）依托南昌市的政治、经济、文化中心地位以及较高的旅游业发展水平，将南昌市作为全省红色旅游的主集散中心。

2）赣州作为江西省的南大门，具有连接井冈山红色旅游区和瑞金红色旅游区的区位优势，将赣州作为全省红色旅游惟一的次集散中心。

（4）六大区域。江西省红色旅游资源具有分布广、数量多、品位高及与其他旅游资源融合度高等特点，各地红色旅游发展模式各不相同。根据各地红色旅游发展模式及发展情况，将江西省红色旅游区划为六大不同区域。

1) 井冈红绿相映型红色旅游区。以井冈山烈士陵园、博物馆、革命历史名人旧居、黄洋界哨口、八角楼等为红色旅游的代表，以五龙潭瀑布、水口瀑布及其优良的自然生态环境为绿色旅游的代表，以厚重的红色革命文化为主线，以优良的生态环境为依托，坚持红绿相映的红色旅游发展模式。

2) 南昌城乡互动型红色旅游区。以八一起义系列景点、新四军军部旧址等为南昌城市中心红色旅游景点的代表，以新建小平小道、南昌会战遗址等为城郊红色旅游的代表，在产品线路设计、宣传促销等方面坚持城乡互动。

3) 瑞金红色主体型红色旅游区。以瑞金"红色故都"景区、于都"长征始发地"景区、兴国"将军县"景区、"宁都起义"纪念景区等为主体，重点发展红色旅游，坚持走红色主体型的发展道路。

4) 上饶多极综合型红色旅游区。以弋阳县方志敏纪念馆、漆工镇方志敏故居、漆工镇暴动纪念馆、横峰县葛源镇闽浙赣革命根据地旧址及革命烈士纪念馆、上饶集中营旧址等为红色旅游的代表，以三清山、龟峰、黄冈山等为绿色生态旅游的代表，以万年"世界稻作文化"、婺源古村落、道教文化、鹅湖书院、葛仙山、河口及石塘老镇等为古色旅游的代表，表现为红色旅游景区的分布多极以及旅游组合方式的多极综合。

5) 萍乡多色并举型红色旅游区。以安源路矿工人运动系列景点与萍乡、铜鼓、修水秋收起义系列景点为红色旅游的代表，以武功山为绿色生态旅游的代表，以萍乡傩文化、杨岐山普通寺为古色旅游的代表，坚持"红、绿、古"三色并举的发展道路。

6) 庐山红色点缀型红色旅游区。依托著名庐山"世界文化景观"的品牌，利用良好的区位条件、优良的生态环境、丰富的自然景观，以庐山会议旧址、领袖人物旧居、胡耀邦陵园等红色旅游景点作为点缀，组合成"红色点缀型"的旅游产品，促进庐山旅游区的发展。

(5) 三大协作区。在发展好省内红色旅游区域的基础上，与周边省市加强红色旅游合作，逐步建设好以下三大省际红色旅游协作区。

1) 湘鄂赣红色旅游经济协作区。加强与湘潭市韶山市毛泽东故居和纪念馆、湘潭市湘潭县彭德怀故居和纪念馆、长沙市红色旅游系列景区、武汉市红色旅游区、黄冈市大别山旅游区等的合作，主要推广赣湘红色文化旅游精品线路——南昌或井冈山—萍乡—韶山—长沙和赣鄂红色文化旅游精品线路——武汉—黄冈—九江（庐山）—共青城—南昌—井冈山。

2) 赣浙沪红色旅游经济协作区。利用良好的区位和交通优势，加强与上海红色旅游系列景区、嘉兴市南湖风景名胜区、杭州等地的合作，引进其先进的经营、管理、开发理念，重点推广赣浙沪红色文化旅游精品线路——南昌—龙虎山—上饶—三清山—杭州—嘉兴—上海。

3) "中央苏区"红色旅游协作区。在联合促销、产品设计等方面加强与龙岩市红色旅游系列景区（点）、三明市红色旅游系列景区（点）等红色旅游区的合作，重点推广"中央苏区"红色旅游主题精品线路：赣州—瑞金—长汀—宁化—龙岩。

（6）二十五个景区。包括井冈山"革命摇篮"景区；南昌"英雄城"景区；瑞金"红色故都"景区；安源红色旅游景区；上饶集中营革命烈士陵园；永新三湾改编旧址；新建"小平小道"；于都"长征始发地"景区；兴国"将军县"景区；弋阳方志敏纪念馆；"宁都起义"纪念景区；铜鼓秋收起义纪念地；万载湘鄂赣根据地纪念地；修水秋收起义纪念地；广昌"苏区北大门"景区；东固"东井冈"纪念地；横峰葛源闽浙赣"首府"纪念地；宜黄黄陂、东陂大捷纪念景区；黎川闽赣省诞生地纪念景区；莲花"一枝枪"纪念馆；寻乌调查纪念馆；新余罗坊会议纪念馆；乐平"红十军"纪念景区；九江红色旅游景区；会昌邓小平旧居。

2. 建设重点

（1）建设十大经典景区。包括井冈山"革命摇篮"景区，南昌"英雄城"景区，瑞金"红色故都"景区，安源红色旅游景区，上饶集中营革命烈士陵园，方志敏革命纪念馆，新建"小平小道"，于都"长征始发地"景区，永新三湾改编旧址，萍乡、铜鼓、修水秋收起义纪念地，作为江西省红色旅游发展的重点产品和线路的组成部分，在资金和政策方面给予适当倾斜。

（2）办好一个"红博会"。由省政府牵头，继续联合国家广电总局、国家旅游局等中央有关部门和兄弟省市，在全省各地和省直各部门的大力支持和配合下，精心办好中国（江西）红色旅游博览会。今后，"红博会"的承办实行"申报制"，结合当地实际情况，充实活动项目内容，注重创意设计，加强媒体宣传造势，吸引更多展团参展，使之成为充分展示江西主题形象、全面整合旅游产品、广泛吸引八方来客、拉动经济社会发展的全国性旅游经典盛会。

（3）举办系列高峰论坛。继续办好系列地方红色旅游高峰论坛，包括已举办过的井冈山红色旅游高峰论坛、赣湘红色旅游高峰论坛、瑞金红色旅游高峰论坛等，其他有条件的红色旅游区也可在近期进行申办。在此基础上，在南昌举办第一届江西省红色旅游高峰论坛，邀请省内外知名专家以及旅游行政管理部门官员就江西红色旅游的发展建言献策，以后每一届高峰论坛的承办实行"申报制"。让地方和省红色旅游高峰论坛成为每年江西省红色旅游活动的重要项目之一，为江西省红色旅游发展出谋划策。

（4）搭建一个信息平台。按照打造"数字化江西旅游"的总体要求，将红色旅游信息平台作为全省旅游信息化的一个重要组成部分。建立全省红色旅游信息化领导小组和工程专家咨询小组，加快红色旅游信息化基础设施及信息化队伍建设，切实拓展信息技术在红色旅游各生产要素中的应用广度和深度，建设覆盖旅游咨询、旅游服务、旅游宣传、旅游网络营销、旅游电子商务、旅游管理、旅游企业宣传等方面的全省红色旅游信息综合服务平台，并逐步健全信息平台服务功能，促进江西红色旅游发展。

（5）建好一批教育基地。在建设好江西省 11 个全国爱国主义教育基地的基础上，认真研究有关国家级爱国主义教育基地建设要求，加大宣传力度，并结合江西省红色旅游景区（点）实际情况，大力重点建设一批国家级爱国主义教育基地，增加江西省国家级爱国主义教育基地数量，提高江西红色旅游的知名度。近期，高要求、高标准建设好新建"小平小道"景区、莲花"一枝枪"纪念馆、新余罗坊会议纪念馆、寻乌调查纪念馆等教育基地，争取晋升为国家级爱国主义教育基地。

（6）做好一个总体规划。在 2004 年印发的《江西省红色旅游发展纲要》的基础上，在江西省委、省政府和省旅游局的大力倡导下，在各有关省直部门和各地区的积极配合下，邀请熟悉红色旅游发展的旅游专家团队，举全省之力编制好《江西省红色旅游发展总体规划》。规划在对全省红色旅游资源进行全面调查评价的基础上，在产品整合、战略举措、宣传营销、资金筹措、保障体制等方面给予具体可行的实施意见，统领江西红色旅游朝健康、稳定、协调方向发展。

# 四、实施举措和推广策略

## 1. 主要措施

（1）强化政府主导，实施三大工程。各级政府应当高度重视红色旅游工作，坚持政府主导战略，加强领导和组织协调，切实把红色旅游工作纳入重要议事日程和重要考核内容，充分发挥政府在旅游业发展中的主导作用。成立全省红色旅游工作协调小组，由省发展改革委、省委宣传部、省旅游局负责同志牵头，民政厅、财政厅、建设厅、交通厅、文化厅、文物局等部门负责同志任成员，负责研究解决发展红色旅游中存在的重大问题，检查、督促规划纲要的实施。

全省旅游行业要认真领会中央领导关于"红色旅游是'三大工程'的具体体现"的指示精神，进一步提高对发展红色旅游重大意义的认识。发展红色旅游是巩固党的执政地位的政治工程，是弘扬伟大民族精神、加强青少年思想道德教育、建设社会主义先进文化的文化工程，是促进革命老区经济社会发展、提高群众生活水平的经济工程。

（2）重视旅游规划，做好景区建设。为加强对红色旅游区域开发建设的指导和协调，防止低水平重复建设，要科学制定红色旅游发展战略，在落实好 2004 年发布的《江西省红色旅游发展纲要》的基础上，精心编制全省红色旅游发展中长期规划和各个旅游景区、旅游项目的开发建设规划。全省上下要提高重视红色旅游规划的意识，遵循"发展旅游，规划先行"的原则，尽快编制《江西省红色旅游业发展总体规划》、《井冈山红色旅游区发展总体规划》、《南昌红色旅游区发展总体规划》、《瑞金红色旅游区发展总体规划》、《萍乡红色旅游区发展总体规划》、《上饶红色旅游区发展总体规划》、《江西红色旅游概念线路规划》、《江西红色文化旅游金牌线路规划》、《赣湘红色文化旅游精品线路规划》、《赣闽粤红色文化旅游精品线路规划》、《赣浙沪红色文化旅游精品线路规划》、《赣鄂红色文化旅游精品线路规划》以及各红色旅游景区的详细规划。

依托当地实际情况，结合各红色旅游景区的主题形象，在硬件和软件两方面做好各景区的建设。井冈山红色旅游区加快实施朱毛会师再现工程、黄洋界保卫战再现工程、茅坪红军村访习体验区建设工程、井冈山红色之旅建设工程、主峰景区建设工程、笔架山十里杜鹃长廊建设工程、永新三湾改编旧址景区提升工程等，创建中国最佳旅游城市；南昌红色旅游区完善八一广场、八一起义纪念馆、小平小道、小平楼等红色景区景点，兴建陆军博物馆、军事主题公园；瑞金红色旅游区完善和提升叶坪、沙洲坝、云石山等红色文化博览区和兴国将军纪念馆、于都红军长征第一渡旧址景区等，申报国家历史文化名城和创建中国优秀旅游城市；萍乡红色旅游区完善和提升安源工人运动纪念博览区、萍乡秋收起义广场、铜鼓秋收起义纪念馆、修水秋收起义纪念馆等，创建中国优秀旅游城市；上饶红色旅游区保护上饶集中营旧址，完善上饶集中营革命烈士纪念馆，保护和维修横峰葛源镇闽浙赣革命根据地旧址和弋阳方志敏纪念馆、余江邹韬奋故居等，创建中国优秀旅游城市。

（3）落实规划方案，明确责任分工。各地不仅要重视红色旅游规划在其发展中的重要作用，做好编制工作，更要抓好规划的实施工作，将规划落到实处。各地各部门要按照国家和省红色旅游发展纲要的要求，坚决落实国家和地方规划的要求，结合当地红色旅游景区和旅游线路的特色，确定各自的具体主题形象，组织开发各具特色的红色旅游产品，防止低水平重复建设，杜绝庸俗化和过度商业化。有条件的可以建立规划实施监督机制，确实保证规划在红色旅游发展中的重要作用。

各有关部门之间要加强沟通、密切合作、明确分工、各司其职。宣传部门通过现代媒介搞好宣传推广工作；发展改革委组织协调基础设施建设和投资计划安排；旅游部门负责红色旅游发展中旅游工作的组织协调及规划指导、线路组织、宣传促销、管理服务和人员培训工作；财政部门负责组织协调红色旅游相关区域规划编制、宣传推广、教育培训和革命文物保护、展示经费；民政部门负责组织落实本系统与红色旅游相关的烈士陵园、纪念馆建设改造的有关项目计划，加强烈士陵园和纪念馆的管理；交通部门负责做好与发展红色旅游相配套的交通项目计划安排和建设；建设部门负责做好红色旅游区（点）规划与当地城乡建设规划、风景名胜区总体规划相关内容的审定和衔接，做好相关风景名胜资源保护开发管理工作；文化部门负责组织革命历史题材文艺和文学创作，指导组织与红色旅游相关的文艺演出活动；文物部门负责相关革命文物保护规划编制和文物征集、展陈、维修等方案的制定落实。各部门按照规划中分工要求，制定相应方案，提出具体措施，将推动红色旅游发展工作真正落到实处。

（4）共推一个形象，形成整体合力。充分利用现代传媒，采取全省整体形象和各旅游区主题形象相结合的方式，继续加大主题形象的宣传力度，形成整体合力，提升江西省红色旅游的知名度。一方面，加强"红色摇篮，绿色家园"整体形象的宣传推广力度，进一步扩大在国内外的影响；另一方面，对省内五大主要红色旅游区的文化内涵加以深入挖掘，提炼出脍炙人口的市场营销口号，进一步突出各主要红色旅游区的主题形象，扩大在游客心中的影响力。提炼主题形象时注意以下"五个结合"：井冈山旅游区要突出革命摇篮的主题和革命圣地与秀丽风光相结合的特色，南昌旅游区要突出英雄城的主题和革命历史名城与花园城市相结合的特色，瑞金旅游区要突出共和国摇篮的主题和红色故都与客家风情相结合的特色，萍乡旅游区要突出中国工人运动与秋收起义策源地的主题和革命故地与古傩文化、山顶草甸风光相结合的特色，上饶旅游区要突出血染的丰碑主题和革命旧址与三清绝景相结合的特色。

（5）注重创意设计，提升功能品位。注重产品开发创新理念，采用混合开发模式，即传统开发模式和体验开发模式的有机组合，使旅游目的地既有传统的观光型旅游项目，又注重参与体验型旅游项目的开发。在以讲解故事为形式的红色旅游观光产品的基础上，利用声、光、电等现代高科技手段，配合开发射击、攀爬、野战等体验项目，提高旅游项目的参与性和趣味性，构建旅游目的地参与体验项目体系。重点开发南昌市军事主题公园、井冈山山地野战体验、井冈山红军伙食菜肴等旅游项目。另外，大力推进红色旅游文艺节目的开发，南昌策划并推出"军旗升起的地方"大型红色主题歌舞节目；井冈山完善"星火燎原——岁月井冈山"大型红色主题歌舞节目；瑞金策划并推出"赤国红都——共和国从这里走来"大型红色主题歌舞节目；萍乡策划并推出"秋收起义之歌"红色主题文艺节目；上饶策划并推出"血染的丰碑"红色主题文艺节目。

（6）办好重大节事，创造旅游亮点。办好以下两类节事：一是为了纪念历史事件，举办一系列活动，扩大事件影响力，提高知名度；二是出于商业目的，组织各类旅游展示和推介活动，促进红色旅游发展。深入挖掘红色历史文化，结合当地实际情况，举办具有本土文化特色和地域风情的红色旅游节事活动。将中国（江西）红色旅游博览会、井冈山杜鹃花会、中国红色旅游文化节和江西红色旅游推介会等培育成江西省重要的红色旅游节事品牌。同时，在各地办好以下重大节事：在南昌举行大型主题文艺晚会、旅游推介、经贸洽谈、招商引资等活动，在井冈山举行红色旅游高峰论坛和业内交流活动，在瑞金、萍乡、上饶等地分别组织红色旅游展示和推介活动。每年4月下旬在井冈山举办革命圣地访习、革命传统教育研讨、大型红色主题歌舞表演以及经贸洽谈、旅游交易等活动，每年8月1~7日在南昌举办英雄城国防教育周，并于"八一"建军节在"八一"广场隆重举行升军旗仪式、大型主题文艺晚会等活动，每年11月7日在瑞金举办红色故都华诞纪念活动，举行中华苏维埃旧址考察、中央机关寻根、旅游推介活动和红色旅游区域合作研讨会、大型文艺晚会。另外，重点办好中华苏维埃共和国成立75周年（2006年）、红军长征胜利70周年（2006年）、秋收起义举行80周年（2007年）、井冈山革命根据地建立80周年（2007年）、红军长征始发75周年（2009年）、红军长征胜利75周年（2011年）等节庆活动。

（7）合理定位红色，实现多色互动。虽然红色旅游在全省范围内占据主导地位，但是各地切忌盲目实行红色旅游领跑战略，要根据当地红色旅游资源分布和旅游业发展总体情况，合理定位红色旅游在当地旅游业发展中的地位。江西省红色旅游发展主要分为红色主体型（瑞金红色旅游区）、红绿相映型（井冈山红色旅游区）、多色并举型（萍乡和上饶红色旅游区）、红色点缀型（庐山）等发展模式。各地应因地制宜采取不同的发展模式，将红色旅游与绿色、古色旅游进行有机结合，加强产品整合，实现多色互动，相互促进，共同发展。

（8）改善交通条件，增强旅游运力。在完善全省现有公路网络的基础上，进一步加快红色旅游景区公路建设，重点建设与主要干线公路连接的景区支线公路，改善景区交通状况，提高偏远景区可进入性。鼓励旅游汽车客运业的发展，降低旅游车经营的准入门槛，引入现代市场竞争机制，加强旅游客车从业人员的业务培训，尤其是增强司机的服务意识。根据市场需要，南昌昌北国际机场、赣州黄金机场、井冈山机场逐步增加往返旅游热点地区的航班次数，以便远程游客来赣旅游。铁路部门要增开与省外主要城市的直通旅游列车，并采取加挂车厢、预留客票、联网购票等形式，方便游客在不同时期的旅行。

（9）加快"三个"整合，强化区域协作。要按照全面整合旅游资源、旅游体制、旅游产业的要求，把"三色"旅游资源有机组合，开发出复合型旅游精品。要全面理顺主要红色旅游景区管理体制，实行景区统一管理。根据政府主导、市场运作的原则，强化红色旅游相关管理部门的协调与合作。由省旅游局牵头，切实加强省内五大红色旅游区的协作，真正落实具体合作细节，同时加强与周边省份在产品开发、资源保护、人才培育、宣传促销等方面的合作，化竞争为合作，互相促进，共同发展。

（10）加大投入力度，推进开发保护。积极争取国家红色旅游专项建设资金，尤其是国家重点支持的基础设施建设、环境整治和重大项目等方面的资金，在此基础上，加大省财政部门对红色旅游的基础设施建设、资源保护、规划编制等方面的投入力度。社会主义新农村建设和农村扶贫要注意做好与红色旅游开发建设的协调配合。省开发银行可以结合自身职能，在红色旅游的规划编制、设施建设等方面给予政策性贷款支持，并鼓励各类商业银行对红色旅游提供金融支持。引导各类企业、组织参与红色旅游的建设经营。

（11）加强宣传促销，开拓客源市场。要采取多种形式搞好红色旅游的整体形象宣传，提高知名度。要加强省际横向联合，逐步在国内主要旅游热点城市设立旅游办事机构，形成全方位的旅游宣传促销攻势，建立稳定的客源市场网络。各红色旅游区的宣传推广要围绕主题、突出特色、增强吸引力，要适时推出一些富有特色的招徕性强的旅游线路和旅游节事活动，并要主动与兄弟省市特别是沿海地区和中心城市互动对接。鼓励旅游企业在省外设立促销机构，或利用江西省各驻外机构，通过直接派员或委托、合作的方式，开拓旅游业务。

（12）加强队伍建设，培养优秀人才。切实提高对开发红色旅游人才的认识，把旅游教育培训作为红色旅游基础工程来抓。重点培育红色旅游中高级管理人才和红色旅游景区专业讲解人员。广泛吸收社会各界有志于从事红色旅游服务的高素质人才加入到服务队伍中来。加强职业道德和服务技能的培训，提高员工队伍整体素质，实现红色旅游服务向专业化、规范化、艺术化和人性化方向发展。

（13）树立客本观念，营造旅游氛围。以游客为本，是"以人为本"在旅游业的具体化。转变观念，强化意识，从更新经营理念入手，大力营造旅游氛围。要组织和动员红色旅游城市和景区社会各方面的力量，加强旅游环境培育，搞好精神文明建设，发扬革命优良传统，增强"处处都是旅游环境，人人都是旅游形象"的意识，自觉塑造和展示良好的社会风尚。切实保护好旅游资源，维护旅游环境卫生和秩序。在城乡规划建设中，要注重突出本地红色文化的特色，营造浓郁的红色旅游氛围。

（14）完善配套体系，优化产品结构。各红色旅游景区景点都要搞好交通基础设施建设，在加快建设高速公路网络的基础上，突出改善景区公路和游步道设施，尤其是做好景区与主要公路干线连接公路的建设，提高已有连接公路的等级标准，提高景区的可进入性与参观游览的安全性和舒适性。应根据市场需求，科学安排与红色旅游城市和景区相协调的、安全卫生的住宿、餐饮设施，尤其是增加景区公共厕所的数量和改善其卫生条件。在南昌、井冈山、瑞金等地，加快建造会展中心，促进江西省商务会展旅游经济的快速发展。

2. 线路推广

（1）红色旅游专题线路。

1）全力打造"红色摇篮"首选黄金线路。

南昌—萍乡·安源—井冈山—瑞金。

2）精心培育以井冈山为节点的重点线路。

南昌—吉安—井冈山—赣州—瑞金。

瑞金—井冈山—萍乡—南昌—上饶。

赣州—于都—瑞金—石城—宁都—兴国—吉安—井冈山—永新—萍乡—南昌。

3）隆重推出跨区协作的六条精品线路。

中国红色旅游概念线路：上海—嘉兴—南昌—井冈山—瑞金—长汀—高州—遵义—延安—西柏坡—北京。

江西红色文化旅游金牌线路：南昌—井冈山—赣州—瑞金。

赣湘红色文化旅游精品线路：南昌或井冈山—萍乡—韶山—长沙。

赣闽粤红色文化旅游精品线路：赣州—瑞金—长汀—龙岩—梅州—广州。

赣浙沪红色文化旅游精品线路：南昌—龙虎山—上饶—三清山—杭州—嘉兴—上海。

赣鄂红色文化旅游精品线路：武汉—黄冈—九江（庐山）—共青城—南昌—井冈山。

4）强力营造六条主题鲜明的精华线路。

江西红色名山游：庐山—共青城—南昌—吉安—井冈山。

革命圣地寻访游：韶山—茶陵—炎陵—永新—井冈山—兴国—于都—瑞金。

人民军队建军游：南昌—萍乡—三湾—砻市—井冈山—瑞金—长汀—上杭古田—龙岩。

全国将军县研修游：兴国—吉安—永新—湖北红安—安徽金寨。

革命胜利征程游：上海—嘉兴—南昌—井冈山—瑞金—遵义—延安—西柏坡—北京。

伟人足迹追寻游：韶山—长沙—萍乡—井冈山—瑞金—遵义—延安—西柏坡—北京。

（2）多色旅游互动线路。

江西红古绿"三色"文化旅游精品线路：南昌—龙虎山—上饶—三清山—景德镇—婺源。

南昌红绿古相衬专线游：南昌八一起义纪念馆—滕王阁—青云谱—天香园—新建"小平小道"—厚田沙漠景区—西山万寿宫。

赣东北红绿古"三色"精华游：鹰潭龙虎山—弋阳龟峰—横峰葛源—上饶集中营—德兴铜矿—上饶三清山。

萍乡市红绿古"三色"之旅：安源纪念广场—安源路矿工人运动纪念馆—路矿工人俱乐部—消费合作社—谈判大楼—盛公祠—总平巷—张家湾秋收起义军事会议旧址—秋收起义纪念碑—义龙洞—傩神庙—"神州双管李"书法表演或傩舞表演—卢德铭烈士陵园—武功山。

环鄱阳湖入境旅游精品线路：南昌—共青城—庐山—景德镇—婺源—三清山—上饶集中营—方志敏纪念馆—龙虎山。

# 江西省红色旅游总体规划编制方案<sup>*</sup>

红色旅游是指以革命纪念地、纪念物以及所承载的革命精神为内涵,以现代旅游为基本形式,组织接待旅游者参观游览、学习革命历史知识、接受革命传统教育和振奋精神、放松身心、增加阅历的旅游活动,是红色革命精神与现代旅游经济的结晶。红色旅游是我国"三大工程"的重要体现方式,是我国旅游业的重要组成部分。江西省红色旅游资源十分丰富,发展红色旅游具有得天独厚的优势。依据《全国红色旅游发展规划纲要》、《江西省红色旅游发展纲要》和《江西省旅游业发展"十一五"规划纲要》,根据江西省发展改革委的总体部署和省经济社会发展的实际需要,结合江西省红色旅游业发展的现状和趋势,现就做好《江西省红色旅游总体规划》(以下简称规划)的编制做出如下安排:

## 一、规划目的与意义

为了促进江西省红色旅游的发展,打造特色旅游品牌,繁荣社会、经济、文化,推动"三大工程"的顺利实施,避免无序开发、低级利用和破坏性建设,保障红色旅游的可持续发展,故制定本规划。规划的制定不仅对于促进红色旅游发展有重要意义,而且对于全省政治、经济、文化具有重大的现实和历史意义。首先,规划的制定有利于江西省红色旅游从"符号旅游"阶段向"体验旅游"阶段过渡,有利于红色旅游资源与其他类型旅游资源的有机结合,有利于红色旅游资源保护与开发的协调进行,促进江西省旅游业持续快速健康发展。其次,规划的制定有利于江西精神文明建设的开展,有利于爱国主义、革命历史知识、革命传统和革命精神的培育,有利于革命老区脱贫致富奔小康,促进社会、经济、文化的协调发展。

---

* 本文完成于 2005 年底。

# 二、规划编制机构

为加强组织领导，确保规划的编制，按照统一领导，分工负责，各司其职，精简高效的原则，拟成立三个不同性质和责任的小组，协调开展规划的组织领导、协调监督、调查研究和撰稿起草工作：

1. 规划编制领导小组

为了加强对江西省红色旅游总体规划编制工作的领导，省旅游局成立全省红色旅游总体规划编制工作领导小组，以负责领导和组织红色旅游总体规划编制工作，统筹协调编制工作中的有关重大问题。规划编制领导小组设工作组，由省旅游局规划财务处负责具体工作。各设区市旅游局也要加强对这项工作的组织领导，成立相应的规划编制组织领导机构。

2. 规划编制工作小组

具体负责规划的研究和起草工作。编制工作小组将由省旅游局各处室指定专人参加，并提出本处室所负责业务的总体规划思路。另外，各设区市旅游局局长指定专人参与规划的编制，提出本地区规划的思路及意见，并为规划的编制提供方便。

3. 规划课题研究小组

负责规划专题研究与探讨，起草红色旅游总体规划初稿。为充分发挥各高校学者与专家的智慧和力量，优化配置江西省规划研究资源，增强规划的科学性。特成立以南昌大学经济与管理学院、旅游管理系、旅游规划与研究中心的相关研究人员为主体，与国家发展和改革委员会旅游经济研究与规划中心共同组成的规划课题研究小组，聘任南昌大学旅游规划团队负责人为规划课题研究小组组长，联合省内各主要高校专家学者，共同开展调查研究和规划起草撰稿工作。

# 三、规划调研方案

为保证规划的科学性，特制定一套科学的规划调研方案。

1. 文献资料检索与收集

在规划编制之前，通过电子检索、书刊查阅、实地走访等方式收集相关文献资料，为规划的编制提供理论基础和数据支撑。文献资料收集主要包括红色旅游研究的相关理论和红色旅游发展数据两个方面。

2. 全国红色旅游发展现状调查

主要通过相关媒介或走访的形式对全国红色旅游发展现状进行调查，了解全国红色旅游开发现状、发展成绩、发展不足以及国家对红色旅游发展政策等,为本规划的编制提供依据和参考。

3. 全国经典红色旅游区个案调查

为保证规划的前瞻性,对部分全国经典红色旅游区进行实地个案考察,认真考察其开发模式、产品策划、景区管理、人员培训、政策制定等内容,以为江西省红色旅游区的开发提供借鉴和参考。

4. 江西红色旅游资源和旅游发展现状调查

为更加充分地把握江西红色旅游资源和旅游发展现状,对全省红色旅游区进行实地调研,大致分为四个片区:赣北红色旅游资源调研(九江、南昌)、赣东北红色旅游资源调研(抚州、鹰潭、上饶、景德镇)、赣西南红色旅游资源调研(萍乡、宜春、新余、井冈山)、赣中南红色旅游资源调研(吉安、赣州),充分把握红色旅游资源的分布、品级以及当地旅游业发展情况,这是做好本规划的有力保证。

# 四、规划总体思路

1. 工作思路

组织专家利用现代高新技术与实地调查及旅游者抽样调查相结合的方法,编制起点高、视野开阔、有深度、达到国内先进水平并具有较强可操作性的江西省红色旅游发展总体规划成果。

(1)夯实资源调查基础。既不走马观花,也不简单地下马看花,要下真功夫、大力气搞好野外考察和对相关部门、企业的调查,制定详细的调查提纲,及时整理调查笔记和音像资料,取得全面、翔实的第一手资料,为下阶段工作打下坚实基础。

(2)规划队伍强强联合。以南昌大学经济与管理学院、旅游管理系、旅游规划与研究中心的相关研究人员为主,国家发展和改革委员会旅游经济研究与规划中心人员为辅的规划队伍,同时联合江西师范大学、江西财经大学等高校的知名旅游专家,形成强强联合、优势互补、整体推进的规划团队,确保规划的科学性。

(3)创新主题规划理念。创新主题规划理念,即旅游产业要素优化配置的理念创新,是高水平规划的关键。主要包括五个方面:一是红色旅游资源调查与评价体系的创新,探索红色旅游资源转化成旅游产品的途径;二是红色旅游产品的创意策划,打破以往"符号旅游"的肤浅方式,提高旅游产品的参与性和体验性;三是红色旅游发展模式的创新归纳,为其他红色旅游区提供借鉴;四是旅游市场营销的创新,打破相关壁垒,把入境旅游市场作为江西红色旅游发展的一个开拓点,扩大红色旅游的市场影响力;五是区域旅游竞合模式的创新,在省内合作的基础上,加强与周边省份的红色旅游发展合作,并专门编制湘赣闽红色旅游区专项规划。

（4）结合三大工程原则。发展红色旅游是巩固党的执政地位的政治工程，是弘扬伟大民族精神、加强青少年思想道德建设的文化工程，也是促进革命老区经济社会发展、提高群众生活水平的经济工程。规划的编制要遵循三大工程全面启动的原则，不要忽视了政治更不要忽视了经济和文化，要达到政治、文化、经济全面协调发展。

（5）优化红色产业系统。红色旅游产业系统与传统的旅游产业系统有不少差异，主要表现在产品开发、市场营销、融资方式、解说系统、政策制度等方面。由于红色旅游产业发展很大程度上依赖传统的旅游产业系统，导致现有的红色旅游产业系统不适于红色旅游发展。规划在剖析红色旅游产业系统的基础上，分析现有红色旅游产业系统的不足，提出优化措施，促进红色旅游发展。

（6）形成系列规划成果。江西省旅游规划设计研究所、南昌大学旅游管理系所承担的规划项目，素以体系完整，成果全方位、系列化、规范化为特色。本规划除提供总体规划文本、资源普查报告、系列图件、光盘等一系列成果外，还配套编制一些专项规划。

（7）打造红色规划精品。作为"红色旅游"概念的提出者，江西省红色旅游资源异常丰富，1999年以来发展成绩凸显，发展经验值得借鉴。因此，此规划的编制要做到前瞻性、创新性和可操作性兼备，在全国省市红色旅游规划中做表率，力争成为众多红色旅游规划的精品，为其他红色旅游规划的编制提供借鉴。

（8）实施规划跟踪服务。好的规划必须进行动态管理，即根据形势的变化做出相应的调整，这就要求规划编制研究小组实施规划跟踪服务。在完成规划编制后，规划组将利用自身的资源和各种条件，继续提供规划项目实施的指导、招商引资、政策制定等多方面的后续跟踪服务。

2. 规划思路

（1）"红色为主，多色并举"的规划理念。江西被誉为"红土地"，既指全省以红壤土为主体的地貌，更指江西为最重要、最著名的革命老区。全省分布着大量的革命胜迹、旧址和纪念物，不仅数量多，而且品级高，再者这些红色旅游资源大多与绿色、古色旅游资源有机结合，相映生辉。"红色为主，多色并举"的规划理念应始终贯穿于规划始末，即以红色旅游带动全省旅游业的发展，充分发挥多种资源的互补作用，把红色、绿色、古色等旅游资源进行有机整合，最大效力发挥整体效应，促进共同发展。

（2）"内涵发展，本色开发"的创新策略。我国红色旅游发展还处在"符号旅游"阶段，即红色旅游产品普遍为初级的观光旅游产品，不能充分发挥红色旅游的教育、游憩和启智等功能，这不利于红色旅游的可持续发展。因此，此规划的编制力求产品策划方法的创新，深挖资源文化内涵，注重红色旅游资源的原生性，提高产品的参与性、体验性，将红色旅游实现向"体验旅游"阶段转变，促进江西省红色旅游持续、快速、健康发展。

（3）"摇篮为核，众星捧月"的空间布局。江西省红色旅游资源数量丰富且品位高，是拥有革命摇篮——井冈山、共和国的摇篮——瑞金、人民军队的摇篮——南昌、工人运动的摇篮——萍乡"四大摇篮"的著名红色旅游区。红色旅游发展应构建"摇篮为核，众星捧月"的空间布局，即以"四大摇篮"为核心，周边景区（点）为辅，采取小区域多极点的开发模式，这有利于区内红色旅游的联合、协作与合作，促进区域旅游业的可持续发展。

（4）"构建模式，分类开发"的发展战略。江西省红色旅游资源分布广、数量多、品位高，各地红色旅游发展模式不尽相同。根据各地发展情况，将江西红色旅游区划分为六大发展模式，分别是井冈红绿相映型红色旅游区、南昌城乡互动型红色旅游区、瑞金红色主体型红色旅游区、上饶多极综合型红色旅游区、萍乡多色并举型红色旅游区、庐山红色点缀型红色旅游区，根据各旅游区不同的特点，构建不同的发展模式，采取分类开发的发展方式。

（5）"打造经典，优化线路"的提升方略。根据各旅游区资源品位的高低以及旅游发展的现状，打造系列经典红色旅游景区，优化不同组合的旅游线路，提升江西省红色旅游品位。重点打造井冈山"革命摇篮"、南昌"英雄城"、瑞金"红色故都"等经典旅游区，使之在全国具有深远影响力，同时辅助建设萍乡、上饶等经典红色旅游区，丰富旅游产品；根据市场需求，优化不同类型、不同组合的红色旅游线路，包括跨区域、跨省的红色旅游线路。

（6）"区域协作，跨省互动"的竞合方式。革命历史遗迹在时间上具有连续性和传承性，在发展上具有互补性和共生性，江西省红色旅游资源无论是在省内还是与周边省份都具有很强联系，应采取"区域协作，跨省互动"的竞合方式，促进共同发展。不仅要在本省区域内还要与周边省份在资源开发、线路设计、宣传促销、景区管理等方面加强区域合作，构建湘鄂赣红色旅游经济协作区、赣浙沪红色旅游经济协作区、"中央苏区"红色旅游协作区三大省际红色旅游协作区。

（7）"城乡一体，协调发展"的互惠机制。由于红色旅游资源大多分布在乡村或城乡结合处，需建立"城乡一体，协调发展"的互惠机制。一方面，整合城乡的旅游资源，包括红色旅游资源与其他旅游资源的整合互补，丰富充实旅游产品内涵，提高整体吸引力；另一方面，把乡村的原生环境作为红色旅游资源开发的重要因素考虑，并将其作为市场开拓的重要吸引元素之一，相对应地把城市作为旅游发展的集散地，即要充分发挥乡村原生环境的吸引作用和城市的旅游集散作用。

（8）"多元创意，动感红旅"的拓展举措。好的创意是高水平规划的重要保证。不仅要在产品设计上独到创新，而且要在市场营销等方面具有高水平策划。大力推进南昌——"军旗升起的地方"、井冈山——"星火燎原——岁月井冈山"、瑞金——"赤国红都——共和国从这里走来"等大型红色主题歌舞节目，重点培育中国（江西）红色旅游博览会、井冈山杜鹃花会、中国红色旅游文化节和江西红色旅游推介会等重要的红色旅游节事品牌，举办红歌会、红色旅游高峰论坛以及各种革命纪念日等参与性活动，大力拓展客源市场。

（9）"合理利用，整体和谐"的保护原则。"保护第一，合理利用"是旅游资源开发务必遵循的原则之一。要全方位、多角度地进行资源保护，主要包括三个方面：首先，不仅要保护革命遗址、遗迹等有形遗产，更重要的是借助这些有形遗产保护无形遗产（红色精神、革命传统等），合理利用红色旅游资源；其次，保护方式要恰当，对于原物要注重其原生性，但新建、重建的建筑或其他纪念物则不应过多地追求复制的效果，相反应更加注重景观设计的需要；最后，加强对红色旅游资源周边环境的保护，包括自然环境和人文环境，注重革命遗址与周边环境的整体和谐。

3. 发展模式

江西省红色旅游资源具有分布广、数量多、品位高及与其他旅游资源融合度高等特点，各地红色旅游发展模式各不相同。根据各地红色旅游发展模式及发展情况，将江西省红色旅游区划为六大不同区域。

（1）井冈山红绿相映型红色旅游区。以井冈山烈士陵园、博物馆、革命历史名人旧居、黄洋界哨口、八角楼等为红色旅游的代表，以五龙潭瀑布、水口瀑布及其优良的自然生态环境为绿色旅游的代表，以厚重的红色革命文化为主线，以优良的生态环境为依托，坚持红绿相映的红色旅游发展模式。

（2）南昌城乡互动型红色旅游区。以"八一起义"系列景点、新四军军部旧址等为南昌城市中心红色旅游景点的代表，以新建县小平小道、安义县上高会战遗址等为城郊红色旅游的代表，在产品线路设计、宣传促销等方面坚持城乡互动。

（3）瑞金红色主体型红色旅游区。以瑞金"红色故都"景区、于都"长征始发地"景区、兴国"将军县"景区、"宁都起义"纪念景区等为主体，重点发展红色旅游，坚持走红色主体型的发展道路。

（4）上饶多极综合型红色旅游区。以弋阳县方志敏纪念馆、漆工镇方志敏故居、漆工镇暴动纪念馆、横峰县葛源镇闽浙赣革命根据地旧址及革命烈士纪念馆、上饶集中营旧址等为红色旅游的代表，以三清山、龟峰、黄冈山等为绿色生态旅游的代表，以万年"世界稻作文化"、婺源古村落、三清山道教文化、鹅湖书院、葛仙山、河口及石塘老镇等为古色旅游的代表，表现为红色旅游景区的分布多极以及旅游组合方式的多极综合。

（5）萍乡多色并举型红色旅游区。以安源路矿工人运动系列景点与萍乡、铜鼓、修水秋收起义系列景点为红色旅游的代表，以武功山为绿色生态旅游的代表，以萍乡傩文化、杨岐山普通寺为古色旅游的代表，坚持"红、绿、古"三色并举的发展道路。

（6）庐山红色点缀型红色旅游区。依托庐山"世界文化景观"的著名品牌，利用良好的区位条件、优良的生态环境、丰富的自然景观，以庐山会议旧址、领袖人物旧居、胡耀邦陵园等红色旅游景点作为点缀，组合成"红色点缀型"的旅游产品，促进庐山旅游区的发展。

# 五、项目系列成果

提供以下项目系列成果：①江西省红色旅游发展总体规划；②江西省红色旅游精品景区和线路名录；③江西省红色旅游创意产业专项规划；④红色旅游发展模式专项规划；⑤红色旅游入境市场专项规划；⑥红色旅游素质拓展基地建设规划；⑦湘赣闽红色旅游区专项规划；⑧《江西省红色旅游规划纲要》实施方案。

# 六、工作进度安排

根据需要对规划的编制等相关工作进度安排如下：2006年5月底批准编制方案；6月20日之前开展调研工作；7月底完成初稿；8月上旬征求意见；8月中旬修改统稿；8月下旬第二次征求意见；9月上旬修改完善；9月下旬评审；10月提交正式文本。

# 红色旅游发展规划制定的创新思维<sup>*</sup>

## 一、红色旅游的发展战略

战略：指导全局的计划和策划。泛指对全局性、高层次的重大问题的筹划和指导。

战略方针：政府主导推动、龙头品牌带动、众星捧月联动、红绿古色互动、以人为本驱动、区域协作策动。

战略模式：政府主导下的地区联动战略、市场主导下的精品名牌战略、效益驱动下的管理创新战略、适度开发的可持续发展战略。

战略构想：城市乡村联动化、投资主体多元化、区域产品网络化、经营管理科技化。

战略举措：组团旅游支撑战略、专业市场拓展战略、革命圣地联动战略、扶贫开发带动战略、社会效益引导战略、优质资源组合战略。

## 二、红色旅游规划的目的

摸清资源家底、提出发展思路、理清目标计划、制定实施方案、策划整体形象、设计开发项目、构建保障体系。

## 三、红色旅游规划着力点

首要的是综合一体开发，包括风貌保护、风格塑造、风物推介、风景观赏、风俗

---

* 本文完成于 2005 年。

展示、风味品赏、风情渗透、风土利用；主要的是开发项目策划；重要的是产品展示方式；细致的是线路组织设计；急切的是专业市场促销；困难的是旅游定位问题（形象定位、主题定位、产品定位、市场定位）；创新的是节事活动策划；棘手的是跨区连线问题；中心的是精神主题塑造。

# 四、红色旅游发展的措施

适应红色专题旅游产品与现代旅游产业发展接轨的要求和游客多元化、多样化的需求，开发一批融教育性、知识性、文化性、体验性、娱乐性于一体的红色旅游产品，实现红色旅游由传统单一观光学习型旅游产品向多类型、多层次的复合型旅游产品过渡。①加快由事业接待型向旅游产业型的转变。②根据市场和资源状况策划当地旅游形象。③探索切实可行的红色旅游促销方式方法。④不断挖掘丰富红色旅游景区和产品内涵：从历史真实性、文化多元性、内容科学性，色彩神秘性、场景生活性、展示多样性，讲解益智性、活动动态性、游览娱乐性等方面做好工作。⑤努力增加红色旅游的产出水平和效益。⑥编制适销对路的跨省域旅游精品线路。⑦注重历史的延续性策划大型主题公园。⑧加强历史和学术研究挖掘宝藏为我用。⑨确定先进的发展理念和组织运作方式：政府主导、市场运作、企业经营、专家治旅。

# 五、发展多样化复合型的红色旅游产品

多样化复合型的红色旅游产品，主要包括红色主体型、红色领跑型、红绿辉映型、红古相衬型、红色点缀型、多色并举型。

发展方式：整合资源、统筹规划、重点建设。

# "十四五"时期江西红色旅游定位与发展战略<sup>*</sup>

以习近平新时代中国特色社会主义思想为指导，深入贯彻落实习近平总书记视察江西重要讲话精神和习近平总书记提出"把红色资源利用好、把红色传统发扬好、把红色基因传承好"的重要指示精神，按照省委的决策部署，聚焦"在加快革命老区高质量发展上作示范、在推动中部地区崛起上勇争先"的目标定位和"五个推进"的要求，高扬信仰旗帜、传承红色基因，推动"十四五"期间江西红色旅游高质量发展，南昌大学旅游研究院联合国家文旅部专家组成课题组展开调研活动，启动研究工作。为了总结江西红色旅游发展已取得的成绩、查找存在的问题，为确定"十四五"规划中江西红色旅游发展定位和发展战略，课题组从 8 月 20 日~9 月 2 日，通过函调方式征集江西省 11 个地市"十三五"期间红色旅游发展状况，针对井冈山市、萍乡市、九江市、上饶市、赣州市和南昌市红色旅游资源相对集中的红色旅游景区、景点进行现场调研，形成调研报告。为奋力开启建设富裕美丽幸福现代化江西新征程，努力描绘好新时代江西改革发展新画卷，提供智力支持。

## 一、"十三五"期间江西红色旅游发展成绩与问题

### 1. 发展成绩

"十三五"期间，江西红色旅游得到更系统化、生态化、智慧化的发展，在充分发挥红色旅游资源优势的基础上，形成了红色、古色、绿色文化相结合的江西文化旅游亮丽名片，实现了红色旅游对旅游强省、文化强省建设的重要支撑作用，形成了红色旅游与全省大旅游体系互为促进、相得益彰、健康发展的大格局，红色旅游整体发展走在了全国前列，"红色旅游看江西"已成为业内共识，主要成绩表现在以下方面：

（1）红色旅游发展总量实现新突破。江西红色旅游逐渐从"全面覆盖"走向"全面提质"，总量实现新突破：2018 年，江西继续保持中国红色旅游热门省市及景点 TOP10 地位，红色旅游景区接待人数超过 2 亿人次，红色旅游收入达 1534 亿元，红色

---

\* 本文是江西省社会科学研究规划"十三五"重点项目《"十四五"时期江西红色旅游发展与促进举措调研报告》的终期成果。主要执笔人黄细嘉、陈洪玮、王雯、张涛、陈俐任、陈友华、周婷，完成于 2020 年。

旅游接待游客人数占全省旅游接待总量的 29%。拥有以八一起义纪念馆、井冈山革命博物馆等为代表的爱国主义教育基地 18 个；革命旧居旧址 2423 处；井冈山红色旅游系列景区、赣州中央苏区政府根据地红色旅游系列景区等 11 个红色旅游景区列入《全国红色旅游经典景区名录》；井冈山和瑞金成为了"全国重点红色旅游区"；2017 年牵头发起了由全国 23 个省份组成的中国红色旅游推广联盟，全国红色旅游"江西样板"的地位得到进一步巩固提升。

（2）红色旅游提质升级出现新气象。多措并举推动红色旅游提质升级，红色旅游质量效益不断提升：一是依托全省红色文化资源优势，统筹规划，有效处理好了"红、古、绿"文化融合发展的关系，实现了"红色旅游+"产业融合发展；二是"八一起义"红色之旅、"秋收起义"红色之旅、"井冈摇篮"红色之旅、"共和国摇篮"红色之旅、"长征出发地"红色之旅、"赣东北根据地"红色之旅 6 条红色旅游精品线路正在形成；三是重点推出了井冈山红色旅游高峰论坛、红色培训高峰论坛、井冈山国际杜鹃花节等系列活动；井冈山"革命摇篮"和瑞金"共和国摇篮"两大红色文化品牌国际国内影响力进一步扩大，萍乡、上饶、赣州成为了国内知名的红色旅游目的地，全国红色旅游示范带动效应显著。

（3）红色旅游经典景区建设实现新突破。优化了赣中南、赣南、赣西、赣东北、赣北五大红色旅游区的空间分布；"共和国摇篮"——瑞金多元旅游业态和复合型旅游产品形成，瑞金成为了全国最大、影响最广的革命传统教育名城；上饶深入挖掘以方志敏烈士精神为内核的精神文化，深度打造了可爱民族、可爱英雄、可爱信念、可爱前景、可爱风景的红色内涵，建立了"可爱的中国"文化 IP；萍乡投资 1413 万元打造了莲花秋收起义纪念地等系列景点，安源景区被列为全国百个红色旅游经典景区、全国工业旅游创新单位、全国十佳工业遗产旅游基地；培育了井冈山、瑞金两个红色旅游全域示范区；于都融入了国家长征文化公园建设；井冈山神山村、大龙镇，青原区东固革命根据地旧址群等 7 个经典景区形成。

（4）红色旅游教育功能实现新提升。一是狠抓品质提升，红色旅游教育功能发挥明显。红色演艺、红色研学旅行、文化创意等业态健康发展。二是规范了红色教育培训，红色教育质量提升。井冈山通过"1+1+4"制度体系和"1+4+X"管理体制实现了"统一标准、统一师资、统一教材"的管理目标。三是开发了"八一军旗红"系列展演，"红色历史·红色记忆"，"八一歌谣进学堂"，"我爱我的英雄城"，"安源红色研学之旅"，"寻访红色足迹、传承红色基因"，"追随伟人足迹、传承长征精神"等系列红色研学项目。四是拍摄了《初心》、《信仰者》、《浴血广昌》等一批优秀影视剧作品，社会反响热烈，青少年红色传统教育和爱国主义教育效果好。

（5）红色旅游跨省区域合作形成新格局。2017 年，江西牵头成立"中国红色旅游推广联盟"，深入推动全国红色旅游区域合作。与浙江、上海共同建设赣浙沪红色旅游协作区，利用良好的区位和交通优势，引进浙沪两地先进经营、管理理念，推广赣浙沪"南昌—龙虎山—上饶—三清山—杭州—嘉兴—上海"红色旅游精品线路。与福建省联手打造了"井冈山—赣州—瑞金—长汀—古田"红色旅游线路。与湖南省签署了《湘赣边红色旅游合作框架协议》，联合打造全国红色旅游融合发展创新区。江西红色旅游跨省区域合作格局逐渐形成。

（6）红色旅游机制改革迈出新步伐。在各级党委和政府的主导下，江西省逐步推进红色旅游体制机制改革，创新工作方法，取得了有效成果：逐步从侧重红色旅游硬件建设向软硬件并重转型，从追求开发利用数量规模向注重质量提升转变。井冈山市成立了党政主要领导挂帅、部门联动的"全景井冈、全域旅游"推进工作领导小组，顶层设计推动红色旅游由"部门推动"向"党政统筹"转变；瑞金市探索建立旅游综合管理队伍和联合执法工作制度，通过建立旅游综合管理和旅游监管机构，加大了旅游市场整顿力度。

2. 存在的主要问题

"十四五"期间，江西省红色旅游处于由规模发展向高质量发展阶段转型的关键时期，为实现保持全国领跑地位，扩大国际影响力目标，五大问题亟待破解：

（1）红色资源权属问题复杂。一是红色资源权属问题复杂。由于历史原因，不少旧址旧居等红色旅游资源归当地居民或村集体所有，政府和产权所有人权责关系不明晰，例如上饶集中营周边景区、铜鼓秋收起义景区、萍乡安源路矿景区等；同时，在对红色资源的保护管理和统筹开发时面临法制缺失、政府监管不当、准入障碍、管理机制失调等问题，造成了部分红色文化旅游资源出现"无人管"、"管不了"等现象。二是红色资源保护与开发利用普遍存在多部门多头管理问题，"红色文化"、"红色旅游"概念分别出自宣传部门和文旅部门、概念内涵未能统一造成红色资源保护和开发利用困惑、管理部门职能交叉重叠、管理体制存在"剪不断、理还乱"的现象，显著制约了红色资源保护与开发利用以及红色旅游的开展。

（2）提高效益的内生动力不足。红色旅游景区（点）实施免门票参观，博物馆、纪念馆、红色旅游景区等红色旅游管理机构大多属事业单位，工作人员的工资由国家财政全额拨款，红色旅游景区基本依靠政府的指导运行，表现出管理模式僵化、运行方式单一、经营性项目传统的特点，缺乏有效的激励机制，景区运转勉强维持，景区资源的深层次保护与利用乏力，体验性项目和红色旅游创意产品开发严重不足，景区发展速度慢甚至停滞不前，综合效益体现不足。免门票运行下，资金、政策等靠要思想严重，景区优化的动力不足。

（3）社会参与投资的鼓励性政策不明确。江西省红色旅游资源保护、基础设施建设等方面的投资依然以中央补助、省市配套资金支持以及其他红色旅游建设引导资金等财政性投入为主。投资主体的单一导致各级政府负担较重，红色景区场馆运营经费不足，红色革命旧址、红色文物保护经费不足。社会化投资相关配套政策缺失，资本进入边界不明确，投资主体对红色旅游投资顾虑重，社会资本进入旅游市场难度大，对其吸引力不足。

（4）红色旅游自身"造血"乏力。红色旅游创造了良好社会效益的同时，其经济效益延伸缺乏支持。红色旅游景区在逐步降低和取消门票收费之后失去了稳定创收途径，红色研学、红色培训、红色生活体验等具有创造经济效益能力的业态多由外界经营，景区难以获得实质性收益；红色文创产品人才缺少，产品开发滞后，产品盈利能力不足，红色旅游总体效益延伸乏力。"后门票"时代，红色旅游景区如何逐步摆脱对上级部门的"输血"依赖，提升自身"造血"能力，是制约当前红色旅游进一步发展的关键问题之一。

（5）红色基因传承方式创新不足。江西省大多数红色景区游览形式相对单一，多为静态参观纪念馆、游览遗址，展陈方式以橱窗、实物、石刻、纪念碑等静态呈现方式居多，红色精神表达方式相对落后。受资金限制，声光电技术、VR 等新型展示方式运用较少，体验性不足，大型红色旅游综合体项目紧缺，要素"短板"明显，仅能基本满足老百姓"吃住行游购娱"的需求，对新时代游客"养、学、疗、体"的新需求覆盖能力弱，红色旅游发展和文化传承功能的实现受限。信息化能力不足，红色旅游发展的大数据支撑力不强，红色精神创新性传承受限。

3. 机遇与挑战

（1）发展机遇。"十四五"期间，江西红色旅游高质量跨越式发展迎来了前所未有的大好机遇：习近平总书记视察江西时提出的"争先示范"目标、"中部再崛起"战略和"深度脱贫攻坚"决策为江西将红色旅游培育成促进江西革命老区脱贫攻坚的优势产业提供了发展引领；深入推进国家生态文明试验区建设，着力打造美丽中国"江西样板"，为江西红色旅游发展提供了巨大的牵引力；《关于促进全域旅游发展的指导意见》、《关于在"不忘初心、牢记使命"主题教育中认真学习党史、新中国史的通知》、《关于促进交通运输与旅游融合发展的若干意见》等为红色旅游发展提供了坚实的政策支持；"一带一路"倡议为江西红色旅游大力实施"走出去"策略，加快构筑对外开放新格局提供了大好环境，江西红色旅游"出海"新画卷徐徐展开。

（2）主要挑战。我国经济进入新常态发展阶段，2019 年面临的经济下行周期与金融下行周期的重叠、外需回落与内需疲软的重叠、大开放大调整与大改革的重叠、盈利能力下降与抗风险能力下降的重叠、各类隐性风险逐步显性化，对红色旅游高质量发展提出新挑战，高质量提质增效进入深度调整期；文物保护工程项目招投标和编制预算"无规可依"与财政审批削减额度过大、红色资源保护与开发省级红色旅游管理主体协同动力不足、协调机构作用发挥不充分、红色基因传承创意人才奇缺等共同制约了红色资源保护与开发利用效率，为新一轮江西红色旅游发展提出了挑战。

# 二、指导思想与发展原则

1. 指导思想

以习近平新时代中国特色社会主义思想为统领，全面贯彻落实党的十九大精神，扎实落实习近平总书记"把红色资源利用好、把红色传统发扬好、把红色基因传承好"的重要指示精神，牢固树立创新、协调、绿色、开放、共享五大发展理念，以旅游供给侧结构性改革和全域旅游为指导，促进全省红色旅游产业转型升级和跨越发展，实现江西红色旅游发展继续领跑全国。

2. 发展原则

（1）社会效益为优原则。充分发挥红色旅游育人、修德的作用，坚持红色文化资源社会效益优先原则，在保护红色资源原真性前提下，充分挖掘红色文化，传承爱国主义精神，培育社会主义核心价值观。

（2）提质转型为重原则。积极转变红色旅游发展方式，从以政府为主导向政府引导与市场运作相结合转变，从侧重红色旅游硬件建设向硬件与软件并重转变，从侧重红色旅游遗产保护向保护与利用并重转变，从侧重红色旅游数量增长向重视质量提升转变，加快实现江西省红色旅游全面转型升级。

（3）融合发展为体原则。以建立健全区域合作机制为抓手，促进红色旅游与研学旅行、乡村旅游、康养度假、文化创意融合，延伸红色旅游产业链，实现一体化发展，形成红色旅游"点、线、面、体"综合服务体系。

（4）共建共享为主原则。积极探索创新红色旅游投融资、红色文化教育培训、红色旅游产品创新发展机制，调动各类市场主体、社会组织参与共建，带动贫困地区脱贫致富，共享红色旅游发展红利。

# 三、目标定位与发展战略

1. 总体目标

依托全省红色旅游核心资源和经典景区，优化精品线路，紧扣传承红色基因核心载体，做强红色品牌，以更高标准打造全国红色旅游"江西样板"，将江西省建设成为中国红色旅游发展典范地、全国最具吸引力的红色旅游目的地，全面实现旅游扶贫目标，实现人民对美好生活的向往。

2. 具体目标

（1）社会效益目标：推动井冈山、瑞金等地建设"红色旅游融合发展示范区"，充分发挥其龙头带动作用，建立全省红色教育培训联盟，打造红色教育培训"江西品牌"，将江西省建设成为弘扬先进文化与开展爱国主义教育的重要基地、红色研学旅游重要目的地、国内国际传播红色文化与弘扬社会主义核心价值观的首选旅游目的地；进一步拓展红色旅游脱贫致富功能，到2025年，实现红色旅游直接就业人数达80万人，间接就业人数达350万人。

（2）产业发展目标：形成完整的红色旅游产业链，到2025年，全国红色旅游经典景区达到 16 个，新增红色旅游 AAAAA 级景区 2 处，建成全省红色旅游基地 40 个，建成在国内外具有影响力的红色旅游精品线路 10 条。

（3）经济发展目标：到 2025 年，全省主要红色旅游区（点）年接待国内外旅游者达到 4.2 亿人次，实现红色旅游综合收入 4400 亿元，年均增长 12% 以上。

3. 发展战略

（1）实施开放升级战略，打造国际化红色旅游目的地。牢牢把握红色文化精神内核，深度挖掘红色旅游世界价值。江西在红色旅游目的地打造中，以符合国际游客习惯的表现形式，突出展现中国革命历史中形成的热爱祖国、民族自强、无私奉献、顽强拼搏、艰苦奋斗、敢为人先等精神，传播世界各国人民普遍认可的人类共同价值追求，以坚定的文化自信，打造世界精神的中国样板，呼唤红色旅游的全球共鸣。

（2）实施红色旅游首省战略，打造中国最美革命老区。以生态文明建设、乡村振兴战略为引领，将江西省红色旅游目的地打造成红色鲜明、环境优美、产业兴旺、居民幸福、社区和谐的中国最美革命老区。进一步加强江西省红色旅游首位度，在当前红色旅游首选目的地的基础上，争取红色旅游接待量达到全国第一，奠定中国红色旅游首位省份地位。

（3）实施红色资源空间整合战略，促进红色旅游全面融合发展。全面整合原中央苏区旧址群、井冈山革命根据旧址群、方志敏革命活动旧址、秋收起义旧址、南昌起义旧址的五个系列红色资源带，以"连点成线"、"连线成面"的方式，着力打造苏区干部好作风、大井冈山精神、可爱的中国、秋收起义之路、八一精神园五大红色系列品牌，各品牌中的系列景点既有共同主题，又有不同定位，避免同质化发展，如在秋收起义之路品牌下的各景区共同以秋收起义为主题整合，根据历史事实，将各景点定位为秋收起义之路——策源地、秋收起义之路——爆发地、秋收起义之路——转折点等，形成完整的秋收起义红色文化景观带，以共同主题提升竞争力，以差异定位增强吸引力，推动红色资源空间整合，促进红色旅游融合发展。

（4）实施红色旅游产品升级战略，推动红色旅游深度发展。改善红色旅游产品单一浅层的局面，寻求多维深度发展。一方面，着力提升传统参观型产品的展示方式，打造游客红色旅游沉浸式体验。另一方面，积极推动红色文化研修、红色教育培训、红色产品会展、红色生活体验、红色历史演艺等红色旅游高级业态的全面发展，打造红色旅游产品体系、城市红色旅游综合体，全方位推动江西红色旅游深度发展。

# 四、"十四五"期间江西红色旅游定位与发展战略实施的保障措施

1. 加强组织领导

建立健全红色旅游发展领导机制，强化市县党委、政府和省直部门领导责任，着

力解决江西红色旅游产业发展中的重大问题。一是红色资源密集区的各市、县（区）主要领导要把红色旅游产业发展作为"一把手"工程。统筹好红色旅游的协调发展，理顺发改委、宣传、财政、文化和旅游、民政、教育、交通、林业等相关部门的沟通渠道。二是省直各有关部门要提高站位，强化责任，狠抓落实，从全省高度分层次、分梯队规划各地市红色资源保护与开发利用战略，形成推动旅游产业发展的强大合力。三是强化督促指导，建立健全红色旅游统计分析平台，提高旅游在全省高质量发展考核中的权重。

2. 强化合力联动

围绕"点—线—面"发展布局，强化全省红色旅游区域联动。一是提高规划意识，在编制全省红色旅游发展规划的基础上编制控规、详规，提升资源利用效率，科学指导红色资源开发、利用与建设。二是从全省空间架构整合资源，提高规划水平。整合国民经济与社会发展规划、土地利用规划、城镇规划、交通规划等，实现多规合一，统筹协调发展。三是充分利用好"中国红色旅游推广联盟"平台，通过开展全方位区域合作，加强联动，实现资源共享，形成规模集聚发展态势。四是充分发挥井冈山、瑞金龙头带动作用，建立国家红色文化公园，以红色资源优势带动江西文化强省、旅游强省建设。

3. 加大政策扶持

加大支持力度，强化资源开发、保护先行的工作理念。一是从省政府高度成立红色资源保护与开发利用领导小组，统筹发改委、文化、旅游等部门资金，重点用于重要革命文物保护、红色遗址遗迹修复、博物馆（纪念馆）展陈设计、红色旅游景区建设、旅游形象宣传和革命老区旅游公共服务设施建设等。二是加强金融扶持，鼓励各级政府建立旅游产业投融资平台、红色旅游发展基金，创新"红色旅游+信贷产品"，设立专项基金，"发挥长板，解决短板"。同时，鼓励引入社会资本投入，对投资大、发展前景好的红色旅游重点项目予以信贷政策倾斜。三是支持红色旅游建设项目用地。制定土地利用和城乡建设总体规划时充分考虑红色旅游产业发展需要，对利用存量土地建设的红色旅游产业项目，依据有关政策优先办理建设用地供地手续；对重大红色旅游产业建设项目，依法按程序进行建设用地预审并安排用地。四是出台推进红色文化创意与相关产业融合发展行动计划，提升各红色旅游景区创意产品的竞争力。

4. 推进融合发展

（1）探索红色旅游与其他产业融合的创新模式，统筹推进江西红色旅游与其他产业的融合发展，创新业态、创造体验，实现红色旅游产业的内涵价值提升。推动"红色旅游+山地旅游"、乡村旅游、工业旅游、温泉旅游、禅修旅游、康养旅游等产业融合发展。

（2）围绕江西红色IP打造文化出版、影视传播、文创生产联动发展机制，关注非物质红色文化遗产的创新活化建设，创新红色旅游产品开发，将保护传承红色基因和红色精神与改善民生相结合，实现社会效益和经济效益双丰收。

（3）深度打造江西红色研学品牌，主推红色研学培训，突出红色旅游教育功能，全面布局推进红色教育培训产业特别是红色研学旅行的发展，进而带动全省红色旅游突破式发展。

（4）打通关联红色旅游景区景点交通，实现空间网络联动互通。初步建议以上饶、萍乡两地为试点，全面打通怀玉山与三清山景区内部的互通联动。

5．实施人才兴旅

（1）加强对红色旅游景区管理人员的培训力度。依托高校、党史办、省红办等机构，组合党史专家、红色文化专家、学者，加上老红军、红军后代、当地居民，成立咨询委员会，为红色旅游提供智力支持；加强在职在岗培训，提升红色旅游服务人员和经营管理人员服务意识、服务水平和经营管理水平。

（2）优化红色旅游专业人才梯队。建立红色旅游专家库，创新红色旅游导游、讲解方式，加强红色旅游从业人员的业务技术培训和运营管理教育。系统培训和打造由1000名红色旅游金牌导游、金牌讲解员组成的专业导游和讲解员队伍。积极创造有利条件，吸引高校旅游专业毕业生到革命老区、红色景区工作。

（3）建立红色旅游创意人才库。在省级层面从社会、企业、高校等多渠道吸纳各个领域的人才，建立红色旅游创意人才库。以项目的形式为各地的红色旅游创意开发、宣传、营销、设计等提供方案，并开展咨询服务工作。

# 中篇

## 红色旅游规划实践

# 井冈山市新城镇红色资源
# 保护与利用规划思路<sup>*</sup>

地处湘赣两省边界、位于井冈山市西北部的新城镇，是原宁冈县具有 670 年历史的县城，拥有丰富的积淀深厚的地方历史文化资源。同时在井冈山斗争时期，是红军若干重要战斗和系列重大革命事件的发生地，是毛泽东、朱德、陈毅、彭德怀等共同战斗的地方，拥有丰厚的影响深远的中国革命历史资源。但长期以来，因思想重视不够、发展布局失衡和客观条件限制，这些资源既没有得到应有的保护，也没有得到很好的利用，更没有得到有力的弘扬，这对革命历史是一种"失忆"、对革命老区是一种"失理"、对红色基因是一种"失错"、对老区发展是一种"失利"。在新时代传承红色基因、实施乡村振兴战略和实现共同富裕理想的激励下，我们应该重视新城镇红色资源的发掘整理、保护利用、开发弘扬等工作，认识其应有的革命历史地位，保护其原生的革命文物遗产，传承其固有的红色文化基因，弘扬其蕴含的红色革命精神，发挥其潜在的红色旅游价值，造福于新城镇老区人民。

## 一、新城镇红色历史的应有地位

1. 新城镇在井冈山革命斗争时期的重要历史事件

（1）新城战斗（新城大捷）。1928 年 2 月，毛泽东领导工农革命军和国民党进剿井冈山根据地的赣敌 29 团在宁冈县新城镇（现井冈山市新城镇）展开战斗。战斗以工农革命军攻打宁冈县城为中心，战斗中毛泽东提出"分兵以发动群众，集中以应付敌人"的战略思想，并实施"围三阙一、开门打狗"的灵活战术，消灭赣敌王国政营和宁冈县靖卫团 500 余人，缴获枪支 400 支和一批银钱物资，革命军大获全胜，取得新城大捷。

（2）新城决策与七溪岭战斗。1928 年 6 月，毛泽东、朱德率领红四军与进剿井冈山革命根据地的江西国民党军 5 个团在宁冈、永新两县交界的七溪岭、龙源口发生激烈战斗。七溪岭很大一部分属新城镇管辖，战前红四军营以上军官参加的军事决策会

---

* 本文完成于 2023 年初。

议在新城城隍庙召开，确定"迎击赣敌"的决策，并作出战斗部署。战斗歼敌一个团、击溃两个团，俘虏 500 余人，缴获了大量枪支弹药，并乘胜追击第三次占领永新县城。打破了国民党军对井冈山根据地的第四次"进剿"。

（3）红四军党的"六大"在新城召开。1928 年 11 月，红四军党的"六大"在新城镇召开，大会讨论了政治、军事、党务以及中国革命性质等各种重要问题，提出议案 30 余种（归纳整理后确定为 17 种），一致通过了《政治问题决议案》、《党务问题决议案》、《军事问题决议案》、《经济问题决议案》、《纪律问题决议案》5 个重要文件。会议总结了红四军半年多艰苦创业的斗争经验，选出了朱德任书记的第六届军事委员会，产生了新的领导机构，明确了今后的任务，来不及讨论的提案决定交由新军委讨论执行。大会对红四军党的建设以及井冈山革命根据地的巩固发挥了重要作用。

（4）红四军新城冬季整训。1928 年 11 月，红四军党的"六大"召开后，按照军部的通知，红四军各团及军直单位（特务营和独立营等）全部集中到了新城，同时根据特委命令，莲花县独立团（很快又改称县赤卫大队）、醴陵县赤卫队也开赴新城。11 月 17 日左右，为期约 1 个月的红四军冬季军政整训开始。后红五军来井冈山会师后，也参加了后期的整训。军事训练和政治教育的时间比例是 6：4，军事训练非常严格、政治教育很有成效。此次整训使部队的军事素质有了很大的提高，政治面貌焕然一新，部队上下齐心，干部战士团结一致、斗志昂扬，为往后革命斗争奠定了坚实基础。

（5）红四军与红五军新城会师。1928 年 12 月，彭德怀、滕代远率领红五军上井冈山，与朱德、毛泽东率领的红四军在新城镇胜利会师，这是继朱毛会师以后的又一次胜利大会师。会师使得朱毛红军的力量更加强大，罗霄山脉中段政权在全国更具政治影响。工农红军和井冈山革命根据地，增添了一支红色劲旅，有力地增强了井冈山根据地的武装力量，为巩固和发展井冈山革命根据地、为中国人民的革命事业作出了巨大贡献。

（6）红六军团新城采购长征军需物资。1934 年 6 月底，湘赣革命根据地的红六军团根据中共中央书记处、"中革军委"的电令，撤出湘赣苏区进行战略转移，开始西征，为中央红军长征探路打前站。为了保证军团 9000 多人出征的军需，任弼时、萧克等专门派出两连官兵和军团供给部一起，在新城党支部几十名党员配合下，在以"婆婆伙店"店主谢素兰等开明商铺老板支持下，于新城镇紧急采购了大米、食盐、油料、药品、盐蛋、草鞋、雨布、雨伞、苎麻绳等一大批军需物资。新城军需采购有力保障了红六军团西征，为中国革命胜利做出了重要贡献。

2. 新城镇红色历史的重要地位和作用

（1）在井冈山根据地建设史上的奠基性作用。一是新城大捷，是工农革命军自秋收暴动以来和建立井冈山革命根据地后的第一次大捷，打破了江西国民党军队对井冈山地区的首次进剿。新城大捷后，红军由占据一座井冈山山头，到在砻市建立宁冈县工农兵政府，宁冈全县成为红色区域，革命根据地有了第一个新县城。漫山红遍，由此井冈山革命根据地初具规模。二是七溪岭战斗，是红四军建立以来规模最大、最惨烈的战斗。这次战斗，使红军的政治影响遍及湘、赣两省，井冈山根据地范围扩大到宁冈、永新、莲花三个县，遂川北部、酃县（现炎陵县）东南部以及吉安、安福县各一小部分。星火燎原，井冈山根据地进入全盛时期。

（2）在新型人民军队发展史上的里程碑地位。一是红四军党的"六大"，再次强调和确立"支部领导一切"、"一切权力归支部"等政治建军原则和军队党建方针，进一步夯实了党指挥枪的政治基础，是新型人民军队建军史和中国共产党党建史的里程碑。二是红四军冬季整训，不但提高了红军的军事和政治素养，而且确立了政治教育与军事训练相结合的新型人民军队的建军方略，是新型人民军队训军的里程碑。三是红四军与红五军会师，朱德说："这是一个大喜事！现在我们有两个军，以后会有十几个军、几十个军。"是新型人民军队不断壮大的里程碑。四是红六军团在新城采购军需物资，不但直接保障红六军团战斗储备、提升整体战力，而且启示人民军队重视后勤保障建设，是新型人民军队后勤保障工作的里程碑。

（3）在中国革命斗争史上的标志性事件。一是新城大捷和七溪岭战斗，初步提出毛泽东军事战略思想和战术原则，是毛泽东军事思想酝酿阶段的标志性事件。二是红四军党的"六大"强调党的政治建设，红四军冬季整训确立军事训练和政治教育相结合的军训原则，是新型人民军队建设的标志性事件。三是红四军红五军会师，大大增强了井冈山根据地的革命力量，进一步巩固井冈山革命根据地，是井冈山根据地建设的标志性事件。四是红六军团在新城的军需采购，确保红六军团率先西征、为中央红军长征探路的战略决策，得以顺利实施，是红军长征历史的标志性事件。

# 二、红色资源的现存状况

整体来讲，井冈山新城镇革命活动和历史事件频繁发生，红色革命历史内容丰富非常，但现存完整的红色历史遗址数量不多，且分布状态为点多量小物少，多数未得到妥善保护利用，保护利用力度弱。一句话，重要的红色历史事件和革命活动未留下遗址旧址等物质遗存。

## 1. 新城战斗旧址

含新城南门城楼和部分城墙、棋山指挥亭与战壕等。棋山指挥亭和战壕保存完好；南门城楼和部分城墙经过适当修缮，保存较完好，已对外开放。还有活捉敌县长张开阳遗址待考证确定具体地点。现为江西省文物保护单位。

## 2. 红五军军部旧址

位于黄夏村祠堂"敬爱堂"，现门楼为清末建筑，保存较为完好，原祠堂建筑已毁，村民在20世纪八九十年代恢复建有一栋仓储式建筑，未设祖宗牌位等纪念设施。现为井冈山市文物保护单位。

3. 永宁古道（红军小道）

位于今井冈山市与永新县交界的七溪岭山上，旧时为永宁县城新城镇通往永新县的主要交通要道，为就地取材的石料铺就的古道。沿途在永新地界有望月亭、龙源口桥等古迹。是七溪岭战斗发生地之一，也是井冈山斗争时期红军官兵来往的小道，承载了很多红色革命史迹，是典型的"红军小道"。古道蔓延数公里，保留完好，未开发利用。

4. 红四军红五军会师地遗址

原址在西门外的一片田园冈丘上，当时还搭起一座会师台。该会师地现被坟地、菜地、稻田、宅基地、道路等侵占。附近两栋房屋旁保留的一棵古樟树，枝繁叶茂，成为当时两军会师的见证物，未设纪念设施。

5. 红四军驻地——城隍庙

城隍庙是红四军军部所在地，发生过很多重要历史事件，如七溪岭战斗红四军营以上干部军事决策会议，红四军党的"六大"召开等。中华人民共和国成立初，该城隍庙坍塌，后拆除，未恢复重建。

6. 红四军冬季整训场地遗址

红四军整训的演练场、第28团在北门的校场坪、第31团在南门外的巽峰书院操场、特务营和独立营在露霞村几个晒谷的坪地等。野战演习场地均在新田湾的山脚下。这些演练场、演习地均在，只是有些筑有房屋，遗存下来的也没有当年的练兵环境和遗物。

7. 红军师长张子清养伤地旧址——银岗仙场

宋嘉祐元年（1201年）始建，是湘赣边界著名道场。嘉定六年（1213年）又建造三乐堂（即龙潭书院的前身）。明朝永历年间，江南巡抚陈上善留有"银岗叠翠千重秀"诗句，成为永宁县治"八景"之一。民国年间，谢子龙捐资修葺。在中国革命史上，1928年4月，来银岗仙场观瞻的中共宁冈县委书记龙超清将"三乐堂"改名为"龙潭书院"，并赠送祖传乾隆御制铜香炉；红军师长张子清在银岗仙场养伤；同年5月，毛泽东专门来看望在此养伤的张子清，并应普智道长邀请，用柴炭在石壁上手书"龙潭"二字；同年6月，七溪岭战斗获胜后，朱德登临仙场，为龙潭书院题写对联，谢子龙请人刻木留念，保存至今。1930年3月，龙潭书院发生了游击队排长"白袍遮盐"的故事。

8. 宁冈县红色警卫连成立地

1930年4月，宁冈县红色警卫连在新城成立，现遗址不存。

9. 红六军团军需采购部队驻地——三门前村

位于新城北门外一里地的三门前村，是红六军团军需采购部队营部驻地，当时军团供给部谭处长和几名财务干部同住在一起。该村有李、曾、谢三姓三户人家，村庄还在，但房屋不存。

10. 红六军团长征军需采购店铺

红六军团在新城采购长征军需物资时，得到开明商铺的配合与支持，物资主要采购店铺有婆婆伙店、韩苟师盐号、龙记货栈、"两泰"药号、横街杂货店、温氏药铺、南货铺兼槽店、杂货店、炮仗铺等。现均不存。

# 三、红色资源的价值评价

### 1. 历史价值

新城镇是井冈山革命斗争时期重要历史事件的发生地，承载了厚重的井冈山革命斗争史，生动诠释了内涵丰富的井冈山精神。透过新城镇红色遗产资源，可以展现井冈山有价值的中国革命历史、红色文化和斗争精神。红色遗产资源又是本地历史的重要内容，承载着人民群众的历史记忆，丰富着人民群众的历史情感。

### 2. 政治价值

红色资源特别是物质形态的红色资源，是共产党人坚定理想信念、发扬艰苦奋斗精神的真实写照，诠释了共产党人的初心与使命，更是中国共产党人政治本色和精神特质的集中体现。利用红色资源开展思想政治教育，特别是理想信念教育，爱国主义教育，接受红色精神洗礼，传承红色基因，可以补共产党员的"精神之钙"，提升党员干部的党性与修养。

### 3. 社会价值

红色资源的社会价值主要通过红色旅游收益、红色文化生态保护展现出来。依托红色遗产，整合当地资源，开展红色旅游，保护革命文物，将红色旅游与乡村旅游、研学旅行、生态旅游相融合，既可以充分发挥红色旅游的富民作用，又可以通过红色旅游教育功能传承红色基因，培育和践行社会主义核心价值观，实现经济效益与社会效益相统一。

### 4. 联动价值

井冈山是第一批全国级重点风景名胜区，是国家 AAAAA 级旅游景区，分为茨坪、龙潭、黄洋界、主峰、笔架山、桐木岭、湘洲、仙口、茅坪、碧市、鹅岭等景区。全境范围内景区数量众多，分布较为密集。新城镇位于井冈山市西北部，处于湘赣边界，既可以与井冈山市其他景区联动开发，也可以与湖南联动发展。

# 四、红色资源的保护对策

### 1. 挖掘好红色资源，在体量上有所增加

（1）深入挖掘新城大捷、新城老街红色资源中尚未被充分认知的部分。从现有红

色资源遗产内容和价值入手，向内挖掘红色资源内涵，并将口述历史与实物历史有机统一起来。

（2）广泛拓展尚未被发现的红色资源。注重将红色资源拓展与退役军人信息登记、党史研究、方志编撰等工作结合，从整理先进人物、英雄模范的光辉事迹入手，系统提取其中的红色资源关联内容，从而连点成线、织线成面，不断增加红色资源体量。

2. 保护好红色资源，在质量上有所提高

（1）做好实体化保护，坚持修旧如旧、维持原貌的基本原则，加大对红色遗址的统筹谋划布局、修复改造、包装宣传力度。

（2）将红色资源保护同村容村貌整治结合起来，为新农村建设和乡村振兴工作增添一抹"信仰红"。

（3）注重数字化保护，充分利用现代信息技术，实现红色资源的信息化和数字化。

3. 利用好红色资源，在能量上有所增强

（1）推动红色教育系统化、集成化。统筹做好爱国主义教育和红色资源挖掘保护工作，充分立足红色资源的地区分布、内在价值、相互关联等实际情况，做好系统性保护和开发工作。通过建设红色旅游景区、开发红色旅游精品线路，并依托于红色载体举办系列纪念活动，让"红色旅游"成为潮流。

（2）引导红色教育日常化、生活化。充分立足各村组、各领域、各行业，挖掘和利用好身边的红色资源，将红色资源搬进红色课堂，将红色课堂融入工作日常，及时将红色精神转化为干事创业的强大动力，充分激发出强大的奋斗精神。

# 五、红色旅游的开发思路

1. 开发理念

以国家长征文化公园（江西段）建设为背景，以新城镇长征军需小镇的开发为契机，对标井冈山市建设革命老区共同富裕先行区的发展目标，以红色革命历史为主要文化载体，串联起新城大捷、新城决策与七溪岭战斗、红四军"六大"召开、红四军冬季整训、红四军红五军新城会师、红六军团在新城采集出征物资等重大的历史事件，挖掘当地深厚的红色文化价值，在现有基础上深层次开发红色旅游资源，令新城镇的红色基底重焕生机，使新城镇红色旅游实现从 0 到 1 的飞跃，填补井冈山西北部红色旅游薄弱的空缺，建设全国有影响的红色旅游名镇和知名的红军长征军需小镇。

2. 总体定位

依托新城镇在井冈山革命斗争史上的重要地位及其丰富的革命历史资源，巧借井冈山茨坪和茅坪红色旅游的辐射和影响，巧打湘赣边界红色文化重镇牌，充分对接红色主题旅游市场，以自然山水为基底，以红色文化为内涵，以长征军需小镇为驱动，打造集红色研学、实景体验、主题演艺、文物品鉴、文旅消费、乡村观光等功能于一体的红色主题旅游景区。

3. 空间布局

沿郑溪河两边建设井冈山市新城镇红色旅游主题景区（综合体），做集中和异地保护展示，串联棋山战壕和指挥亭、南门老城墙和门楼等遗址、永宁古道（红军步道、长征步道）等旅游资源，共同打造一个点、线、面结合的红色旅游区。为此，新建打造一处新城红色记忆园、创意开发一个宁冈县城新城镇红军街、连线构建一条红军小道研学线、配套建设几处农文旅融合项目，并保护修缮一批革命文物遗迹点、立碑认定一批革命历史纪念地。同时，重点对原有遗址遗迹进行合理修缮，新增必要的旅游基础设施和服务设施。

4. 项目策划

（1）保护修缮一批革命文物遗迹点。保护修缮一山（棋山，包括战壕、指挥亭等）、四场（红四军冬季整训时的四处演练场、野战演习场等，第 28 团的北门校场坪，第 31 团的南门外巽峰书院操场，特务营和独立营的露霞村晒谷坪地，各部队在新田湾山脚下的野战演习场）、一墙（新城古城墙）、一道（永宁古道）、一井（陈井甘泉）、一居（萧克旧居）、一仙场（张子清养伤地和毛泽东、朱德等来访地）、一书院（龙潭书院）、一村庄（棋子石村，1929～1931 年宁冈县红色警卫连、红八营以村为驻地在周围进行游击战争的遗址和遗迹）。

（2）立碑认定一批革命历史纪念地。对于被毁的革命历史建筑和革命事件发生地，只要能找到对应地方或地点的，立碑标识予以简单介绍，以此认定一批革命历史纪念地：一是支持红军并多次接待朱毛的婆婆伙店；二是接受红六军团采购军需的东门温氏药铺；三是红六军团存放采购军需的街头谢氏祠堂文顺堂；四是红六军团第十七师驻扎过的东门谢吉发家；五是朱德居住过的东门外江边村农民谢新恩家；六是朱德理过发的南门街黄应发理发店；七是伍若兰带队为特务营演出文艺节目的西门外露霞村罗家祠；八是红四军红五军西门外干田里的会师场地及其主席台；九是毛泽东驻地和红四军军部所在地城隍庙；十是西门露霞村田垄河边活捉敌县长张开阳处等。

（3）新建打造一处新城红色记忆园。建设一处集中展示新城镇红色革命历史事件的博览园，作为新城镇红色旅游综合体。一心（游客中心）、一场（会师广场）、一雕塑（大型会师雕塑）、一基地（红色教育培训基地）、三馆（新城镇历史博物馆、红四军红五军会师纪念馆、新城镇革命烈士纪念馆）、三纪念碑（新城大捷、七溪岭战斗、红四军红五军会师纪念碑）等。

（4）创意开发一个宁冈县城新城镇红军街。在移植红五军军部旧址——黄夏敬爱祠，异地恢复红四军军部驻地新城镇城隍庙、宁冈早期革命团体文明社旧址、宁冈红色警卫连成立地旧址等基础上，以打造长征军需小镇为契机，在军需小镇建设一条宁冈县县治新城镇老街。该红军老街既是县城老字号组成的商业老街，也是当年红军生活过的街区；既将老一辈革命家的故事植入，也将当地普通红色革命者事迹引入；既讲好红四军红五军的故事，也做好红六军团采购军需的文章。

（5）连线构建一条红军小道研学线。沿着新城大捷指挥所棋山—红军师长张子清养伤地银岗仙场—红四军冬季整训演习场新田湾山脚—红军游击战发生地棋子石村—七溪岭战斗遗址永宁古道等，构建一条"红军小道"研学线路。

（6）配套建设几处农文旅融合项目。

1）新城镇现代农业生态示范园。示范园规划面积3000亩，以现代高科技农业为本，保留乡村风貌，结合当地文化特色，重点打造种植基地、阳光草坪、房车营地等项目。打造集科研创新、产业孵化、农业博览、农业培训、农业大数据平台、冷链仓储物流、餐饮、住宿等功能于一体的智慧农业示范园。以中小学及亲子家庭为目标群体，通过土地认领、温室共享、休闲采摘、亲子教育，打造"休闲农业趣味园"。通过历史融入、文化引领、科技带动、研究交流，打造"农业综合科普园"。并着眼于提高农业生产能力，通过推广优新技术、优良品种、智慧管理、高效经营，打造"联农带农示范园"。

2）黄金谷万亩黄金茶基地。基地规划面积一万亩，采取"公司+合作社+农户+基地"方式开发，坚持以市场需求为导向，以政策扶持为推手，以科技创新为动力，以培育龙头企业和销售平台为重点，以品牌、品质建设为核心，以精深加工为关键，开创"黄金茶"种植、加工、销售与旅游深度融合的崭新模式，完善以茶为基础的"茶文旅"产业链条。

项目策划包括：①茶园民宿：在空地上建设茶园民宿，让游客在此欣赏茶山风光。②茶吧休闲：在茶园民宿下方打造休闲茶吧，实现观茶、品茶、购茶和了解茶历史与文化的一条龙服务。③基地露营：在可利用草坪上搭建可拆卸帐篷，策划一系列以野营休闲为内容的活动。④茶艺体验：打造一处茶艺体验园（馆），游客可在此体验一站式体验采茶、制茶、参与茶艺表演等活动。

3）井猴王千亩猕猴桃基地。基地规划面积1000亩，引进广西百色优质果苗，着力研究果品贮藏保鲜和深加工技术，开发猕猴桃饮料，果酒、果酱、果粉、软胶囊等产品。经营上采取"公司+基地（家庭农场）+农户"的生产模式。在农旅融合项目策划上，可植入景观小品，糅合休闲业态，打造兼具果山观赏、鲜果采摘、果园休闲等多功能于一体的休闲产业园区。

项目策划包括：①水果创意工坊：即采摘体验园，其功能包括手工DIY体验、特色餐饮、娱乐等。游客可以亲手参与制作果酱、果品、蛋糕、冰激凌等美食甜品，学习水果拼盘设计与水果雕刻工艺。②果酒酿造坊：工作人员将未售出水果加工制作成果酒，让游客参观学习，参与酿造成品酒或半成品酒等，可购买带走，也可直接从采摘园购买。为游客提供果酒的储藏服务，根据不同的储藏年限，提供不同的服务套餐。③果树认领：选取果园长势比较好的果树，租给城市居民认养。游客可以挑选自己喜爱的果树，填写果树认养牌，认养人可以凭借认养证书亲自养护自己的果树，也可以委托果园职工代为养护，到收获的季节进行采摘，享受私人果园体验。

4）黄夏村七溪岭家庭农场。农场规划面积 3000 亩，有梅花鹿养殖园、七彩山鸡养殖园，茶园、猕猴桃园等，集生态旅游、科技示范、产品展示、农耕体验、森林休闲于一体。在这里可以采摘、制作、品尝农产品。看梅花鹿、饮鹿茸茶、喂野鸡、挖野菜、采摘瓜果（猕猴桃、哈密瓜、红枣、杨梅、樱桃、桑葚等）、赏花海、垂钓、烧烤、野炊等。农场特产丰富，有野鸡、野鸡蛋、土鸡蛋、野生茶、红心猕猴桃、红心火龙果等。

项目策划包括：①第一岭农耕体验基地：开辟一处土地，植入农耕主题景观小品，提供传统劳动工具如耕牛、犁、耧车、锄头、铁锨、镰刀、耙以及石磨、石碾、打谷机等生产工具，供游客体验犁田、插秧、割稻、打谷米等农事活动。②七溪农家乐：对农房进行外立面改造和内部装修升级，打造多彩庭院，发展特色农家乐、乡村民宿等产业。③第一溪生态餐厅：在农场内部设一个第一溪生态餐厅，直接取材农场种植的高品质水果蔬菜、养殖的绿色禽畜等，提供新鲜、健康的美食，游客也可自主采摘进行加工。

**5. 产品体系**

（1）文物展陈产品。在新城红色记忆园的三馆中（新城镇历史博物馆、红四军红五军会师纪念馆、新城镇革命烈士纪念馆）展出新城镇保存下来的红色革命历史遗存，原件丢失的可展示复印件。利用时间轴将新城镇的重大历史事件徐徐展开，循序渐进，营造沉浸式参观体验。除此之外，综合公共气氛美学，将文化授权、故事驱动与跨界融合相结合，打造新城特色文创产品，如盲盒、小夜灯、立体书等形式，作为博物馆收藏、保护、研究、展览、教育等核心功能的重要拓展。

（2）实景体验产品。在新城镇历史博物馆推出"沉浸式实景剧场体验"活动，作为研学活动亮点。以博物馆的多种展品为依托，结合"研在博物馆、玩在剧情里"的设计，为游客提供"重参与、重过程、重体验"的沉浸式实景剧场体验。活动中，游客不仅可以在博物馆里根据剧情探宝、寻宝，了解展品出土年代、特征等，还通过解谜任务卡、寻找线索、传递情报等，拨开层层迷雾。

（3）主题演艺产品。组织当地民间演艺团队，策划以新城镇红色历史为核心的主题演艺产品，融合新城大捷、新城决策与七溪岭战斗、红四军党的"六大"、红四军冬季整训、红四军红五军会师、红六军团新城采购等重要历史事件和主要节点，在还原历史的前提下，用现代新颖的表演方式，创作令游客耳目一新的新式演出节目。

（4）文旅消费产品。提供五大主题文旅产品。包括"忆古思今"的研学之旅、"身临其境"的实景体验、"静谧悠然"的踏青之行、"逐风山野"的随心自驾、"大饱口福"的味蕾盛宴。

（5）乡村旅游产品。打造 7 类乡村旅游产品。

1）红村民宿类：利用红色乡村民居等闲置资源，民居主人参与接待，让游客体验当地自然、文化与生产生活方式。

2）农家乐（庄）类：将农业景观、生态景观、田园景观与住宿、餐饮设施结合，以"吃农家饭、住农家屋、干农家活"为特色，为游客提供田园观光、乡村休闲和乡村度假等体验。

3）农业园（场）类：提供将农（牧、渔）业生产与观光、瓜果采摘、渔猎体验和农（渔）业科普等活动结合的特色体验。

4）乡村营地类：依托乡村河流、溪谷、山地和森林等自然资源和乡村较开阔的空间，以满足游客释放压力和寻求刺激的需求，开发多样化的户外产品。

5）乡村文博物馆类：打造以搜集、保存、陈列和展示农村历史、农耕（渔）文化、民间文化、特色民俗和乡村文物等资源为主的乡村展馆。

6）文创工坊类：打造以农村本地民间文化、民俗文化等为主，以乡村本土文化保护、传承和弘扬为目的的互动体验性文创场所。

7）习俗活动类：提供以乡村本土传统习俗、节庆和农（渔）业等为主的体验性产品，包括乡土美食、岁时节日、人生礼俗、体育游艺、农耕和渔猎等体验活动。

6. 产业体系

构建"红色文化+乡村旅游+特色产业"发展模式，实施"红色资源+"多业态融合发展。

（1）推动红色资源与文化旅游相结合。以建设井冈山重点旅游镇、湘赣边重要红色旅游集散点为目标，结合乡村振兴、红色记忆园、红军街、长征军需小镇建设等重点工作，邀请专业团队规划设计，将散落的红色资源串起来。围绕"吃、住、行、游、购、娱、学"七要素，整合优化沿线业态服务水平，建设一处红色旅游示范区，打造一条红色旅游精品线路。

（2）推动红色资源与生态环境相结合。在郑溪河沿岸打造一处融传统村落、田园风光、生态景观和红色文化于一体的"一景两岸式"红色教育基地，建成"红绿相衬""山水相映""农旅相融"的精品红色旅游园。

（3）推动红色资源与乡村建设相结合。坚持走红色旅游资源与乡村建设深度融合之路，以美丽乡村建设为抓手，积极组织开展民俗风情、红色演艺、农耕体验等活动，打造"红村网红打卡地""乡村休闲目的地""乡愁记忆承载地"。

（4）推动红色资源与数字信息相结合。应用 VR、AR 等"情境再现"虚拟现实技术，丰富拟建新城红色记忆园、宁冈县城新城镇红军街景点展陈模式，让革命历史融入现代科技，增强体验感、参与感、代入感。

# 永新县禾水"银河七星"红色体验系列驿站概念性规划[*]

## 序·规划缘起

初心：坚持绿水青山就是金山银山的绿色发展理念，实现废弃矿山生态修复后的"变废为宝""锦上添花"。

使命：坚持保护山水和维护生态也是发展的理念，实现从"保护自然"到"经营山水"的转变。

态度：坚持开放和共享的发展理念，助力永新扶贫攻坚工程、秀美乡村、生态文明实践与乡村振兴战略。

责任：坚持可持续发展的理念，将永新大地49块伤疤转变为49朵鲜花，实现全域废弃矿山适宜性经营的需要。

担当：坚持统筹发展的观念，与永新丰富红色旅游资源相结合，做好"旅游+""+旅游"，打造生态修复地的红色教育主题类研学旅行基地。

首先，禾水"银河七星"缘何而来？在江西地产集团废弃矿山生态修复工程项目支撑下，对永新县全域49个生态修复点进行概念性规划。根据合同约定，本次将三湾乡宕口、曲白乡吾下、石桥镇梅田洞、澧田镇草市坳4个废弃矿山点纳入总体规划。

为了整体包装和系统展示的需要，经讨论和协调，本次规划基于"点上突破、线上组合、系统整合、主题打造、品牌构建"的基本要求，遵循"点石成金、讲好故事、自成一体、传承基因、促进发展"的创意理念，在策划中将"县城禾川镇海天春茶馆旧址、烟阁乡黄竹岭贺子珍故居、龙源口镇秋溪村秋溪党支部旧址"囊括进来，连同上述4个生态修复点，共7个点。基于7个修复点或资源体均围绕永新的母亲河——禾水展开和布局，构建整体的禾水"银河七星"主题概念，以期全面讲好"红色永新"的代表性、典型性、符号性故事，统一将它们规划为永新县禾水"银河七星"系列红色体验驿站，明确其主题、形象、功能，策划支撑项目，回答"做什么、怎么做"问题。

---

\* 本文基于江西省地产开发集团有限责任公司承担的永新县全域废弃矿山生态修复工程项目，规划编制单位南昌大学旅游研究院，作者黄细嘉、王健、万户田等，完成于2020年。

其次，如何将矿山废弃地转化成产业兴旺地？人气爆棚地？美国密歇根州的港湾高尔夫球场，加拿大维多利亚的布查得花园，英国圣奥斯特尔的伊甸园（大型植物展馆），法国汝拉省的代斯内娱乐基地，日本兵库县的淡路国营明石海峡公园，罗马尼亚萨利那·图尔达的盐矿主题公园，上海松江的辰山植物园矿坑花园，南京江宁的汤山矿坑公园，浙江宁波的宁波国际赛车场，湖北黄石的黄石国家矿山地质公园等为我们提供了成功的案例，可资借鉴。

# 一、规划总论

1. 规划范围

理论上涵盖永新县全域废弃矿山生态修复点，但在实际工作中，根据关联度、可行性、整合型、组合态原则，主要选取三湾乡宕口料石场、曲白乡吾下采石场、石桥镇梅田洞采石场、澧田镇草市坳采石场四个矿山修复点以及县城禾川镇海天春茶馆旧址、龙源口镇秋溪村党支部旧址、烟阁乡贺子珍故居三大红色革命旧址，作为永新县全域废弃矿山修复后适应性经营总体范围，共同策划打造永新县禾水"银河七星"红色体验系列驿站。

2. 规划性质

此规划属于永新县废弃矿山资源生态修复点的旅游可持续利用与发展规划，战略上兼具永新县红色驿站旅游专项规划。

3. 规划期限

本规划期限为2020~2025年。

4. 规划原则

一是适宜性原则，实现废弃矿山生态修复后的适宜性利用与适应性经营；二是锦上添花原则，为永新山水添花+添景、为秀美乡村添彩+添客、为矿山经营添财+添色；三是文化活化原则，践行生态文明，激活红色记忆，活化红色文化，讲好红色故事；四是深度融合原则，四产深度融合（文化、旅游、教育、农业），四色深度融合（绿色+红色+古色+土色），四体深度融合（社区与企业、农户与公司）；五是可持续性原则，绿水青山就是金山银山，保护好山水，经营好永新，助好乡村振兴。

# 二、总体印象

印象一：有历史、被遮蔽；有文化、缺深挖；有故事、未讲好。

（1）有历史、被遮蔽。一是革命历史：永新是湘赣革命根据地的中心，湘赣革命根据地湘赣省委驻地，是三湾改编、龙源口大捷发生地，历史意义大、价值高。但永新革命历史被井冈山品牌效应遮蔽，"星星之火、可以燎原"在井冈山已经深入人心。二是人文历史：明朝地理学家徐霞客曾游历永新，流传有"团箕晒谷也要教崽读书"的古训，流传着东汉孝义感天、南宋忠义三千血等义举。历史人物还有大唐歌唱家许和子等。但是这些年代久远的人文历史，却又被革命历史所遮蔽。

（2）有文化、缺深挖。一有古村文化：永新有1800多年历史，村落文化遗址、遗存丰富多彩。如曲白乡院下古村、唐代商业古街——钱市街、名相故里——埠前镇三门村等。二有红色文化：是全国著名的"将军县"，是中央苏区县，是井冈山革命根据地的重要组成部分，留下了毛泽东、朱德、任弼时、彭德怀等老一辈无产阶级革命家的足迹。三有名人文化：永新走出了贺子珍三兄妹、王恩茂、佛光将军张国华等41位开国将军，谭启龙、李立等正省部级干部，以及计算机专家洪加威、国画名家刘勃舒、探月工程首席科学家欧阳自远等一批国家级文化科技精英。四有民俗文化：永新有盾牌舞、罗汉灯、永新小鼓等民俗文化绽放在永新大地。五有书法文化：全国民间文化艺术（书法）之乡。文化资源甚为丰富，却缺少深度挖掘，未能形成文化"大卖点"。

（3）有故事、未讲好。一是三湾改编旧址——"支部建在连上"：要讲好人民军队连队建设和以连为单位的历史故事。二是红六军团长征出发地——"西征探路"：要讲好红军一个军团的长征故事，并突出为长征探路的重要作用。三是贺子珍家庭故居——"贺氏三兄妹+父母"参加革命：要讲好一个革命家庭的故事。四是草市坳战斗遗址——"以少胜多"：要讲好一场革命斗争胜利战斗的故事。五是永新县海天春茶馆旧址——"地下联络点"：要讲好一个地下红色交通站的故事。六是秋溪党支部旧址——"毛委员亲自指导建立的农村党支部"：要讲好一个支部的故事。七是湘赣革命根据地旧址——"湘赣临时省委"：要讲好一个红色省份的故事。梳理、提炼永新的7个红色革命事件，结合废弃矿山生态修复工程点，形成7个红色体验驿站，串点成线或作为独立红色教育培训点，做好红色研学活动，讲好永新7个代表性红色故事，最后"变废为宝"，激活红色基因及催生"旅游新亮点、研学新经济与生态修复新模式"的"新故事"。

印象二：有资源、难整合；有空间、无格局；有产品、缺品牌。

（1）有资源、难整合。红与绿、古与土，资源差异大，主基调不明，布局散，整合缺抓手，难以形成龙头带动型的资源聚合体。

（2）有空间、无格局。山与水、城与乡，现有场域空间互联互通缺少脉络主线，整体空间概念与格局无法彰显。

（3）有产品、缺品牌。三湾改编地、贺子珍故居、湘赣省委旧址、龙源口景区……境内现有旅游产品表面上丰富，实则零星散落、缺乏完整的产品体系。看上去主题鲜明，实则同质化严重，关联性、互补性与融合性差。

印象三：有噱头、缺玩头；有亮点、缺卖点；有市场、无市值。

（1）有噱头、缺玩头。废弃矿山生态修复利用、市场化运营，践行绿水青山就是金山银山生态文明建设理念以及弘扬红色文化时代主旋律基调的红色旅游业态重构，噱头够大。所有一切刚刚开始，皆为新理念、新尝试、新目标、新运营，但新业态、新产品、新玩法还未上市，缺十足的玩头。

（2）有亮点、缺卖点。废弃矿山生态修复与适宜性利用是亮点，但正处于规划构想中；红色旅游是亮点，但是产业化水平低；古村落旅游是亮点，但是同质化较严重。缺少强劲的卖点。

（3）有市场、缺市值。2018年1~9月，永新全县接待游客301万人次；2019年1~5月为210.67万人次；2020年接待600万人次，实现旅游综合收入5亿元。有市场，但少市值。

印象四：有山水、缺绝景；有环境、缺氛围；有物产、缺风情。

（1）有山水、缺绝景。

（2）有环境、缺氛围。

（3）有物产、缺风情。

真可谓生态美、历史红、人文浓，却未能向世人较好地释放它的"美"、绽放它的"红"、展现它的"浓"，可谓"疏于包装、弱于打造、失于经营"。

# 三、规划使命

使命一：顶层设计——从"黯然无色"到"多彩永新"。

永新"绿色、红色、古色与土色"四色资源异常丰富，但知名度较低，聚合效应、品牌效应弱，呈"黯然无色"状。对四色进行提炼、包装与整合，从而绽放"多彩永新"。绿色——生态修复——串起来；红色——体验驿站——红起来；古色——文旅融合——玩起来；土色——乡村振兴——富起来。绿色——"废弃矿山"到"金山银山"（三湾宕口、曲白吾下、石桥梅田洞、澧田草市坳）；红色——"偏乡散点"到"红色驿站"（贺子珍故居、秋溪党支部、海天春茶馆）；土色——"社区参与"到"乡村振兴"（石口村、院下村、黄竹岭、禾川镇、秋溪村等）；古色——"人文历史"到"文旅融合"（非遗艺术与旅游融合、民俗风情与旅游融合、名人品牌与形象树立）。

使命二：发展模式——从"形象遮蔽"到"超级明星"。

回溯历史，永新三湾是毛泽东同志上井冈山的第一站，也是重上井冈山的第一站。但历史的重要性与永新红色旅游现实发展的不匹配，凸显了井冈山对永新的强"遮蔽效应"。忽略永新的井冈山红色之旅，是缺失的，不完整的。

路在何方？大井冈山红色旅游圈"红"了谁？借势井冈山，以强扶弱？形象遮蔽能否消失？市场认知能否颠覆？借来的迟早要还，联合井冈山，强弱整合？蚂蚁能否撼动大树？一厢情愿能否成功？求来的迟早要还，如何旗开得胜？异军突起？网红思维，成为超级明星。

讲好永新红故事：以永新全域废弃矿山生态修复点的锦上添花式利用为契机，精心谋划，通过"矿场"的生态优化、环境美化和景观升华，围绕确定的主题内容，进行适应性开发和故事性介入，建设好红色驿站，以便开展体验性研学活动。

一个连队故事：三湾改编，党建之根。

一个军团故事：西征探路，长征先锋。

一个家庭故事：革命家庭，浩气长存。

一个战斗故事：绝地反击，二占永新。

一个站点故事：密室韬略，茶馆风云。

一个支部故事：模范支部，领袖亲建。

一个省份故事：湘赣省委，经营永新。

使命三：品牌构建——从"产品打造"到"主题重构"。

（1）优空间、明主题。紧密围绕讲好"七个一"的故事，优化空间布局，构建禾水"银河七星"的空间概念与品牌体系，展现"党建强军"路、"风雨长征"路、"武装割据"路、"绝地反击"路、"茶馆风云"路、"革命家庭"路、"支部闯新"路，重构"永新红色文化之路"主题，探寻"永新红色文化之路"发展模式。三湾乡宕口料石场——重构"红色连队"主题；曲白乡吾下采石场——重构"红色军团"主题；石桥镇梅田洞采石场——重构"红色省份"主题；澧田镇草市坳采石场——重构"红色战役"主题；禾川镇海天春茶馆旧址——重构"红色联络站"主题；烟阁乡贺子珍故居——重构"红色家庭"主题；龙源口镇秋溪村党支部旧址——重构"红色支部"主题。

（2）美生态、红历史。美生态，废弃矿坑生态修复——"永新生态美"。抢抓废弃矿坑生态修复适宜性利用与经营、探索市场化运作以及科学化治理模式的契机，践行生态文明、美丽中国、秀美乡村、乡村振兴等国家战略，恢复绿色生态，将绿水青山转化为金山银山。红历史，红色体验系列驿站——"永新历史红"。利用地名优势做文章，宏观上倡导时代主旋律，"红色永新"，象征中国共产党勇于开拓、不断创新，勇立潮头，永居时代前沿、国际前沿；微观上突出永新红色文化资源的引领性，"红色永新"，代表重构与唱响永新红色文化品牌。

使命四：发展策略——从"保护自然"到"经营山水"。

用毛泽东思想指导永新生态修复与旅游发展工作，大力经营永新。

在井冈山斗争中，毛泽东曾亲自制定了"用大力经营永新，创造群众的割据，部署长期斗争"的策略，这对于当今永新的发展依然具有重要现实意义。践行"两山"理论，建设生态文明，实现废弃矿山生态修复，保护县域山水，既要解决观念意识问题，更要解决持续经营问题。只有做到了灵活经营、大力经营、持续经营，才有充足的资本做更好的保护。经营永新山水生态、红色文化、民俗风情、土特商品等。

# 四、目标定位

### 1. 主题形象

主案：七星红旅驿站　大力经营永新

辅案一：三湾连队建支部　革命无往而不胜

辅案二：第六军团西征路　红军长征急先锋

辅案三：浴血罗霄湘赣省　经营永新谱新篇

辅案四：二占永新凭此战　以少胜多草市坳

辅案五：海天春茶惹人醉　共产党人来相会

辅案六：贺氏满门革命人　红星光耀黄竹岭

辅案七：支部活动闯新路　基层智慧耀秋溪

### 2. 目标愿景

将禾水"银河七星"系列红色驿站，打造成以"生态修复"为基础，以"红培产业"为引领、以"乡振产业"为主导的永新生态修复适宜性经营示范区、红色文化引领型经济集聚区、旅游扶贫带动型创客先导区。

### 3. 总体定位

永新县红色文化新地标；大井冈山红色旅游必选地；吉安市红培产业新门户；江西矿山生态修复利用先导区（矿山生态旅游示范区）；中国乡村振兴典范区；美丽中国江西样板示范区；全国生态修复"锦上添花"样板区。

# 五、空间布局：禾水七颗星，罗霄红永新

一水：禾水及其支脉，贯穿整个规划区域，象征着天上的银河。

七星：7 个红色驿站，三湾乡、曲白乡、石桥镇、澧田镇、禾川镇、烟阁乡和秋溪乡 7 个乡镇的规划区域，分别对应"启明星"、"行星"、"救星"、"卫星"、"明星"、"创星"、"聚星"。象征着银河里的 7 颗耀眼的星星。

### 1. 三湾乡宕口料石厂红色驿站（启明星驿站，此为"启明星"）

因三湾改编之于井冈山革命的历史价值与意义重大，被誉为中国共产党建设新型人民军队最早的一次成功探索和实践，拉开了建立井冈山革命根据地的序幕，点燃了工农武装割据的星星之火。

故将此处命名为"启明星"红色驿站，展现在"中国革命摇篮"井冈山的革命成

功之路的根本法宝——党的建设的"支部建立在连上"。引申为高瞻远瞩的战略设计之路、画龙点睛的组织变革之路、敢为人先的创新发展之路、时不我待的敏捷转型之路、理想信念的上下求索之路。

2. 曲白乡吾下采石场红色驿站（风雨征程驿站，此为"行星"）

1934年7月4日，红六军团进驻永新县坳南乡牛田村。8月初，红六军团秘密离开牛田地区向吉安遂川方向前进。8月7日，红六军团第十七、十八师和红军学校共9700余人告别湘赣革命根据地，从吉安遂川的横石和新江口地区出发，踏上了西征的征途，拉开了红军长征的序幕。

在长征中，红六军团既担任了先遣探路任务，又是后续到达陕甘宁边区会师的后卫部队，其长征的时间最长、走的路最多，为红军长征的最后胜利做出了不可磨灭的重要贡献。

因总体规划需要，将坳南乡红六军团西征历史赋能于临近的曲白乡吾下采石场，以便系统挖掘与呈现永新代表性红色文化，故将此处命名为"风雨征程"红色驿站。意在展现永新在红六军团西征准备过程中的重要历史地位，铭记"西征之路"，让"长征精神"绽放永新大地。

西征路线图：遂川横石和新江口出发，到湖南桂东县寨前圩地区，经资兴、彬县、桂阳、新田等县，到达零陵县，经嘉禾县进入广西北部，在界首地区渡过湘江，进入湘南城步县境内，再到达黔东印江县木横。历时79天，跨越2500多公里。

3. 石桥镇梅田洞采石场红色驿站（湘赣省委驿站，此为"卫星"）

1931年7月，中共苏区中央局决定撤销赣西南特委和湘东南特委，在赣江以西成立湘赣省；8月1日，中共湘赣临时省委在永新成立；10月，正式成立了中共湘赣省委和省苏维埃政府，省委、省苏及省直机关均驻永新县城，以永新为中心的湘赣革命根据地正式形成。湘赣革命根据地的建立，犹如曙光般予人希望，有力支援与促进了中央革命根据地的巩固、发展，成为中央革命根据地可靠的西部屏障和巩固的战略侧翼，同时也是沟通中央革命根据地与湘鄂赣革命根据地的主要桥梁。

故命名为湘赣省委红色驿站，展现红色政权领导下的"工农武装割据"之路，凸显"红色省份"对永新红色文化形成的重要价值。

4. 澧田镇草市坳采石场红色驿站（运筹帷幄驿站，此为"救星"）

1928年5月中旬，国民党大军对井冈山革命根据地发动第三次"会剿"，由吉安向湘赣边界大举进犯。面对敌强我弱之势，如何粉碎敌人"进剿"？毛泽东、朱德商讨认为：与敌硬抗，肯定不行；最好是能把敌人引进来，分而歼之。最后，通过采取诱敌深入的迂回战术，在永新县草市坳粉碎敌人"进剿"，救我军队，振我军心。

故将此处命名为运筹帷幄红色驿站，展现草市坳战斗中红四军足智多谋、英勇善战、以少胜多、绝地反击的"自救"突围之路。

5. 县城禾川镇海天春茶馆红色驿站（茶馆风云驿站，此为"聚星"）。

贺子珍父母携全家迁居县城，开设了海天春茶馆，以卖茶水、杂货为主，兼营住宿，生意尚可。后贺家三兄妹及其父母均从这里走上革命道路。大革命时期和井冈山斗争初期，这里成为永新县共产党人的一个秘密联络点。

因井冈山斗争时期，贺子珍三兄妹及其父母以此为革命据点，许多革命志士与永新走出去的将军都曾相聚此地以喝茶为幌子，秘密进行革命联络工作。故此处命名为茶馆风云红色驿站，演绎海天春茶馆共产党人和红军秘密联络站的故事。

6. 烟阁乡贺子珍故居红色驿站（竹岭军魂驿站，此为"明星"）

黄竹岭，烟阁乡的一个小山村，诞生了当时人称井冈三杰的贺敏学、贺子珍、贺怡，三兄妹均从十几岁就参加红军。贺子珍的父母在子女影响下参加革命，家中共有10多位英烈，成为名副其实的革命"明星"之家。

贺子珍一家为中国革命事业鞠躬尽瘁，死而后已。贺家三兄妹及其家人革命成长之路，亦是"竹岭军魂"的铸就之路，故将此处命名为"竹岭军魂"红色驿站。

7. 龙源口镇秋溪村党支部红色驿站（第一支部驿站，此为"创星"）

秋溪党支部是井冈山斗争时期，由毛泽东亲自创建的边界第一个农村党支部，被评为东南特区的模范党支部，也被毛泽东称赞为"特别能战斗的党支部"，保卫了红色政权，巩固了湘赣边界根据地，为革命作出了重大贡献。

秋溪党支部启示我们，基层组织事关党的凝聚力、影响力、战斗力，要通过基层文化建设，传承好红色基因，推进红色文化阵地建设，推动红色主题教育深入开展。故将此处命名为第一支部红色驿站，展现"红军敢为人先、勇于担当和坚持亲身深入农村实践考察调研"的支部创新之路。

# 六、项目策划

1. 策划原则

资源要盘活，客源要激活；创意要用活，项目要做活；模式要鲜活，收益要带活。

2. 分区策划

（1）启明星红色驿站："启明星"计划——讲好一个连队的故事。

策划思路："三湾改编"支部建在连队上，似启明星指引方向，开启了中国革命从胜利走向胜利的辉煌篇章。以讲好不同时期人民军队基层建制——连队的故事为主体，围绕"山体红色火炬"绿化和量化工程、"三湾改编"时期的连队建制介绍和不同时期人民军队"英雄连队"故事廊道（红色）、海天春茶园基地（绿色）、"舌尖永新"乡村扶贫工程（乡土风味——土色）、"党建之根"研学基地、山顶步道和"启明星"标志性简式楼台建设6个方面进行创意。

功能定位：以塑造全国"废弃矿山生态修复精品标杆工程"、"党建主题教育基地"，江西"生态文明建设示范点"，吉安"红色文化研学实践教育营地"为目标，打造一个集红色教培、生态休闲、户外运动、会议会展、文创体验等多种功能于一体的红色教育生态旅游创新区，成为引领永新红色旅游发展的新地标、新门户、体验地。

主要开发项目：建设"一线六点"工程，"连队星光大道"一线：即依托现有登山的之字形交通线打造"连队星光大道"多功能红色文化旅游线，分段设置不同时期人民军队"英雄连"故事雕塑或文化碑廊（体），沿途辅之以扶贫购物茶水休憩亭，"井冈山哨口"竹木制休憩房等，连通山顶步道和"启明星"简式楼塔。

6项建设项目与工程节点：①"党建之根"红培教育基地：在平坦地建设楼房1栋，一楼主要功能为开展红色培训与营地教育，二楼设为"同志哥""海天春茶系列"沉浸式体验中心。②"花语世界"大地红色火炬地标：建设地点是第三梯坡地。白天由红叶植物组成，晚上由灯光轮廓构成大地红色火炬，成为地标和网红打卡地。③建设海天春茶园：建设地点是第一梯坡地。一是生产茶叶，二是提供采摘与手工制作体验，三是提供给"同志哥"茶中心使用。④"舌尖永新"扶贫攻坚工程点：入口设土特购物点1处、连队生活体验食堂伙房平房1栋（地点在红培基地副楼）。⑤裸露岩体"三湾改编"时期连队简介墙。⑥山顶"启明星"简式楼塔。

（2）风雨征程红色驿站："行星"计划——讲好一个军团的故事。

策划思路：以讲好红六军团的故事为主体，围绕红六军团组建及西征先锋的红色记忆与悲壮故事（红色）、吾下矿坑生态修复水木清华曲水流觞的浪漫（绿色）、"红军斗笠"与"十送红军"非遗传承与演绎（土色）、"寻味赣鄱""曲白人家"扶贫攻坚与乡村振兴（古色）4种色调进行创意。

功能定位：以塑造"省级废弃矿山生态修复精品标杆工程"、"县市级生态旅游示范区"、"县市级红色文化研学实践教育营地"、"长征精神主题教育基地"为目标，打造一个集红色教培、研学旅行、科技定向、野外生存与生命安全教育等多种功能于一体的长征精神主题教育基地、红色文化研学实践教育营地。

分区与项目：①西征策源展厅：主题线索为"红军长征策源地"，异于遂川等地的"红军长征出发地"，主要介绍红六军团在永新的成长史、西征路线等，主要手段为沙盘模型、全息投影、长征影院、长征教室等，充分开展长征精神的红色教育活动。②西征教育营地：红军长征途中，碰到各种艰难险阻，长征精神、求生技能意义重大。模拟红军长征的各种场景，通过情景再现、实践认知、合作学习、访谈调研等形式开展军事生存方面的教育与体验。③西征定向项目：利用虚拟科技手段，开发西征定向手游软件，在规划区域将西征路线图完美植入，利用各个节点事件为任务线索，游客通过手机完成西征任务。④重走长征路项目——在永新境内段，通过徒步、骑行、房车等形式开展；在全国境内发起"重走长征路"的分段行走倡议，通过积分制、邮局邮戳、景点打卡、与长征后人合影等方式激励民众参与。

（3）运筹帷幄红色驿站："救星"计划——讲好一个战役的故事。

策划思路：以讲好草市坳战斗的故事为主体，展现草市坳战斗运筹帷幄、以少胜多的红色记忆，通过廊道展陈、室外模拟等形式，再现红军当年奋勇抗敌的场景，激发青年一代的昂扬斗志。

功能定位：打造为集军事谋略主题教育基地、红色文化研学实践教育营地、秀美乡村幸福生活驿站于一体的草市坳战斗纪念公园。

分区与项目：①草市坳战斗红军领导人群雕：毛泽东、朱德、王尔琢、毛泽覃、谭家述；杨如轩、刘安华、吴尚等敌军将领群雕。②草市坳战斗展示长廊：通过历史档案的挖掘，用图文、影像、VR科技等手段对草市坳战役的背景、敌情分析、谋略计划、战斗经过、历史评价等进行全方位展示。③草市坳战役7D体验馆：建设7D同步数字电影院，按需设置电动液压座椅，打造2D、3D、5D、7D电影全播平台，将电影中战场硝烟轰鸣、风雨雷电等场景真实再现，让观众亲眼目睹战役场景，亲身体验战场氛围。④草市坳战役CS营地：建设真人CS对抗营地，让参与者体验枪林弹雨的战场风云，培养参与者的军事思维与谋略才能。

（4）湘赣省委红色驿站："卫星"计划——讲好一个省份的故事。

策划思路：以讲好一个红色省份的故事为主体，展现湘赣革命根据地建设的红色记忆，通过当年情景再现的即视感与现场感，营造苏区生活氛围，将政治化元素旅游化、呆板性元素活态化、枯燥化元素体验化，激发与强化参与者怀旧情结与体验兴致。

功能定位：打造集旅游美宿美食、红色教育、劳动教育、婚庆影视等功能于一体的"苏区民宿"文化综合体。

分区与项目：①苏区民宿：主要以苏区元素打造民宿体验区。②苏维埃合作饭堂：打造红军食堂、土特产品展销、野炊烧烤、美食集市等业态。③红色文玩博物中心：自建或引进创客创办红色文玩博物中心，举办红色文玩展，打造红色文物、文玩的交易市场。④苏维埃劳动实践中心：结合中小学生研学实践教育，打造苏维埃学农实践基地。⑤湘赣省委红色文化展：通过会展、节庆推广红色旅游文化，构建集融合非物质文化遗产文化、农特产品文化、红培教育文化、户外探索文化等于一体的展会平台。

（5）茶馆风云红色驿站："聚星"计划——讲好一个秘密交通站的故事。

策划思路：以讲好一个秘密站点的故事为主体，展现海天春茶馆曾经作为红军秘密联络站点的红色记忆，通过社交化、体验化、创意化、神秘化茶馆氛围的再造，打造成永新的一个"网红聚点"。

功能定位：打造成一个"来永新必到的网红打卡地"、"永新闺蜜世界与商务洽谈的秘密聚点"。

项目策划：①旧时茶馆生意恢复：增加贺子珍三兄妹及其父母蜡像。②开启红军服务模式：全体工作人员着红军装，提供"喝红军茶、唱红军歌、品红军宴、说红军事"等系列体验产品。③每天招募一名"神秘馆主"：开启茶馆神秘任务，采用"喝茶吧，兄弟"等形式做好互动服务。

（6）竹岭军魂红色驿站："明星"计划——讲好一个革命家庭的故事。

策划思路：以讲好一个红色家庭的故事为主体，展现贺子珍三兄妹及其家人义无反顾投身革命的历史记忆，向社会尤其是青年一代宣扬与传播真正的"明星"文化，通过激发其对革命"明星"的认同感与敬畏心，抛却追求"伪明星"的价值观念。

功能定位：革命"明星"家庭主题宣讲教育基地、射击射箭运动后备人才培训基地。

项目策划：①景观提升策划：首先，景区增设"竹岭军魂"、"井冈三杰"标志性景观，可以贺氏三兄妹及其家人作为素材，同时利用创意设计方便游客合影留念并转发晒圈。其次，增设革命年代女红军文化墙与红色家书长廊，赋能青少年爱国主义教育。②品牌提升策划：利用贺子珍"双枪女将"的影响力，与中国射击协会合作成立"射击射箭运动后备人才培训基地"，培育"红色旅游+体育运动"新业态，争创红色旅游新品牌。

（7）第一支部红色驿站："创星"计划——讲好一个党支部的故事。

策划思路：以讲好秋溪党支部故事为主体，展现毛泽东深入基层、勇拓新路组建的首个边界农村党支部文化记忆，建设支部历史展览馆，通过史料图文的展陈，解读毛泽东光辉灿烂的党建思想。

功能定位：通过支部历史展览馆，打造集静态展陈、动态体验、多元参与于一体的党建创新主题教育基地。

项目策划：①秋溪党支部旧址修缮：以秋溪党支部原景为蓝本，在现有旧址的基础上进行修缮。通过图文、影像、VR 等多种方式展陈秋溪党支部的先进事迹，让游客深刻了解毛主席亲自创建的边界农村首个党支部的历史。②秋溪党建文化礼堂：文化礼堂功能多元，既可为中小学生研学旅行开营与闭营仪式所用，又可借势拓展企事业单位客源，发展成全国党建文化培训、表彰的标杆礼堂与永久会址。③秋溪党支部演兵场：以龙源口大捷为创意，设计演兵场，规划战争体验区与军事拓展区，集红色文化体验、军事演习体验、拓展运动、党建教育等功能于一体。

# 七、保障体系

1. 政策保障

（1）尊重市场规律，实行产业化管理：以《自然资源部关于探索利用市场化方式推进矿山生态修复的意见》为指导，积极推进矿山生态修复适宜性利用与经营，推行市场化、产业化运作。

（2）对接政策资金筹集通道：全力争取江西省矿山生态修复专项基金，力争纳入永新县全域旅游重点工程，积极对接吉安市"十四五"旅游业发展规划以及国家原中央苏区振兴规划，获取相应资金支持。

（3）加强法律法规执行力度：依据相关法律法规，强化红色系列驿站旅游市场治理，逐步完善红色系列驿站旅游质量监督管理机构和组织队伍，加大旅游监察执法力度，努力提升红色系列驿站专业化、职业化服务水准。

2. 人才保障

（1）构建人才共享体系：按照红色系列驿站镇域布局，组建"红色、绿色、古色、土色"四色人才库，做好旅游人才市场载体建设，逐步建立镇域旅游人才资源共享体系和旅游业高层次人才共享体系。

（2）打造人才培训基地：依托井冈山大学，以定向人才培训或实习基地合作为重点，并联合周边中高职院校，培养适于红色系列驿站项目发展的策划经营与服务管理人才。

（3）完善人才培训机制：按照政治合格、业务精湛、作风优良、服务规范的要求，分级分类做好红色系列驿站旅游人才培训工作。积极开展与先进地区、境外的人才培训交流与合作，制订优秀人才引进计划和奖励办法。

3. 环境保障

（1）保护优先原则：同时坚持生态保护优先、谁开发谁保护原则，加强红色资源开发的环境治理，建立配套的生态保护细则。强化对革命遗迹、革命文物、革命艺术等"红色文化遗存"的保护，对重大战役、重大事件以及在民间留存的相对抽象的红色文化，也要进行局部的原风貌的保护。

（2）强化环境执法：加强监管，重点加强开发期的定期监测工作，防止破坏性开发，保护红色旅游开发的环境基底。

（3）鼓励低碳消费：强化对红色旅游者的生态意识、低碳消费行为的引导，定期组织"红色+绿色"的志愿者旅游活动，让低碳消费深入人心。

# 瑞金市"十四五"文化和旅游发展规划[*]

"十四五"时期既是"两个一百年"奋斗目标的历史交汇期,也是我国在全面建成小康社会、实现第一个百年奋斗目标之后,乘势而上开启全面建设社会主义现代化国家新征程、向第二个百年奋斗目标进军的第一个五年。编制好《瑞金市"十四五"文化和旅游发展规划》(以下简称《规划》)对瑞金推进现代化文化和旅游建设具有重大意义。

《规划》根据《中共中央关于制定国民经济和社会发展第十四个五年规划和二〇三五年远景目标的建议》、《国务院办公厅关于进一步激发文化和旅游消费潜力的意见》等重要文件精神,按照高站位、宽视野、新理念的要求,坚持以高质量发展为主题,深入推进文化和旅游供给侧结构性改革,着力"调结构、提品质、优布局、深融合、促消费、亮品牌"。到2035年,力争实现文化事业和文化产业全面繁荣,文化软实力显著增强,建成一批富有文化底蕴的高品质旅游景区和度假区,积极打造国家级旅游休闲城市与一批文化特色鲜明的旅游休闲街区,使瑞金成为弘扬红色文化精神、彰显文化自信、激发文旅消费的文旅强市,成为全国红色旅游一线城市和红色文旅中心,为助推瑞金经济社会高质量发展贡献创新性力量。

## 一、发展回顾

### 1."十三五"时期文化与旅游发展评估

"十三五"时期,瑞金市继续坚持以建设全国红色旅游一线城市为目标,把"红色故都、共和国摇篮、中央红军长征出发地"作为瑞金核心 IP,积极推进文旅融合和乡村振兴,开展全域旅游建设,把文旅产业打造成为瑞金国民经济的综合性战略支柱产业,稳步推进文旅体制机制改革,系统推进景区景点开发,全面完善接待服务体系,逐渐增强品牌营销宣传,全市文旅产业呈现迅速发展的良好态势。"十三五"时期规划主要目标、指标和重点任务全面完成,规划实施取得圆满成果,补短板、强弱项、增效能成果显著,实现了全面推进与重点突破相结合、速度规模与质量效益相统一。

---

[*] 规划主持单位南昌大学旅游学院、瑞金市文化广播新闻旅游局,主要完成人龚志强、黄细嘉、黄志繁等,完成于2020年。

（1）文化事业全面发展，文化产业规模逐渐壮大。

1）现代公共服务体系更加完善。全面形成了覆盖城乡、便捷高效、保障基本、促进公平的现代公共文化服务体系，全市公共文化服务体系建设呈现品牌引领、项目带动、重点突破、全面提升的良好态势。为进一步完善公共文化制度体系，加强顶层设计，出台了《开展全市乡镇综合文化站和村级（社区）综合性文化服务中心专项治理工作实施方案》《关于做好村级综合文化服务中心建设整合工作的通知》等文件。瑞金市文化艺术中心综合体已基本完工，成为瑞金重要的文化休闲娱乐综合体和城市标志性建筑。结合新时代文明实践中心建设，建成农家书屋 259 个，100%完成村级综合性文化服务中心设施建设。叶坪乡综合文化站成功申报江西省文化和旅游公共服务机构功能融合试点单位（全省一共 15 个，瑞金市是赣州唯一申报成功的）。推进城乡广播电视公共服务建设，有线广播电视累计投入资金 5000 余万元，已覆盖全市 223 个行政村，实现边远山区市、乡、村三级达到电视信号全覆盖，有线网络电视有线传输由模拟转为光纤数字化。2020 年统计数据显示：全市共有规模以上文化产业企业 18 家，同比增加 4 家，实现主营业务收入 13.4 亿元，同比增长 5.3%。

2）公共文化服务水平显著提高。围绕文化活动、艺术演出、陈列展览、讲座培训、创作辅导、非遗展演等基本公共文化服务，每年开展各类文化活动 4000 余场次。充分发挥群团优势，引导 50 多支群团组织深入社区、小区、学校、企业、农村等，开展文化下乡、送文化下基层、志愿服务等，开展 60 余场次公益活动。通过自有网络媒体，为群众提供文化信息、文化展示等，每月推送相关服务信息 12 条以上，服务人群覆盖 21 万次以上。

3）文物保护利用工作不断深化。积极争取文物保护专项资金，实施保护维修项目 102 个，占旧址总数的 79.7%，使瑞金革命遗址得到一次普遍性的系统维修，初步建立革命旧址保护体系，有效夯实了革命旧址展示利用的基础。瑞金中央革命根据地纪念馆已对 50 件现状较差的馆藏文物进行了修复，正在实施馆藏可移动文物预防性保护项目，计划实施 100 件馆藏文物修复和文物数字化保护项目，将有效延长馆藏文物的寿命，建立较为完善的文物保存环境调控系统，提升了馆藏文物保护能力。同时探索实施"革命文物+"精准扶贫工作模式，切实把革命文物保护利用传承融入城镇建设、景区发展、乡村振兴、文明创建、产业开发等领域，充分激发革命文物的精神激励力、经济带动力、区域发展力、项目支撑力和产业创新力。

4）文化精品创作呈现百花齐放局面。大型现代赣南采茶戏《十七棵松》2019 年入选第七届江西艺术节展演，获得导演奖、舞美制作奖、灯光设计奖、表演奖，2020 年入选全国基层文艺院团网络展演。参加 2017 年中国柳州"鱼峰歌圩"全国山歌邀请赛、2017 年中国（开封）清明文化节暨全国优秀民歌艺术展演，荣获组织奖和最佳演唱奖等荣誉。创排大型舞蹈《我和我的祖国》、《中国道路》，赣南传统小戏《耍香龙》、舞蹈《忠魂》、《刘二寻花》、《我的祖国》、《默默的奉献》、《答案》等剧（节）目。创作排练了"脱贫攻坚"、"扫黑除恶"、"两城同创"、"戏曲进乡村、校园"等多台主题剧（节）目，深入到田间、地头，社区、祠堂，积极开展免费送戏下乡活动，每年演出 180 余场（次），观众超 10 万人次。招商引进大型实战情景演艺《浴血瑞京》；成功打造了"走进瑞金·不忘初心——永远的瑞金"红舞台教学项目。

（2）旅游产业规模持续提升，产业体系日渐成熟。

1）体制机制改革率先推进。2018 年 5 月，率先在赣州市范围内成立了市文化和旅游工作领导小组，快速高效推动了旅游工作落实，形成了全市文化旅游发展"一盘棋"的良好工作氛围。研究出台了《瑞金市创建国家全域旅游示范区、国家红色旅游示范城市、国家红色旅游示范基地工作行动方案》、《红色旅游高质量跨越式发展三年行动计划（2018—2020 年）》、《瑞金市促进红色培训发展三年工作计划（2018—2020 年）》、《关于提升改造瑞金市红色演艺工作三年计划（2018—2020 年）的实施方案》、《瑞金市星级饭店建设优惠和奖励政策》、《瑞金市红色培训产业发展扶持奖励办法（试行）》、《瑞金牛肉汤旗舰店奖励办法（试行）》、《瑞金市发展全域旅游奖励扶持办法》、《瑞金市旅游民宿发展奖励扶持办法》等一系列政策措施，力争实现瑞金市红色旅游超常规发展，比肩甚至赶超井冈山的目标。

2）旅游规划布局更加科学完善。科学编制了《瑞金市全域旅游总体规划》、《瑞金市城市形象提升规划设计方案》、《大柏地战斗遗址公园规划设计》、《幸福花海景区创4A 提升规划》、《中共中央政治局中央军委旧址景区创 4A 规划》、《洁源乡村旅游规划》、《仰山乡村旅游规划》等一系列规划设计，以高起点、高标准、高质量的旅游规划构建瑞金市全域旅游发展新格局。

3）旅游产业持续保持较快增长。2015～2020 年，共接待游客 6169.6 万人次，年均同比增长 18.33%；实现旅游收入 317.47 亿元，年均同比增长 28.2%，其中 2019 年接待游客 1831.2 万人次，同比增长 35.5%，实现旅游收入 101.7 亿元，同比增长45.2%，旅游收入首破百亿元大关，提前完成"十三五"时期旅游业综合收入超过 100亿元与旅游业增加值占全市生产总值的 18%以上的规划目标，旅游业已成为瑞金市国民经济支柱性产业。

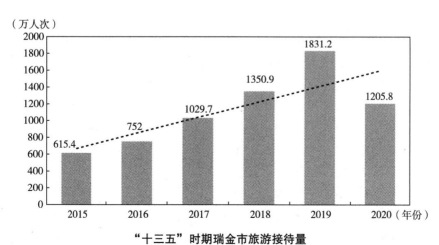

"十三五"时期瑞金市旅游接待量

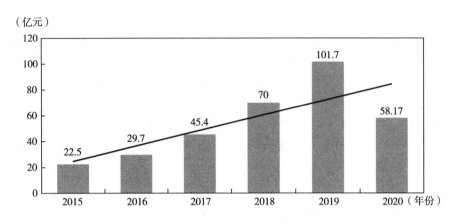

（亿元）

**"十三五"时期瑞金市旅游总收入**

4）全域旅游建设开创"瑞金模式"。自 2016 年 11 月被列为国家全域旅游示范区创建单位以来，按照"全城布局、全景覆盖、全局联动、全业融合、全民参与、全民共享"发展思路，大力实施"旅游+""+旅游"和以红色为依托，"以绿衬红，以古衬红"等行动计划，着力构建"全域共建，全域共享"旅游产业发展新格局，全域旅游发展成效显著。2019 年 12 月，被验收认定为江西省全域旅游示范区。瑞金市发展全域旅游的一系列做法和创新举措，引领走出了一条具有瑞金特色的全域旅游发展道路，具有典型示范意义。

5）文化旅游品牌创建成绩亮眼。依托丰富的旅游资源，大力发展红色旅游，成功摘取国家历史文化名城、国家级风景名胜区、国家 AAAAA 级旅游景区、国家级水利风景区、全国红色旅游精品线路、中国体育旅游十佳精品线路、中国红色旅游十大景区、中国候鸟旅居小城等国家级金字招牌和江西省旅游强县、省级生态旅游示范区、全省低碳旅游示范景区等重要旅游品牌，2018~2021 年连续 4 年获评中国县域旅游竞争力百强县市。瑞金市有国家 AAAAA 级旅游景区 1 个、国家 AAAA 级旅游景区 2 个、国家 AAA 级旅游景区 3 个，江西省 AAAA 级乡村旅游点 3 个、江西省 AAA 级乡村旅游点 3 个，获得江西省 2016 年度红色旅游工作先进单位，2019 年、2020 年度省直管县（市）文化和旅游工作目标管理考评先进单位等荣誉，推动瑞金市获得 2019 年度全省旅游产业发展先进县（市、区）。

6）重点旅游项目加速推进。策划了瑞金干部学院、红色培训基地、旅游集散中心、九丰现代农业观光园与极地海洋世界等项目建设。重点推进和建设了荣誉国际酒店、共和国摇篮旅游区提升及革命旧址布展提升、沙洲坝示范镇、红都幸福花海、浴血瑞京、智慧旅游大数据平台等一大批文化旅游重点项目，其中荣誉国际酒店、浴血瑞京、幸福花海景区完成建设并运营；共和国摇篮景区提升项目已完成裸眼 3D 影院、旧址原状陈列、智能讲解等，深受广大游客喜爱。

7）红色教育培训全国领先。全域旅游的强劲发展，激发红色培训产业快速壮大，成为瑞金市优势产业。瑞金市拥有叶坪、红井、"二苏"大会旧址、云石山等红色景区（点）、革命旧址和纪念建筑物 126 处，其中全国重点文物保护单位 36 处，全国有 52 个部委局在瑞金建立了爱国主义教育基地和革命传统教育基地。瑞金市依托丰富的红色文化资源，结合红色培训的上下游产业链优势，全面推进红色培训产业成为瑞金市的优势产业。瑞金市专门成立红培办，有瑞金干部学院、瑞金市委党校、红源记忆红色教育培训基地等 65 家红色培训机构，推出丰富的培训活动内容，参观一次革命旧址、走一段长征路、听一堂红色教育培训课、向革命先烈献一束花、吃一餐红军饭、学唱一首红色歌谣、看一场红色文艺演出、读一本红色书籍等"八个一"成为瑞金市特有的培训模式。根据相关统计数据显示，2019~2020 年瑞金开展红色培训的学员达 4977 批次、42 万人次。瑞金市现已成为全国红色培训教育的主阵地和红色旅游发展的示范区。

8）旅游要素实现提档升级。启动智慧旅游大数据平台项目建设，全面完善旅游智慧化体系。旅游交通网络逐步完善，瑞金机场已经开工建设，昌吉赣高铁开通使瑞金可通过赣瑞龙铁路与昌吉赣高铁无缝对接，直达南昌和北京，通往罗汉岩景区的 206 国道提升改造基本完工，所有 A 级旅游景区都开通了旅游公交专线，组建了旅游交通公司，全域旅游集散中心实施了升级完善。旅游要素日臻完善，全市拥有星级酒店 16 家、客家美食旗舰店 3 家和一大批家庭旅馆、农家旅馆、经济型酒店等，共同构成了一个可以满足多层次、多样化需求的食宿接待体系；打造了 1 家赣州礼品旗舰店。旅游厕所建设全面升级，在江西省率先实施"厕所革命"，全市完成 A 级旅游厕所建设 26 座，设立了高标准的第三卫生间，给游客提供舒适便捷的如厕服务。

9）旅游品牌宣传全面打响。通过扩大宣传，创新营销模式，塑造全域旅游品牌新形象。成功举办了 2019 年度中国红色旅游博览会、中国红色旅游推广联盟年会、"红色旅游与瑞金发展高峰论坛"、国际半程红色马拉松大赛、2020 年全省旅游发展大会等一系列具有影响力的文化旅游活动，再次在全国唱响了瑞金红色旅游品牌，进一步做旺了瑞金旅游人气。加强全域旅游区域合作，发起倡议成立涵盖赣闽 9 个县（市）的中央苏区"7+2"红色旅游区域联盟，在产品开发、线路串联、宣传营销等方面形成广泛的区域合作，对进一步弘扬苏区精神、传承红色基因，构建苏区红色文化旅游发展共同体，推动红色文化旅游全域化发展具有重要作用。瑞金借助央视专栏扩大影响，中央电视台《国宝档案》、《重访纪念地》、《地理中国》、《美丽中国乡村行》、《快乐汉语》等著名栏目先后在瑞金拍摄专题片，全方位、多视角、深层次挖掘红色文化内涵，扩大红都瑞金的知名度。瑞金还在香港、厦门、深圳等主要客源地的地铁、动车、公交站台、中心城区广告牌、LED 等投放广告，增强客源市场游客的认知度，瑞金旅游享誉境内外。

10）招商引资工作高效推进。先后吸引实力雄厚的旅游企业参与到文化旅游项目建设，近年成功引进江西旅游集团、寿光集团、遵义加盛文化旅游公司、香港 VILV 投资公司等 15 个知名文旅企业建设文化旅游项目。"十三五"时期，红色旅游投资共

75.5 亿元，吸纳就业 1.5 万人。建设了浴血瑞京大型实战演艺和木鱼山丛林漂流、CS 野战项目，拥有乡村旅游、生态旅游、现代农业观光旅游等一批新业态和多种旅游产品。

2. "十三五" 时期文化与旅游存在不足

（1）文旅产品质量不够高，文旅消费活力待激发。红色旅游产品依然占据主导地位，旅游产品单一，娱乐、购物、康养，春夏秋冬四季产品存在明显短板，住宿、购物、娱乐、餐饮等高附加值产品开发不足，优质供给、优质产品还需进一步增加。旅游消费档次有待提升，人均日消费远低于国内其他知名红色旅游目的地游客水平，高标准、高质量产品少，特色化住宿产品体系待完善。夜间消费产品类型不足，城区夜游体系产品、文化演艺、精品夜市等业态较少，城市博物馆、艺术馆等公共场馆的文化活动不丰富。

（2）红色培训承载力不足，接待服务效能待加强。红色培训的爆发增长，促进了红色旅游的急剧增长，在培训高峰时期，每天有住宿需求的培训学员达 3000 人、游客达 1.5 万人，而瑞金的全部培训机构、酒店及民宿的床位共计 1 万余张，承载力严重不足，导致部分转移到古田干部学院、长汀等地培训，瑞金转而成为了他们的培训教学点。同时，瑞金的师资力量相对薄弱，存在课程不优、故事讲解不透彻等问题，无法满足高品质教学的需要。

（3）创新管理水平不够高，体制机制运行待完善。文化旅游综合协调机制不够健全，文化、旅游的合作缺乏完善的制度保障和协调机制，部门合力不足；缺乏市场化运作的文旅投资平台，在文旅资源整合挖掘、文创产品开发以及融资能力等方面缺乏统一运作；本土文化旅游企业普遍实力欠缺，市场竞争力较弱，运作项目能力须不断加强，缺乏规模化、品牌化的知名品牌文化旅游企业。

# 二、发展展望

1. "十四五" 时期文化旅游发展趋势

"十四五" 时期是全面步入小康社会之后，开启全面建设社会主义现代化国家新征程的第一个五年，当前，面临世界百年未有之大变局冲击，给 "十四五" 时期文化和旅游发展带来了发展的不确定性与风险挑战。但 "十四五" 时期，支撑瑞金文化和旅游发展的基本面没有变，而且叠加了一些新的利好因素，总体上机遇大于挑战，处于大有可为的重要战略机遇期，瑞金文化旅游业将继续呈现较快增长态势。

（1）文旅消费扩容提质。在 "以国内大循环为主体，国内国际双循环相互促进" 的新发展格局和 "出境旅游转国内旅游" 的新旅游格局下，国内旅游市场规模将进一步扩大。"需求侧" 改革扩大内需，消费品质由中低端向中高端转变，消费形态由物质型向服务型、精神文化型转变，人民群众对文化旅游的需求渴望得到进一步释放。特别是新冠疫情对文旅产业发展影响深远，短期看是重创，长远看则极大影响了文旅消费走势。瑞金可化危为机，加快塑造文旅品牌，发展四季康养旅游；提升服务品质，推动创新创业；抢占文旅市场，实现文旅产业的跨越升级。

（2）区域一体化持续发力。我国正处在建设"一带一路"经济带和粤港澳大湾区，实现乡村振兴，推动旅游产业高质量发展等重大战略交会的机遇期，内循环驱动外循环的战略转变期。赣州市毗邻粤港澳大湾区，是江西对接融入大湾区的最前沿，也是大湾区联动内陆发展的直接腹地。瑞金市可在"一带一路"建设、构建粤港澳大湾区双向开放格局、推进江西内陆开放型经济试验区建设中发挥更好的桥梁纽带作用。文化和旅游业因其具有的经济性、服务性、外向性，将成为瑞金市全面融入时代发展战略的先导产业，为融入区域经济合作、加快资本项目流通、促进乡村文化重新崛起等方面注入新动力。

（3）科技赋能创新文旅发展。"十四五"时期将是应用场景的革命，文旅随着信息技术的升级将步入新的发展时期。以5G为主要标志的新技术将被广泛应用，从而拉动中国数字经济迅猛增长。"十四五"期间必将是智慧文旅全面深入发展的五年，科技发展将深刻而广泛地改变整个行业，成为驱动行业创新、创业最活跃的因素。而文化和旅游与科技的融合，必将涌现出一大批新产品、新业态、新服务、新制度，瑞金应抓住本次机遇，科技赋能培育现代文旅产业体系。

（4）产业融合引领产业升级。文化和旅游领域供给侧结构性改革进一步深入，以"国内大循环为主体"促进国内国际双循环的新发展格局正在形成，产业融合，丰富文旅产品供给，构成文旅发展的主线，国家深入推进"文化+"、"旅游+"、"体育+"、"互联网+"、"+旅游"等战略，实施旅游与农业、教育、科技、体育、健康、养老、文化创意、文物保护等领域深度融合，不断培育发展新业态。瑞金市应大力推动传统技艺、表演艺术等门类非遗项目进旅游景区，推进研学旅游、体育旅游、红色旅游、风景道、康养度假等产品提质升级。

2. "十四五"时期文化旅游面临挑战

（1）市场需求升级，服务体系滞后。在"体验为王"的时代，人民群众对品质生活、互动体验、个性定制、便捷服务的要求更高，定制化、特色化、体验化的旅游产品和服务备受青睐，康养、亲子、研学等形式的家庭游更是成为热点。瑞金市文化建设和旅游发展过程中，面临着文旅融合深度不够；在资源挖掘、产品开发、公共服务、宣传交流等方面仍大有潜力可挖；文旅产业规模不大，没有形成企业间联系紧密的产业链；文旅产品供给不足，文艺创作有高原无高峰现象突出，旅游中高端产品不多；文旅设施配套不全，大型文化设施数量少、展示度不高，旅游交通集散能力有待提升；公共服务水平不高，公共文化设施使用率偏低，旅游配套设施和服务不够完善等系列挑战。

（2）文旅转型加剧，区域竞争激烈。5G时代的到来，是国内经济新常态以及社会转型的关键时期。面对信息化与数字化发展带来的机遇以及"互联网+"的应用推广，文化产业发展相对滞后地区，如何抓住关键技术、关键领域，抢占未来发展制高点将是重大挑战。随着人们思想观念、精神需求的多元化，文旅产业面临如何协调好经济效益与社会效益的关系、找准需求点以拓宽市场的挑战。

瑞金文旅产业竞争激烈，文化与旅游融合发展的业态不够，缺乏国内外具有影响力的品牌，要素支撑、资源集聚和人才集中方面的优势还不明显；产品的创新能力薄弱、数量不多，与全市人民群众日益增长的精神文化生活需求不相适应。

（3）服务有待提升，人才培养不足。在服务方面，现有水平与人民群众日益增长的服务需求不相适应，行业服务标准化、规范化水平还需进一步提升。在人才队伍建设方面，旅游人力资源整体开发水平不足，对人才的选拔机制、保险机制不够健全；存在普遍重使用、弱培养、少激励的现象，人才的积极性、主动性和创造性还没有得到充分发挥，人才利用率不高；适应瑞金现代文化与旅游经济发展要求的专业人才较为缺乏，特别是高级公共管理人才、职业经理人、旅游业与其他产业融合的复合型管理人才十分缺乏，难以适应未来旅游业发展的迫切需要。

# 三、总体思路

## 1. 指导思想

以习近平新时代中国特色社会主义思想为指导，全面贯彻落实党的十九大，十九届四中、五中全会精神，围绕江西省打造红色旅游首选地、最美生态旅游目的地、中华优秀传统文化体验地的发展大战略，策应赣州市建设全国红色旅游一线城市、粤港澳大湾区生态康养旅游后花园、区域性文化旅游中心的总体要求，把瑞金打造成为全国红色旅游一线城市和红色文旅中心的战略目标，优化全市文化与旅游全域新发展格局，构建现代化公共文旅服务体系、完善文化遗产保护传承体系，统筹文化和旅游产业高质量发展体系，推进体制机制创新、产品体系升级、公共服务、市场监管、对外交流、城市品牌、智慧文旅、精品创作、文旅惠民8项工程，做好资金、政策、人才、用地、统计等保障。全面实现瑞金市文化与旅游高质量协调发展，助推全市经济社会实现高质量发展。

## 2. 基本原则

（1）红色引领。按照优化瑞金旅游产品体系和统筹协调发展格局，推进红色深度体验文化旅游项目建设的战略要求。充分利用现有共和国摇篮国家AAAAA级旅游景区的龙头带动作用，带动其他类型旅游产品的发展。"十四五"期间，提升红色文化与旅游产品本身的特色，加强参与体验性，升级为国内红色旅游精品项目。做优做强特色红色文化品牌，形成红色文化旅游引领的局面。

（2）全域共享。以国家全域旅游示范区创建为载体，全面推进资源整合、产业整合、共建共享，推进各行业融入文旅产业、各部门齐抓共管，城乡居民共同参与，为游客提供全过程、全时空的体验产品，打造综合性、开放式的旅游目的地，通过全域统筹改善旅游发展不平衡不充分的现状。

（3）融合发展。以文化为魂、旅游为载体、文旅融合为路径，推进产业经济发展。加强旅游与体育、农业、水利、交通、商业等相关产业和行业的融合，拓展旅游发展空间，催生旅游新产品、新业态和新模式，创造旅游消费新热点，增加旅游消费市场有效供给。

（4）创新引领。创新产品业态，释放市场消费潜力，满足市场消费需求。创新技术手段，将先进信息技术运用到文化旅游发展中，引导科学的规划目标设定和规划决策。构建创新的资源观、市场观、要素观和产业观，推动旅游业从资源驱动和低水平要素驱动向创新驱动转变，使创新成为旅游业发展的不竭动力。

3. 总体目标

根据《瑞金市全域旅游总体规划》，提出立足赣南等原中央苏区发展振兴，契合瑞金的历史地位和城市定位，依托丰富的红色历史和旅游资源，持续打响"红色故都、共和国摇篮、中央红军长征出发地"三大品牌，紧紧围绕打造"全国红色旅游一线城市"和"红色文旅中心"的旅游发展目标和定位，以创建国家全域旅游示范区为抓手，不断做优顶层设计、推进重大项目建设、丰富旅游要素、强力推进宣传营销等创新方式，将瑞金建设成为全国红色旅游"一线"城市与红色文旅中心。

补齐基础设施短板，完善旅游要素支撑，创建国家全域旅游示范区。完善共和国摇篮景区设施设备，推进瑞金中央红军长征决策与出发重点展示园、太阳山文旅项目、大柏地战斗遗址公园、红色故都、红色影视基地等重大文旅项目建设。加强对外宣传推介，持续唱响红色故都、共和国摇篮、中央红军长征出发地、人民代表大会制度初始发祥地、党和国家初心使命重要起源地旅游品牌。到"十四五"时期末，瑞金市文化与旅游业发展水平得到整体提升，把文旅产业打造成为国民经济的支柱产业和人民群众最满意的现代服务业。

（1）文化和旅游产业成为全市支柱性产业。进一步优化文化和旅游产业布局，大力培育文化和旅游市场，培育产业化新品牌。充分利用瑞金的红色文化和旅游资源优势，采用新技术、互联网信息技术等手段，大力开发文化和旅游产品，增强文化和旅游的内生动力，进一步激发文化和旅游市场的活力，发展文化和旅游产业的新业态，构建完整的文化和旅游产业链和产业生态。到2025年实现文化产业企业主营业务收入达50亿元，旅游接待总人数突破3000万人次，旅游总收入突破350亿元，旅游业增加值占全市生产总值的35%以上，实现招商引资100亿元以上，使文化和旅游产业真正成为全市的支柱性产业。

（2）旅游业发展在国内更具影响力。更进一步打响以"红色故都、共和国摇篮、中央红军长征出发地"三大品牌为主的旅游景区和特色精品旅游线路，培育具有全国或世界影响力和吸引力的知名品牌，积极创建国家级文化和旅游品牌项目。依托新华社平台，构建红色旅游指数评价体系，发布瑞金红色旅游指数，提升瑞金在红色旅游领域的话语权。

瑞金"十四五"时期旅游业主要指标

| 具体指标 | 2020 年 | 2025 年 |
|---|---|---|
| 旅游人次（万人次） | 1205.8 | 3000 |
| 旅游收入（亿元） | 58.20 | 350.00 |
| 国家级旅游度假区（家） | — | 1 |
| 国家全域旅游示范区（家） | — | 1 |
| 省级旅游度假区（家） | — | 2 |
| 国家 AAAA 级旅游景区（家） | 2 | 新增 2 |
| 全国中小学生研学实践教育基地（所） | 1 | 新增 1 |
| 江西 AAAA 级乡村旅游点（处） | 3 | 新增 3 |
| 酒店/饭店/民宿（家） | 16 | 新增五星级酒店 2，四星级酒店 4，创建特色三星级以上农家旅馆（民宿）20 |
| A 级旅游厕所（座） | 26 | 新增 20 |
| 客家美食旗舰店（家） | 3 | 新增 5 |
| 赣州礼物旗舰店（家） | 1 | 新增 3 |

（3）红色文化遗产的创造性转换和创新性发展更加有效。培育"共和国初心之地"品牌引领作用，大力实施文化遗产的保护和合理利用工程，切实有效地实施创造性转换和创新性发展；打造一批精品旅游演艺项目、文艺演出、红色影视、图书、报纸、杂志精品；继续办好各类旅游文化节、艺术节、民俗文化节等文化旅游节庆活动；积极推动网络文艺、线上旅游、跨界融合等新兴文旅产品发展。使瑞金的历史文化名城更具彰力和魅力。

（4）构建现代化公共文化和旅游服务体系。依照公共文化均等化要求，全面建立起公共文化和旅游服务标准化体系，文化和旅游产品与服务更加丰富多样，精准供给水平显著提高，文化资源利用率、文化服务普及率、人民群众满意率达到新的水平；旅游景区数量和配套设施逐步完善，依托互联网技术，提升智能化服务，构建起现代化文化和旅游公共服务体系，为实现社会主义现代化夯实文化和旅游基础。

瑞金"十四五"时期文化事业、产业主要指标

| 具体指标 | 2020 年 | 2025 年 |
|---|---|---|
| 文化收入（亿元） | 13.4 | 30 |

| 具体指标 | 2020 年 | 2025 年 |
|---|---|---|
| 国家级文化产业示范基地（所） | — | 新增 1 |
| 省级文化产业和旅游<br>产业融合发展示范区（家） | — | 新增 2 |
| 省级夜间文旅消费集聚区（家） | — | 新增 2 |
| 规模以上文化及相关企业（家） | 18 | 新增 20 |
| 文物保护单位（处） | 全国重点文物<br>保护单位 36 | 新增全国重点文物<br>保护单位 3 |
| | 省级文物保<br>护单位 22 | 新增省级文物<br>保护单位 10 |
| 非遗传习基地（所） | — | 新增 3 |

**4. 空间布局**

（1）空间结构。构成"一心、一带、三片区"的文旅产业发展新空间格局。一心为红都城市旅游核心区；一带为绵江滨水休闲带；三片区分别为客家民俗文化旅游片区、生态休闲度假旅游片区、红色文化乡村旅游片区。

（2）布局规划。

1）红都城市旅游核心区。涵盖象湖、沙洲坝与叶坪等乡镇。建设内容：以象湖镇为核心，包括共和国摇篮景区、绵江、河背街历史文化古街、农业示范园、乌仙山、龙珠寺等；主要承担红色旅游、城市休闲、旅游集散、旅游接待服务的旅游功能。依托历史文化资源，推进红色故都项目建设，构建"两街、多群"的历史街区保护格局，串联中国工农红军学校旧址等 7 处具有红色故事的遗存建筑，打造精品红都古城游线。重点开发绵江城区段，实施"一江三湾"和"北水南调"引调水项目，形成"山在水中、水在城中、城在湖中、湖在山中"城市景象，增强休闲氛围。加快旅游交通枢纽、文化休闲街区、高标准星级酒店等旅游服务设施和基础工程建设，加强城市生态建设，建设成为全国红色旅游一线城市。

2）绵江滨水休闲带。依托绵江滨水资源和环境，整合沿线的生态资源、历史文化资源和乡村资源，打造一条生态良好、景观优美、产品丰富的滨水休闲带。根据绵江流经区域的资源特征，将整个绵江滨水休闲带划分为赣江源生态观光段、城市滨江休闲段、滨江乡村旅游段三段进行主题化开发建设，突出分段差异化特色。

3）客家民俗文化旅游片区。涵盖九堡、冈面、丁陂与瑞林等乡镇。建设内容：以反映明、清时期中国古建筑风水文化的九堡密溪古村、坝溪古宗祠等为中心，依托丰富的客家古民居建筑群，深度挖掘客家历史文化，形成客家文化旅游区，重点开发一批客家民俗休闲体验、客村度假民宿等项目，展现瑞金悠久的历史文化和独特的民俗风情，与红色旅游形成互补，丰富瑞金文化旅游产品。

4）生态休闲度假旅游片区。涵盖日东、壬田、泽覃、谢坊与拔英等乡镇。建设内容：以罗汉岩景区、日东水库、赣江源等为中心，依托优美的自然风光和良好的生态环境，在保护生态景观的前提下，建设休闲度假基地。重点开发山地避暑、温泉康养类度假产品，近期重点打造日东太阳山景区、谢坊温泉旅游区、红星主题亲子游乐园等项目，使之成为粤港澳大湾区和海西经济区的休闲后花园。与红色旅游形成互补，丰富瑞金生态旅游产品。

5）红色文化乡村旅游片区。涵盖大柏地、黄柏、武阳、万田与云石山等乡镇。建设内容：以长征第一山、长征第一桥两处长征文化地标为中心，通过大力建设瑞金中央红军长征决策与出发重点展示园项目，依托独特的生态资源和乡村生态养殖、特色种植等生态产业资源，农旅融合，开发乡村生态休闲旅游项目，创新旅游业态；并以旅游综合开发整合周边乡村分散的红色旅游资源点，以田园、民居、河塘、山林、寺庙等乡村旅游资源作为红色旅游资源的补充，以点串线，以线带面，形成具有一定规模的红色乡村旅游区，促进红色旅游与乡村旅游的融合发展，助推乡村振兴。

# 四、重点任务

1. 全面提高社会文明程度

（1）推动理想信念教育常态化制度化。将瑞金打造成全国理想信念教育基地，深入贯彻落实习近平新时代中国特色社会主义思想，践行初心使命，传承红色基因，健全用党的创新理论武装头脑、教育人民的工作体系。加强马克思主义理论学科建设，深入实施马克思主义理论研究和建设工程。巩固拓展主题教育成果，建立健全不忘初心、牢记使命的长效机制，持续开展中国特色社会主义和中国梦宣传教育，加强爱国主义、集体主义、社会主义教育。深入实施哲学社会科学创新工程，加强智库体系建设。以微党课的形式对党员进行教育学习，持续抓好"学习强国"学习平台推广使用。

（2）弘扬社会主义核心价值观。深入践行社会主义核心价值观，加强党史、新中国史、改革开放史、社会主义发展史学习，开展爱国主义、集体主义、社会主义教育，弘扬党和人民在各个历史时期奋斗中形成的伟大精神。加强教育引导、舆论宣传、文化熏陶、实践养成、制度保障等，使社会主义核心价值观内化为精神追求，外化为自觉行动。深入实施时代新人培育工程，广泛开展时代楷模、道德模范、劳动模范、身边好人、新时代好少年推荐评议和学习宣传，组织开展"道德讲堂"宣讲活动，使社会主义核心价值观成为日常工作生活的基本遵循。健全各行各业规章制度，完善市民公约、乡规民约、学生守则等行为准则，实现社会规范和价值导向有机统一。

（3）持续提升公民文明素养。以创建全国文明城市为契机，深入实施公民道德建设工程，推进社会公德、职业道德、家庭美德、个人品德建设，营造全社会崇德向善的浓厚氛围。积极组织文明村镇、文明单位、文明家庭、文明校园等精神文明评选表彰活动，常态开展"文明家庭"、"文明信用农户"、"身边好人"等先进典型推荐评选活动。深入开展"推动移风易俗，促进乡风文明"行动，打造一批孝心村、和谐村、移风易俗村等特色乡村。加强家庭、家教、家风建设，广泛开展好家风、好家训、微文明等道德实践活动。完善激励诚信、惩戒失信和奖惩协同机制，弘扬诚信文化，建设诚信社会。充分发挥文明瑞金志愿联合会、红都义工、巾帼志愿者等民间社团的作用，常态化开展农村环境整治、乡风文明宣讲、敬老扶弱助贫等志愿服务关爱行动。

（4）多措并举加强文明旅游宣传。定期组织开展"安全文明旅游宣传月"、"文明旅游为中国加分——百城千景在行动"、"品质旅游、安全旅游、文明旅游"、"文明旅游达人大赛"、"文明旅游导游大赛"活动，全力营造"景美、人美、心美"的旅游环境。通过制作宣传片、借助社交媒体、策划微话题等创新手段，不断推进文明旅游规范化管理，加强文明旅游宣传教育引导。发布旅游诚信"红黑名单"标准及奖惩措施，严格落实文化和旅游部制定《文明旅游示范单位要求与评价》和《文明旅游示范区要求与评价》两项行业标准，推动文化和旅游高质量发展，为游客权益保驾护航。

2. 推动地方文化传承创新

（1）开展文化和旅游资源普查。争取列入赣州市文化和旅游资源普查工作首批试点单位，进行普查标准的实践性检验与项目库的建设。建立文化和旅游资源普查工作领导小组、各乡镇文化和旅游资源普查队、文化和旅游资源普查专家委员会"三支队伍"，依据文化和旅游部有关标准以及《旅游资源分类、调查与评价（GB/T 18972-2017）》，分别对文化和旅游两类资源进行普查。形成《瑞金市文化和旅游资源普查工作手册》、《瑞金市文化和旅游资源普查报告》、《瑞金市文化和旅游资源工作总结》等相关成果，建立瑞金市文化和旅游资源数据库，为下一步文旅发展规划制定和文旅资源开发打下坚实基础，为加快推动全市全域文化与旅游大发展提供有力基础保障。

（2）大力传承红色基因。充分发挥瑞金爱国主义教育基地作用，争取全国各级各界单位在瑞金组织开展"不忘初心、牢记使命"等活动。推进红色历史文化的挖掘、传承、创新，加快推进长征国家文化公园建设。推进红色文化遗产利用，促进革命旧址高水平展示开放，鼓励红色文化文创产品开发，打造纪录片电影《闪闪的红星》、《从瑞金出发》、《共和国密码》，使之成为瑞金红色文化重要 IP，促进红色文化在革命旧址、历史文化街区中的活化展示。积极举行各类红色文化传承创新节会，纪念中华苏维埃共和国成立 90 周年等系列活动。推进红色文化艺术作品创作繁荣，实施红色文化弘扬传承工程，大力开展红色文化"进校园、进机关、进企业、进乡村、进社区"活动。

（3）强化文物保护利用。把文物保护纳入经济和社会发展及城乡建设规划，把文物维修、保护费用纳入财政预算；将现代科技和新材料应用到文物保护工作中，全面提升文物保护的科技水平。以项目为支撑，积极对上争取项目资金，按照"修复一批、整理一批、开放一批"的工作思路，加强对文化遗产资源的管理、维护和合理利用。

严格落实《赣州市革命遗址保护条例》、《赣南等原中央苏区革命遗址保护规划》，加强对全市域范围内的革命遗址挖掘、申报、保护、利用工作，建设一批国家级、省级革命文物保护传承示范基地。积极推进瑞金中央红军长征决策与出发重点展示园建设，加强长征文化遗址调查、修缮及保护工作，探索瑞金中央红军长征决策与出发重点展示园的建设路径与管理标准。

（4）加强文化遗产传承保护。积极抓好历史文化名城、历史文化街区、传统村落、革命旧址保护工程。加快推进革命烈士纪念馆等不可移动革命文物连片保护，加强可移动革命文物预防性保护和爱国主义教育基地等旧址修缮保护。继续开展非物质文化遗产的田野普查、资料采集、项目申报、传承保护等活动，加快完善传习所设施，重点推进传统竹编工艺、客家咸鸭蛋腌制技艺、传统鱼圆制作技艺等传习所建设。加强地方志编撰，推进古籍整理出版。

实施非遗传承人培训计划，推进非遗传习基地（所）建设，逐步扩大非遗传承人的参与面，提升非遗传承人群的总体素质；提高非遗传承人补助经费，加大对各级传承人的管理力度，对各级非遗传承人进行定期跟踪式服务管理。在中小学校开展非物质文化遗产传承进校园活动，将其纳入学校德育课堂的必修内容，聘请非遗传承人为授课老师，规范传承人授课待遇。正确引导和抓好组织培训，定期举行汇演展演，促进群众参与保护的积极性，确保保护与传承工作常态化。通过电视、网络、报纸、杂志、广播等媒体加强推广和宣传。

（5）加强文化传播与交流。发挥红色培训机构的引领作用，重点推进瑞金干部学院、瑞金社会主义学院和瑞金市委党校的建设，争取对应部委在瑞金设立培训中心或培训基地，争取青少年教育研学、国防教育基地及各部委党校等在瑞金挂牌办学。积极举办有关红色文化的国际性论坛、研讨会、旅游文化交流节等活动。依托"中国华侨国际文化交流基地"，积极举办系列主题活动，传播好瑞金声音，讲好红色故事，吸引更多的海外侨胞走进江西、走进瑞金。加强与井冈山、延安、遵义等革命圣地和其他革命根据地的红色文化交流与合作，促进红色文化走出去，展示红色故都形象。创新文化传播方式，充分利用现代化的科技手段，借助互联网、新媒体、社交 APP 等媒介加强对红色文化有针对性地宣传，丰富红色文化传播表现形式。鼓励和支持民间组织或团体开展文化交流活动。

3. 促进文化事业繁荣发展

（1）健全公共文化设施体系。

1）全面布局公共文化设施。建立健全城市红色书屋、百姓书房、文化驿站、综合文化站等文化类民生设施体系，推进瑞金市文化艺术中心建设开放，全面建成村级文化活动中心、新时代文明实践中心。对全市各类文保单位（文保点）进行消防水电改造，建设智慧文物监控平台，进一步做好文物保护工作，推进城乡公共文化服务均衡发展。

2）丰富公共文化设施功能。建立文化场馆大数据管理系统，通过智能技术获取访客标签，提升公共服务的针对性、有效性。对博物馆、图书馆等场馆进行数字化改造，建立免费开放的学术交流数据库，建设集文化活动、展览展示功能于一体的场馆，提高科技体验感。探索在咖啡馆、餐厅、购物空间、社区中举办艺术节、读书会等公共文化活动，打造主客共享空间。建成覆盖全市的安全、可靠、高效的应急广播系统，全面提升公共服务管理。

3）提升公共文化服务水平。建设城乡一体、区域均衡、人群均等的现代公共文化服务体系，打造城市 15 分钟、农村 30 分钟文化圈。推进市、乡、村公共文化设施建设，特别是补齐乡村文化设施短板，实现村级文化服务中心全覆盖。利用智慧化手段提升公共文化供给水平，更好满足群众多元化、个性化文化需求。

（2）丰富公共文化服务方式。

1）打造高能级公共文化产品。做大做强"百场活动惠万民"服务品牌，深入实施文化惠民工程，依托市民文化节、全民阅读节等平台开展群众性文化活动，活跃城乡文化生活，提升市民科学文化素质。推进文化遗产活化，开展一系列喜闻乐见的民俗特色活动。积极引入和开发文化演艺、文化剧目等演绎类活动，提升公共文化产品能级。

2）扩大公共文化活动范围。提升农村公共文化服务效能，利用农村祠堂、戏台、文化小舞台等公共空间，依托传统节庆活动等文化习俗，借助非遗技艺等生产生活方式开展公共文化活动。

3）推进公共文化服务旅游化。鼓励文化活动走进景区、走进酒店，形成产品线路打包，开拓企业营销思路，推进文化和旅游的切实融合。

（3）创新公共文化体制机制。

1）推进服务主体多元化。改革公共文化管理和运行机制，推动公共图书馆、文化馆、博物馆等建立以理事会为主要形式的法人治理结构，通过政府购买的方式，探索公共文化设施社会化专业化管理。推广公共图书馆、文化馆总分馆制，实现优质资源和服务向乡村基层延伸。推动文化服务社会化改革，减少行政审批项目，建立健全政府向社会力量购买公共文化旅游服务机制，形成各类社会主体参与公共文化服务建设、管理、运营的新格局。

2）推进公共文化平台化。完善"瑞金红都云"服务功能，打造数字文化超市，推动数字化文献资料、经济社会发展数据库的共享。发展"文化上门"、"订单式"文化服务，拓展信息获取、预定支付的手机端功能，使文化消费在网络平台得到实现。

3）推进公共文化产业化。积极推进公园、公共绿地、博物馆、纪念馆、公共文化场馆与运动场馆免费开放，鼓励居民和游客参观免费场馆、观看演出和电影等，对购物、餐饮、交通等相关消费形成带动。

（4）繁荣发展社会主义文艺。以"五个一工程"为引领，实施文艺作品质量提升工程，聚焦"中国梦"、红色革命历史、重大现实题材、地域特色文化等主题创作一批文艺作品，推动瑞金文艺精品进入国家级、省级大奖行列。深入开展文艺工作者"深入生活、扎根人民"主题实践活动，加强农村、少儿等题材创作，不断推出反映新时代新气象、讴歌人民新创造的文艺精品。建立健全文化产品创作生产、传播引导、宣传推广的激励机制和评价体系。加强文化文艺人才队伍建设，支持文化艺术创作生产，丰富城乡精神文化产品供给。

4. 重点建设文旅精品项目

（1）打造红色旅游一线城市。瑞金市要继续唱响"红色故都""共和国摇篮""中央红军长征出发地"旅游品牌，到 2025 年，基本实现全国红色旅游一线城市目标。提出依托红色旅游资源和品牌优势，积极构建"红色旅游+"产业体系，优化产业空间布局，形成"一城三区三平台"产业功能板块。提升"红色故都"品牌形象，将红色基因注入城市建设，营造具有瑞金特色的城市形象。完善红色旅游配套服务，加强旅游基础设施建设，在瑞金城市主要出入口设计瑞金城市地标性文化景观小品，着力打造红色旅游一线城市。

1）筑牢城市水系支撑。实施"一江三湾"和"北水南调"引调水项目。"一江三湾"，即瑞金市绵江河"一河两岸"以及沿河的摇篮湾、金瑞湾、红都湾。其中，"一河"是城旅融合发展的纽带；摇篮湾公园以共和国摇篮为主题，是红色文化产业的承载之地；金瑞湾公园以红都古城为主题，是瑞金市古城文化、红色文化的体验之所；红都湾公园以生态新城为主题，作为城市创新发展之地。"北水南调"引调水项目，实施饮用水源地取水口置换工程，盘活陈石、南华、陶珠、达陂等水库资源，推动罗汉岩景区与陈石湖国家级水利风景区连城一片、一体开发，最终形成"山在水中、水在城中、城在湖中、湖在山中"城市景象。

2）重塑城市风貌特色。推广"灰白"城市主色调，以苏维埃国徽红星为基本图形，设计城市标志，逐步形成"蓝天、绿地、白墙、黑瓦、闪闪的红星耀中华"的城市风貌画面。加强历史城区保护与利用。构建"两街、多群"的保护格局，"两街"即廖屋坪—上湖洞历史文化街区和枭米巷历史文化街区，"多群"即下塘巷—郭布园、上半团、赖氏宗祠、横街巷等多片历史建筑组群。规划明确挖掘红色故事内涵，打造精品红都古城游线。与古城游相结合，串联中国工农红军学校旧址等 7 处具有红色故事的遗存建筑，打造精品红都古城游线，同时以红色研学为核心，丰富古城业态，打造多元体验街区。

3）提升城市功能品质。以创建全国文明城市、国家卫生城市和国家全域旅游示范区为抓手，加快瑞金公园、乌仙山公园、龙珠公园等项目建设，深入推进城乡环境综合整治，加快补齐基础设施短板。

（2）瑞金中央红军长征决策与出发重点展示园项目。认真落实《长城、大运河、长征国家文化公园建设方案》，紧抓新时代"文旅融合"发展机遇，深入发掘（瑞金段）长征文物和文化资源，以瑞金长征历史为基础，以长征精神为灵魂，利用瑞金长征文化价值与内涵，生动呈现和诠释（瑞金段）在长征决策、长征出发、红军留守等历史进程中的重要作用，做大做强瑞金"红色故都、共和国摇篮、中央红军长征出发地"品牌 IP。同时融合红色景区、客家文化、非遗、特色村镇与街区等长征相关特色资源，运用"长征+"模式，谋划"一园三带四区"的空间结构与功能分区，确定（瑞金段）长征国家文化公园建设保护措施，推进重点项目和五大工程建设，科学实施公园化管理运营，实现保护传承利用、纪念展示、文化教育、科学研究、公共服务、旅游观光、休闲娱乐等多功能于一体，形成（瑞金段）长征文化传承赓续的重要载体，集中打造彰显瑞金特色的长征国家文化公园建设保护示范段、长征国家文化公园的典型代表。

（3）瑞金红色故都项目。红色故都项目总占地面积约 1069 亩，总建筑面积约 15 万平方米，主要建设内容包括游客综合服务区、河流剧场、梯田河湾村落区、瑞金论坛永久会址区、红色研学区、赣南风情区等仿古建筑。

（4）日东太阳山生态旅游度假区。塑造红色故都朝圣意境，规划建设日东太阳山生态旅游度假区，立足瑞金红色文化底蕴，依托太阳山自然资源本底，秉承"发扬红色文化，传承红色基因"的核心宗旨，以红色文化为主题，打造集红色文化、高山养生、度假休闲于一体的旅游片区。构建红色文化旅游演绎新模式，以核心人物及革命传奇事迹为线索，结合山清水秀的自然风光，打造洗涤心灵的红色文化朝圣之地，创造丰富多样的绝佳旅游体验。

（5）武阳温泉旅游度假区。武阳温泉是迄今为止全国罕见、江西唯一的碳酸型理疗温泉资源；依托该温泉交通便利、环境优美，以及水质优、温度高、流量大的特点，规划占地面积 1500 亩的温泉度假村，着力建成集冲浪桑拿、住宿餐饮、会务会展、健身娱乐等多种功能于一体的综合型温泉度假村，打造富有江南特色的红色温泉旅游小镇与粤港澳生态康养后花园。

（6）长征第一桥景区。该项目是瑞金重点红色历史文化景区之一，景区涵盖了红色、绿色、古色旅游资源，景区建设将对弘扬红色历史文化、丰富瑞金红色旅游业态，提升全市旅游发展水平具有十分重要的意义。项目规划建设占地面积 500 亩，建筑面积 2 万平方米。包括建设游客服务中心 1 处 1200 平方米，旅游公厕 4 座，大型停车场 1 万平方米，旅游公路 10 公里。

（7）瑞金市红色亲子度假乐园。项目总规划面积约 778 亩，主要建设入口游客综合服务区、红色主题网红大体量构筑物和各类亲子互动拓展等非动力游乐设备，如水乐园、黑森林等产品；并配套萌宠乐园、主题商业、民宿和露营酒店等度假产品。

（8）红都古城。本项目近期对廖屋坪及上湖洞（红军学校周边）区域的建筑物、构筑物进行保护与整治、修复、资源整合以及完善区域内基础设施，恢复历史风貌，打造文化旅游商业区；远期对枼米街及周边区域的建筑物、构筑物进行保护与整治、修复、资源整合以及完善区域内的基础设施。该项目的实施，有利于保护瑞金历史文化建筑，延续瑞金历史文脉，丰富国家历史文化名城内涵，带动瑞金市文化旅游产业发展，给广大市民、游客提供又一个休闲娱乐购物新场所。

5. 创建高等级文旅新品牌

（1）推进国家全域旅游示范区创建。加快中央红军长征决策和出发重点展示园、中央红军长征出发历史步道瑞金段建设，打造长征主题旅游片区。加快红色故都、红色影视基地建设，打造红色培训、影视文化、旅游度假城郊旅游片区。建设高山避暑、温泉养生特色酒店，实施武阳温泉养生度假区、武阳栗田白竹寨瀑布景区、九堡铜钵山避暑旅游区、九堡密溪古村、泽覃城市"后花园"等旅游综合项目，打造山水休闲、温泉养生旅游片区。加快推进日东太阳山景区项目建设，打造以红色文化为主题、生态休闲为依托的复合型旅游度假目的地。开发农业观光、农事体验、绿色健康等业态，全力打造乡村旅游升级版。

把红色文化融入各类景区，各种业态，加快补齐"吃、住、行、购、娱、养、学"等产业要素短板，健全旅游公共服务配套体系；让游客留得下、能消费。打造形成"旧址参观、红培研学、朝圣寻根、文化互动、高山避暑、温泉养生、水上娱乐"的全新旅游体验，争创国家全域旅游示范区。

深入挖掘瑞金红色和客家餐饮文化，推广"红军餐"、"红都国宴"，形成瑞金美食体系，包装打造红军餐馆、客家美食旗舰店、特色主题餐饮店；鼓励发展特色度假型酒店、特色文化主题酒店，发展民宿、房车营地等，打造新兴的住宿产品，推动荣誉酒店创五星级，铂林、圣仕顿、永盛酒店创四星酒店，并引进和新建一批星级标准酒店，全面提升吃、住、行、游、购、娱水平；加快构建便捷的大交通体系，进一步优化交通环境；研发一批具有市场效应的文创产品，开发多形式的红色研学和红色教育培训活动；打造高品质的红色培训产品，继续做大做强红色培训产业规模；继续推进"厕所革命"新三年行动计划，加快完善城市服务功能。

（2）争创国家、省级旅游度假区。以罗汉岩及周边区域丰富的生态资源为根基，依托其优越的交通区位、强大的客源市场、优美的自然环境和厚重的地域文化等优势，融合红色文化、生态度假、客家文化等多种产品，推动景区向度假区、休闲区转型，启动罗汉岩创建国家级旅游度假区工作。与此同时，加快推进太阳山生态旅游区与武阳温泉旅游度假区两大项目建设进度，在"十四五"期间积极争取创建省级旅游度假区。

（3）推动 A 级旅游景区高质量发展。支持中共中央政治局、中央军委旧址群，红色故都创评国家 AAAA 级旅游景区，九丰极地海洋世界、坳背岗脐橙园创评国家 AAA 级旅游景区。到 2025 年，力争全市 AAAA 级旅游景区数量达到 4 家，AAA 级旅游景区超过 5 家。要切实提升景区周边基础设施和环境氛围，重点提升叶坪、沙洲坝等景区周边环境，创造良好的景区周边环境，带动景区的可持续发展，加快推进共和国摇篮景区创建国家文化和旅游产业融合发展示范点相关工作。

（4）打造一批红色培训和研学旅游示范基地。要做强红培产业，打造拳头，要把留住游客作为关键重点，把握旅游群体、市场主体的特点，以红培教育的突破发展带动旅游产业迈上新台阶。完成瑞金中央革命根据地纪念馆基本陈列改展工程，实施武阳革命旧址、大柏地战斗旧址、叶坪洋溪革命旧址等保护利用；在"十四五"期间积极推动瑞金中央革命根据地纪念馆入选全国研学旅游示范基地；加快"三大学院"（瑞金干部学院二期、瑞金市委党校、瑞金社会主义学院）建设；支持社会力量举办红培机构和旅行机构，整合现有各类红培机构组建红培综合体，推动红培产业标准化、多元化发展，在场地、课程、师资等方面形成高品质、系统性供给；着力打造成为全国党员教育培训示范基地、中小学生研学实践教育基地。推动赣州市人民警察学校项目建设，打造全省乃至全国有影响力的警察培训基地。吸引行政机关、企业单位、社会团体在瑞金开展会议活动、公务培训，打造行政会议、企业团建基地。

（5）发展一批江西省 A 级乡村旅游点。沙洲坝村创建 AAAAA 级乡村旅游点，叶坪红军村华屋、龙潭山庄、香满园家庭农场、壬田高轩村、沙洲坝洁源村、大柏地前村、九堡密溪古村、万田麻地村、壬田凤岗古村、武阳温泉度假山庄创建 AAAA、AAA 级乡村旅游示范点。

（6）打造建设一批民宿和高星级饭店。创评五星级酒店 1 家，新建五星级酒店 1 家；创评四星级酒店 4 家，四星级以上酒店总数达到 10 家，三星级酒店增加 6 家，星级酒店总数达到 30 家，床位数突破 2 万张，打造 3 家"红军食堂"，创建特色三星级以上农家旅馆（民宿）20 个，积极推进"古村落+民宿"、"文化艺术+民宿"的发展模式，推动多样化、特色化的民宿酒店集群建设。绿色饭店、家庭旅馆、农家旅馆、汽车旅馆、房车营地、经济型酒店、特色文化主题酒店有较快速度的发展。

6. 创新文旅融合新兴业态

（1）丰富文旅产业融合模式。发挥文旅产业三产融合的综合产业优势，大力推进"文旅+"新模式，进一步加大文旅与农业、工业、林业、商贸、康养、医疗、体育、教育、规划、建设、交通等相关产业和行业的融合力度。充分发挥文旅产业的拉动力、融合能力及催化集成作用，通过产业渗透、产业融合与业态创新，延伸到各个相关行业，为相关产业和领域发展提供旅游平台，插上"文旅"翅膀，形成新兴业态，从而延伸产业链，拓宽产业面，形成产业群，构建大旅游产业格局，提高产业发展水平和综合价值，创建国家文化产业和旅游产业融合发展示范区。

1）文旅+农业。依托瑞金脐橙、油茶、蔬菜、白莲主产区的地域优势，瑞金咸鸭蛋、"瑞金茶油"等著名品牌，发掘洁源村、群峰村、田坞村、中潭村等乡村旅游的独特魅力，以文旅产业的视野开发拓展乡村文旅业态。规划建设集红色旅游、农业观光、采摘体验于一体的东华山产业园，促进乡村旅游提质升级。大力推进乡村旅游与乡村建设、精品农业、乡土文化相融合，发展水果采摘、农活体验、农事节庆、乡村摄影、现代民俗、养老养生等业态。做强农旅结合文章，谋划一批网红打卡地，引进资本建设高标准星级酒店、精品民宿，规划建设高山避暑、温泉养生等特色住宿品牌。加大对乡村文旅的扶持力度，实现提档升级发展。推动发展田园综合体、美丽乡村建设、扶贫攻坚工程等项目。坚持乡村振兴和新型城镇化双轮驱动，从城乡融合发展、文旅农融合发展等方面，建立良性的城乡互动关系，延长农（林）业产业链，提升产业附加值，以农旅共兴助力乡村振兴，以乡村振兴助力文旅发展，加快推进菜园、果园、茶园、药园向生态庄园转型。

2）文旅+康养。依托丰富的文化底蕴和良好的自然生态，引入高品质的医疗服务机构，开发建设集特色医疗、康复护理、保健疗养、休闲养老于一体的康养产业。

打造一个"红+绿"康养综合体：对接大健康市场需求，高位推进日东太阳山生态旅游度假区，黄柏"红+绿"温泉康养度假区、红色培训度假区等项目，打造"红色游、绿色行"康养产业特色区。

新建多条康养休闲步道：在临重点景区、文化园、展示点、乡村内部、长征大道等城市主干道及绵江、梅江、日东水库等堤岸边新建或改造若干条康养休闲绿道，融交通、文化、体验、游憩于一体，提升道路沿线景观，设立导向标识，完善旅游厕所、停车场、环保设施等服务体系。

推出一条红色康养文旅慢游线路：武阳长征文化主题旅游区—蓝屋畲族主题特色村—红色故都—黄柏"红+绿"康养综合体—留守红军文化带—密溪古村长征慢生活综合体—瑞金特色农业产业园—瑞金龙卧非遗小镇。

3）文旅+商贸。整合利用现有的拟建的商业设施，顺应当下沉浸式体验消费需求，导入体验性餐饮、购物、娱乐业态，强化红色文化体验展示，推动主客共享，形成"以商带旅，以旅促商"发展格局。将文旅与商贸零售业紧密结合，积极发展购物旅游和游憩商业，完善文旅要素，充实文旅内涵。通过城市旅游步行系统串联城市休闲游憩区（点），打造夜经济旅游购物特色街区和旅游美食特色街区，培育文旅要素连锁经营业态。

对接市场需求，加大对瑞金文旅商品的宣传。设计制作具有本地特色的文创商品，开发本地特色的旅游餐饮、美食小吃等，鼓励新型市场主体开发特色旅游商品。

4）文旅+体育。以体育基础设施等资源为依托，按照体育旅游化、旅游体育化的思路，促进文旅与体育互动发展，加快户外体育、康体养生等旅游产品建设，发展集健身运动、疗养保健、养生养老于一体的健康旅游产业链，因地制宜地开展重走长征路等户外运动项目。承办大型国际体育赛事，积极争取大型赛事落户瑞金，提升瑞金知名度和影响力。

5）文旅+教育。推动旅游与科教产业深度融合，结合瑞金深厚的红色文化，重点打造红色教育研学类产品。制定出台红色教育培训管理办法条例等制度，规范红培市场。强化与中国井冈山干部学院、中国延安干部学院等科研院校的合作，在瑞金设立现场教学基地，开展红色教育培训。创建一批中国研学旅游目的地和全国研学旅游示范基地，建设瑞金研学教育职业大学，开展瑞金文化研学教育。开发一批底蕴厚重的红色课程，培育一批全国知名的红培师资，健全一套科学有效的管理机制，创建一个"智能红培"网站系统，推动红培教育事业规范化、标准化、多元化发展。

（2）构建文旅产业全要素体系。进一步优化文旅产业结构，完善产业要素体系。补短板，强基建。积极引导旅行社多元化拓展经营领域，发展会展文化、旅游、商务旅游等中高端旅游业务，推动旅行社企业做强做大。建设"四好农村路"等交通体系，按照《瑞金市发展星级旅游民宿扶持奖励办法》，鼓励引导住宿产品多元化建设经营，规范引导乡村民宿等乡村旅游设施建设,重点发展主题文化酒店和特色度假酒店。

建设文化活动中心、文化广场、历史文化街区,加大文化产业招商,促进重大文化产业项目落地。深入挖掘文化内涵,积极发展特色餐饮,包装打造红军餐馆、客家美食旗舰店、特色主题餐饮店,积极创新餐饮产品,强化餐饮营销,优化餐饮服务,壮大餐饮企业,提升瑞金餐饮美食知名度和影响力。推广红军餐、红都国宴,开发初心宴等特色旅游食品及特色文创产品。鼓励发展旅游商品专营专卖店、大型综合购物中心和旅游商品集散中心,继续推出瑞金旅游必购商品并加强宣传推广。

进一步丰富休闲娱乐产品,推动休闲娱乐设施和主题休闲街区建设,策划和开发地方戏曲、文化娱乐和大型演艺活动,培育娱乐休闲产业群。加强旅游行业服务培训,在瑞金中等专业学校开设旅游管理班,以瑞金荣誉酒店为龙头对全市开展酒店服务培训,全面提升旅游服务水平。

继续推进"厕所革命"新三年行动计划,加快完善城市服务功能。在此基础上,进一步拓展商务旅游、养生旅游、研学旅游、休闲度假、情感旅游和探奇旅游等旅游产品与旅游发展新要素。

(3)规划培育文旅产品新业态。加快培育文旅融合新业态,大力发展"旅游+"和"+旅游",点亮夜间经济和餐饮经济,提升旅游二次消费。建设一批富有文化底蕴、特色鲜明的旅游景点、街区,开发一批体验性参与性强的文旅产品。坚持规划设计先行,推进精品景区科学发展,按照全景式打造的标准,注重旅游规划的整体性和衔接性,统筹旅游规划和城市总体规划、社会经济发展规划、土地利用规划等,实现空间布局、功能分布和发展计划的统筹协调,紧密衔接。规划中注重新产品、新业态的融入。

围绕政策导向、发展趋向、市场方向,精心包装、策划文旅产品新业态。实施旅游投资促进计划,新辟旅游消费市场。重点挖掘红军餐饮、演艺娱乐、乡村旅游、体育健身、红色培训、养生度假、文化创意、信息服务等行业新潜力,培育休闲旅游新业态。

加大招商引资力度,不断补齐产业短板。利用瑞金市《旅游产业发展扶持奖励办法》和《星级酒店扶持奖励办法》等相关优惠政策,大力开展文旅产业招商,举办招商推介会,吸引大批大型文旅企业,引进文旅产品新业态。

继续实施文旅产业融合发展战略,进一步培育文旅新兴业态。产业体系更加合理,区域发展更加均衡,文旅市场更加协调,红色旅游拉动效果明显增强,以互联网为重点的创新驱动对提升文旅产业质量效益的贡献率明显提高。逐步构建产业结构合理、文旅新业态丰富、文旅产业全域化发展的新型文旅产业结构体系,促进瑞金市文旅产业结构更加优化。

7. 建设文旅消费示范城市

根据国务院《关于进一步激发文化和旅游消费潜力的意见》精神,重点完善文艺精品、演艺产品创作生产的扶持奖励机制,打造一批社会效益和经济效益俱佳的消费业态；2022年，瑞金市建成省级文化和旅游消费试点城市。

（1）培育文化旅游消费特色。充分发挥瑞金资源和产业优势，通过创意转化、科技提升和市场运作，打造具有瑞金特色的文化旅游产品和服务。加快推进桀米巷、廖屋坪、红井步行街等文化旅游消费聚集区建设，逐渐打造成为文化旅游消费重要目的地。

（2）创新文化旅游消费业态。鼓励文化旅游消费业态创新，促进演艺娱乐、动漫游戏、健身服务等消费业态结合，形成"食、游、购、娱、体、养、演"等多样化、多业态的新型商业模式，满足居民多元需求。鼓励创新文化消费个性化设计，满足个性化需求。积极发展工业旅游、研学旅游、康养旅游等新兴旅游消费业态，积极发展温泉康养旅游、山地运动旅游、低空飞行旅游，推动更多资源转化为旅游消费产品。实施民宿发展品牌培育工程，打造一批具有鲜明特色的民宿，策划多元化的民宿旅游产品。

（3）提升文化旅游消费供给质量。大力实施文化旅游消费惠民政策，试行发行旅游惠民消费券，推动景区实施门票减免、淡季打折等惠民举措。加大原创舞台剧等文艺精品创作和引进，推进文化文物单位文创产品开发，办好"瑞金文化旅游节"。优化提升现有旅游线路设置，不断挖掘新的文化旅游路线，鼓励打造中小型特色文化旅游演艺产品，加快开发和推广适应主客共享的旅游产品。

（4）提振夜间文化旅游消费。大力推进"夜间经济示范街区"建设，加大文化旅游夜间消费产品供应，丰富市民夜间文化休闲生活。探索扩大文化、体育场馆夜间开放，推广24小时书吧模式。积极引导景区、星级酒店、旅游特色街区推出夜间特色休闲娱乐项目和夜游精品线路，争创国家级夜间文旅消费集聚区。创办灯光秀、音乐节、文化夜市、灯会等特色文化旅游活动，培育多元夜间消费模式。推进文创产品市集建设，增强文化消费体验。

8. 发展特色民宿促进乡村振兴

实施民宿产业发展五年行动计划，出台瑞金促进民宿健康发展的实施意见，理顺管理体制机制，健全完善配套政策，合理确定发展布局，力争5年内实现全市民宿产业规模化发展，接待床位达到1500张，民宿不少于50家，民宿特色村达到5个以上，使民宿产业成为瑞金乡村旅游的重要支撑，形成国内外著名的民宿旅游品牌。

（1）优化资源配置。统筹布局民宿产业，把民宿作为重要内容纳入全域旅游和乡村振兴示范带规划，各乡镇结合资源禀赋和产业特色，明确民宿发展重点区域，深化农村宅基地"三权"分置改革试点工作，探索建立符合不同区域实际的闲置农房（宅基地）开发利用模式和机制，创新租赁、合作、转让等方式，用于民宿产业发展。加快民宿基础设施、公共服务配套体系建设，完善水电气供应、道路交通、网络通信、排污处理、服务咨询、治安消防等基础设施，保障游客环境舒适安全。推进乡村振兴示范带建设，高质量创建一批A级旅游景区、A级乡村旅游点，为民宿产业发展培育新空间。

（2）突出示范带动。实施民宿发展示范工程，坚持整体推进与重点突破相结合，扶持打造民宿建设样板，重点扶持一批四星、五星级精品民宿。落实《瑞金市发展星级旅游民宿扶持奖励办法（试行）》文件精神，有序推进精品民宿的建设及评审认定工作，对列入培育对象的企业，在证照审批办理、等级评定等事项上给予绿色通道。探索多渠道投入机制，引导资源主体、资本主体、经营主体、从业主体等共同推进民宿业发展。鼓励城市和乡村有意愿的组织、个人改造现有住房或租赁民房开办民宿，支持社会各界人士返乡创业开办民宿，鼓励"农户+合作社""公司+农户"等民宿合作发展模式。建立民宿产业项目库，做好民宿前期调查、流转等工作，加大招商引资力度。优先支持在乡村振兴示范带、美丽乡村样板村建设民宿特色村。

（3）创新营销模式。充分利用互联网经济时代的技术优势，提高民宿经营管理效率，拓展"互联网+"营销渠道，通过手机 APP、"同程"、"去哪儿"等知名电商平台承接客源。创新"民宿管家"托管服务，发挥专业团队和技术人才优势，强化规划设计、管理创新，着力培育一批民宿连锁企业。创新民宿价格体系，实行淡旺季区分销售。探索组建"民宿联盟"，由专业民宿经营团队管理，统一落实订单，提供专业化服务。探索"民宿+景区+农庄"联合销售模式，打包景区、农庄门票进行推广。建立民宿品牌，走品牌营销之路。

（4）加强规范管理。明确全市民宿产业发展定位、行业标准、服务规范、管理职责等。加快民宿审批"证照联办""最多跑一次"工作，推行民宿开办全流程"一件事"集成服务，提高民宿的审批进度。推进"放管服"改革，公安、卫生健康、市场监管等部门负责创新管理举措，适当放宽民宿市场准入，加强分类指导。加强对民宿业的事中事后监管，落实好日常监督管理及属地监管责任，开展执法检查、协同监管，规范民宿经营。成立市民宿协会，积极引导民宿经营者资源共享、行业自律、诚信经营、有序发展。

9. 完善主客共享文旅服务体系

（1）构建"快旅慢游"交通网络。

1）构建立体的外部交通：推进瑞兴快速路建设，完善国道 G319、G206、G226、G323 等国省干道的提升改造；开工建设瑞梅铁路，积极争取景鹰瑞铁路、瑞金至赣深高铁连接线列入国家铁路"十四五"规划或中长期规划，杭州至深圳高铁、渝长厦铁路经过瑞金并开工建设；依托瑞金机场建设，争取增开瑞金至主要客源地的空中航线和省内支线航线，建设飞行服务站、维修基地等低空飞行服务保障体系，开发与运营通航旅游飞行、通勤短途运输、通航工农业及城市服务等项目，形成立体化的外部交通网络体系。

2）畅通便利的内部交通：规划建设瑞金绕城快速路，形成"一纵一横一环"的高速公路网布局。提升通景公路等级，依托现有四好农村路建设，建立环绕日东乡、拔英乡、云石山乡、万田乡、瑞林镇、丁陂乡、大柏地乡的旅游交通环线，重点建设通往日东太阳山、武阳白竹寨、九堡铜钹山、泽覃南华水库的 4 条旅游公路。以瑞金为核心，以于都、宁都、石城、长汀、会昌为依托，通过 S218、S223、X466、X781、X497 打造以瑞金为核心的全域旅游大交通环线。实现游客从瑞金市中心轴线向各乡镇的辐射与联通；重点建设叶坪、红井和云石山景区之间的连接线路，完善以中心城区与重点景区为核心的慢行系统，建设慢行绿道等设施；打造基于高速交通的全域自驾旅游服务系统，达到"快旅慢游"的目的。

3）创新交通体系及服务设施：推进多元创新服务系统，鼓励私人发展低空飞行项目（私人直升机、动力滑翔伞、热气球等）、汽车租赁服务及共享单车配套，完善基础配套及管理规范，促进瑞金红、绿、古旅产融合等全域化发展。在瑞金城区、通用机场、高铁站、高速路出入口等客流集散地，引进大型连锁汽车租赁企业，规范本地汽车租赁市场，建立完善的汽车租赁服务网点，满足自驾游客租车、异地还车服务。依托瑞金通用航空机场的基地作用，以重点景区为节点，辐射赣南的相关景区，开展特色低空景区联系项目。重点考虑在特色旅游小镇、主要旅游景点、特色村寨等公共场所，按照"一次规划，分阶段实施"的原则组织建设，分三个阶段建设共享单车体系。

（2）完善"5G 共享"智慧旅游。

1）建设瑞金智慧旅游服务平台。根据统一数据规范和信息采集标准建设瑞金旅游数据中心，建设面向游客的旅游信息服务平台，建设面向企业和政府的信息管理平台。建设信息化基础设施，主要包括瑞金旅游中央数据库、无线互联网设施、瑞金物联网设施。开发瑞金全域旅游一卡通。扩大电子触摸屏设立范围。逐步扩大旅游信息电子屏在全市主要酒店、景区、人流集中的车站等地的覆盖范围，在市区汽车站、重点景区及部分高星级饭店等主要游客集中场所，投放电子触摸屏。

2）增强智慧文旅综合性体验。实施 5G 文旅全覆盖，加强文旅公共服务智慧化体验。在文旅项目打造中，利用先进的 5G 技术，建立集智慧租车、智慧骑行、智慧标识导向、停车诱导于一体的智慧交通便捷服务体系；加强旅游业态智慧化体验，以酒店、饭店、景区、旅行社、乡村、图书馆、文化馆为主体，推广景区刷脸入园、酒店 30 秒入住、饭店智能点餐、图书馆数字检索等智慧旅游服务的覆盖范围，增设 AR 交通导览、AR 互动、云端支付等体验功能；鼓励将"5G+全景直播"、"5G+AR"、"5G+VR"、"5G+AI"等沉浸式体验功能应用到文旅项目中。

（3）持续推进旅游厕所革命。

1）完善旅游厕所布局。遵循"龙头项目及全域旅游集散中心布局 AAA 级旅游厕所，重要项目布局 AA 级旅游厕所，支撑项目布局 A 级旅游厕所"原则，推进旅游厕所建设。结合重点景区、游客集散中心，深入推进"一厕一景"旅游厕所样板工程。在各景区、集镇、交通节点、旅游村庄、餐饮点等实现旅游景区 A 级旅游厕所全覆盖。

2）推进智慧公厕建设。引入信息通信、互联网、物联网、智能控制、传感传导等技术，实现厕位引导、客流统计、环境监测、水电控制、智能联动、刷脸取纸、紧急求助、反馈评价等功能。

10. 持续唱响瑞金红色旅游品牌

（1）以红色文化为城市 IP，构建文旅品牌体系。锁定"红色故都、共和国摇篮、中央红军长征出发地"的金字招牌,打造城市旅游 IP,把瑞金打造为红色旅游打卡地。强化 IP 共享推动跨界联动,围绕 IP 衍生一系列产业环节和新生业态,推进 IP 共享,以备案授权的方式免费给市域各部门、各企业、各景区使用,将 IP 要素与农产品、文创商品结合,助推一二三产融合发展。打造品质诚信 IP 文创商品,围绕 IP 延伸故事、场景和主题,开发文创日用品、旅游纪念品、IP 商品。

构建产业要素 IP 矩阵。挖掘瑞金特色餐饮资源,深度打造瑞金牛肉宴、红军宴等餐饮产品,打造文化餐饮品牌 IP;丰富住宿要素,构建集酒店、民宿、营地于一体的多种住宿体系,打造网红酒店 IP;深挖瑞金特色食品、手工艺品,培育知名旅游商品品牌,培育旅游商品 IP;积极拓展瑞金夜游产品、文化街区、文化商圈等文化产品,通过品牌形象营销、活动组织,打造品质玩乐 IP,形成景区、美食、住宿、购物、玩乐五大 IP 子品牌,构建瑞金旅游 IP 矩阵。

(2)以节事活动为重要载体,完善文旅互动体系。鼓励企业运用现代高新技术,重点开发大型文旅演艺精品等富有地方文化特色、雅俗共赏的娱乐节目以及各类主题的影视创作等创新型产品,鼓励在特色小镇、田园综合体和旅游度假区创新文化传播体验方式,延长文旅产业链,实现文旅产业结构的优化升级。

持续推动送戏下乡、进社区,送影下乡等文化活动。打造舞台经典音乐剧"闪闪的红星",编排一场主题突出、特色鲜明、艺术性强的节目,增强游客对红色文化认知,作为瑞金市乃至赣州市知名的红色精品节目,重点进行打造宣传。

高水准举办中华苏维埃共和国成立 90 周年等节庆与活动,提升瑞金在全国红色旅游目的地中的知名度和影响力。推出不同主题的"瑞金旅游周"、"瑞金旅游月"、"不忘初心、牢记使命"全国红色书法征集、"共和国之根——瑞金"摄影作品展等活动,打造具有瑞金特色的中华苏维埃提灯大会实景演艺等红色文化节会品牌。通过文旅推广、文化演出、媒体宣传、图片展览四大活动达到"感受瑞金文旅魅力"的宣传目的。

积极争取主办、承办或创办各种大型的、具有全国影响力的赛事,如红色旅游文化节、乡村文化旅游节等。

发挥乡镇文旅参与能动性,打造"一镇一品",推进节庆营销品牌化、主题化、体验化,带动整个瑞金与游客的大参与、大互动、大体验、大消费、大传播和深度体验。

(3)以新媒体为主要方式,拓展文旅宣推新渠道。不断加强新媒体宣传,增强文旅知名度,继续在央视《朝闻天下》栏目中插播"江西风景独好"广告,做好瑞金文旅形象宣传。与三大移动运营商合作,向游客发送过境短信宣传,确保来瑞金所有游客都能收到瑞金文旅资讯。开通瑞金文旅抖音、快手、火山小视频、哔哩哔哩视频、小红书等新型自媒体平台的账号,利用其优势进行宣传,邀请自媒体网红博主前来拍摄推介视频,推介瑞金文旅品牌,吸引粉丝的参与和关注。

创新网络虚拟化体验营销、现实情景化体验营销等多种智慧化体验营销手段,充分利用文旅大数据,优先在景区试点性开展智慧旅游营销。加强与影视、音乐、动漫、游戏等投资、制作公司合作,鼓励并邀请瑞金一批影视文化企业,来瑞金采点拍摄一批院线电影、网络电影，通过在影视作品和创意作品中植入瑞金元素，提高营销效果。

创新网络虚拟化体验营销、现实情景化体验营销等多种智慧化体验营销手段，充分利用旅游大数据中心，优先在景区试点性开展智慧旅游营销。成立瑞金文旅局的"旅游推广中心"，用"互联网+"理念与智慧化营销促进瑞金旅游市场拓展。

参加全国、江西省、赣州市旅游推介会、国际旅游交易会等，继续开展媒体宣传、市场推介、网络营销和节庆活动等促销活动，完善包机、包列、地接旅游奖励政策，大力招徕各方游客。充分利用报纸、电视、网络等媒体和外事、商务、侨务等各种渠道以及民航、高铁、地铁、展会平台等各种载体，全方位、立体式宣传推介瑞金文旅，进一步拓宽文旅促销渠道，增强文旅宣传促销效果。

（4）深化旅游开发合作，打造精品旅游线路。加强"红色故都、共和国摇篮"品牌宣传营销，落实好赣深高铁旅游营销与"瑞金号"旅游专列冠名活动，继续在厦门、南昌、广州、上海、成都等主要客源地市场召开红色文化旅游推介会，加强与延安、遵义等客源市场对接，新开辟西南地区的旅游市场。强抓高铁连接机遇，加强高铁联线宣传营销，深化旅游合作。重点推动红色文化旅游共同体以及赣闽粤省际红色旅游的互动，共同举办一系列的红色旅游活动，共同开发跨省的红色旅游线路产品。

# 五、实施保障

将文化和旅游融合纳入全市重点工作，健全部门、市场联动机制，加大财政、资金、人才、土地、文化等方面的支持力度，完善统计监测体系。在体制机制和政策保障的支持下，瑞金文化和旅游翻开新的发展篇章。

1. 优化企业营商政策环境

（1）建设服务型职能政府。建设服务型职能政府，深化简政放权。创新监管方式，增强政府公信力和执行力，通过建立企业走访、年度调查、审批效能评价、重大项目全程代办、增资绿色通道、政策信息统一发布等一系列制度，进一步优化服务，切实改进工作作风，提高办事效率和服务水平，积极推动资本在文旅发展尤其是创新驱动、产业转型和结构升级中的引导促进作用。

（2）引导民营资本力量介入。引导民营资本力量介入，加快瑞金文旅融资发展。放宽旅游融资行业准入标准，扩大民营资本投资领域。推进旅游基础设施和公用事业领域市场化改革，鼓励社会资本以多种形式参与瑞金文旅基础建设。鼓励符合条件的文化、旅游企业上市或者通过发行短期债券、彩票等方式进行融资。商业性开发景区可以开办依托景区经营权和门票收入等质押贷款业务。

2. 拓宽文旅投资融资渠道

（1）加强财政扶持。鼓励各级政府、机构和企业申报国家各类文艺基金，政府按比例给予资金配套资助；鼓励各级政府、机构或企业成立文化发展基金，资助各类文化保护发展项目；加大资金支持力度，扩大公共财政对文化建设的投入规模，建立与瑞金经济发展水平相适应、与财政能力相匹配的文化投入机制，加大财政投入向农村以及公共文化服务重点乡镇倾斜力度，发挥公共财政"兜底线、补短板"的积极作用，促进城乡、区域、人群均衡发展；将购买公共文化服务资金纳入各级政府财政预算，通过政府购买、项目补贴、定向资助、贷款贴息等多种手段，建立政府主导、社会参与的多元文化投入机制。

（2）深化金融扶持。鼓励各乡镇整合各项财政资金，与重点旅游项目建设融合使用，支持旅游业提质升级。加强金融扶持，鼓励有条件的乡镇建立文旅产业投融资平台、发展基金，鼓励各类基金投资旅游开发运营，积极创新符合文旅产业特点的信贷产品。发挥文化和旅游产业投资基金效用，综合运用贷款贴息、风险补偿、以奖代补等方式整合社会资本。

3. 推进综合管理体制创新

（1）注重"多规合一"。建立项目联审联批机制，把文化旅游主管部门纳入同级地方政府国土空间规划委员会，联审国民经济和社会发展总体规划、国土空间规划等各类规划及其相关重点项目。系统梳理产业发展难点和存在"瓶颈"，推动重点景区、重大项目规划修编，依法依规解决重大项目、重点景区（点）"三条红线"制约开发建设问题。兼顾文旅业发展需要，充分考虑相关项目、设施的空间布局和建设用地要求，切实做到"一张蓝图"谋发展。

（2）优化用地政策。优先保障旅游项目用地供给，积极鼓励支持利用荒地、荒坡等开发旅游项目；年度土地供应要适当增加文旅产业发展用地；鼓励农村集体经济组织依法使用建设用地自办或以土地使用权入股、联营等方式与其他单位和个人共同创办住宿、餐饮、停车场等旅游接待服务企业。

（3）推进居游共享模式。协调本地居民与旅游开发商及外来游客的关系，引导本地居民以旅游就业、旅游创业等形式参与到旅游开发、文化研究、业态经营与企业管理中去，共享文旅发展成果。在旅游发展过程中要充分考虑本地居民的利益，把市民、村民的意见纳入旅游发展规划和政府决策中，使社区、乡村参与制度化和法律化，以社区、乡村的整体利益作为衡量和评估旅游开发和发展决策的重要标准。以先进管理和科学引导提升居民对于文旅发展的参与度和参与热情，实现经济效益和社会效益的双赢。

4. 构建旅游人才培养体系

（1）建设瑞金市文化和旅游智库。建立文化和旅游高质量发展决策咨询队伍，邀请国内外知名文化旅游专家、旅游从业者、旅游达人开展专题座谈会。落实高层次人才引进有关政策，加快引进一批高层次管理人才、市场营销人才、高端服务人才、创意策划人才、文博专家、非遗传承人等，培养一批德艺双馨、成就突出、影响广泛的高层次文化领军人才。

（2）推动文化人才队伍建设。加强文化管理干部能力培养，推进"一员多能"建设，可采取下派基层帮扶或到上级跟班学习等方式，保障公共文化服务的高质量发展。充分利用基层农村现有的非遗传承人、文艺爱好者和文化热心人等体制外的人才资源，加快培养一批文物保护、公共文化服务、文艺创作、传统戏曲等专业人才。实施人才轮训计划。以短期和中长期培训作为主要方式，广泛开展文化人才轮训，"十四五"期间基本完成对全市文化人才培训的全覆盖。实施以赛代训计划。分层级组织开展各项专业能力竞赛活动，通过竞赛活动发现人才，培训人才。

（3）完善人才教育培训体系。充分整合全市教育资源，建立政府、培训机构、社会组织、企业和院校多方协调合作的人才教育培训体系。把文旅专业人才队伍建设纳入全市人才建设规划，对各级文化和旅游相关部门进行人员分类培训。加大"金牌"讲解员支持力度，强化对导游等一线旅游从业人员的技能培训，各乡镇培养一批优秀的导游讲解员。

（4）优化人才发展环境。完善为文化旅游人才提供优质服务的机制，保障其合法权益，提高人才进出自由便利度，实行更加开放的人才和停居留政策，建立健全人才服务管理制度。对外籍高层次文化人才提供出入境便利，实现工作许可、签证与居留信息共享和联审联检。

# 瑞金市沙洲坝红井小镇总体规划
## （2017—2030）<sup>*</sup>

## 一、规划总论

### 1. 特色小镇

特色小镇是具有明确产业定位与文化内涵，生产、生活、旅游、居住等功能叠加融合，呈现产业特色化、功能集成化、环境生态化、机制灵活化特征，具有明确空间边界的功能载体平台。

（1）特色小镇主要特征。

1）产业特征：涵盖范围广，核心锁定最具发展基础、发展优势和发展特色的产业，如浙江的信息经济、环保、健康、金融、高端装备等七大支柱产业和广东的轻纺、制造等产业。

2）功能特征：通常为"产业、文化、旅游、社区"一体化的复合功能载体，部分小镇旅游功能相对较弱。

3）规模体量：视产业规模而定，其中浙江省特色小镇的规划标准：规划面积一般控制在 3 平方公里左右，建设面积一般控制在 1 平方公里左右。

4）形态特征：既可以是行政建制镇，如贵州旧州镇、湖南的百个特色旅游小镇，也可以是有明确边界的非镇非区非园空间，或是一个聚落空间、集聚区。

（2）特色小镇发展原因探析。

1）动力一：基于国情的政策意见推动。

新农村建设：党的十六届五中全会通过《中共中央关于制定国民经济和社会发展第十一个五年规划的建议》首次提出了"建设社会主义新农村"的重大历史任务。2006 年，《中共中央国务院关于推进社会主义新农村建设的若干意见》出台，提出协调推进新农村建设。

新型城镇化：党的十八大提出把推进新型城镇化作为今后十年经济发展的重大战

---

\* 规划主持单位南昌大学旅游学院、瑞金市文化广播新闻旅游局，主要完成人龚志强、黄细嘉、黄志繁等，完成于 2020 年。

略举措。2016年2月6日，国务院印发《关于深入推进新型城镇化建设的若干意见》，全面部署深入推进新型城镇化建设。

特色小镇建设：《国民经济和社会发展第十三个五年规划纲要》提出要发展充满魅力的小城镇。《关于深入推进新型城镇化建设的若干意见》提出发展具有特色优势魅力小镇。《关于开展特色小城镇培育工作的通知》提出在全国范围内开展特色小城镇培育工作，到2020年争取培育1000个左右各具特色、富有活力的特色小镇。

"特色小镇建设"是国家新农村建设、新型城镇化在新时期、新常态下的"新举措、新模式"。

2）动力二：基于实效的财政土地支持。

国家层面：专项建设基金、适当奖励。国家发展改革委等有关部门支持符合条件的特色小镇建设项目申请专项建设基金。中央财政对工作开展较好的特色小镇给予适当奖励。

江西：60个特色小镇，每个每年补贴200万元。

土地支持：支持有条件的特色小镇通过开展低丘缓坡荒滩等未利用地开发利用、工矿废弃地复垦利用和城乡建设用地增减挂钩试点，增减挂钩的周转指标扣除农民安置用地后，剩余指标的20%~50%留给特色小镇使用，有节余的可安排用于城镇经营性土地开发。

财政支持：县级政府设立特色小镇产业发展基金或风险资金，提供企业融资服务和创业补贴。特色小镇按规定计提各项基金后的土地出让金净收益全部留镇用于公共设施建设。入选省特色小镇名单后，省财政每年安排每个特色小镇建设奖补资金200万元，用于对年度考核合格的特色小镇建设进行奖励。

行政支持：鼓励利用财政资金撬动社会资金，共同发起设立特色小镇建设基金。特色小镇纳入省级小微企业创业园同步创建，提供融资服务、技术支持、证照办理等相关便利，依法给予税费减免。

3）动力三：基于现实的特色发展需求。

浙江：有限局促的陆域建设空间；个体私营经济比重大；经济总量增速减缓；市场供给丰度不足；块状经济分布；消费需求外溢。

山东：要素吸纳和集聚能力不强；城镇管理效能不高；产业层次不高。

广东：产业园区、特色小城镇等发展基础较好；岭南风情独特。

江西：独特的地理空间与用地空间；农副产品、零部件、轻纺等产业发达；自然资源独特；历史人文丰富。

浙江、山东、广东、江西的共同选择都是建设特色小镇。

（3）特色小镇主要类型。根据核心产业类型，特色小镇可划分为旅游小镇、金融小镇、文创小镇、科技小镇、制造小镇、商贸小镇。

旅游小镇即旅游特色小镇，是依托区位、自然资源、人文资源、特色产业、特色社区等优势发展旅游产业，并使之与其他相关产业、居住社区、其他旅游区发生交互关系的特定区域。

**特色小镇与旅游小镇划分**

|  | 特色小镇 | 旅游小镇 |
|---|---|---|
| 产业 | 涵盖范围广，核心锁定最具发展基础、发展优势和发展特色的产业 | 旅游产业是小镇的核心产业、主导产业或最具潜力/特色产业 |
| 功能 | "产业、文化、旅游、社区"一体化的复合功能载体 | 旅游功能是必备功能，可兼有其他功能 |
| 规模 | 视产业规模而定 | 视产业规模而定 |
| 形态 | 行政建制镇，或边界明确的非镇非区非园空间，或聚落空间/集聚区 | 小城镇、度假区、产业园、旅游区（景点）集合地，或综合体及非行政建制小镇 |

2. 规划范围

沙洲坝红井小镇规划范围主要包括两大部分：第一部分为城镇居民生活聚集区，东临瑞金市区，西毗沙洲坝经济开发区，北至"二苏大"旧址，南以七堡河为界；第二部分为洁源村区域。其中核心区包括红井、"二苏大"旧址等重要红色革命旧址，其他重要节点有群峰村独石子、河坑村古寺、七堡村古寨等。沙洲坝红井小镇规划总面积5.4平方公里。

3. 规划期限

规划期限：共14年（2017~2030年）。在遵循详细规划期限的同时，兼顾了国家五年计划的时间节点，以利于与瑞金市及其上级政府的五年计划相衔接。近期：2017~2020年；中期：2021~2025年；远期：2026~2030年。

4. 规划衔接

瑞金城市总体规划确定了"一核三区三轴多基地"的市域产业空间布局结构。

红井小镇处于空间结构中的"一核"，指以市区为中心的产业发展核心区。该产业发展核心区包括象湖镇、沙洲坝镇、叶坪乡、黄柏乡、泽覃乡、云石山乡等乡镇用地。统筹协调发展三产，一产重点发展现代农业，农副产品加工及贸易业，同时与旅游业相结合，发展现代观光农业。二产重点发展新能源、新材料、生物医药、电气机械及器材制造、绿色食品、现代轻纺、新型建材、矿产品加工等产业。三产重点布局商业金融、住宿餐饮、休闲娱乐、商贸流通、红色旅游等现代服务业。

但是具体到实施层面，《瑞金城市总体规划》在资源挖掘和游赏系统方面缺乏深入的规划设计；此外，对于红井小镇的旅游吸引力提升和游客容量也未做设计。

根据瑞金城区旅游资源类型及分布、地理位置和自然条件，瑞金市旅游总体布局为"一心、一环、两带、五区"。

红井小镇处于"一心地带"，指城北片区的旅游接待中心。该中心为区域性旅游接待中心。

《瑞金城市旅游规划》中缺乏与红井小镇在交通、功能和产业等方面的衔接；作为进入红井小镇必经之路，缺乏对门户景观形象的规划。

5. 规划原则

（1）因地制宜原则。规划须因地制宜、因景制宜，尽量利用现有地形进行建设开发，增强旅游环境吸引力。同时注重当地客家风情、瑞金红色文化等元素的融入，以文化来支撑旅游产业发展。

（2）体现特色原则。把握文化旅游与城市休闲的发展趋势，同时结合本项目的开发条件，策划、建设具有个性和吸引力的项目和景点，使本项目融观赏性、艺术性、知识性、趣味性、参与性于一体，增强吸引力。

（3）综合开发原则。根据用地条件、资源特色和市场现状与趋势，逐步进行开发，点、线、面相结合，增强旅游区的整体吸引力和竞争力。在开发的时候，从吃、住、行、游、娱等多方面考虑，配套服务设施建设同步进行，全方位、多层次地满足旅游者的需要。

（4）市场导向原则。红井小镇旅游开发必须以旅游市场供需关系为导向。本项目的开发要深入分析目前赣南客家旅游、城市休闲、生态旅游的旅游市场需求特点，强调结合市场需求和资源条件来确定旅游产品开发的方向，有重点、有目标地开发一些特色旅游项目。

# 二、基础分析

1. 区位分析

（1）空间区位。沙洲坝镇属于瑞金市辖区，位于市境西部，距离市政府4公里，极为便利，乡镇级配套设施较为成熟。规划区位于沙洲坝镇东部，紧邻瑞金市区。处于瑞金国家级经济技术开发区的核心区域，区位优势明显。

从大环境来看，瑞金市毗邻福建省的宁化县与长汀县，随着鹰瑞高速的通车，南昌—瑞金的车程将缩短至3.5小时。将来瑞金至海西经济区的高速公路整体连通后，整个海西经济区将是瑞金市重要的旅游客源市场，这将为沙洲坝红井小镇发展注入强大动力。

（2）交通区位。①公路方面：厦蓉（厦门至成都）高速公路、济广（济南至广州）高速公路在瑞金形成十字形高速公路网，从市区出发10分钟内可到达东南西北四个方向的高速路口，3小时车程可到达厦门、泉州、南昌等地以及全国最大港口之一的厦门港，5小时车程可达广州、深圳、福州、温州等城市。②铁路方面：赣龙（龙岩至赣州）铁路横贯瑞金东西并在实施扩能改造，纵贯瑞金南北的鹰瑞梅（鹰潭—瑞金—

梅州）铁路正处开工建设前期准备工作，目前已开通瑞金至南昌、苏州、上海、北京的始发列车。③航空方面：1.5 小时车程内有 4C 级赣州黄金机场、福建连城机场；瑞金通勤机场已获国家有关部委批准，正在规划设计。方便快捷，2 小时旅游圈辐射区域更大。

2. 场地分析

（1）坡向分析。不同坡向获得太阳能和自然风的程度不同，规划区内坡向分布相对较为平均，住宅、公建类建筑尽量选择偏南坡向，利于接受太阳光吸收，体育类、景观类用地可以选择偏北或东西坡向。

（2）坡度分析。规划区内地形起伏变化复杂，规划区内可建设用地（坡度 0～25°），占总用地的 80.52%，其中，8°～25°低丘缓坡地占 19.48%。

（3）高程分析。规划区域西北高，中部、东南部低，整体呈丘陵地势，规划区核心部分海拔主要在 191～220 米。

3. 资源分析

瑞金是中华苏维埃共和国临时中央政府的诞生地，第二次国内革命战争时期中央革命根据地的中心，是驰名中外的红军二万五千里长征的出发地之一。我们党早期的领导人和军事将领，大部分在这一时期得到了锤炼、成长，中华人民共和国成立后的第一、第二代领导人，共和国十位开国元帅中的 9 位，十位大将中的 7 位以及 1966 年以前授衔的中国人民解放军将帅中的 35 位上将、114 位中将和 440 位少将，当年都在瑞金战斗、工作、生活过。光荣的苏区历史为瑞金留下了众多独特的革命旧居旧址和精神遗产。瑞金境内共有革命旧居旧址 180 多处，拥有红军广场、"一苏大"会址、中华苏维埃临时中央政府大礼堂、红井等国家级重点文物保护单位 33 处，这些都是发展红色旅游的宝贵资源。红井小镇风景秀美，风情浓郁，佳境天成。远近闻名的国家AAAAA 级旅游景区——共和国摇篮景区便在小镇核心区内，还有古色古香、独具韵味的客家古村落，旅游资源十分丰富。

（1）资源类型多。景区内红色文化旅游资源数量丰富，类型众多，不仅有山、水、林、溪、池等自然景观要素，还有古树、古屋、古庙等人文历史建筑。秀美的客家乡村田园景观与浓郁红色文化为红井小镇的发展提供了资源与产业基础。

（2）资源组合好。从资源类型组合度看，旅游资源的互补性和包容性较强，表现为在人文旅游景观的村落里有乡村田园风光和良好的生态环境，人文景观的丰富的红色文化资源，生态与文化、古色与绿色融为一体，这是红井小镇深入开发的良好大背景。

规划区内自然景观与人文景观兼备，自然环境较好，民风淳朴，为开展旅游奠定了良好基础，合理整合和利用，将会产生较高的经济、社会和生态效益。

（3）红色圣地。沙洲坝镇是中华苏维埃临时中央政府所在地，是毛主席等革命先辈在此生活奋斗过的地方，红色文化厚重，革命旧址多达 21 处，遍布全境。红井、二苏大、纪念园等著名景区点缀其中，它们是国家 AAAAA 级景区"共和国摇篮"的重要组成部分。红军村洁源"七子参军"故事感人至深。

（4）千年客家。客家灯彩历史悠久、丰富多彩，有龙灯、茶蓝灯、船灯、马灯、狮灯、八宝灯、桥板灯、蚌壳灯、秆龙灯等几十种；各式各样的客家习俗，古朴自然，充满新奇感；客家人勤劳厚道、艰苦朴素、热情好客、崇尚礼仪，淳朴的民俗和天然的景色，相互衬托，给人以悠闲祥和、自然和谐的生活氛围。

（5）生态密境。群峰村独石子沟壑纵横，怪石嶙峋，树木茂密，郁郁葱葱。空气清新，属于天然氧吧。溪水潺潺，虫唱鸟鸣，自然生态环境优越。河坑村寺庙建于山巅，十分灵验，香客众多，还愿的善男信女络绎不绝。每逢传统节日，人山人海，热闹非凡。七堡村自然景色优美，拦坝垅水库清澈见底，村落结构完整，一派田园风光。

4. 文脉分析

庾信是南北朝时期著名文学家。公元544年，梁元帝派他出使西魏。梁朝被西魏灭掉。西魏皇帝十分赏识他，就留他在西魏的国都长安做官。庾信在长安住了近30年，非常思念故土。他曾在《徵调曲》中写道："落其实者思其树，饮其流者怀其源。"表达了他对故土的思念之情。这句话后来就演变成"饮水思源"这个成语。

吃水不忘挖井人，时刻想念毛主席：苏区时期，毛主席为解决沙洲坝百姓饮水难题所打的水井被誉为"红井"，人民立碑撰文"吃水不忘挖井人，时刻想念毛主席"，正是饮水思源的真实演绎。

沙洲坝流传一首民谣："有女莫嫁沙洲坝，天旱无水洗头帕。"以前沙洲坝是个干旱缺水的地方。百姓吃的是又脏又臭的池塘水。当时瑞金成立了中华苏维埃临时中央政府，毛主席就住在沙洲坝，为解决百姓的日常饮水难题，他号召大家共同挖出了一口水井，从此以后沙洲坝人民摆脱了祖祖辈辈挑池塘水喝的命运，吃上了清洁甘甜的井水。

红军北上抗日离开后，反动派一度将水井填埋，阻挠百姓对红军的怀念。新中国成立后，沙洲坝乡亲头一件大事便是挖井，把填了15年的井重新挖开、砌好。为纪念毛主席，当地百姓把这块井命名为"红井"，并在井边立碑，写上14个大字：吃水不忘挖井人，时刻想念毛主席。

2016年7月1日，在庆祝中国共产党成立95周年大会上，习近平总书记发表重要讲话，深刻阐述"不忘初心"，充分展现了共产党人的本色初衷、雄心壮志和使命担当：为人民服务，共筑中国梦。这正是新时代共产党人饮水思源的写照。

5. 产业分析

沙洲坝镇全镇国土面积65平方公里，其中耕地面积15942亩，山林面积65779亩，房屋道路面积17872亩。辖12个行政村，150个村民小组，2015年末总人口5940户25273人。2016年沙洲坝镇国民生产总值达到45.77亿元，经济增长率达到23.5%。

农业基础良好，平均气温18.9℃，年日照时数平均1838小时，年无霜期268天，是一片充满蓬勃生机和极具发展潜力的热土。第二产业：沙洲坝国家经济开发区位于城镇西部，工厂林立，集聚多行业、多业态，工业富镇发展态势迅猛。第三产业：沙洲坝旅游产业发展迅猛，酒店、餐饮等服务行业高歌猛进，GDP快速提升，形成了新的经济增长极。

6. 市场分析

瑞金市旅游产业发展势头良好，旅游以红色旅游、政务接待为主；游客主要来自省内和珠三角、长三角地区，未来瑞金旅游应补充提升体验互动、针对中青年的旅游产品。

（1）瑞金红色旅游发展现状。红色旅游是瑞金旅游的主基调，2012~2016 年瑞金旅游呈快速增长趋势，收入、游客量平均年增速均在 25% 以上，对 GDP 的贡献越来越大，是瑞金市国民经济的重要组成部分。

（2）瑞金旅游市场特征。瑞金作为红色故都、共和国摇篮，旅游业以红色旅游为主导，是政府工作人员、企事业单位、教师学生等的学习教育旅游市场。从百度搜索需求指数看，对瑞金市关注的人群集中在 20~49 岁，以中青年为主，性别男性居多。瑞金市的客源以国内游客为主，江西省内达 56.9%，其次来自长三角和珠三角地区，并随着距离增加衰减。

**瑞金市旅游产业与 GDP 的关系**

| 年份 | 旅游总收入（亿元） | 市生产总值（亿元） | 约占比（%） |
| --- | --- | --- | --- |
| 2012 | 1.10 | 88.90 | 12.5 |
| 2013 | 14.00 | 10.09 | 13.8 |
| 2014 | 18.06 | 113.20 | 16.0 |
| 2015 | 22.50 | 122.10 | 18.4 |
| 2016 | 27.75 | 134.50 | 20.6 |

瑞金红色旅游产品供给侧亟需转型升级，瑞金红色资源品质高，但旅游产品精品少，消费性产品供给不足，资源优势难以成为经济和产业优势。

（3）六大革命圣地红色旅游市场情况。其他五大革命圣地都有深度开发，瑞金仍停留在红色观光上，在旅游产品开发上要增加消费性产品，增加深度体验项目，提高产品的品质。

**六大革命圣地红色旅游市场情况**

| 景区 | 历史地位 | 发展方向 | 2016 年旅游产业规模 | |
| --- | --- | --- | --- | --- |
| | | | 游客（万人） | 收入（亿元） |
| 嘉兴南湖 | 一大会址，党的摇篮 | 由红色旅游向休闲度假转变 | 780.99 | 95.83 |
| 井冈山 | 第一个农村革命根据地 | 开展红色培训、红色体验项目 | 1530.11 | 12.05 |
| 瑞金 | 红色故都、共和国摇篮、中央红军长征决策出发地 | 观光游览 | 757.80 | 29.75 |
| 遵义 | 中国革命的转折点 | 挖掘文化，结合生态 | 8430.70 | 792.73 |
| 延安 | 陕甘宁边区政府，领导抗日战争 | 自然与人文并重 | 4025.20 | 228.00 |
| 西柏坡 | 指挥解放战争 | 会议、教育、度假等 | 约1000.00 | 约100.00 |

瑞金和井冈山红色旅游资源及市场情况

| 产业规模 | 瑞金 | 井冈山 |
|---|---|---|
| 游客接待量（万人次） | 757.8 | 1530.11 |
| 旅游总收入（亿元） | 29.75 | 12.05 |
| 人均消费（元） | 710 | 1000 |
| 标准接待床位（张） | 8305 | 15000 |
| AAAAA景区（家） | 1（4家子景区） | 1（11家子景区） |
| 国家一级博物馆（座） | 1 | 1 |
| 省级农业旅游示范点（个） | 3 | 2 |
| 国家级风景名胜区（家） | 1 | 1 |
| 省级风景名胜区（家） | 1 | 0 |

（4）在江西省的地位。与井冈山相比，同为AAAAA级红色景区稀缺资源，但瑞金旅游业规模小、效益低，红色旅游经济不强。红色旅游产品供给侧亟需转型升级。

7. 案例解读

（1）古北水镇——国内特色小镇"系统性成功"的最佳实践案例。古北水镇由IDG战略资本、中青旅控股股份有限公司、乌镇旅游股份有限公司和北京能源投资（集团）有限公司共同投资建设。位于北京市密云区古北口镇，背靠司马台长城，坐拥鸳鸯湖水库，是京郊罕见的山水城结合的自然古村落。距北京市区120公里，首都机场98公里，密云区城区60公里，承德市区80公里。拥有京承高速、京通铁路、101国道三条主要交通干线。景区是在原有的5个自然村落基础上整治改建而成，保存有43万平方米精美的民国风格的山地四合院建筑，总占地面积9平方公里，总投资45亿元，主要的盈利构成为"门票+经营+房产销售"。

经验总结：开发前期获得政府的有力支持，并借助新农村开发政策，使村民获得较高的拆迁补偿收益。引入多方战略投资者，同时联合品牌房企进行旅游开发经营的资金平衡，可承载部分游客住宿功能。由专业化团队运营，保留原有建筑风貌，全部买断进行改造，同时充分考虑北方季节性因素的影响，平衡淡旺季游客市场。在具体开发中参考乌镇模式，承接古镇文脉，保持古镇风貌，力求原汁原味，做到"整旧如故，以存其真"。整体产权开发、复合多元经营、度假商务并重、资产全面增值。打破了传统景区只靠门票收益的现象，而是依托产业链。整个项目投入比较大，会面临一个培育期。

一是精准总体定位。依托司马台长城和北方水文化等资源，是集观光游览、休闲度假、商务会展、创意文化等旅游业态于一体，服务与设施一流、参与性和体验性极高的独具北方风情的度假式小镇，综合性特色休闲国际旅游度假目的地。

二是合理空间布局。古北水镇主要承担司马台雾灵山国际休闲度假区的度假及配套服务功能。除了进口处的民国风格建筑街区，景区核心部分分为水街风情区、卧龙堡民俗文化区、汤河古寨区三大部分。整体规划为"六区三谷"，分别为老营区、民国风格建筑街区、水街风情区、卧龙堡民俗文化区、汤河古寨区、民宿餐饮区与后川禅谷、伊甸谷、云峰翠谷。

三是科学业态配比。为对接北京2000万人的高品质度假市场需求，以古北水镇为基地，打造集观光游览、休闲度假、商务会展、创意文化等旅游业态于一体的丰富业态，提高游客的参与性与体验性。

（2）红色圣地：福建古田——中国首批特色小镇。以建设"红色圣地、生态古田"为主线，以"新古田会议"为品牌，打造红色小镇。

古田镇位于福建省上杭县东北部，是著名的"古田会议"旧址所在地，也是中国历史文化名镇、全国文明村镇，全国AAAAA级旅游景区。境内交通条件十分优越，在龙岩半小时和厦门2小时城市经济圈内。现辖21个行政村，总面积227平方公里，镇区建成区面积约7.6平方公里，总人口2万人。2015年城镇居民人均纯收入达到1.58万元，农民人均纯收入达到1.2万元。

福建省上杭县古田镇是著名的"古田会议"旧址所在地，红色旅游享有盛名，先后被评为中国历史文化名镇、全国文明村镇，全国AAAAA级旅游景区。与其毗邻，同属原苏区的步云乡地处梅花山国家自然保护区腹地，拥有全国AAAA级旅游景区（虎园）和国家级森林公园（红豆杉生态园），"竹、茶、菜、花"传统优势产业，被评为国家级生态乡镇、全国环境优美乡镇、国家级生态旅游示范区。

古田特色小镇着眼于原苏区"大古田"区域，整合了古田镇区和步云乡集镇作为古田红色核心区和步云生态休闲区，两区优势互补，契合旅游产业发展特点。依托"古田会议"的红色文化资源和品牌效应，结合梅花山自然保护区得天独厚的生态环境，构建以红色旅游产业为主导，融教育培训、文化创意、生态休闲、养生养老等于一体的"红+N"的特色产业体系，值得期待。古田的特色主要表现在：

特色鲜明的产业形态：依托"新古田会议"召开的持续影响力和"古田会议"既定的历史地位及品牌效应，围绕"红色圣地、生态古田"的发展目标，古田镇将构建"红+N"的特色产业体系，形成以红色旅游产业为主导，融教育培训、文化创意、生态休闲、养生养老等新兴经济板块协同发展的产业大格局。

和谐宜居的美丽环境：古田小城镇建设坚持遵循"传统魂、现代骨和自然衣"的原则，按照传统建筑（白墙灰瓦坡屋顶）风格建设，统一规划，与周边的古田会议会址、红四军政治部旧址、协成店等历史遗迹协调开发，结合山水环境，打造传统与现代、历史与现实结合紧密的城镇风貌特色。

彰显特色的传统文化：一是红色文化传承。从2004年开始，相继实施了古田会址旧址群维修保护一、二、三、四期工程，对会址周边的红四军司令部、政治部旧址等进行修缮，不断更新陈列宣传设施。二是客家文化传承。作为客家民系形成的腹地，客家先民很早就在古田定居，小城镇建设注重对客家建筑风貌和村落形制的保护与传承。

# 三、发展思路

**1. 规划理念**

（1）聚集整合。红井小镇发展不仅需要聚集旅游资源，组合重整以发挥更好的作用，同时还要聚集传统与创意，产品与服务，将科技与文化体验完美结合，向游客展示深厚红井文化。让游客切身感受到瑞金红色旅游的与众不同，在观赏中体验，在体验中享受。

（2）协同发展。所在的区域具有极佳的旅游发展环境和氛围，不仅应当加强与该红井小镇内的各旅游项目的互动联系，凸显自身的优势与特色，力争成为红井小镇内的重点区域或项目，还应当注意与红井小镇附近旅游点联动，共同发展，一起进步，成为全国红色旅游的品牌项目。

（3）主题体验。以"红井文化"为主题，设计开发系列文化体验项目。城市—乡村，山上—山下用不同的方式，从不同的角度、不同的环节，让游客体验到新奇感受。改善游客对瑞金红色文化旅游的印象与看法，为游客创造出一个崭新的瑞金红色旅游新形象。

**2. 发展策略**

（1）政府主导。政府通过政策导向、投资导向以及宏观调控和综合协调，在小镇产业发展的主要环节上进行引导和推动。

（2）资源整合。构建多层次红色旅游产品，寓教于乐，让革命历史与瑞金人文风情、精神传承等结合起来，更加深刻地体会红色人文历史。

（3）互促发展。通过打造全新的复合型红色文化旅游目的地，带动全市产业转型升级和立体发展。

（4）红色富民。发挥市场作用创新体制，充分吸纳广大人民群众参与，积极增加劳动就业机会，带动区内农民致富。

**3. 模式选择**

通过对浙江、湖南、贵州等地的旅游小镇进行统计研究，根据旅游产业在旅游小镇中的产业地位，确定旅游小镇发展三大模式："旅游聚焦"模式、"旅游+"产业模式、"产业+"旅游模式。结合红井小镇产业特色与资源禀赋，选择"旅游+"产业发展模式，助推小镇的红色文化产业的迅猛发展。

（1）模式一：旅游聚焦模式。

产业特征：旅游业是小镇的核心产业，是小镇经济发展的核心主动力。

功能特点：国内传统古镇、第一批旅游小镇大多属于此类，观光、休闲、旅游接待服务功能发展较早，也是此模式下小镇的主体功能，随着小镇建设升级，体验、商业、养生、度假等功能逐渐丰富。

开发模式：主体模式是政府与企业合作成立旅游开发公司共同开发，政府直接开发管理模式与企业自主开发运营模式相对较少，前者如汤口小镇、后者如乌镇。

盈利模式："门票+旅游经营性收入"为主，门票大多在百元以上。

适配条件：旅游资源（含可用于旅游开发的自然、人文资源）富集或旅游区位优势明显的区域。

（2）模式二："旅游+"产业模式。

产业特征：旅游业是小镇的主导产业，在其带动促进作用下，健康产业、旅游地产、文创产业等其他相关产业蓬勃发展。

功能特点：其初级的观光功能相对较弱，休闲、体验、商业、养生、度假、文创、商务等功能绽放亮点并成为核心吸引点。

开发模式：企业自主开发运营模式占绝对主体。

盈利模式："旅游收入+产业收入"，其中旅游收入大多以"门票+旅游经营性收入"为主，总体占比仍然较高。

适配条件：适用于旅游基础条件较好或市场消费能力较强的区域。

（3）模式三："产业+"旅游模式。

产业特征：旅游业是小镇的特色引领产业，依托小镇的核心产业，如食品工业、制造业、文创产业、艺术产业等发展并受其影响较大，旅游业既是核心产业的衍生产业也是其品牌推广宣传的载体与窗口。

功能特点：与核心产业相关的"体验、文创、科普、购物、休闲、演艺"功能为主体，兼有观光、商务等功能。

开发模式：企业自主开发运营模式占绝对主体。

盈利模式：其他产业收益占主体，旅游收入相对较弱，旅游收入以"大门票/小门票+旅游经营性收入"为主。

适配条件：品牌产业、工艺技艺、艺术文化等资源优势明显且具有较强的旅游转化、延展能力的区域。

特色小镇"旅游+"产业发展模式的典型代表——彝人古镇。古建筑为平台、彝族文化为"灵魂"，旅游文化与商业住宅相结合，成为新旅游小镇开发的典范。

小镇概况：位于云南省楚雄市经济技术开发区。

规模体量：总占地约3161亩，总建筑面积150万平方米，总投资32亿元。

总体定位：大众消费型民俗旅游商业街区，昆明的后花园、"滇西旅游黄金线"上的第一站。

项目特色：以古建筑为平台、彝族文化为"灵魂"，集商业、居住和文化旅游于一体的大型文化旅游地产项目。

市场定位：中端团体休闲度假、旅游观光游客。

旅游收益：自2006年开街以来，旅游人数和收入直线增长。

彝族文化与商业有机融合形成特色吸引力，配套商业业态建设随之上马，旅游商业驱动片区开发，商业配套占比近70%。

### 情景化、商业化、活动化体验

| 体验类型 | 具体内容 |
|---|---|
| 建筑景观 | 建筑立面、街巷景观、文化小品等 |
| 特色餐饮 | 彝家豆花、彝家豆腐、彝家腊肉、粉蒸羊肉、彝家羊汤锅 |
| 特色购物 | 彝族漆器、彝族特色工艺品 |
| 休闲娱乐 | 彝族特色酒吧+彝族表演 |
| 文化体验 | 彝族街头对歌、牌坊迎客 |
| 手工体验 | 彝族服饰制作、饰品制作 |
| 竞技竞赛 | 太阳女选拔大赛、民俗体育竞技表演 |
| 乡间文艺 | 彝乡恋歌、彝族歌舞、婚俗表演、百人对山歌 |
| 节庆活动 | 火把节、祭火大典、千人彝乡宴 |

#### 4. 总体定位

通过沙洲坝红井小镇的建设，构建以红色旅游为支撑的综合体系，进一步提升旅游品质，完善全国爱国主义教育基地的功能；将其打造成为集红色传承、乡村休闲、体验拓展、教育培训、红色文创于一体的瑞金城市旅游新区、全域旅游引导区，知名的国家级红色文化特色小镇。

#### 5. 产业发展

红色思源培训产业——以"共和国摇篮"AAAAA级景区、瑞金干部学院、苏区大学城、沙洲坝镇全域为载体，"一二三产业联动"体验式培训。已立项或建设了一大批产业项目，如沙洲坝红色景区提升工程、中央军委旧址景观改造提升工程、生态农业园、苏区大学城等。

国防工业材料及深加工、红色旅游食品、红色现代轻纺纪念品等工业发展势头良好。截至2017年，全镇有工业企业190家。初步形成了以得邦照明、安讯实业、金字电线、金富电力、红都水产、大健康饮料加工、中藻生物、好莱克纺织、金瑞发制品等为代表的企业集群。

洁源村作为沙洲坝镇新农村建设的新典范，取得了显著成效，荣获"江西省十大秀美新农村"荣誉称号。红井小镇未来可发展现代都市观光休闲农业业态，开发农耕体验旅游产品，体验红军自力更生大生产及从群众中来到群众中去的"思源"本质。

沙洲坝红井小镇的产业以文化为主线，充分融合以"思源"为主体的红色文化、以秀美客家乡村风情为特色的民俗文化，在历史文化创意产业的基础上，展现大田园与小市井的空间氛围，逐步构建形成"一个主导、三个支撑、三个辅助"的"133"产业体系。

（1）一个主导产业——教育培训产业。产业的发展以弘扬"思源"文化为主旨，围绕党员干部培训，做大做强教育培训产业。学习和借鉴以井冈山为代表的、以红色题材为核心的教育培训产业体系，逐步带动红井小镇乃至瑞金的红色旅游及商贸餐饮，形成瑞金新的经济增长极，打造全国知名的党员干部培训示范基地。

（2）三大支持产业。一是文化旅游产业：充分利用瑞金的自然风光及项目区域内历史和红色文化等特色，通过红井印象、客家红村等极具瑞金特色的小镇建筑，建立完整的历史、红色文化和休闲度假相结合的旅游系统，打造自然生态与历史人文景观融为一体的国家研学旅游示范基地。二是会议展览产业：举办以苏区创新、协调、绿色、开放、共享发展为主要内容的学术论坛，以"思源"文化引领推动各项事业发展；提高瑞金的知名度，打造以"思源"文化为主题的旅游品牌；积极探索巩固和深化苏区经济社会发展的方法和举措。三是文化创意产业：积极运用大数据、云计算等新技术，发展动漫、数字出版等新的表现形式。从对"思源"文化低附加值的传统开发模式，转向生产高附加值的产品。

（3）三大支撑产业。一是现代休闲农业：在洁源村游客可从各方向直接进入观赏区内部，与荷花亲密接触；增设凉亭、花架等设施，既可独立成景，又可为游客提供休憩观景场所；另外可利用荷花塘自产自销，为游客提供新鲜的莲子、莲藕、菱角、荷叶等农产品，还可组织游客开展采莲蓬、挖莲藕等体验活动，增加游客参与性。二是大健康产业：以健康颐养为方向，在洁源村建设以 20 世纪 60 年代出生、即将年满 60 岁及 60 岁以上的人群为主要对象的"60 公社"，其主要功能定位为健康养老、田园养生、会议休闲、养生度假。三是社会服务产业：以通信服务和信息服务为主体的基础服务为产业的快速发展提供平台；以金融、电子商务、农业支撑为代表的生产和市场服务为小镇产业的发展提供支撑；以完善的住宿、餐饮、旅游、商贸等个人消费服务为小镇居民提供便利；以健全的教育、医疗、卫生、公益信息服务等公共服务为小镇的持续发展提供保障。

（4）产业升级。强调"产业、文化、旅游、社区"功能叠加，做大做强教育培训、文化旅游、会议展示等产业，延伸产业链、提升价值链，促进产业跨界融合发展，提升红井小镇产业竞争力，促进历史经典产业与相关产业融合发展，推动特色小镇产城融合发展，为经济转型升级注入新动力。

要持续抓龙头、铸链条、建集群，推动主导产业高端化、特色产业集群化、新兴产业规模化和服务业特色化，促进产业迈向中高端，构建三产为主、一产二产为辅、深度融合的现代产业体系，打造瑞金产业升级版。全面构建"产业+创业"和"产业+孵化"生态体系，形成特色鲜明的产业形态，打造适合红井小镇发展的产业体系，完善配套服务，实现要素聚集，增强城市体系功能，构建和谐宜居的美丽环境，助推红井小镇新型城镇化建设，引领瑞金红色旅游大发展。

（5）双创平台。一是组建投融资平台，在获得瑞金、赣州市特色小镇资金支持的基础上，结合发行债券、融资租赁、PPP、资产证券化、收益信托等创新投融资模式，鼓励金融资金、社会资金、企业资金共同参与基础设施建设；搭建红井小镇投融资平台，积极牵线搭桥、培育引导、协调帮助，解决特色小镇的投融资问题。二是构建运营服务体系，借助电子商务平台提供的网络设施、支付平台、安全平台、管理平台等共享资源，加快推进行政商务、科技创新、人力资源、科技金融、市场推广、智慧园区等服务平台的搭建。健全小镇企业项目运营服务平台体系，将小镇项目运营公共服务延伸到乡镇（街道）、企业及产业聚集区，为红井小镇的运营提供支撑。三是完善"政策设计与项目申报"的服务体系。营造更好的创新创业发展空间，需要对租金补贴、税收返还、购房补贴、专利奖励、人才奖励、服务平台等方面政策进行完善。积极引导、支持社会多元参与，为小镇企业的创立、生存和发展提供多层次、多渠道、多功能、全方位服务的公共服务体系。同时应针对企业提供扶持资金申报渠道及相关政策指南，使企业了解项目扶持的政策方向，掌握申报程序，真正做到想企业所想，想企业未想。

6. 发展目标

（1）塑造瑞金全域旅游新天地。规划建设初期，提升核心景点吸引力，发展城市夜游，成为瑞金全域旅游核心引导区与城市旅游新区。

（2）打造江西文化旅游新王牌。项目建设及运营期，面向全省强化红井小镇主题形象，成为江西红色文化旅游转型升级与特色小镇创建的示范项目。

（3）建设国家红色旅游研学基地。构建宜居宜业宜游的产业发展体系，以红色传承、生态度假、文化创意、乡村休闲为特色，建设全国红色小镇的"红井样本"。

（4）红井小镇规划期内各项经济指标。

1）项目投资：近期 5.5 亿元，中远期 20.5 亿元，合计 26 亿元。

2）游客接待：近期 1000 万人次，中远期 8000 万人次，合计 9000 万人次。

3）综合收入：近期 25 亿元，中远期 240 亿元，合计 245 亿元。

4）就业人数：近期 5000 个，中远期 15000 个，合计 20000 个。

7. 空间布局

（1）布局原则。立足现实，统筹协调整体与局部；因地制宜，产业发展与环境和谐；整合资源，坚持相对集中与分散相结合；分步实施，坚持轻重与缓急相协调。

（2）布局规划。结合红井小镇战略定位和发展思路，根据沙洲坝红井小镇的产业特点，对小镇的产业、科技和休闲功能在区域上进行科学布局和规划建设，科学选择优势产业，合理设置休闲娱乐项目和景观营造，以地形为基础、道路为裙带、功能区为枢纽，把各产业重点项目落实到点上，依形就势，布局结构清晰流畅，形成一个有机的整体。使规划区形成一带联通、三区共举的格局。

一带：七堡河滨水景观带连接红井小镇的城区与乡村两大部分。

三区：红色文化体验区、红色主题居住区、秀美乡村休闲区。

# 四、项目策划

红井小镇项目体系：红色景区——红井、"二苏大"旧址、军博园；红色街区——客家红街；红色园区——红井文创、红井传奇；红色社区——红色文化主题居住社区；红色廊道——走向胜利、水韵七堡；红色乡村——红色客村。

红井小镇项目层级：一是核心项目：苏区印象、红色客村、客家红街；二是支撑项目：客家红街、红井传奇、红井文创；三是配套项目：红色社区、走向胜利、水韵七堡。

1. 核心项目

（1）核心项目——苏区印象。

1）项目位置：红井、"二苏大"旧址、军博园等景区。

2）规划思路：以红井、"二苏大"旧址、军博园等景区作为红井小镇的核心景区，并将其整合成为"苏区印象"这一大型的红色旅游综合体。依据正在规划编制的《瑞金市红色景区提升规划》具体要求，逐步提升各景区的红色旅游游览项目与服务设施。以红井景区为核心，提升旅游停车场的接待能力。未来作为红井小镇的旅游集散中心，旅游团大巴车和游客自驾车辆将在此统一停放，然后通过电瓶车和旅游公交与其他景区实现旅游互联。

①红井景区：将红井景区建设成为红色文化体验教育基地。主要建设思路：以红井为核心吸引物，依托景区内众多苏区部委旧址及田园风光带，以青少年红色教育、苏区历史再现为宗旨，在景区现状基础上，创新旧址陈展形式，植入休闲体验业态，增加田园休闲产品，打造以红色文化体验教育为主题的红色旅游休闲区。为此：一要讲好红井故事。红色旅游红色是基调，文化是灵魂，旅游是载体。红井景区承载着启迪人们爱国情怀的历史使命与责任。作为红井小镇的核心景点，应将毛主席带领沙洲坝人民开挖红井的事迹全面梳理出来，运用红色主题演绎的方式，将红井故事生动地展示在游客面前，这样更加具有观赏性与视觉冲击感，便于将吃水不忘挖井人的"红色思源文化"淋漓尽致地传达给旅游者。二要开展红色思源文化培训。基于瑞金在我国革命史和中华人民共和国建国史上有着里程碑式的地位，以瑞金干部学院为依托，整合红色资源、生态田园，以资源共享、功能互补、产学研一体化的发展理念，采用红色传统教育、现代体验式教育相结合的创新发展模式，面向全国党政干部、专业技术人员、军队院校干部、高等院校学生等，打造红色传承、教学科研、培训交流以及职业教育于一体的苏区红色研学教育示范基地、红色研学旅游新领地。将其建设成为苏区红色研学教育核心区、党建党性教育基地。

②"二苏大"旧址景区。将"二苏大"旧址建设成为红色革命文艺体验基地。主

要建设思路："二苏大"旧址景区以革命文艺为主线，通过苏区革命文化历史的挖掘，革命文艺作品的整理和创新创作，打造集剧场演艺、红色摄影、节庆活动、露天电影等多种体验活动于一体的红色革命文艺体验地、苏区红色旅游创新传承示范点、革命文艺作品创作和输出中心、全国首批文物保护利用示范项目。为此：一要发扬瑞金红色客家山歌文化。苏区时期推行了红红火火的苏区戏剧运动。苏区戏剧取革命题材，用瑞金民间音乐，俗称"旧瓶装新酒"，苏区戏剧对今后我国戏剧的发展起到探索、实践和启示作用，有力地支援了革命战争。现瑞金主要戏曲为赣南采茶戏。在革命战争年代，瑞金苏区军民以山歌、民歌、民谣等形式赞美工农红军、讴歌红色政权、鼓舞军民斗志，呈现出"红色歌谣千千万，一人唱过万人传"的动人景象，对推动革命发展产生了积极深远的影响。大型赣南采茶歌舞剧《八子参军》在中共中央宣传部主办的"为祖国放歌"第十二届精神文明建设"五个一工程"颁奖晚会中荣获"五个一工程"奖。该剧目是由当年瑞金沙洲坝下肖农民杨荣显送八个儿子参加红军，并全部壮烈牺牲的真实故事改编而成。二要建设"二苏大"旧址景区之"山野牧歌"。项目位置：诗山梅园至瑞金中学处。建设目标：红色客家山歌体验区。建设思路：项目位于诗山梅园至瑞金中学处，延续"二苏大"旧址景区以革命文艺为主线，构建一条居民健身与游客游览的文化景观步道。将瑞金红色山歌与主题景观融入步道建设中。游客踏着纯美的客家山歌节奏，身心沉浸于那段红色激情燃烧的岁月。

③军博园景区。将军博园建设成为红色军事文化体验基地。主要建设思路：依托于"中革军委"旧址群，结合区域内山体资源，以红色军事文化为主题，植入休闲体验项目，包括军旅体验区、军事博览园、军事历史文化游园等。以国家 AAAAA 级景区标准，提升景区旅游服务设施，打造国内知名红色军事文化休闲区。为此，要展现峥嵘岁月。红井小镇有着其他红色旅游目的地共有的弱点，那就是旅游产品老旧，形式不新颖，体验性差等。除名山大川或景点自身有着十足的奇特性外，观光旅游已经无法满足现代游客的需求。利用VR、全息投影等现代科技，将军用武器装备以模拟动画的形式投入使用，让军博园内的陈列品"活"起来，让游客"拿得起"、"用得上"，增强旅游产品的参与性、体验性，情景再现当年的战争场面。使游客切身体会战争的残酷，寓教于乐，忆苦思甜，缅怀革命先辈，珍惜当下生活。

（2）核心项目——红色客村。

1）项目位置：以洁源村为中心，串联群峰独石子、河坑古寺、七堡古寨等景点。

2）发展目标：江西省 AAAAA 级乡村旅游点，省级乡村旅游度假区。

3）规划思路：近期：提升洁源村景观风貌与文化意境，丰富田园休闲项目；以洁源村为中心，串联群峰独石子、河坑古寺、七堡古寨等景点，构建一条内容丰富、配套完善的乡村旅游环线。中远期：拓展景区发展空间，丰富乡村休闲与生态度假产品，将其打造成为一处大型生态旅游与乡村旅游相结合的旅游度假区，并使其成为瑞金西部的乡村旅游服务中心、集散中心、体验中心。

①品中华孝道：依托洁源村善美的孝道文化传统，利用现有的游览步道，通过引

入客家千年的忠孝文化元素，以文化景观小品和优秀人物展示等方式，让游客感受到洁源村淳朴的民风与和美的民俗。

②游红色客村：依托洁源村现有的乡村田园景观与红色文化景点，完善相关游览服务设施，增设红色文化景观与体验项目。将其打造成为一个独具瑞金与赣南特色的客家红色文化旅游村。

③感父母之恩：孝道是我国传统社会十分重要的道德规范，也是中华民族尊奉的传统美德。在传统道德规范中，孝道具有特殊的地位和作用，是我国优秀传统文化。孝与感恩是中华民族传统美德的基本元素，是国人品德形成的基础。是一个由个体到整体，修身、齐家、治国、平天下不断延展攀高的多元文化体系，与"思源文化"相通。洁源村孝文化厚重，每年定期举办感恩父母活动，让小朋友身穿汉服，举行隆重仪式，包括向父母鞠躬、敬茶，为父母洗脚等环节，启迪孩子们感恩父母之心，传承孝道传统美德。

④增亲子情感：亲子休闲游客是大部分休闲农业园的主要客源群。依托洁源村周边大面积耕地及乡村田园景观，规划建设以森林娱乐为主题的亲子乐园及快乐农场，对接瑞金市广大的周末亲子休闲旅游市场。致力于构建户外生态型寓教于乐的家庭休闲中心，打造城市家庭亲子一站式"轻度假"目的地。同时让少年儿童体验农事劳动，设身处地感受"锄禾日当午，汗滴禾下土"的场景，忆苦思甜，更深层次理解"谁知盘中餐，粒粒皆辛苦"的含义，培养少年儿童节约粮食的美好品德。未来将成为瑞金市首个集生态、娱乐、教育于一体的全年龄层皆可参与游玩的户外亲子乐园。

⑤习农耕技艺：依托区内的农业基地与特色村，向游客展示传承千年的客家农耕技艺。

⑥赏四季百花：在区内大面积种植有经济与景观价值的农作物，打造特色的赏花经济。

⑦尝生态果蔬：以农业园与种植基地模式，发展系列的生态果蔬经济，实现旅游富民。

⑧耕洁源农场：苏区时期，红军为突破敌人的封锁，保障基本生活需求，自给自足，开展了轰轰烈烈的生产活动。利用洁源村附近空闲耕地，发展体验农业，打造"洁源农场"。游客身穿苏区红军服装，体验红军生活，包括下地务农、军事训练、吃红军饭等项目，打造"做一天红军人、吃一顿红军饭、上一堂红军课"的"三个一工程"，让游客真实感受红军从群众中来、到群众中去的工作方法，体验红军自力更生大生产的"思源"本质。

⑨玩山地运动：利用基地离城近与环境优的特点，开展户外与室内运动休闲拓展项目，使之成为赣南、华南山地运动休闲的"新天地"，满足青年户外运动、家庭自驾游、儿童运动培训等旅游市场的各种运动休闲需求。运动休闲产品因重游率高、消费能力强、项目易更新等特点，适合大面积建设与长远发展。

⑩住归园田居：基于场地环境与区位优势，为广大高端游客打造一处"离尘，不

离城"，世外桃源般的度假空间与城郊"第二居所"。作为一处旅游景观地产项目，力推一种新的旅居模式。每位住客都可承租一块农地，自主选择种植内容。景区将为住户提供本地自产原生态健康的农产品。每户度假别院都设有独立的院落，展现每一个住户的生活品位。利用村前农田和山林地开展都市田园项目，游客可以认购土地，成为一个小农场的"农场主"，在自己农场里开垦土地、种植各种蔬菜和水果，可以采摘和做饭。景区会配备专业的人士给不懂农事的游客进行指导。在都市田园里，城市白领在都市生活之外可以找到一块心灵的栖息地。

⑪凝团队向心力：良好的团队精神和积极进取的人生态度，是现代企业要求员工应具备的基本素质，素质拓展是实现这一目的的有效途径。随着企业越发重视团队的建设，户外素质拓展及企业培训市场日益递增，经济前景大好。红色精神是一种拼搏进取的精神，思源文化是一种感恩文化，这两者都是当今企业渴求员工具备的品质。红井小镇积极对接培训市场，在洁源村规划区内打造素质拓展基地。同时完善的配套设施，如已投入使用的阳光餐厅、交通设施等，增强了开展"红色思源文化培训"的可行性。

2. 支撑项目——客家红街

街区概况：街道长约1000米，位于红井景区与"二苏大"旧址景区之间，包括沙洲坝镇政府、瑞金一中等公共场所，街道两侧基本上为3~5层民房，共84户。沙九路（红井至"二苏大"旧址段）数次进行外立面改造，但街区的业态、交通、景观、运营等问题尚未解决，单纯外立面的改造，无法有效解决街道整体景观风貌差、游客体验差等问题。

发展目标：以文化为灵魂，将红色文化、旅游休闲和时尚消费相融合，致力于建成国内首个红色客家文化旅游风情街。

建设思路：风貌改造，修复区域内整体的建筑风貌，凸显瑞金红色客家文化的主题与历史文脉，培养浓郁的苏区客家文化街区的气质。对道路绿化进行优化，全面提升街道景观。对风情街两侧的民居外立面按照赣南客家民居风貌进行改造，体现瑞金千年客家文化内涵。交通优化，综合考虑周边交通，对街区交通动线进行合理规划，禁止机动车驶入街区，车辆在街道外围通行，打造一条纯正的主题文化街区和瑞金夜游特色街区。业态培育，对于瑞金客家文化形态进行深入挖掘，引入适应居民与游客休闲的消费业态，将街区由现在单一生活型商业转变为宜居宜游、居游共享的休闲体验商业，打造成高品质的瑞金客家文化与红色文化体验旅游街区。

（1）支撑项目——红井传奇。

1）项目位置：军博园附近的540亩城市景观用地处。

2）发展目标：红色军事文化综合型主题乐园。

3）规划思路：本项目将实现瑞金红色旅游从简单的游览向休闲体验转变。以体验性及参与性极强的红色文化主题公园，吸引青少年游客对红色瑞金的关注，实现红色旅游由观赏型向体验型、休闲型的转变。使之成为国内党史军史教育、革命传统教育、国防教育、青少年素质教育、爱国主义教育和党员先进性教育的最生动、互动型的课堂。

突破传统红色文化旅游简单的游览形式，以瑞金红井文化为主题，并延展至长征文化；通过科技体验项目与主题游乐设备向广大游客展示长征途中，英雄的红军"血战湘江，四渡赤水，巧渡金沙江，强渡大渡河，飞夺泸定桥，鏖战独树镇，勇克包座，转战乌蒙山，击退上百万穷凶极恶的追兵阻敌，征服空气稀薄的冰山雪岭，穿越渺无人烟的沼泽草地"等惊险与刺激的场景。例如，红色主题 VR 互动体验、特色游乐设施惊险体验、创意红色主题景观小品。

（2）支撑项目——红井文创。

1）项目位置：胜利大道毗邻军博园的对面。

2）发展目标：红色文化创意产业园区，全国红色旅游经典景区。

3）规划思路：依托"苏区振兴"政策优势与毗邻国家级经济技术开发区的区位优势，立足传承地域红色旅游文化精髓，以时尚化、创意化、科技化的手段，打造红色为魂、商业为体，集文化体验、休闲娱乐、会议度假、特色旅游商品研发与制造功能于一体的红色文化创意产业园。建成后成为全国红色旅游经典景区，共和国摇篮景区的重要组成部分，全国革命传统教育基地和爱国主义教育基地，国家干部培训的现场教学基地。

①举办会议会展。通过举办大型的红色文化主题会议或者会展活动，凸显红井小镇在全国红色文化产业界地位，将其打造成为设施完备、服务完善、主题鲜明的综合型会议会展基地。

②开发创意商品。发展独具瑞金以及赣南客家特色的红色文化主题的礼品、纪念品、手工艺品，开展手工制作、民间艺人表演等。

③开辟创客空间。通过优惠的政策和风险投资与产业培育，为各类原创中小型工作室如新媒体录播间、VR 实验室等，提供大型高新技术设备和实验室的租赁使用服务，打造瑞金红色文化 IP 的聚集区。

④建立实训基地。红井文创项目落成后，可提供诸多就业岗位。同时开展培训工作，将技能传授给学员，必然带来一股"大众创新、万众创业"的新高潮。红井文创实现内部造血，学员可留在文创园继续发展，为文创园提供新生力量，同时文创园也为学员提供平台，形成良性互动循环发展。国家级经济技术开发区有一大批知名企业，可为广大高校学生提供实习岗位与设施，开展专业技能培训业务。充分发挥红井小镇的培训功能。

3. 配套项目

（1）水韵七堡。

1）项目位置：七堡河。

2）规划思路：七堡河连接着红井小镇的城区与乡村两大部分，将成为红井小镇重要的景观游憩通道。结合七堡河滨水景观廊道建设，修建功能多样的休闲绿道与亲水游步道，将红色文化主题的景观小品、游憩设施、绿道驿站等配套项目穿插其中，满足游客与市民亲水休闲、文化体验、景观游赏、康体健身等方面需求。

①开拓滨水休闲。选择七堡河浅水区域，在夏季建设一系列滨水休闲与运动项目，如水上棋牌、水上茶吧、水上秋千等趣味性与参与度强的项目。游客在避暑时，又能体验形式多样的水上运动休闲活动。

②开展景观游赏。沿七堡河两岸在游览步道的基础上，加载红色文化景观小品，使外地游客与当地居民在游览时，得到红色文化的熏陶与洗礼。

③建设生态绿道。利用七堡河秀美的滨水景观和沿岸特色的农业景观，发展外地游客与当地居民共享的自行车健康骑行。完善相关的休憩驿站与景观节点的建设。

（2）走向胜利。

1）长征——从胜利走向胜利。纪念红军长征胜利80周年大会于2016年10月21日上午10时在人民大会堂举行。中共中央总书记、国家主席、中央军委主席习近平出席大会并发表重要讲话，指出"伟大长征精神，成为鼓舞和激励中国人民不断攻坚克难、从胜利走向胜利的强大精神动力"。

①项目位置：胜利大道。

②规划思路：胜利大道是联系厦蓉高速公路与瑞金城区的主干道，是外部游客进入瑞金城区的旅游主通道，是外部游客进入红井小镇第一站。特色的文化景观的营造，将为进入红井小镇的游客进行印象强化、氛围引导。长征精神是中国红色革命从胜利走向胜利的精神动力。通过在胜利大道中间绿化隔离带中加载特色的长征文化主题景观，凸显瑞金作为红军长征出发地的历史文化地位。

2）瑞金——红军长征决策出发地。1934年10月10日，中央红军从这里出发，开始了伟大的二万五千里长征。瑞金为长征胜利及中国革命作出了巨大贡献。当年24万人口的瑞金，为革命牺牲的烈士超过5万多人，其中1.08万人牺牲在长征途中，平均每公里就有一个瑞金籍烈士牺牲。

3）中共中央政治局决策旧址。1934年7月~1934年10月，中共中央政治局在此办公，作出了红军主力战略大转移的决定。

4）长征出发第一山·云石山。1934年10月，中央在云石山作出了战略大转移的决定，从云石山出发开始长征，因而云石山被称为"长征第一山"。

5）长征跨越第一桥·武阳桥。武阳桥地处江西省瑞金市武阳镇武阳村，是中央红军战略转移后路过的第一座桥，因此瑞金武阳桥被誉为"长征第一桥"。

（3）红色社区。

1）项目位置：红井小镇范围内的居住社区。

2）规划思路：依托小镇内居民安置小区与成熟居住社区，通过"红色书屋"、"红色讲堂"、"红色党课"等平台，大力开展红色文化建设，使"红色文化"长驻社区。建设一批充满红色文化气息的活动场所，开展各种红色文化活动，从而构建独具红井小镇红色文化特色的人文居住社区。

# 五、市 场 营 销

1. 市场定位

根据红井小镇的项目特征、开发定位及所处区位，结合其未来发展前景，本规划项目的旅游市场定位如下：

（1）总体市场定位：立足于共和国摇篮景区共享客源市场，重点对接赣州、瑞金、抚州、厦门、南昌五大中心城市，吸纳赣闽、辐射长三角与海西经济区等客源市场；形成以城市居民为主导，都市白领、年轻大学生为提升的客源市场结构。

（2）客源类型定位：拟分核心市场、主要市场和潜在市场。

1）核心市场：红色文化市场、乡村体验市场、创意文化市场。

2）主要市场：商务白领度假、家庭旅游、大学生旅游。

3）潜在市场：科普教育市场、旅游摄影市场。

（3）客源地域定位：拟分一级、二级、三级客源市场。

1）一级客源市场：共享共和国摇篮景区客源市场及共和国摇篮景区溢出分流市场。

2）二级客源市场：以赣州、瑞金、抚州、厦门、南昌五城市共同构建的核心客源市场圈，其中以赣州、瑞金为主攻市场。

3）三级客源市场：江西省以及长三角、珠三角、海西经济区等经济区主要城市。

综合红井小镇的地理位置和区位条件，以地理半径来划分区域客源市场虽然具有一定的参考价值，但在实际的营销过程中，更应该多方面考虑飞机、高铁、动车等现代交通工具在缩短时空距离方面的有利因素，制定更大空间跨度的营销方案和策略。

2. 市场预测

根据《瑞金市2016年国民经济和社会发展公报》，全市实现旅游接待量757.8万人次。红井小镇项目边建设边接游，以2017年游客预计接待量占2016年瑞金市游客量的14%，即100万人次计算。

近期（2017~2020年）：由于旅游区处于起步阶段，大部分旅游设施逐步完善，游客人数增长较快，预测整个旅游区年均增速为30%，日接待游客量为1.3万人次。

中远期（2021~2030年）：旅游区基本完善，旅游接待人数继续增长，预测年均增速为40%，日接待游客最大承载量为4.3万人次。

本项目近期游客接待量为1000万人次，中远期游客接待量为8200万人次，规划期内游客总接待量为9200万人次。

红井小镇游客量预测

| 规划期 | 年份 | 游客数量（万人次） |
|---|---|---|
| 近期 | 2017 | 100 |
| | 2018 | 180 |
| | 2019 | 320 |
| | 2020 | 400 |
| | 小计 | 1000 |
| 中远期 | 2021 | 450 |
| | 2022 | 550 |
| | 2023 | 600 |
| | 2024 | 650 |
| | 2025 | 750 |
| | 2026 | 850 |
| | 2027 | 950 |
| | 2028 | 1000 |
| | 2029 | 1100 |
| | 2030 | 1300 |
| | 小计 | 8200 |
| 总计 | | 9200 |

3. 营销理念

（1）个性化营销。即红井小镇要把对游客的关注、游客的个性释放及游客的个性需求的满足推到空前重要的地位，与客源市场逐步建立起一种互动关系，及时地了解市场动向和游客需求，向游客提供一种人性化的旅游产品和服务。例如，可以通过建立消费者个人数据库和信息档案，与消费者保持友好交流的关系。滨水休闲项目可以根据不同游客群体的需求推出不同的娱乐运动项目。借助微博、微信等形式，向全球网友现场直播红色会议、会展等的盛大场面，并与游客保持线上、线下的互动。

（2）情感营销。除要关注游客的需求、个性外，还应充分发掘游客心理和情感上的渴望，通过分析游客的情感和需求，与其建立新型关系。从情感上进行产品的设计和营销推广。并在服务中让游客有所感动，吸引二次消费。结合时下流行的旅游微电影，通过瑞金纯美的客家文化风光的打造，拍摄以红井为主题的微电影，向游客展示旅游区纯美的风景，激情的文化体验。

（3）绿色营销。红井小镇在整个旅游营销推广过程中应充分体现环保意识、生态意识和社会意识，向旅游者提供生态的、无污染的、绿色的旅游产（商）品和服务，引导并满足旅游者有利于环境保护及身心健康的需求，以此来吸引休闲度假游客。通过绿色营销实现生态环境和社会环境的保护及改善，维护整个生态系统的平衡，进而实现区域社会、经济、生态的可持续发展。

（4）联合营销。密切红井小镇与国内知名的红色旅游重点景区（嘉兴南湖、井冈山、遵义、延安、西柏坡等）的联系，整合区域优势资源，形成多个区域联合营销体，对环瑞金经济圈的宏观旅游市场进行大力宣传造势，以造势的"效应"来做足旅游区的客源市场，以此实现区域旅游资源共享、产品差异互补、线路相连、客源互送、相互宣传的目的，形成区域对外宣传合力。

4. 营销措施

（1）广告促销。在中心客源城市的主流报纸、杂志刊登大幅旅游广告，在电视台、电台同步开展营销宣传；在黄金机场各航班机舱、高铁旅游专列及火车站候车接待室、各大银行书报展示架、三星级以上宾馆、商务连锁型酒店等类似场所开展广告宣传；在重点客源城市大型电影院线投放影前立体广告；在高档写字楼及商务办公场所投放平面广告；在厦蓉、昌宁、济广等高速服务接待区、游客中心及各主要客源地火车站、长途汽车站、机场、市民休闲广场、高校集中区，主干道和主要桥梁通道等公共场所制作户外广告，并完善路牌路标；创作拍摄基于红井及该项目本身特色的旅游宣传片，借助电影（含网络微电影）、电视节目及手机流媒体应用（APP）等形式，提高红井小镇的知名度和美誉度。

（2）外联推介。与中心客源城市知名旅行社合作，结合瑞金市已开发的知名景点，推出一日游、二日游旅游精品线路。在南昌、赣州、厦门、福州等重点客源城市举办大型的产品推介会。应积极参加每年省旅发委组织的旅游宣传活动，同时联合其他非直接竞争景区组建营销队伍，在省内和周边重点省份开展联合宣传，壮大声势，扩大知名度和美誉度。红井小镇可根据情况在现有节事活动基础上完善或新举办红井艺术展、红井感恩文化旅游周、洁源客家乡村旅游季等。

（3）搜索营销。通过搜索引擎竞价等付费形式，提高旅游红井小镇关键词排名，扩大品牌知名度；与知名网站如携程网、去哪儿网、同程网、酷讯网等合作，在其网站上设红井小镇旅游网页、开展旅游团购活动、建立交换链接、投入有偿广告；制定详尽的经典旅游线路攻略，并广泛发布，以便在游客搜索时能便捷地获取该攻略，方便决策。

（4）微媒体营销。在新浪、腾讯、搜狐、网易等国内知名门户网站注册"红井小镇"微博账号，利用微博、微信实用方便的信息互动方式，实时分享旅游区的最新资讯、旅游服务与产品，针对最新旅游季节特点，调整旅游微博的线上内容和线下活动，吸引微博用户持续关注。

（5）社交网络。在大型 SNS 互动平台注册自己的旅游主页，利用社交网络的分享和口碑优势，发挥多媒体功能，将旅游产品通过声、像、形等科技手段立体化地在网站上展示出来。还可以在 BBS 的旅游板块上向注册会员发送相关信息，利用节假日举行户外联谊活动，吸引游客参与。

5. 旅游节庆

（1）红井客家山歌季。

1）举办地点：二苏大诗山梅园。

2）举办时间：每年7~8月。

3）活动内容：以文化创意为根基，推出瑞金特色的客家山歌与采茶戏表演项目，并设计一系列注重游客参与体验的文化游乐活动，如彩色跑、红歌赛等项目。

（2）中国红井文化创意节。

1）举办地点：红井文创基地。

2）举办时间：每年12月。

3）活动内容：中国红色文化创意的盛会。重点开展红色创意文化展、瑞金红井文化大讲堂、红色文创设计邀请赛等活动，将其打造成为瑞金知名的旅游节庆。

（3）洁源客家红村嘉年华。

1）举办地点：洁源村。

2）举办时间：每年3~5月。

3）活动内容：乡村摄影季、赣南养生文化论坛、客家农耕竞赛、客家孝道文化展等活动，将其打造成为江西知名的乡村旅游节庆活动。

# 六、专项规划

1. 旅游交通

（1）交通现状。规划地段外部交通相对比较便利，主要依托城市主干道连通瑞金中心城区、沙洲坝镇及外部客源市场。

（2）外部交通规划。红井小镇应加强与周边重要公路及拟建公路连接线的建设，形成最便捷的外部交通通道。旅游区同时应加强外部交通沿线的景观和绿化建设，以及各主要路口三角地带的景观绿化。实施过程中应配合沙洲坝镇整体规划，注意路网与管网配套工程的统一规划、同时施工。

（3）内部交通规划。畅通红井小镇内部主要功能区的道路联系，明晰功能、服务设施导向，以多种方式满足游客在旅游区内部顺利通达，以及同自然生态环境的亲近要求；通过道路的合理设置，尽可能避免旅游活动之间的相互干扰；确保游客安全和旅游活动的趣味；交通设施要与周边环境协调一致、自然融合。根据红井小镇的特点，旅游区内将采用环保旅游车作为主要交通工具，并选取适当节点设置停靠点。

（4）游步道设计。各片区内部通过游步道连接各景点，游步道设计应满足其生态性与文化性相结合的要求。应根据游客容量来确定游步道的宽度，游步道最少应达到1.5米宽；应利用生态材质如青石板、鹅卵石、木头、沙石等来铺设游步道，已经铺设水泥路的游步道，必须进行恰当改造；沿水布设的亲水栈道，以防腐木为主，并设置相应的防护措施。

2. 给水排水

（1）给水工程规划。给水工程设施规划应根据水源条件和用水需求预测，确定水资源综合开发利用的措施和合理分配用水的方案,统筹安排取水点,选择供水方式和管网排放口及处理设施。

区域用水量预测:采用人均综合用水量指标法,规划一期单位人口综合用水量指标定为 0.25 吨/人·日,二期单位人口综合用水量指标定为 0.35 吨/人·日,则规划预测一、二期用水量分别为 3750 吨/日和 10500 吨/日。

管网建设:根据总体规划道路网络及总体布局,规划采用统一的给水系统,即生活用水、生产用水、消防用水等均采用统一的给水管网。为了确保供水的安全性,采用环状与树枝状相结合的供水网络,规划形成 DN250、DN200、DN150 环网供水。为了保证消防时水量水压要求,规划最小的给水管径为 DN150,规划给水管径采用 DN150~DN250。水厂出水采用双管出水,确保供水安全。室外消防栓采用低压制消防栓,沿道路两侧布置,并尽量靠近道路交叉口,间距不超过 120 米。

(2)排水工程规划。

排水现状:区域内排水系统基本完善。

排水体制:规划区域采用雨污分流排水体制。生活污水、生产污水原则上自行处理后,才能排入排水管。

污水量预测:污水量按区域总水量的 80% 计算,则一期、二期污水量分别为 3000 吨/日和 8400 吨/日。

暴雨强度:径流系数为 0.55,汇水面积为 1.2 平方公里。

管网建设:区域排水实行雨污分流、相对集中、分片排放。根据总体规划布局、区域地势以及道路竖向规划,确定排水管网的分布,排水管径 200~300 毫米,排水管原则上采用钢筋混凝土管。

3. 电力电信

(1)电力工程规划。

规划原则及标准:坚持"电力先行,适度超前",本规划区电力规划与上一级电力规划相适应的原则;供电电源接受外区送电。

输变电工程:简化电压等级、减少变压层次、简化变电站电气接线。采用中压深入负荷中心的供电方式。

用电预测:采用人均综合用电量预测红井小镇用电负荷及用电量。根据国家有关规范用电指标及区域现状用电情况和发展预测:一期取人均综合用电指标为 2000 千瓦时/人·天,二期取人均综合用电指标为 2500 千瓦时/人·天,则预测一、二期用电量分别为 3000 万千瓦时和 7500 万千瓦时。根据规划期内用电量预测,在红井小镇需要增设一座 35 千伏变电站。

(2)电信工程规划。一般客房电话接通电话分机、度假住宿用户按 1.5 部/户,其他公共建筑以建筑面积为单位按 200 平方米/部电话的综合配置。在人流较为密集区域实现 Wi-Fi 全覆盖。

4. 环卫设施

(1)旅游厕所。旅游区内游览线路上原则上每隔半小时的步行路程需建设水冲式旅游厕所一座，主要游览区、旅游综合服务区等游客密集的区域可适当增设旅游厕所。旅游区内旅游厕所均按照《旅游厕所建设管理指南》建设，A级以上的旅游厕比例达80%。游客中心和主要游览区建设AAA级旅游厕所。各农（渔）家乐接待点依据接待规模确立卫生间的大小，做到男女卫生间分设。厕所位置相对隐蔽，建筑风格古朴自然，外立面色彩与周边环境相协调，建筑的用材尽量采取竹木等可再生环保材料或仿生态材料，内部装修体现文化氛围。

（2）垃圾处理。①垃圾箱设置：旅游区内主要游览线每隔150米设置一个垃圾箱，游客密集处每隔100米设置一个垃圾箱。垃圾箱设计体现水文化特色，用防腐原木或仿生态材料制作，美观实用，防雨阻燃。垃圾箱应为半封闭式，按照可回收和不可回收分类设置，标识符号使用正确。②垃圾清扫：旅游区内设立环境卫生机构，组建一支环境卫生清扫工人队伍，实行垃圾跟踪清扫，日产日清。③垃圾处理：对有机垃圾和无机垃圾进行分类处理，有机垃圾进行回收再利用，无机垃圾统一运送到垃圾处理厂集中处理，杜绝乱堆放、就地焚烧或掩埋现象。建立游览区内"垃圾收集站—垃圾转运站"二级环境卫生收集处理系统，其中垃圾收集站服务半径不超过1.5公里，每个旅游功能区设置一处垃圾转运站。

5. 景观绿化

（1）滨水景观。以旅游开发为目的的水域岸线规划，绿化设计上在满足其主要功能的同时，还要凸显游憩功能的要求，如满足游客观赏、活动和安静休息的需要。绿化设计可弱化岸线的硬质界面，柔和游客的观景视线。增加水域靠公路两旁植被覆盖率，适合种植高大乔木（如梧桐、合欢、国槐、榕树等），以提供遮阴和减少热辐射。沿岸植物种植要有适宜的间距、密度和高度，一方面考虑到植物生长发育需要，另一方面保证合适的风景通透线，使旅游者的观景视线不被阻挡。随着建筑位置退后，高度渐次增高，越接近水域区域，建筑高度越低，保证高层建筑与水岸线有适当的距离，目的是提供观赏水景的条件。为保证景观的通透性和层次性，水域岸线的建筑群体布局不宜过于密集，在维持现有建筑情况下，保证不再新建扩建。

（2）植被景观。水域植物景观设计实施过程中需要把灌木、乔灌木、乔木、水生植物、地被结合起来，采取湿地景观营造模式，按照岛状模块建设，突出整体景观效果。湿生植物采取麦冬—垂柳、丝兰—水杉、金叶女贞—水杉、垂柳—扁竹根搭配，最终形成景物相互嵌套的模式。植物景观营造过程中须坚持一定的策略和方法，如采取引进、驯化、繁殖的方式对植物种类进行优化，保证滨水植物的观赏价值。滨水植物景观构建过程中应该重点设计水生植物，要加强对乡土滨水植物的应用研究，主要对植物种类、耐水温能力、生长习性、适宜栽植季节等方面进行分析研究，结合当地实际和设计需求，真正体现滨水植物的应用价值。

（3）道路景观。在路外景观呈现出大面积良好的路段，如沿河分布的路段取消乔木种植，削弱路侧绿化在视觉上的切割感，使视线通透开敞，将周边景观元素引进公路，使公路成为欣赏沿途优美风景走廊图。对沿途的不雅景观或容易造成心理恐惧的高填方路段路侧以植物造景屏蔽,让行车者忽略路侧的不良景观,减少烦躁和恐慌感。在急弯道外侧,线性种植成排乔木,强化公路曲线线型,对行车施以向心方向的诱导,从心理上给司机向心力,保障行车安全。

6. 智慧小镇

跨界、融合、整合已成为当前中国休闲度假产业的发展大势。智慧旅游已成为一种新的旅游整合方式、管理方式、服务方式和销售方式。大数据、移动终端 App、Wi-Fi 全覆盖等是红井小镇智慧旅游的建设过程。对高端旅游目的地来说,智慧旅游也力求实现其游客随时随地获取全过程、个性化的服务,增强游客的感受,并通过宽带移动网络实现任何地点任何人可以共享旅游感受的超凡体验,给红井小镇高端度假旅游锦上添花。

(1)智慧管理。包括办公自动化,指挥调度、安全管理、风险预警、投诉处理、船票管理、财务管理等。通过汇集各交通道口的车流量信息、红井小镇的游客量信息以及湖区游船(艇)的运力情况信息,经由游客动态监测系统的分析,制定出有效的疏导方案,并把相关引导信息通过 LCD/LED 屏、手机、互动信息屏、数字电视等渠道发布告知游客,实现疏导和指挥。

(2)智慧营销。包括市场预测、数据分析、节事活动,主题营销、网络产品展示及网上预订等。

(3)智慧服务。包括交通、气候、水文、加油、用餐信息咨询等旅游公共服务,以及游客互动、自助消费、定制化旅游、个性化与特色化服务等。网络覆盖区域以游客集聚的码头、咨询中心、广场、景点、酒店、休闲游船、餐馆、茶楼以及乡村旅游特色村、自驾骑行营地等场所为主。

# 七、项目运营

1. 运营模式

项目运营模式包括:①政府—引导。顶层设计、制度建设、执法治理;进行产业培育、创造制度环境、建设基础设施、提供公共服务。②市场—运作。决定性作用、市场配置资源。③企业—主体。特色小镇的主角。寻找市场机会、进行资源整合、发挥自身优势。④社会—参与。参与/监督,共同参与、实时监督,结合旅游区开发现状及当地政府对景区开发和运营的思路,旅游区适宜借鉴合作经营的管理运营模式,即由政府与开发商、专业公司以及当地居民共同合作,以股份制的形式,多方共同运营推进,收益按比例进行分成。

(1)政府职能。组建红井小镇管委会,强化其旅游管理职能,重点包括资源保护、规划建设、行业协调三大职能。实施综合管理的新体制,研究和协调解决旅游区发展的战略、规划、政策等重大问题;并在此基础上组建旅游专家咨询委员会。此外,制定与实施《红井小镇旅游开发管理办法》，使其旅游开发有章可循，最终实现可持续发展。

（2）企业行为。项目开发初期，难以引入大型旅游开发集团。可采取以婺源、凤凰等旅游区开发模式为代表的企业股份制。即共同组建旅游开发公司，负责红井小镇的开发建设工作、市场营销和日常运营等。规划中远期，红井小镇发展基本成熟后，借鉴以乌镇为代表的持续提升的合作经营模式，引入国内外知名旅游企业（如深圳华侨城、港中旅、中青旅、大连万达等）与当地政府共同参与旅游开发。旅游企业主要参与景区投资大、建设周期长、品质要求高的重点旅游项目的建设、运营、营销。

（3）居民参与：区内居民参与旅游开发形式多样。主要有三种：①就业参与：通过旅游开发实现当地就业；②产品参与：通过向旅游企业和游客提供农副土特产品来提高收入；③投资参与：通过直接投资，股份合作等形式，参与到投资小、见效快的项目中，如农家乐、乡村旅游等。

2. 融资模式

特色小镇的开发是旅游景区、消费产业聚集区、新型城镇化发展区三区合一，产城乡一体化的新型城镇化模式，包括土地整理、资源整合、产业开发、基础设施建设等项目。特色小镇建设强调的是产业、文化、宜居、环境等各种要素的整合，而当地政府往往缺乏这样的运作能力。因此，需要引入社会资本，专业的城市投资建设运营商，通过 PPP 模式，通过专业化手段，摆脱当地人才、资金、能力不足"瓶颈"来进行优质资源的整合，促进特色小镇的跨越式发展。

（1）红井小镇 PPP 模式各部门职能。①PPP 项目公司。PPP 项目公司（SPV 特殊目的公司）是 PPP 项目的具体实施者，由政府和社会资本联合组成，主要负责项目融资（融资金额、目标、结构）、建设、运营及维护、财务管理等全过程运作。②政府部门。政府部门（政府指定机构）通常是主要发起人，通过给予某些特许经营权或一些政策扶持措施来吸引社会资本并促进项目顺利进行。在 PPP 模式中的职能主要体现在招投标、特许经营权授予、部分政府付费、政府补贴、融资支持基金（股权、债权、担保等形式的支持）、质量监管、价格监督等方面。③社会资本。社会资本也是主要发起人之一，同政府指定机构合作成立 PPP 项目公司，投入的股本形成公司的权益资本。社会资本可以是一家企业，也可以是多家企业组成的联合体，主要包括私营企业，国有控股、参股企业，混合所有制企业。④金融机构。金融机构在 PPP 模式中主要提供资金支持和信用担保，也可作为社会资本参与投资。由于特色小镇项目的投资规模大，在 PPP 项目的资金中来自社会资本和政府的直接投资所占比例通常较小，大部分资金来自金融机构。向 PPP 模式提供贷款的金融机构主要是国际金融机构、商业银行、信托投资机构。

（2）红井小镇 PPP 模式投资收益。特色小镇项目 PPP 开发过程中，由于各参与部门对整个项目进行了投资或风险分担，因此基于共享原则，项目的利益分配主要考虑投资额和所承担的风险程度。同时政府要制定对收益进行补贴、调整或约束的条款。

①社会资本。非运营项目的主要收益来源于政府补贴；半运营项目或运营项目的主要收益来源于项目运营收益分成和政府给予的补贴。例如，运营初期业务量较小导致社会资本的利润率低于合同规定水平，政府就有责任通过财政补贴等方式来保证社会资本应该享有的合同内容下的基本利润。②金融机构。如果只是提供资金（为项目公司融资）的间接参与，则收益来源主要是贷款利息。如果作为社会资本的直接参与，则可与政府、社会资本签订三方合作协议，最终享受项目运营收益分成或政府偿付费用。③当地政府。主要收入为"土地出让收入+税收收入+非税收入+专项资金"，同时这 4 项收入将成为政府偿付各参与者成本和利润的主要来源。

（3）分期建设：先形象塑造，后项目启动；先环境营造，后产品开发；先设施开发，后度假建设。①客家红街。串联两大红色核心景区，提升小镇休闲产品，丰富瑞金城市夜游内容。②胜利大道与七堡河景观带。做强小镇文化主题产品内涵并提升红色故都形象。③红井创客与红色传奇。丰富小镇旅游产品，提升区域旅游综合开发的价值。④洁源乡村旅游度假区。高品质乡村度假设施拔高小镇旅游品质，土地综合价值不断提升。

（4）近期建设。建设目标：成功创建国家级特色小镇。①完善红井小镇三大核心项目核心吸引力，丰富旅游游赏与体验项目，建设旅游交通环线。②提升小镇城市景观风貌与休闲功能，重点建设客家红色文化主题风情街。③规划建设红井文创园，推进小镇红色文化产业的转型升级。④完善旅游公共服务设施（如加油站、咨询点、旅游厕所、停车场、指示牌等）。⑤建设若干家星级酒店与乡村民宿，提升旅游接待能力。⑥建设胜利大道红色景观带与小镇主入口景观节点，展示小镇的文化氛围与主题形象。⑦小镇周边创建一批 A 级乡村旅游点，重点完善洁源村乡村旅游配套设施与休闲项目。⑧选择 2~3 个成熟居住社区，打造红色文化鲜明的主题居住区。

# 八、效益分析

1. 投资估算

（1）投资估算依据。《农业建设项目财务估算和经济评价方法》、《建设项目经济评价方法与参数（第三版）》、《农业项目经济评价实用手册》、《投资项目可行性研究指南》。

（2）项目投资。①估算范围。包括生产性基础设施、辅助性基础设施、设施设备、旅游建设、绿化美化等工程费用以及规划设计费等其他费用和不可预见费等。②投资估算。为实现红井小镇的建设目标，要靠若干重点项目的支撑。总投资约为 26 亿元，其中近期投资 5.5 亿元；中远期投资 20.5 亿元，其他资金依今后招商的具体项目和规模估算。

项目投入估算 单位：万元

| 功能板块 | 建设项目 | 分期建设 | |
|---|---|---|---|
| | | 近期 | 中远期 |
| 核心项目 | 苏区印象、红色客村 | 15000 | 21000 |
| 支撑项目 | 客家红街、红井传奇、红井文创 | 11000 | 58000 |
| 配套项目 | 红色社区、走向胜利、水韵七堡 | 6000 | 53000 |
| 基础设施 | 道路、水电、通信、标识系统等 | 9000 | 25000 |
| 环境保护 | 卫生保洁、污水处理、生态保育等 | 6000 | 18000 |
| 运营管理 | 日常运营、旅游营销、规划设计等 | 3000 | 15000 |
| 其他未预见开支 | | 5000 | 15000 |
| 合计 | | 55000 | 205000 |

注：以上项目投资概算，不含土地成本。

2. 收入估算

红井小镇规划建设分近、中、远三期进行，根据项目建设情况，规划期内旅游收入情况测算如下：

近期（2017~2020年）：期内游客接待量年均增长30%，到期末（2020年），年接待游客约400万人次，按人均250元，综合收入达到10亿元，近期综合收入总额为25亿元。

中远期（2021~2030年）：期内游客接待量年均增长20%~35%，至期末（2030年），年接待游客约1300万人次，按人均300元，综合收入达到39亿元，远期综合收入总额为246亿元。

规划期内，游客接待总量为9200万人次，综合收入总额为415亿元。

综合收入测算

| 规划期 | 年份 | 游客数量（万人次） | 人均消费（元/人次） | 综合收入（万元） |
|---|---|---|---|---|
| 近期 | 2017 | 100 | 250 | 25000 |
| | 2018 | 180 | 250 | 45000 |
| | 2019 | 320 | 250 | 80000 |
| | 2020 | 400 | 250 | 100000 |
| | 小计 | 1000 | — | 250000 |
| 中远期 | 2021 | 450 | 300 | 135000 |
| | 2022 | 550 | 300 | 165000 |
| | 2023 | 600 | 300 | 180000 |
| | 2024 | 650 | 300 | 195000 |
| | 2025 | 750 | 300 | 225000 |

| 规划期 | 年份 | 游客数量（万人次） | 人均消费（元/人次） | 综合收入（万元） |
|---|---|---|---|---|
| 中远期 | 2026 | 850 | 300 | 255000 |
| | 2027 | 950 | 300 | 285000 |
| | 2028 | 1000 | 300 | 300000 |
| | 2029 | 1100 | 300 | 330000 |
| | 2030 | 1300 | 300 | 390000 |
| | 小计 | 8200 | — | 2460000 |
| 总计 | | 9200 | — | 4150000 |

3. 效益评估

红井小镇的发展强调旅游资源开发与保护相协调，发展速度与发展质量相协调，发展规模与自然承载能力相协调，经济效益与生态效益相协调，实现"生态—经济—社会"效益的良性互动，促进地区旅游业的可持续发展。

（1）经济效益。规划期内项目投资总额为 26 亿元，综合收入总额约为 415 亿元，经营成本约为营业收入的 23%，综合考虑税收及不可预见性成本等因素，根据估算，红井小镇在 2027 年前后收回全部投资，即在整个旅游区完成全部投资后的第 3 年收回全部投资，项目产出效益高，值得投资建设。

（2）社会效益。①提高居民生活水平。红井小镇的开发，为当地企业和居民提供更多的发展机遇，有利于拓宽农民增收渠道，完善当地经济产业结构，从而提高当地居民收入。②解决当地就业问题。有利于带动相关产业的发展，提供大量就业机会，吸收农村剩余劳动力。③提高居民综合素质。有利于当地对外经济文化交流，为当地居民提供提高文化素质和科学素养的机会和条件。④优化社会发展环境。有利于提高沙洲坝镇及瑞金市的知名度，优化当地的投资环境，吸引更多外资进入。

（3）环境效益。一是有利于田园环境的美化。通过旅游开发，可在保护现有生态环境的前提下，使旅游区内田园环境更加优美；二是有利于提高环保意识。旅游业的开发，将当地居民的利益与环境保护有机联系起来，当地居民环境保护的主动意识更强，在旅游活动的开展过程中，游客的环境保护意识将得到提升。

# 瑞金市浴血瑞京景区
# 创建国家 AAAA 级旅游景区提升规划[*]

## 一、规划总则

### 1. 规划性质

为发挥瑞金市浴血瑞京景区旅游资源的优势，进一步挖掘旅游潜力并成功创建国家 AAAA 级旅游景区，促进瑞金市红色旅游的快速健康发展，使其服务于瑞金市国民经济的增长，特制订本规划。本规划是专项规划，是指导瑞金市浴血瑞京大型实战演艺景区（以下简称浴血瑞京景区）发展的纲领性文件。

### 2. 规划范围

项目地位于江西省瑞金市沙洲坝镇洁源村，红线南以瑞金市 506 县道为界，东部以 890 乡道为界，北抵北部山体最北段，规划范围包括瑞金市浴血瑞京景区全部，面积约为 1019 亩。

### 3. 规划期限

根据景区开发需要及经济社会发展趋势，规划期限为 2020~2022 年，分两期。一期为 2020 年；二期为 2021~2022 年。

### 4. 规划原则

（1）注重参与原则。如今的旅游消费趋势已从观光时代进入休闲时代，传统的观光旅游已不再能满足消费者的需求，浴血瑞京景区需要适应市场需求，开发更多的体验性参与性的项目，增加游客的停留时间。

（2）增强趣味原则。把握红色旅游发展新趋势，同时结合项目资源特色，开发更多趣味性的旅游活动，为红色旅游注入更多的知识性、趣味性，寓教于乐。

（3）市场主导原则。深入分析了解赣州市和瑞金市红色旅游发展现状，强调根据市场需要和资源条件来确定旅游产品的开发方向，有重点有目的开发一些特色旅游项目。

---

[*] 规划主持单位南昌大学旅游学院、瑞金市文化广播新闻旅游局，主要完成人龚志强、黄细嘉、黄志繁等，完成于 2019 年。

（4）适度开发原则。在旅游开发的过程中，要遵循适度开发的原则，加强对红色遗迹和生态环境的保护，不能只考虑经济效益而忽略环境效益和社会效益，寻找最优的边际效益。

5. 规划衔接

（1）瑞金市城市总体规划（2017～2035年）。按照"红色故都，红色历史文化名城，赣闽边际区域性中心城市和综合交通枢纽"的城市定位，把瑞金市规划好、建设好、管理好，逐步建设红色文化彰显、生态环境良好、城市布局合理、基础设施完善、社会高度文明的现代化区域中心城市。瑞金市旅游发展结构为一心、一带、一环、四片区。瑞金市浴血瑞京景区位于红色旅游核心区，是推动瑞金市红色旅游转型发展的重要节点。项目将严格遵照《瑞金市城市总体规划》相关规划指标和技术要求，做好相关规划的对接工作。

（2）瑞金市全域旅游总体规划（2018～2035年）。2018年4月，瑞金市编制了《瑞金市全域旅游总体规划》，全面梳理了瑞金旅游资源状况，明确瑞金全域旅游发展定位、发展模式、战略路径，规划空间布局和重点项目建设，从旅游产品和游线、旅游城镇体系、旅游交通、景观风貌、产业融合、旅游服务设施、可持续发展等方面，强化文化、交通、景观、城镇体系、智慧旅游等旅游化发展任务，促进旅游业持续、健康、稳定发展，为全域旅游示范区创建奠定基础。

瑞金市全域旅游空间结构分为一城、两轴、六区、七通道。

浴血瑞京景区位于不忘初心·长征红色文化轴、万水千山长征探源区、瑞金—云石山—万田—于都通道。

# 二、基础分析

1. 规划背景

（1）充分发掘红色文化，大力发展红色旅游。2019年3月18日，文化和旅游部网站发布了题为《充分挖掘红色文化，大力发展红色旅游》的文件。

文件指出，各地应加强研究，保存好红色文化，给予政策、资金支持，为红色旅游发展打好基础。红色旅游与当地特色产品、特色民宿等结合起来，有很好的发展前景。要把红色旅游与当地特色结合起来，比如很多革命老区位置偏远，发展相对落后，但是有良好的生态环境、保存较好的传统建筑、丰富多彩的民族风情，可以把这些资源与红色资源结合起来利用，以红色旅游为核心吸引物，打造综合旅游目的地。另外，红色文化遗产也要"活起来"，可以通过实景演出、革命后代讲述革命故事、现代技术应用等进行推广。

（2）持续丰富文化和旅游业态。2020年3月3日，江西省文化和旅游厅印发《江西省文化和旅游厅2020年工作要点》的通知。

通知指出，推进一批优质红色旅游小镇、红色旅游街区等项目落地，打造"VR+红色旅游样板工程"，建设红色移动VR全国示范省。推动井冈山、瑞（金）兴（国）于（都）、南昌等地建设"红色旅游融合发展示范区"。

（3）向全国红色旅游"一线城市"迈进。2019年3月，赣州市出台的《关于加快文化强市建设的实施意见》提出，大力发展红色旅游，以瑞金为龙头打响"共和国摇篮"品牌，加快形成红色旅游协同发展格局。将赣州打造成全国红色旅游"一线城市"。

意见指出：加强顶层设计，打好政策组合拳，增强红色旅游内生力；融合发展，培育红色旅游新动力；唱响品牌，提升红色旅游影响力。

2. 区位分析

（1）地理区位。瑞金市位于江西省南部，武夷山脉南段西麓，赣江的东源，贡水的上游。东与福建省长汀县交界，南与会昌县毗邻，西连于都县，北接宁都、石城二县。唐天佑元年（904年）置瑞金监，因"掘地得金、金为瑞"故名瑞金，瑞金全市面积2441.40平方公里，辖17个乡镇，223个行政村，17个居委会，截至2018年12月总人口为710096人。

项目位于瑞金市西郊沙洲坝镇，沙洲坝镇地理区位优越，地位独特且不可替代，一直以来作为瑞金的"窗口"，受到中央、省、赣州市各级领导的重视。沙洲坝已经与瑞金市城区连为一体，成为瑞金的城市新区。项目地距离瑞金市市中心6公里，地理位置优越。

（2）交通区位。瑞金地扼赣闽咽喉，素为赣闽粤三省通衢，是中西部省市沟通东南沿海的中转要地。①航空方面：项目地距离赣州市黄金机场155公里，距离连城冠豸山机场117公里，均可在2小时内到达，交通极为方便快捷，可直飞上海、北京、深圳、广州、成都、西安等14个城市。瑞金市正在规划4C级支线运输机场。②铁路方面：瑞金市境内有赣龙铁路横贯东西，连接鹰厦、京九、京广3条铁路大动脉。鹰梅铁路贯穿南北。瑞金站已成为南昌铁路局管内最大的县级火车站之一，项目地距离瑞金火车站仅14公里路程。③公路方面：瑞金市境内有323、206、319国道贯通东西南北，4小时车程可达厦门、福州、泉州、南昌等城市。项目地东距济广高速仅1公里，距离瑞金西收费站10公里，距离瑞金北收费站28公里，交通区位优越。

（3）旅游区位。瑞金是一个红色与绿色并存的城市。瑞金是著名的红色故都、共和国摇篮、中央苏区时期党中央驻地、中华苏维埃共和国临时中央政府诞生地、中央红军二万五千里长征出发地之一、客家文化的主要发祥地之一；是全国爱国主义和革命传统教育基地；是中国红色旅游城市。从区域来看，本项目是以韶山、井冈山和瑞金为中心的"湘赣闽红色旅游区"的重要节点。形成韶山、井冈山、兴国、瑞金、古田为核心的红色旅游带。也是"南昌—井冈山—瑞金千里红色旅游黄金长廊"的重要节点。

项目依托国家AAAAA级旅游景区"共和国摇篮旅游区"的游客聚集效应，是瑞金红色旅游的重要补充。项目扩大了瑞金市现有旅游半径，丰富游览路线，完善和拓展现有的"叶坪—苏维埃纪念园—中央革命根据地博物馆—红井—'二苏大'旧址"为主的游线，成为讲述瑞金红色故事的重要节点。

3. 开发条件

（1）与周边建设的关系。北部：山体和水泥厂；东部：山体和水泥厂；南部：洁源村、农田、果林；西部：河流、草地。本项目基地东部和北部各有一处废弃水泥厂，其中，东部水泥厂场地较小，但交通便利；北部水泥厂场地面积较大，且与山体相连，地块相对独立，与项目基地北部联系紧密。洁源村是第五届全国文明村镇，"八子参军"故事发生地、红色精神文化的聚集地，这使自然旅游资源、人文旅游资源、红色旅游资源能与洁源村发展观光农业旅游形成强大的资源互补。

（2）对乡村建设的推动作用。有效地带动周边乡村旅游的发展，将原有传统的乡村旅游模式转变为极富特色的红色主题性动态体验活动。周边乡村也为本项目补充了良好的自然本底和人文特色，现有的乡村旅游资源和设施也是项目发展的重要基础。和周边乡村的有机结合能有效整合"吃、住、行、游、购、娱"六大旅游要素，从而打造瑞金旅游的全新目的地。

（3）乡村建设。乡村文化建设，结合洁源村的红色历史，突出新旧时代乡村的变化，建设村史馆、村民文化活动场馆等，展示乡村振兴的喜人成果。村庄整治建设围绕洁源村种植果业和养殖业，重点发展生态观光、水果采摘、休闲垂钓、农家美食等特色旅游项目，并延伸至农耕体验、科普教育示范和文化艺术等休闲领域，通过近期和远期规划打造综合性休闲度假旅游产品。乡村旅游发展，洁源村深处瑞金红色文化大环境中。深厚的革命传统培养出洁源人民勤劳勇敢、艰苦奋斗的优良品质，是赣南红色文化的重要组成内容。以乡村旅游为契机带动村庄建设发展，建设集田园休闲、亲子活动、乡村度假等功能于一体的红色乡村休闲地。

4. 资源分析

（1）文化资源。一是瑞金是闻名中外的红色故都、共和国摇篮。瑞金，地处赣闽粤三省交界处。即使在大比例的中国地图上，也很难被一眼看见。然而，在亿万中国人民心中，这里却是人人敬仰的革命圣地，是追寻革命先烈足迹、接力长征精神的起点。瑞金在中国革命历史上曾经写下了光辉灿烂的一页，有着重要的历史地位。她是中华苏维埃共和国临时中央政府的诞生地，第二次国内革命战争时期中央革命根据地的中心，是驰名中外的红军二万五千里长征的决策出发地。瑞金作为赤色首都，也是毛泽东思想的主要发源地和初步形成地，是人民代表大会制度和"八一"建军节的诞生地。二是沙洲坝是"吃水不忘挖井人"故事的发生地。沙洲坝镇素有"瑞金红色旅游胜地"之称，是毛泽东等老一辈无产阶级革命家曾经生活过和战斗过的地方。"红色中华"峥嵘岁月留下的革命旧址21处，遍布全境。著名的革命旧址有红井、"中革军委"旧址等。其中红井的故事和"八子参军"事迹至今还广为传颂。

（2）背景资源。瑞金市是红色故都、共和国摇篮、长征出发地。瑞金市盛典文化旅游发展有限公司的红色演艺项目获真枪使用授权。瑞金红色文化及红色盛典真枪实弹演艺在全国具有唯一性及震撼性。

（3）基地资源。废弃矿坑、剖面山体、水体、石景山体、丘陵、林地、废弃工厂、采矿文化，其中废弃矿坑及其水体、剖面山体、石景山体是项目地在瑞金乃至江西都极具特色的景观资源。

5. SWOT 分析

（1）优势。①交通优势：紧邻高速交通网络，交通便捷。②资源优势：区内资源多，种类全。③市场优势：红色旅游市场潜力巨大。

（2）劣势。①资源开发不足：尚未针对特色资源进行开发。②接待能力缺失：尚不具备完整的接待条件。

（3）机会。①旅游发展机遇：大众旅游时代的到来。②旅游产业升级：由观光游向体验游的转变。③国家政策支持：红色旅游政策利好。

（4）挑战。①景区自身的挑战：抢占市场先机迫在眉睫。②同质景区的挑战：周边同质景区分流游客。③旅游市场的挑战：旅游市场具有不可预知性。

6. 竞合分析

（1）横向分析。

**景区演出对比分析**

| 景区 | 地理区位 | 特色演艺 |
| --- | --- | --- |
| 杭州宋城景区 | 浙江省杭州市之江路 | 一生必看的演出"宋城千古情"，"世界三大名秀"之一 |
| 印象·刘三姐 | 广西壮族自治区桂林市阳朔县 | 《印象·刘三姐》中国首部全新概念的"山水实景演出"，开辟世界实景演出的先河 |
| 珠海长隆剧院 | 广东省珠海市香洲区 | 集国际演艺20年大成、长隆最新巅峰之作——《龙秀》。长隆经过多年的研发策划，首创把国际马戏艺术和传统剧目表演相融合的视觉盛宴 |
| 井冈山景区 | 江西省吉安市井冈山市 | 《井冈山》大型实景演艺被评为"全国优秀红色旅游演艺" |
| 红色娘子军演艺公园 | 海南省三亚市 | 大型椰海青春实景影画·红色娘子军实景演艺 |
| 韶山润泽东方文化城 | 湖南省韶山市 | 大型山水4D实景演出《中国出了个毛泽东》，国内最巧妙、最复杂、最多变的舞台组合方式 |
| 延安保育院 | 陕西省延安市宝塔区 | 中国首部大型红色历史舞台剧《延安保育院》，一部融史诗性、民族性、艺术性、创新性于一体的红色经典舞台剧 |

浴血瑞京实景演艺优势独特，相比全国其他老牌演艺景区，知名度不高，需充分挖掘红色文化与实景演艺价值，依靠主题化、特色化、精品化的产品突出重围。浴血瑞京景区凭借实景演艺，在瑞金市旅游景区中具有一定优势和互补性，可串联周边其他景区，共同打造亮丽的旅游新名片。

**景区资源对比分析**

| 景区 | 地理区位 | 核心资源 |
|---|---|---|
| 叶坪景区 | 叶坪乡叶坪村 | 叶坪景观石、红军检阅台、"一苏大"会址、"一苏大"陈列、军舰广场、红军烈士纪念亭、博生堡、公略亭、中共苏区中央局旧址、国家银行旧址、总金库旧址 |
| 红井景区 | 沙洲坝镇 | 群众路线广场、红井、列宁小学、中央国民经济部旧址、中央财政部旧址、中央教育部旧址、中央人民委员会旧址、最高法院旧址、国家银行旧址、中央司法部旧址 |
| "二苏大"旧址景区 | 沙洲坝镇 | 中央革命博物馆旧址、"二苏大"陈列、中华苏维埃共和国临时中央政府大礼堂 |
| 中华苏维埃纪念园景区 | 红都大道 | 中华苏维埃纪念鼎、十三苏区、红星耀中华、瑞金革命烈士纪念馆、古塔奇树、龙珠塔、毛泽覃同志纪念碑、送郎当红军、烈士陈列馆 |
| 大柏地战斗遗址 | 象湖镇北30公里 | 大柏地战斗干部会议旧址、大柏地战斗战场遗址 |
| 云石山景区 | 瑞金市城西19公里 | 云石山、云石山古寺 |

（2）纵向分析。浴血瑞京景区大型实景演艺为江西唯一，资源特色鲜明，但类型单一，需进一步通过文旅融合和体验强化，不断突破自我，打造一个旅游体验丰富、文化价值凸显、游客满意度高的景区。

7. 旅游承载量核定

旅游承载量是指景区最大游客承载量，在景区日开放时间内，在保障景区内每个旅游者人身安全和旅游资源环境安全的前提下，景区能够容纳的最大旅游者数量。景区超过最大承载量接待旅游者，将严重影响景区服务质量，增加景区环境负荷，给旅游者安全带来重大隐患。

按照《中华人民共和国旅游法》第45条的规定，景区在旅游者数量可能达到最大承载量时，应提前广而告之；当游客数量可能达到最大承载量时，应当指挥、引导、协助景区及时疏导、分流。景区主管部门具有核定和监督景区承载量的职责，景区采取流量控制的主要方式包括门票预约、合理设计景区内游览线路、设置明确清晰的景区指示牌、提前公布景区流量等。

为进一步加强旅游景区流量控制，提升旅游景区安全水平，健全景区流量控制机制，结合国家《景区最大承载量核定导则》行业标准，对景区游客最大承载量进行核定。景区核定最大承载量是依据景区面积、可游览有效面积、餐饮场所面积、停车场面积、厕所个数等条件核定景区日最大承载量、日最佳承载量、瞬时最大承载量和瞬时最佳承载量4个数据。旅游承载量核定有利于景区更好地保障旅游者的人身安全和旅游资源的可持续利用，有利于推动景区服务质量和管理水平的提高。

浴血瑞京景区主要游览区域包括长征体验区和主题表演区。根据《景区最大承载量核定导则》给出核定标准与测算公式，经过核定：瞬时承载量6000人，日承载量20000人。

8. 市场分析

（1）赣州旅游发展。2018 年，赣州市实现旅游总收入 1120.26 亿元，比上年增长 40.9%，共接待旅游者 10803.44 万人次，比上年增长 30.1%。依托良好的生态资源和红色文化旅游资源，将红色旅游资源与乡村旅游、生态旅游、文化旅游充分融合，旅游市场日益繁荣。

**赣州旅游市场发展**                                                单位:%

| 年份 | 接待国内游客人数增长率 | 旅游收入增长率 |
|---|---|---|
| 2018 | 30.1 | 40.9 |
| 2017 | 23.2 | 35.0 |
| 2016 | 40.5 | 50.9 |
| 2015 | 37.2 | 41.1 |
| 2014 | 35.2 | 35.2 |
| 2013 | 20.8 | 25.7 |

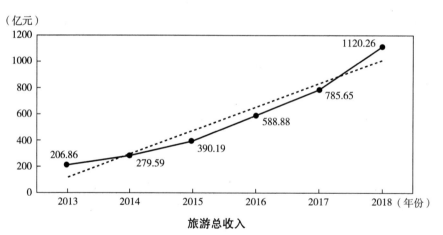

旅游总收入

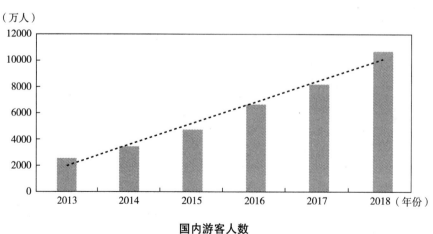

国内游客人数

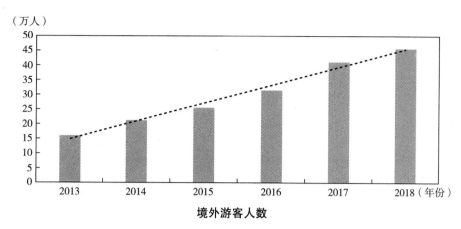

境外游客人数

（2）旅游收入。2018 年，瑞金市旅游产业发展取得突破性成绩。各项数据均创历史新高，旅游人次达到 1350.9 万，瑞金旅游发展迈上了新台阶，具有里程碑式的意义。客源市场由赣闽粤等周边地区逐步扩展到京、津、沪和江浙等地区，海外客源市场得到有效开发。旅游产业加快转型升级，由单一的红色、绿色观光型向体验型、互动型、休闲度假型转变，铿锵迈步全国著名红色旅游目的地、赣闽边际区域旅游集散中心和海西休闲度假区后花园。

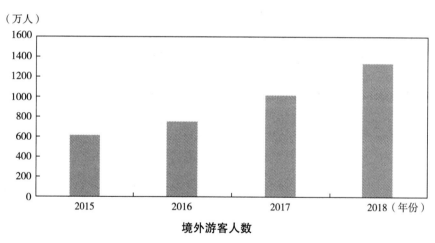

境外游客人数

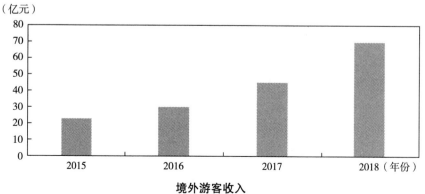

境外游客收入

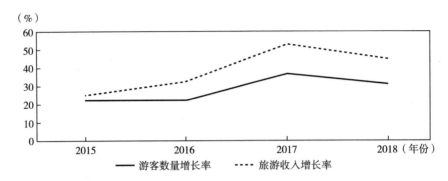

**瑞金游客增长率**

（3）客源市场。瑞金旅游市场的主要客源集中分布在江西、广东和福建等地，年龄结构集中在 30~50 岁，男女比例相当。

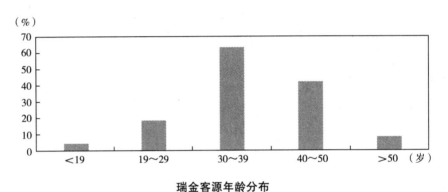

**瑞金客源年龄分布**

（4）旅游影响力。从 2013~2019 年的旅游数据来看，瑞金的网络热度、游客量及旅游收入均不及井冈山、遵义、延安等地，其红色旅游的开发有待进一步提升。

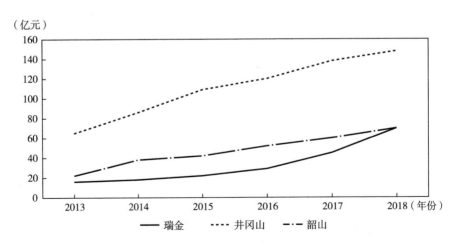

**三市旅游收入对比**

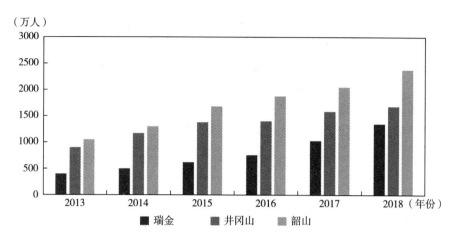

（万人）

三市旅游人次对比

（5）全国旅游市场。2018 年，是我国文旅融合的开局之年，文旅融合，为旅游景区添加了文化内涵，以文化拓展旅游经济发展空间，以供给侧改革促进品质旅游发展，在不断增强民众对旅游的获得感的同时，使国内旅游总收入也再创新高。2018 年，国内旅游市场持续高速增长，全年累计实现总收入 5.13 万亿元，同比增长 12.25%。

2018 年全国旅游市场仍以 4 次以内的低频旅游为主，法定节假日出游仍是首选，人均旅游消费高，周边游和国内游仍占比较大，出境游意愿强烈。

旅游消费大众化与结构分化并存特征更加明显，冰雪旅游、避暑旅游、博物旅行、研学旅游、婚尚旅游、极地旅游等分众市场不断涌现。个性化、品质化旅游消费需求稳步增加。旅游业发展的政策和市场环境继续优化，假日旅游消费成为新民俗，红色旅游实现较快发展。游客旅游过程中的文化参与性大幅增长，文旅融合助力产业投资。

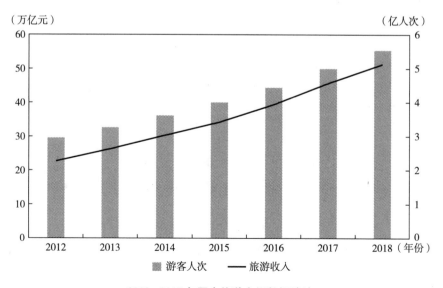

**2012~2018 年国内旅游市场数据统计**

（6）红色旅游市场。2018 年发布的《2018 年全国旅游工作报告》显示，近 3 年来，全国红色旅游接待游客累计达 34.78 亿人次，综合收入达 9295 亿元。预测 2019 年中国红色旅游综合收入将超 5800 亿元，达到 5845 亿元。未来 5 年（2019~2023）年均复合增长率约为 14.04%，并预测在 2023 年中国红色旅游综合收入将达到 9886 亿元，未来万亿元市场规模指日可待。

中国红色旅游发展三大趋势：利好政策推动高质量发展；游客人数逐年增加，消费主力呈年轻化态势；红色旅游投资增速，舆论关注度逐年递增。

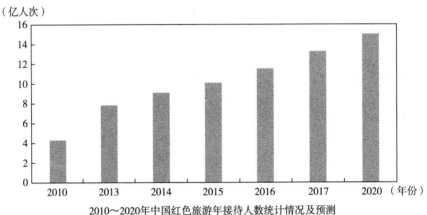

2010~2020年中国红色旅游年接待人数统计情况及预测

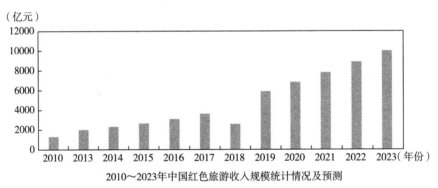

2010~2023年中国红色旅游收入规模统计情况及预测

**中国红色旅游发展趋势及预测**

（7）旅游演艺市场。随着我国创意产业的迅速发展，并与旅游业的日益融合，旅游演艺作为一种新的旅游业态，异军突起，市场潜力巨大，成为我国许多旅游城市和景区一道亮丽的人文景观。

1997 年，《宋城千古情》的公演被视为中国旅游演艺市场的开端，经过 20 余年的发展，中国旅游演艺市场进入了一个飞速发展阶段，如今告别野蛮生长进入精耕细作的收获期，票房接连攀高。

2015~2018 年，旅游演艺剧目的数量从 225 台上升至 305 台。快速增长的旅游演艺剧目数量，也同步拉动票房高速飞升。据不完全统计，截至 2019 年 6 月，新增旅游演艺超 25 台，预计 2019 年底超 40 台，未来仍将保持较高增速。2019 年 8 月，文化和旅游部出台《关于促进旅游演艺发展的指导意见》，从政策层面进行规范、引导和支持旅游演艺的发展。

道略咨询数据中心总结了旅游演艺市场的 4 个趋势：①观众大幅增长，旅游演出进入散客时代；②宋城、华夏文旅商业模式成型，异地复制全面扩张；③旅游演艺扎堆，马太效应凸显；④演艺景区乐园化，景区/乐园演艺化。

（8）研学旅游市场。研学旅游是一种新的旅游形式，是通过组织学生集体旅行、集中食宿的方式走出校园，在与平常不同的生活中拓宽视野、丰富知识，加深与自然和文化的亲近感，增加对集体生活方式和社会公共道德体验的旅游形式。近年来，国务院以及教育部、原国家旅游局等部委印发了多个关于研学旅游的文件。《中小学德育工作指南》要求组织研学旅游，把研学旅游纳入学校教育教学计划。随着研学旅游被纳入教学计划，研学旅游逐渐成为刚需，2018 年，国内研学旅游人数达到 400 万人次，市场规模达到了 125 亿元，人均消费 3117 元，需求大、消费高，未来将迎来万亿元市场。

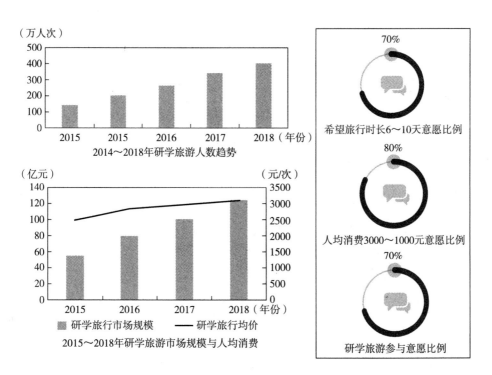

**2018 年中国研学旅游意愿情况调查**

（9）案例借鉴。

1）杭州宋城旅游景区。杭州宋城旅游景区位于西湖风景区西南，北依五云山、南濒钱塘江，是中国最大的宋文化主题公园。杭州宋城景区，从怪街、仙山、市井街、宋城河、千年古樟等宋代城生活场景，还原了宋代生活风貌。大型歌舞《宋城千古情》是宋城的灵魂，以出其不意的呈现方式演绎了良渚古人的艰辛、宋皇宫的辉煌、岳家军的惨烈、梁祝和白蛇许仙的千古绝唱，把丝绸、茶叶和烟雨江南表现得淋漓尽致，带给观众视觉体验和心灵震撼。

案例启示：①文化为魂：《宋城千古情》的成功，在于融入了浓厚的地方特色和深厚文化积淀，将人们游览中观赏到的景观与歌舞文化艺术相融合，用文化去触动观众柔软的内心深处，满足了游客的渴望。②注重体验：在由观光型旅游向参与型旅游转变的旅游大形势下，开发更多的参与体验性项目，能更好地赢得市场。

2）红色娘子军演艺公园。红色娘子军演艺公园以海南特色美食、民族风情、动态文化为体验，打造集演艺娱乐、民俗体验、海岛休闲于一体的演艺文化主题公园。大型椰海青春实景影画·红色娘子军是红色娘子军演艺公园最重要的演艺项目。全剧以真实山体为背景，并以高科技手段实现电影化实景场景转换，动态座席将带领观众沉浸剧情之中，让每一位观众如同搭乘"时光机"，穿越回那战火纷飞却又激情澎湃的年代，一起追随着红色娘子军，去争取自由，在黑暗中寻找光明和信念。

案例启示；①沉浸式演艺：采用沉浸式演艺方式，以真实山体为背景，利用现代高科技手段，高度还原真实的战争场景，增加游客的"共情能力"。②形式多样化：红色娘子军演艺公园以红色演艺为主要内容，配套有红色文化研学、红色主题商业街、战争场景体验等拓展性项目，有效延长游客逗留时间。

# 三、规 划 思 路

## 1. 提升思路

项目基地现状已完成了基础矿坑遗址的转型改造，建成了以红色实景演艺为主题，以矿坑遗址游园为空间载体的文化休闲目的地。但要成为符合景区标准的旅游目的地，还有一定的差距。因此提出通过文旅融合及体验强化等工作，对项目基地进一步进行升级转型，打造成为旅游要素齐全的文旅综合体。

从食、住、行、游、购、娱、赏、尝、学、戏、淘、憩来构建研学拓展、矿坑工业旅游、红色演艺的文旅综合体。

## 2. 总体定位

以瑞金红色文化为背景，围绕"浴血瑞京"大型实景演艺主打资源，打造集实景演艺、素质拓展、培训研学于一体的瑞金红色历史深度体验目的地。

## 3. 发展目标

AAAA 级旅游景区、红色旅游示范基地、红色文化旅游产业园区。

4. 开发理念

（1）生态化：场地修复。改善原有的场地生态环境，通过生态修复技术手段恢复场地良好生态功能是规划设计的基本出发点。坚持自然保护与合理利用相结合，充分利用已有地形，种植乡土树种，推行节约化设计，以最小的投入实现最大的效益。

（2）文化景观：地域化。以红色演艺为依托，结合矿坑考察与素质拓展等活动，形成多样的红色休闲体验。突出展示场地红色基因和文脉，实现体验的多样性、产品的多样性和文化的地域性。

（3）活动项目：参与化。活动的组织和景观的设计都强调与人的互动，侧重游客的参与性。通过场景和设施的设计，使游客能与环境产生互动，增强体验的真实性。

（4）"绿色矿山"矿坑修复。规划区内大面积矿坑的存在是场地的劣势也是优势，关键是如何利用，变废为宝。弘扬矿坑展示与修复+山体绿化+滨水景观营造的遗址修复理念。

（5）矿坑的展示与利用。根据项目地具体情况，因地制宜，部分现状岩壁较好的地段可直接作为景观展示或提升，保持场地特性，其他部分进行生态修复，形成丰富多样的矿坑景观序列。

（6）山体绿化。通过坡面复绿，结合坡度高差，做好水土保持，利用乡土树种进行山体绿化修复。

（7）滨水景观营造。通过水土涵养、水土净化等方式，优化滨水区域生态环境，利用现状采石坑坑底与坑壁，形成水面、喷泉、草坪、沙坑、景观栈道、景观岩壁等，打造高参与度的休闲滨水空间。

（8）参与性体验设计。旅游者空间占有行为的三大阶段：一是印记，游客进入目的地后寻求营造让自己舒适的环境（巢），在"巢"内学习认知将要游览的目的地，解除接触陌生环境的紧张感。为游客提供舒适的休憩空间及初步了解景区的服务，为游客提供在一定程度与其日常环境及习惯相适应的游客服务。二是筑巢，游客走出舒适的"巢穴"，并以此为基地到目的地进行探索发现，进行躯体与精神上的感知与认知活动。通过环境营造、五官的感官刺激、通识认知及社会情感的唤起等，引导游客进入并沉浸于景区所营造的"故事"里。三是探索，游客通过探索目的地，在一定程度上产生情感并建立与目的地一定的情感联系。通过为游客提供展示其对景区认知及对景区核心文化的情感的空间、设备及服务，最终形成自己对目的地独有的理解，进而促进游客更好地参与到景区活动中。通过游客中心、红色演艺、红色拓展、长征体验、参演摄影形成"浴血瑞京"的深度体验。

5. 功能分区

整个规划区内道路系统相对完善，为游线组织提供了有利条件。通过科学分析，搭建"一心六区"的整体旅游空间布局架构。即游客中心，长征体验区、主题表演区、山地游憩区、军事体验区、滨水体验区、综合服务区。

6. 项目体系

①景区大门；②游客中心；③生态停车场；④初心台；⑤度假酒店；⑥实景演艺；

⑦红军餐厅；⑧滨水茶室；⑨滨水长廊；⑩战壕迷宫；⑪儿童拓展基地；⑫军事体验场；⑬长征炊事班；⑭宣誓台；⑮杜鹃园；⑯水乐园；⑰竹排码头；⑱山体投影；⑲瀑布；⑳军车营地；㉑重走长征路。

7. 分期建设

创建 AAAA 必备项目：景区大门、游客中心、生态停车场、初心台、实景演艺场、红军餐厅、滨水茶室、滨水长廊、竹排码头、宣誓台、长征炊事班。

8. 游线设计

为尽可能减少旅游业的季节性带来的冲击，合理设计游览线路，保证旅游旺季不出现游客拥挤扎堆，旅游淡季不出现门庭冷落的现象。

旺季游线：游客中心—初心台—杜鹃园—重走长征路—山体投影—水乐园—宣誓台—实景演艺场—儿童拓展基地—竹排码头—军车营地。

淡季游线：游客中心—初心台—杜鹃园—重走长征路—山体投影—水乐园—宣誓台—战壕迷宫—军事体验场—儿童拓展基地—实景演艺场—滨水长廊—军车营地—竹排码头。

# 四、项目策划

1. 综合服务区

综合服务区位于景区南部，与县道 506 相邻，东侧游客中心主要提供游客咨询、购票、入口集散、停车等供能，大门西侧的办公建筑也可用召开中型会议或小型研讨会。入口停车场为生态停车场。

重点项目：入口广场；景区大门；会议办公；游客中心；旅游厕所；主题民宿；生态停车场；初心台；度假酒店。

（1）景区大门。景区主入口大门是游客进入景区的第一展示点，是景区的脸面，不仅具有标识、空间组织等使用功能，而且具有文化表征、景区美化以及反映景区主题的功能。以赣派客家建筑风格设计浴血瑞京景区大门，融入地方景观元素，展现当年红军奋斗的环境氛围。

（2）游客中心。游客中心大楼既是景区的门面工程，又是对游客的服务窗口。选取园区路进入景区路段北部地块建造游客中心大楼，内部按照 AAAA 级旅游景区的要求进行建设。游客中心配套建设包括向游客提供景区展示图（导游全景图、电子触摸屏等）、售票处、咨询处、投诉处、寄存处、导游室、办公室、母婴室、医务室、保安室、游客休息区、旅游商品展示区、影视厅、邮政服务点、便民服务等。同时设置景区交通接驳、景区管理、旅游厕所、游客信息等服务。作为景区的入口主体建筑风格，应反映景区特色与环境特色。

（3）旅游厕所。按照 AAA 级旅游厕所标准改造，面积 100 平方米左右（包括第三卫生间、男卫生间、女卫生间）；男女卫厕位比例 2∶3（包括男厕小便池）；管理间配备服务人员桌椅、开水容器、挂衣设施；工具间配备清洁工具；第三卫生间轮椅回转直径不小于 1.5 米。设置成人坐便器、儿童坐便器、儿童小便器、成人洗手盆、儿童洗手盆、多功能台、儿童安全座椅、挂衣钩和呼叫器，建设标准符合 GB50763 规定；每个厕位内设手纸盒、废弃手纸收集容器、扶手（抗菌功能）、挂衣钩（承重 5 千克）；小便器隔板上设置搁物板；厕所外部包括公共信息符号牌和无障碍通道。

（4）生态停车场。设计方案：游客中心停车场按照生态停车场标准进行建造；根据创 A 新标准要求，应配套建设自驾车服务、公交车服务、公共汽车站等服务。

（5）初心台。设计方案在规划通过后另根据实际需要设计。

（6）度假酒店。设计方案：在景区大门东部地块围绕"浴血瑞京"主题，打造度假住宿酒店，以满足培训团建住宿需求，以单人间为主。酒店通过"会馆"的概念为红色教育及团建游客提供红色文化主题住宿及餐饮服务。

（7）主题民宿。设计方案：在景区大门西部地块围绕"长征"主题，打造具有当地特色的度假主题民宿。民宿以赣派建筑为设计风格，融入传统家具及长征主题的装饰，并提供长征主题餐饮。

2. 主题表演区

主题表演区为景区最有特色的区域，承担"浴血瑞京"主题演出，了解苏维埃政权建立的过程，表演结束游客可换上演出服装与演员互动，体验"反围剿战役"的艰苦卓绝。同时游客欣赏完演出可在广场西侧红军餐厅用餐，餐厅提供 2000 个餐位。

核心项目区域：集散广场、观演建筑、红军餐厅、公共厕所、小卖部、滨水茶室、游客更衣室、道具屋、道具枪械库、后勤建筑、滨水长廊。

（1）"浴血瑞京"主题演艺项目。以"瑞金——红色故都、共和国摇篮、中央红军长征出发地"为主题，演艺"苏维埃政府成立"等红色故事，在瑞金沙洲坝倾力打造真枪实弹的大型实战演艺《浴血瑞京》。演艺同时可让游客穿上军装、扛起钢枪与演员一起演艺参加红军，共同战斗，走进 80 多年前那段激情燃烧的岁月。一是三大实景演出，激情引爆大柏地战斗、红军长征、苏维埃政府成立。二是演艺基地建设，山体实景舞台、观众席、演艺设施、演艺基地。

（2）红军餐厅。打造以红军餐饮为主题的旅游餐厅。餐厅设计以红色文化为装修风格，提供红米饭南瓜汤等瑞金乃至井冈山特色的红军主题餐饮。红军餐厅位于主题表演区南部，紧邻景区主园路。餐厅为两层建筑，建筑占地面积 756 平方米，总建筑面积 1260 平方米。规划红军餐厅一层为自助餐厅及厨房，二层为包间、雅间，规划可容纳约 2000 人同时就餐。

（3）情景演艺。策划由游客与演员主客共演的情景演艺活动，鼓励游客参与到 cosplay、演艺、街演等体验中来。游客可在道具屋内选择自己喜欢的道具和服饰，进行沉浸于红色场景中的旅游体验。

3. 军事体验区

军事体验区是景区内参与性最强的区域，区内设草坡战壕等战争场景体验场地、勇敢者道路等拓展场地，戏水池、沙坑等青少年活动场地，各年龄层的游客均可在此参与活动，丰富游赏体验。

重点项目：战壕迷宫、儿童拓展基地、军事体验场、长征炊事班、员工餐厅、员工宿舍。

军事体验区建筑规划

| 指标 | 内容 |
|---|---|
| 总用地面积 | 44697 平方米 |
| 总建筑面积 | 945 平方米 |
| 规划建筑 | 宣誓台后勤建筑 |

（1）战壕迷宫。规划设计战争场景场面的战壕迷宫，在战壕内零散设置红军浴血奋战的景观雕塑小品，组织大众游客进行漫游和研学游客进行战壕行军等研学拓展活动。

（2）儿童拓展基地。围绕红色文化打造趣味与素质的儿童拓展项目。

（3）军事体验场。面向红色教育及周边大众游客群，规划建设以"红色+军事"为主题背景的户外休闲拓展基地。游客可在基地里体验扔手雷、抬担架、拆装枪械等活动。红色拓展活动让游客在休闲活动、放松身心的同时，从活动中了解瑞金历史、锻炼身体。

（4）野餐烧烤。规划设计野餐烧烤营地，为游客提供烹饪+户外等美食体验。

4. 滨水体验区

利用挖矿形成的深坑规划一处景观湖面，充分利用湖岸线，西侧沿湖设置景观长廊，东侧为滨水栈道，同时规划两处滨水休闲建筑、一处宣誓台。

重点项目：入口标志、景观长廊、滨水茶室、水上拓展基地、儿童水乐园、公共厕所、杜鹃园、景观亭、竹排码头、宣誓台。

（1）宣誓台。以党旗为原型设计供红培及研学等客群进行开课仪式的宣誓台。

（2）水上拓展基地。在项目地湖域，以红色文化为主题，打造水上素质拓展基地。游客可体验过晃桥、过浮桥、水上滑索、过障碍等水上素质拓展活动。

（3）儿童水乐园。规划设计针对家庭亲子游客的水上乐园项目。

（4）竹排码头。规划设计竹排游船码头。码头提供竹排游湖体验活动，游客既可以乘竹排游湖，亦可欣赏鸬鹚捕鱼的人与动物的和谐表演。

（5）杜鹃园。杜鹃又名映山红，中国十大名花之一，是具有深厚革命寓意的英雄花。杜鹃园结合现状地形，形成一片比较有景观吸引力的杜鹃坡，在花丛中设置景石和步道。通过不同品种的搭配，形成不同花色和高度的杜鹃花景观，丰富景观层次和花期。

5. 山地游憩区

山地游憩区位于景区东部，西临滨水休闲区，相邻部分山地已被采矿破坏，岩壁外露,大部分山地被覆盖,景观良好。规划利用山体的高度优势,规划观景平台、登山步道、拓展设施区域等,使游客在欣赏表演之余可登高远眺,景区美景一览无余。

**山地游憩区建筑规划**

| 指标 | 内容 |
| --- | --- |
| 总用地面积 | 40619 平方米 |
| 总建筑面积 | 60 平方米 |
| 规划建筑 | 休闲廊架 |

山体投影。依靠基地东部剖面山体,围绕"浴血瑞京"主题,设计策划大型山体投影项目。

6. 长征体验区

长征体验区为远期建设发展区域,分两期进行打造,主要由项目基地东西北部山林空地组成。长征体验区内主要打造"重走长征路"系列研学实景体验活动,让游客在原生态真实场景及枪声炮击中感受红军长征的艰苦跋涉。此外,区域内还设计由水泥厂改造的大型红色研学基地及军车营地等重点项目。

(1)重走长征路。

(2)红色研学基地。利用景区内废弃水泥厂改造一处红色研学基地,强化景区红色培训和研学功能,开设军事装备展等。主要包括军事科技体验馆、军事装备展、红色影院(定期播放红色经典电影《地道战》、《红色娘子军》、《建国大业》等,增强研学基地的体验性、知识性和趣味性)、楼房模拟 CS(依靠水泥厂楼房背景,打造模拟CS 体验)、室内研学体验(面向红色教育及周边大众游客群,规划建设以红色文化及民风习俗为主题体验的红色文化模拟体验馆。游客可在体验馆中体验编草鞋、做红军宴、打糍粑等)。

(3)军车营地。在景区入口西部建设红色主题的红军房车营地。房车营地提供由老式军用车(军用重卡)车厢改装而成的房车,房车外部设计为红军革命时期风格,内部设置红军主题的住宿用品。供游客体验红色主题的特色非标住宿。

# 五、标 准 解 读

我国的旅游景区质量等级划分为 5 级,从高到低依次为 AAAAA、AAAA、AAA、AA、A 级旅游景区。有一套完整的评定体系,包括评定依据、评定标准、评定方法等。

1. 评定依据

(1)主要规范一:《旅游景区质量等级的划分与评定》。国家质量监督检验检疫总局于 2004 年 10 月 28 日发布，2005 年 1 月 1 日执行。该国家标准（GB/T17775-2003）包含《旅游景区服务质量与环境质量评分细则》、《旅游景区景观质量评分细则》、《游客意见评分细则》三大细则。强化以人为本的服务宗旨，增加细节性、文化性和特色性要求；细化了关于资源吸引力和市场影响力方面的划分条件。

（2）主要规范二：《旅游景区质量等级管理办法》。该办法用于规范旅游景区质量等级评定程序，监督等级评定工作按照"创建、申请、评定、公告"的程序进行；于 2012 年 4 月 16 日由国家旅游局公布，自 2012 年 5 月 1 日起施行；2016 年 6 月 30 日，国家旅游局局长办公会议审议通过了《关于废止〈旅游景区质量等级评定管理办法（2005 年版）〉的决定》，并自 2016 年 7 月 19 日起生效；将 AAAA 级景区的评定权限由国家下放到各省；对 A 级景区评定的流程更加明确与严格。

2. 评定标准

（1）细则一：《服务质量与环境质量评分细则》。包括 8 个方面，44 个大项，118 个小项，216 个评分点。8 大方面中，游览和综合管理占分最大；大项中，可进入性、游客中心、厕所、环境氛围等占分高。

（2）细则二：《景观质量评分细则》。考评重点为资源要素价值与景观市场价值；9 项评价因子，各评价因子分 4 个评价得分档次。"规模与丰度"评价因子中的"基本类型"参照《旅游资源分类、调查与评价》（GB/T18972-2003）第 9 页附录 A。

（3）细则三：《游客意见评分细则》。《旅游景区游客意见调查表》由现场评定检查员在景区员工陪同下，直接向游客发放、回收并统计。采取随机发放方式。原则上，发放对象不能少于 3 个旅游团体，并注意游客的性别、年龄、职业、消费水平等方面的均衡。调查规模：发放规模应区分旅游景区的规模、范围和申报等级，一般为 30～50 份，采取即时发放、即时回收、最后汇总统计的方法。回收率不应低于 80%。评分项包括外部交通、内部游览线路、观景设施、路径指示、景物介绍牌、宣传资料、导游讲解、服务质量、安全保障、环境卫生、厕所、邮电服务、商品购物、餐饮或食品、旅游秩序、景物保护、总体印象。评分档次分为很满意（20 分）、满意（15 分）、一般（10 分）、不满意（0 分）。

《旅游景区质量等级的划分与评定》国家标准（修订）（GB/T17775-2003）

| 评分细则 | | 分值 | AAAAA级景区 | AAAA级景区 | AAA级景区 | AA级景区 | A级景区 | 评定项目 |
|---|---|---|---|---|---|---|---|---|
| 细则一 | 服务质量与环境质量 216 个评分点（分） | 1000 | | | 750 | 600 | 500 | 旅游交通、游览、旅游安全、卫生、邮电服务、旅游购物、综合管理、资源和环境保护 |
| 细则二 | 景观质量 9 个评分点（分） | 100 | 90 | 950 | 850 | 60 | 50 | 资源吸引力 市场吸引力 |

续表

| | 评分细则 | 分值 | AAAAA 级景区 | AAAA 级景区 | AAA 级景区 | AA 级景区 | A 级景区 | 评定项目 |
|---|---|---|---|---|---|---|---|---|
| 细则三 | 游客意见 17 个评分点（分） | 100 | 90 | 80 | 70 | 60 | 50 | 游客抽样满意度调查 |
| 游客量（万人次） | 海内外旅游者 | | 60 | 50 | 30 | 10 | 3 | |
| | 海外旅游者 | | 5 | 3 | — | — | — | |

3. 评定方法

评价方法尽量采用便于量化的客观性指标，减少评分的主观随意性。

（1）观赏游憩价值的评分依据：根据国内外各级权威机构或专家提供的认证或证明，在同级同类景区中的相对位次等条件，分别对景区资源的资源品牌价值、珍稀奇特价值、规模丰度价值、完整性价值进行分级评分。

（2）主题特色的评分依据：根据主题口号与标识、主题特色在各旅游消费服务环节的融入程度等进行分级评分。并强调在同级同类景区中的相对位次或比较特点。

（3）综合消费功能的评分依据：根据景区及依托城镇拥有的旅游服务功能类型数目（食、住、购、娱等）、景区门票在景区综合收入中的占比水平、游客人均花费水平等指标进行分级评分。

（4）知名度的评价依据：包括门户网站搜索引擎、同业评价（指重要旅游活动评比，如十大古镇等）、举办重大活动（事件）、接待重要人物情况和发生重大事件、第三方调查。

（5）美誉度的评价依据：按照原来的办法，结合细则三的得分值。

（6）辐射力的评价依据：游客数量和省外、境外客源地结构，在同区同级同类景区中的相对位次。

4. 新标动向

原国家旅游局委托原浙江省旅游局对标准细则进行修订研究。原浙江省旅游局向全省旅游部门、景区、专家征求意见，组织召开了多次标准修订工作座谈会。在此基础上，形成修订征求意见稿初稿，征求全国 31 个省份和部分专家的意见。之后，再次迅速召集修订专家组讨论研究，吸收了各省份旅游主管部门和专家们的合理化建议。旅游景区创 A 新标暂未出台，但是对指导浴血瑞京景区的提升具有指导性意义。

（1）变化一：两大细则名称微调，位置互换。为了与现有的评定程序相适应，建议将细则一与细则二位置互换，原细则一《服务质量与环境质量评分细则》改成细则二《设施与服务质量评分细则》，原细则二《景观质量评分细则》改成细则一《资源质量与市场影响评分细则》。

（2）变化二：细则一《资源质量与市场影响评分细则》总分和框架不变，评价因子微调。

原标准：细则二《景观质量评分细则》　　　　　　　　　　　　　　单位：分

| 评定项目 | 评价因子 | 分值 |
|---|---|---|
| 资源吸引力<br>（65） | 观赏游憩价值 | 25 |
| | 历史文化科学价值 | 15 |
| | 珍稀或奇特程度 | 10 |
| | 规模与丰度 | 10 |
| | 完整性 | 10 |
| 市场影响力<br>（35） | 知名度 | 10 |
| | 美誉度 | 10 |
| | 市场辐射力 | 10 |
| | 主题强化度 | 5 |
| 总分 | | 100 |

新标准：细则一《资源质量与市场影响评分细则》　　　　　　　　单位：分

| 评定项目 | 评价因子 | | 分值 |
|---|---|---|---|
| 资源吸引力<br>（70） | 观赏游憩价值<br>（40） | 资源品牌价值 | 20 |
| | | 珍稀奇特价值 | 10 |
| | | 规模丰度价值 | 5 |
| | | 完整性价值 | 5 |
| | 主题特色魅力 | | 15 |
| | 综合消费能力 | | 15 |
| 市场影响力<br>（30） | 知名度 | | 10 |
| | 美誉度 | | 10 |
| | 辐射力 | | 10 |
| 总分 | | | 100 |

（3）变化三：细则二《设施与服务质量评分细则》总分和框架不变，八大项内容和分值调整。

老标准：细则二《设施与服务质量评分细则》　　　　　　　　　　单位：分

| 评定项目 | 分值 |
|---|---|
| 旅游交通 | 130 |
| 游览 | 235 |
| 旅游安全 | 80 |
| 卫生 | 140 |
| 邮电 | 20 |
| 旅游购物 | 50 |

续表

| 评定项目 | 分值 |
|---|---|
| 综合管理 | 200 |
| 资源和环境的保护 | 145 |
| 总分 | 1000 |

**新标准：细则二《设施与服务质量评分细则》**　　　　单位：分

| 评定项目 | 分值 |
|---|---|
| 旅游交通 | 110 |
| 游览设施 | 320 |
| 综合服务 | 80 |
| 特色文化 | 70 |
| 信息化 | 70 |
| 旅游安全 | 100 |
| 旅游管理 | 140 |
| 资源和环境保护 | 110 |
| 总分 | 1000 |

细节解读：重点关注综合服务、特色文化和信息化三大新增项内容。综合服务包括购物、餐饮、住宿和其他4个部分。特色文化包括文化主题性、文化丰富性、文化展示和文化体验4个部分。信息化包括信息化基础、信息化管理、信息服务和电子商务4个部分。

（4）变化四：原旅游交通大项细化道路和停车场要求。

**旅游交通变化内容**

| 评定项目 | 具体项目 | 检查评定方法与说明 |
|---|---|---|
| 通景交通 | 道路等级 | 双向四道、宽度2米×7米满分10分，双向两道、宽度7~9米得6分，双向两道、宽度6~7米得4分（10分） |
| | 路况良好 | 包括路面平整无破损、护坡良好、桥涵完整，发现一处不合格扣1分（4分） |
| | 沿线环境 | 洁化、绿化、美化（6分） |
| 抵达旅游景区的公共交通 | 有市内换乘、集散系统 | 包括公交、地铁、城际轻轨等，但需设有站点（7分） |
| 外部交通标识 | 所在城市通往景区的标识 | 指所在城市道路和通往景区的国、省、县道上有通往景区的标志标识（4分） |
| | 通景交通标识 | 指在通景公路上游通往景区的标志标识（1分） |

| 评定项目 | 具体项目 | 检查评定方法与说明 |
|---|---|---|
| 停车场 | 停车位 | 1000 个以上 10 分，600 个以上 7 分，300 个以上 5 分，100 个以上 3 分（10 分） |
| | 地面 | 生态化：停车场有绿化停车面或绿化隔离线，鼓励采用本土材料或者使用生态型或环保型建筑材料修建的停车场（10 分） |
| | 备用停车场 | 指高峰期间备用。若自备停车场满足高峰期间停车需求，此项不失分（2 分） |
| | 自驾游配套服务 | 洗车、加水、维修、自助充电、宠物托管、贵重物品寄存等服务（3 分） |
| 合计 | | 57 分 |

　　细则解读和提升建议：更加关注通景交通沿线的环境。重点对景区周边交通进行洁化、绿化和美化。停车场须满足日常所需停车位，停车场地面生态化，合理分区，大小车分开停放，管理良好。

　　（5）变化五：原游览、卫生和邮电三大项合并为游览设施大项，评价因子更加细化。

**游览设施变化内容**

| 评定项目 | 具体项目 | 检查评定方法与说明 |
|---|---|---|
| 游览服务 | 交通工具 | 包括缆车、电瓶车、游船、自行车、小火车等，每一项 1 分（3 分） |
| | 饮用水、热水服务 | 在游客中心或主要服务节点上提供干净卫生的饮用水、热水服务（2 分） |
| | 特殊人群服务项目 | 增加母婴室（2 分） |
| | 志愿者服务 | 设立志愿者服务站点，定期开展各项活动（3 分） |
| | 公益活动 | 组织和参加各类公益性活动，提供各项公益服务（2 分） |
| 咨询服务 | 游客中心 | 细化旅游咨询项：设立旅游咨询服务中心，与全国统一的 12301 旅游热线平台对接，实现在线网站咨询或 QQ 咨询服务。设立旅游咨询中心，有专门的旅游咨询电话，实现在线旅游咨询。设立专门的旅游咨询电话（12 分）<br>邮电服务：提供公共电话和传真服务（2 分） |
| | 导游服务 | 语种：外语语种每个得 2 分，最多为 8 分（8 分） |
| 环境卫生 | 总体卫生 | 景区内及景区主要出入口可视范围内无乱堆乱放、乱搭乱建、乱刻乱画、乱丢乱吐现象，施工场地维护完好、美观，发现一处不合格扣 1 分（15 分） |
| | 处理方式 | 分类处理，不乱堆放，不就地焚烧或掩埋（2 分） |
| | 引导游客垃圾回收 | 建立鼓励游客自行带走垃圾的制度或措施（2 分） |
| | 吸烟管理 | 划分为吸烟区与非吸烟区，标志清楚且管理到位；或景区全部为非吸烟区，且管理到位。对非吸烟区吸烟行为，管理措施明确，管理行为到位。全面禁烟 5 分，设区管理 3 分（5 分） |
| | 厕所 | 参照《旅游厕所建设管理指南》。<br>AAA 级以上厕所比例：80% 得 8 分，50% 以上 5 分，30 以上 3 分（8 分） |
| 合计 | | 66 分 |

细则解读和提升建议：在游客中心提供干净卫生的饮用水、热水服务。在游客中心增加母婴室。设立志愿者服务站点，定期开展各项活动。联系各大高校、社会团体和企事业单位，开展长期合作。组织和参加各类公益性活动，提供各项公益服务。设立旅游咨询服务中心，与全国统一的 12301 旅游热线平台对接。设立旅游咨询中心，有专门的旅游咨询电话，实现在线旅游咨询。增加外语导游服务，应加强相关人才培养。环境卫生检查范围拓展至景区内及景区主要出入口可视范围。建立鼓励游客自行带走垃圾的制度或措施，配套相关的提示标牌和奖励制度。加强吸烟区与非吸烟区管理，有明确的公共信息图形符号标识。对现有旅游厕所进行整体提升，达到 AAA 级旅游厕所要求。

（6）变化六：新增综合服务大项，合并旅游购物和卫生中的餐饮服务，增加住宿和其他分项，评定范围包括景区及周边邻近地区。

**综合服务新增内容**

| 评定项目 | 具体项目 | 检查评定方法与说明 |
| --- | --- | --- |
| 购物 | 布局与容量 | 布局合理，能满足游客的购物需求（10分） |
| | 类型 | 提供旅游纪念品、土特产品、工艺美术品、旅游用品等旅游商品的种类数目，每种得2分（8分） |
| | 特色 | 具有本旅游景区的特色（4分） |
| | 管理与服务 | 环境整洁舒适、管理规范、秩序良好、服务态度优（8分） |
| 餐饮 | 布局与容量 | 布局合理，能满足游客的餐饮需求（5分） |
| | 类型 | 提供主食、菜肴、小吃、饮品等类型的数目，每种得2分（5分） |
| | 特色 | 具有地方特色（3分） |
| | 管理与服务 | 食品安全卫生和服务态度优良各2分，环境与设施整洁舒适、管理规范和秩序良好各1分。近两年内发生过重大食品安全卫生事故的，此项得0分（7分） |
| 住宿 | 布局与容量 | 布局合理，能满足游客的住宿需求（5分） |
| | 类型 | 能提供面向不同消费档次和不同行为偏好（商务、民宿等）的住宿类型（3分） |
| | 特色 | 住宿设施与服务具有特色（2分） |
| | 管理与服务 | 环境与设施整洁舒适2分，管理规范、秩序良好、服务态度优良各1分（5分） |
| 其他 | | 包括养生、运动、研学等休闲产品类型，如温泉、滑雪、骑行、夏令营、营地等，根据其布局与容量、类型与特色、管理与服务情况，每种类型得3~7分（15分） |
| 合计 | | 80分 |

细则解读和提升建议：有本地、景区特色的旅游商品进行售卖。

（7）变化七：新增特色文化大项，下设文化主题性、文化丰富性、文化展示和文化体验四大分项。

**特色文化新增内容**

| 评定项目 | 具体项目 | 检查评定方法与说明 |
|---|---|---|
| 文化主题性 | 主题辨识度 | 非常鲜明（8分） |
| | 主题融合度 | 好（8分） |
| 文化丰富性 | 物质文化 | 红色文化、生态文化、民族民俗文化、宗教文化等方面的物质文化，每种类型得2分（6分） |
| | 非物质文化 | 红色文化、生态文化、民族民俗文化、宗教文化等方面的非物质文化，每种类型得2分（4分） |
| 文化展示 | 展示场所 | 博物馆、民俗馆、演艺馆、文化长廊等文化展示场所的规模与品质（10分） |
| | 展示内容 | 文化展示内容的丰度与品质（5分） |
| | 展示方式 | 文化展示方式的多样性和先进性（利用地理信息系统、虚拟现实、互联网多媒体等技术、利用声光电等高科技手段）（5分） |
| 文化体验 | 文化节事 | 文化节事活动的数量与效果（10分） |
| | 文化演艺 | 文化演艺活动的数量与效果（10分） |
| | 科普教育 | 科普教育活动的数量与效果（5分） |
| 合计 | | 70分 |

细则解读和提升建议：强化主题文化，丰富主题项目，举办有文化性的活动。

（8）变化八：新增信息化大项，下设信息化基础、信息化管理、信息服务和电子商务四大分项。

**信息化新增内容**

| 评定项目 | 具体项目 | 检查评定方法与说明 |
|---|---|---|
| 信息化基础 | 宽带网络 | 接入互联网带宽100M及以上（4分） |
| | 移动通信信号覆盖 | 4G信号全覆盖（4分） |
| | Wi-Fi覆盖 | 免费Wi-Fi全覆盖（4分） |
| | 基础数据库 | 基础数据库采集、基础数据库应用（6分） |
| | 自媒体建设 | 资讯网、新媒体平台（3分） |
| 信息化管理 | 景区视频监控 | 全覆盖（4分） |
| | 游客流量监测 | 流量监测、游客密度监测（6分） |
| | 报警设施 | 灾害监测、禁入监测、呼救设施（3分） |
| | 运行监控 | 车辆定位、人员定位、车牌识别、停车场管理（4分） |

续表

| 评定项目 | 具体项目 | 检查评定方法与说明 |
|---|---|---|
| 信息服务 | 信息发布渠道 | 景区广播、触摸屏、信息发布大屏、自媒体、短信推送（5分） |
| | 信息发布内容 | 服务性信息、应急信息、诚信信息（3分） |
| | 导游导览系统 | 手机导游导览系统、触发系统（3分） |
| | 官网建设 | 多功能官网和手机网站（4分） |
| 电子商务 | 在线预订 | 第三方交易平台、直销分销系统、移动端交易平台（5分） |
| | 线下支撑 | 电子票验证、刷卡消费、移动支付（3分） |
| | 网络营销 | 自建多语种网站、第三方平台、在线活动、网络广告（5分） |
| | 在线交易占比 | 景区在线交易额占经营收入比重20%以上3分，10%以上2分，5%以上1分（3分） |
| 合计 | | 70分 |

细则解读和提升建议：在游客中心接入宽带网络，带宽100M及以上。提供景区范围内的免费Wi-Fi全覆盖。建立基础数据库，并对景区的信息进行采集和应用。加强智慧旅游建设，以及官方微博、微信公众号、抖音官方号等新媒体宣传账号。流量监测、游客密度监测。报警设施和运行监控的信息化管理。景区广播、触摸屏、信息发布大屏、自媒体、短信推送的信息化服务建设。服务性信息、应急信息、诚信信息等信息发布内容的汇编。手机导游导览系统、触发系统的设置。官网与手机端建设。加强在线预订、线下支撑和网络营销的建设。

（9）变化九：旅游安全分值增加45分，新增游客容量管理和安全宣传项目。

**旅游安全变化内容**

| 评定项目 | 具体项目 | 检查评定方法与说明 |
|---|---|---|
| 游客容量管理 | 核定 | 根据《景区最大承载量核定导则》由景区主管部门科学核定最大承载量（10分） |
| | 公布 | 传统媒体、新媒体渠道、公共媒体渠道（10分） |
| | 应急处置 | 预案、处置效果（15分） |
| 安全宣传<br>（通过视频、广播系统、移动终端、文字、图形发布安全宣传信息） | | 包括安全说明或须知等；有关重点景区（水上项目、滑雪场）需安装安全广播。安全说明或须知等要求图形显示和中外文对照，置于醒目位置。达不到以上要求的，每项扣2分，没有设置不得分（10分） |
| 合计 | | 45分 |

细则解读和提升建议：核定并公布游客容量。在危险地段进行安全警示。

（10）变化十：综合管理改成旅游管理，各分项有略微调整。

**旅游管理变化内容**

| 评定项目 | 具体项目 | 检查评定方法与说明 |
|---|---|---|
| 规划 | 规划制定 | 应委托具有旅游规划设计资质的单位按照本标准及细则制定（10分） |
| 门票 | 电子门票 | （2分） |
| | 门票价格 | 严格控制门票随意上涨、鼓励降低或取消收费、对特殊人群落实价格优惠政策（3分） |
| | 价格公道 | 景区必须在醒目位置公示门票价格、另行收费项目的价格及团体收费的价格。景区提高门票价格应当提前六个月公布；景区内的核心游览项目因故暂停向旅游者开放或者停止服务的，应该公示并相应减少收费（1分） |
| | 联票价格 | 提倡实行一票制，联票价格不得高于各单项门票价格之和，且旅游者有权选择其中的单项票（1分） |
| 企业文化 | 内在形象 | 具有明确的质量目标且为全体员工所熟知，管理骨干稳定，员工具有认同感和凝聚力（7分） |
| | 员工形象 | 员工着岗位服饰，佩戴工牌，服务规范，服务态度和效果好（8分） |
| | 社会形象 | 组织志愿者服务，提供各种惠及游客的人性化服务和减价让利服务（5分） |
| 合计 | | 37分 |

细则解读和提升建议：A. 规划设计单位资质等级对评分无影响。B. 设计并制作景区门票。C. 在游客中心和景区入口公示景区门票价格。D. 完善游客投诉和意见处理体系，制定投诉处理制度，有明确的投诉电话，有明确的投诉办公室标志，有投诉信箱、意见本等，投诉处理过程、受理投诉迅速，服务态度好，记录完整、细致。E. 组织志愿者服务。在节假日开展景区旅游活动，并在各大平台召集志愿者。

（11）变化十一：资源和环境保护各分项有略微调整。

**资源和环境保护变化内容**

| 评定项目 | 具体项目 | 检查评定方法与说明 |
|---|---|---|
| 环境氛围 | 出入口 | 指景区主要出入口可视范围（20分） |
| | 区内建筑及设施与景观的协调性 | 区内标语口号及布置方式：注重文化性、艺术性及与景观的协调性，规范社会性宣传标语（景区之外的其他机构）（2分） |
| 生态化举措 | 生态教育与引导 | 资料齐全、活动丰富、制度健全、效果明显，每项1分（4分） |
| 合计 | | 26分 |

细则解读和提升建议：景区出入口环境氛围扩大到可视范围。景区内标语口号及布置注重文化性、艺术性及与景观的协调性，规范社会性宣传标语。

## 六、细则内容提升

### 1. 细则一内容提升

（1）旅游交通。包括景区可进入性的状况、旅游交通设施的完善程度、游览线路或航道的合理和通畅性、交通工具的环境友好程度等。旅游交通在《细则一：服务质量与环境质量评分细则》中，参评分值为 130 分，占总分值的 13%。

**服务质量与环境质量得分**　　　　　　单位：分

| 序号 | 评定项目 | 评定项目说明 | 总分值 | 提升前 | 提升后 | 失分 |
|---|---|---|---|---|---|---|
| 1 | 交通 | 待改进项目：外部交通标识、自配生态停车场地、游步道设计、游览线路完善、停车场管理、停车场景观打造 | 130 | 56 | 99 | 31 |
| 1.1 | 可进入性（70） | | | | | |
| 1.1.1 | 外部交通工具抵达景区的便捷程度（20） | 直达赣州黄金机场 140 公里，到瑞金西收费站 10 公里，直达瑞金可用火车站 14 公里 | 20 | 5 | 5 | 15 |
| 1.1.2 | 依托城市（镇）抵达旅游景区的便捷程度 | 在瑞金市 10 公里范围内 | 15 | 15 | 15 | 0 |
| 1.1.3 | 抵达公路或客运航道（干线）等级 | 公路等级为二级公路，路面黑化，行车速度 60~80 公里/小时，双向行驶 | 10 | 6 | 6 | 4 |
| 1.1.4 | 抵达公路或客运航道（支线）（10） | 道路路面硬化，交通比较畅通，此项得满分 | 10 | 10 | 10 | 0 |
| 1.1.5 | 外部交通标识 | 景区周边重要路段及进入旅游区的主要路口、高速路段缺少外部交通标识，且部分标识不是景区专用交通标识，数量不足 | 10 | 0 | 10 | 0 |
| | 小计 | | 70 | 36 | 46 | 19 |

提升措施：①设立连接市内主要景区的旅游公交线路，并建设特色公交站台。②将景区入口道路进行生态、绿化护坡。③浴血瑞京景区存在外部旅游交通标示牌数量不足，指引性不强，规划交通标识牌需依据 GB5768-2009 进行统一设计与放置。④从瑞金站、瑞金市汽车站、瑞金西高速进入景区的主要交通沿线设立交通引导指示标识，标识在颜色上使用褐色、标识上标明距离景区的里程数，并在外形上有别于一般标识。⑤在各景区内部交通要道口均设置醒目的交通指示牌，对主要景区的指示应设置不同颜色，利于游客区分。

（2）自配停车场。

**自配停车场**　　　　　　　　　　　　　　　　　　　　单位：分

| 序号 | 评定项目 | 评定项目说明 | 分值 | 整治前 | 整治后 | 失分 |
|---|---|---|---|---|---|---|
| 1.2 | 自配停车场地（30） | 系指归属于景区自身管理的停车场 | | | | |
| 1.2.1 | 面积 | 景区现阶段停车1个片区和零散的停车位，面积不够，地面不符合生态停车场要求，管理处于简易状态，规格上也与A级旅游景区标准的生态停车场存在差距，有待提升 | 10 | 7 | 10 | 0 |
| 1.2.2 | 地面 | | 8 | 3 | 8 | 0 |
| 1.2.3 | 停车场管理（8） | | 8 | 0 | 8 | 0 |
| 1.2.4 | 停车场或码头美观，有特色或有文化性 | | 2 | 0 | 1 | 1 |
| 1.2.5 | 停车场或码头与景观的协调性 | | 2 | 0 | 1 | 1 |
| | 小计 | | 30 | 10 | 28 | 2 |

提升措施：①按照A级景区标准的生态停车场进行改造。②扩大停车场面积，使其满足AAAA数量和面积要求。③对停车场地面进行改造，采用透水砖进行铺地。调整停车位大小，改变现有车位大小不统一的现状。④增加停车场蔽阴乔木，达到更好的遮阴作用，选择合适的行道树种。其树木枝下高度应符合停车位净高度的规定：小型汽车为2.5米；中型汽车为3.5米；但不宜布置花卉。地面停车场内种植穴内径应≥1.5米×1.5米，种植穴的挡土墙高度>0.2米，并设置相应的保护措施。⑤加强停车场管理，设停车线、停车分线，有方向引导指示标识，分设出入口，并安排专人值班，对停车场进行管理。⑥为适应自驾车游客需求，生态停车场应配备洗车、维修等配套功能项目，为游客提供细致服务。

（3）内部交通。

**内部交通得分**

| 序号 | 评定项目 | 评定项目说明 | 分值 | 整治前 | 整治后 | 失分 |
|---|---|---|---|---|---|---|
| 1.3 | 内部交通（30） | | | | | |
| 1.3.1 | 游览线路（10） | 景区内部主要游览线路设置形成环线，设置合理，有利于游客游览。游步道设计特色突出，有文化性效果 | 10 | 5 | 8 | 2 |
| 1.3.2 | 游步道（20） | | 20 | 5 | 17 | 3 |
| | 小计 | | 30 | 10 | 25 | 5 |

提升措施：①在主游览线路危险路段设置安全防护栏、小心台阶提示牌等安全警示设施。②增加道路标识系统，美化道路两侧景观，裸露处做合理的景观搭配。③景区内游步道生态化改造。为凸显景区内生态化，区内游步道改造设计为青石板材质。④所有游步道需保证都有防护设施，采用生态防护栏或仿生态护栏，与景区主题环境协调一致。⑤游步道沿线统一标识系统。

（4）游览。包括游客中心的功能完善程度、各种引导标识与环境的和谐程度、公众信息资料的特色和丰富程度、导游服务的质量高低、公共信息图形符号的规范性和艺术性、公共休息设施的完善程度等。游览一项在《细则一：服务质量与环境质量评分细则》中，参评分值为235分，占总分值的23.5%。

**游览得分**　　　　　　　　　　　　　　　　　　　　单位：分

| 序号 | 评定项目 | 评定项目说明 | 分值 | 提升前 | 提升后 | 失分 |
|---|---|---|---|---|---|---|
| 2 | 游览 | 待改进项目：游客中心、标识系统、宣教资料、导游服务、游客公共休息设施和景观设施、公共信息图形符号设置 | 235 | 37 | 221 | 14 |
| 2.1 | 门票（10） | | | | | |
| 2.1.1 | 设计制作精美 | 景区现有门票设计不合理，没有游览简图，咨询、救援、投诉等电话，未体现特色 | 3 | 0 | 3 | 0 |
| 2.1.2 | 有突出特色 | | 3 | 0 | 3 | 0 |
| 2.1.3 | 背面有游览简图，咨询、投诉、紧急救援电话 | | 4 | 0 | 4 | 0 |
| | 小计 | | 10 | 0 | 10 | 0 |

提升措施：①设计制作成套统一的门票，包括全价票、半价票、团体票、学生票和免票，注意色彩搭配和谐美观，提高精美度。②门票的设计制作上要突出特色，体现景区的文化性；同时兼顾游览简图，投诉、咨询电话等。

（5）游客中心。

**游客中心得分**　　　　　　　　　　　　　　　　　　单位：分

| 序号 | 评定项目 | 评定项目说明 | 分值 | 整治前 | 整治后 | 失分 |
|---|---|---|---|---|---|---|
| 2.2 | 游客中心（70） | | | | | |
| 2.2.1 | 位置 | | 10 | 10 | 10 | 0 |
| 2.2.2 | 标识醒目（5） | | 5 | 0 | 5 | 0 |
| 2.2.3 | 造型、色彩、外观与景观的协调性 | 景区已建成游客中心，但功能有待完善 | 10 | 0 | 5 | 5 |
| 2.2.4 | 规模 | | 10 | 5 | 10 | 0 |
| 2.2.5 | 设施与服务（35） | | 35 | 0 | 32 | 3 |
| | 小计 | | 70 | 15 | 62 | 8 |

提升措施。浴血瑞京景区游客中心增设服务设施内容：①售票处：此处为景区统一售票窗口。设游客须知、公示、咨询、投诉、紧急救援电话等信息。②咨询处：为景区统一咨询台，有专门工作人员提供咨询服务。③投诉处：有专门工作人员受理游客投诉，及时协调，记录在案。④增设导游处为游客提供导游服务、寄存处为游客提

供行李寄存、邮政代办处为游客提供邮政服务。⑤母婴室：为景区母婴提供服务。⑥导游室：提供景区导游服务，并建立导游公示栏，公示栏包括导游照片、姓名、工号、语种、等级等信息。⑦多媒体影视厅：为游客免费播放景区宣传片，提供旅游信息。⑧电脑触摸屏：内容丰富，包括景区概况、景点文字和图片介绍、景区主要交通、住宿、餐饮、娱乐、购物设施与服务介绍。⑨规章制度：完善相关的规章制度并上墙。如景区投诉处理制度、景区安全管理办法、景区从业人员服务规范等。⑩其他服务：提供当日景区节目预告，设置手机加油站、雨伞等便民服务设施。设置特殊人群通道，提供轮椅、拐杖、童车等方便特殊人群的设施或设备。

（6）标识系统。

**标识系统得分**　　　　　　　　　　　　　　　　　　单位：分

| 序号 | 评定项目 | 评定项目说明 | 分值 | 整治前 | 整治后 | 失分 |
|---|---|---|---|---|---|---|
| 2.3 | 标识系统（49） | | | | | |
| 2.3.1 | 设置（17） | | 17 | 0 | 17 | 0 |
| 2.3.2 | 布局 | | 5 | 0 | 5 | 0 |
| 2.3.3 | 设计制作（16） | 景区现状缺少风格统一，有特色的标识系统，须重新设计制作，按景点分布、游线设置重新进行合理布局 | 5 | 0 | 5 | 0 |
| 2.3.4 | 维护 | | 4 | 0 | 4 | 0 |
| 2.3.5 | 中英文对照 | | 4 | 0 | 4 | 0 |
| 2.3.6 | 中外文（非英文）对照 | | 3 | 0 | 3 | 0 |
| | 小计 | | 49 | 0 | 49 | 0 |

提升措施：①导游全景图。整个景区导游全景图。在游客中心醒目位置放置景区大型导游全景图，全景图的设计要精美，展示全貌，图形符号要规范。全景图上正确标识出景点及旅游服务设施的位置，包括景点、游客中心、旅游厕所、出口入口、医务室、停车场等；全景图上明示咨询、投诉、救援电话；全景图上标出景区的 Logo、地理方位、推荐线路。②指示牌。在各景点内交叉路口和容易迷失方位的地方设置指示牌，引导方向或方位指引。指示牌设计造型要突出红色景区的特点。③景物介绍牌。在主要景点设置介绍牌，介绍说明主要景点、景观或相关展示内容。景物介绍牌用木质材料制作或者仿生态材质制作。④警示提示标识。在景区危险地段、严禁烟火、请勿践踏草坪、爱护树木等地设置警示提示标识。

（7）宣教资料。

**宣教资料得分**　　　　　　　　　　　　　　　　　　单位：分

| 序号 | 评定项目 | 评定项目说明 | 分值 | 整治前 | 整治后 | 失分 |
|---|---|---|---|---|---|---|
| 2.4 | 宣教资料 | 景区现有宣教材料种类较少，未经过特色设计 | 15 | 7 | 15 | 0 |
| | 小计 | | 15 | 7 | 15 | 0 |

提升措施：①宣传资料的制作要准确、生动、详尽且没有错误和虚假信息。②结合景区提升规划后的各种服务设施的布局、服务内容的具体位置和标识系统的完善设计制作内容全面、清晰美观的导游图。③设计制作具有景区新特色、新面貌的明信片、画册等。④就景区的发展历史、建设过程、旅游开发、景区特色等内容拍摄记录宣传片和广告宣传片，用于各级电视台的宣传播放和景区营销。

（8）导游服务。

**导游服务得分**　　　　　　　　　　　　　　　　　　　单位：分

| 序号 | 评定项目 | 评定项目说明 | 分值 | 整治前 | 整治后 | 失分 |
|---|---|---|---|---|---|---|
| 2.5 | 导游服务（37） | | | | | |
| 2.5.1 | 导游人员数量 | | 5 | 0 | 5 | 0 |
| 2.5.2 | 导游语种 | | 9 | 0 | 7 | 2 |
| 2.5.3 | 具有高级导游员或讲解员 | | 3 | 0 | 3 | 0 |
| 2.5.4 | 设语音导游 | 尚无导游服务，不能很好地满足游客需求 | 5 | 0 | 5 | 0 |
| 2.5.5 | 导游词科学、准确、有文采 | | 5 | 0 | 5 | 0 |
| 2.5.6 | 导游效果（清晰、生动、吸引人） | | 5 | 0 | 5 | 0 |
| 2.5.7 | 导游服务有针对性，强调个性化 | | 5 | 0 | 5 | 0 |
| | 小计 | | 37 | 0 | 35 | 2 |

提升措施：①增加导游员数量，引进或培训外语导游人员及高级导游讲解人员，建立一支服务态度、服务质量过硬的导游队伍，提供针对性强，强调个性化的导游服务，增设导游语种，增加高级讲解员或导游员。②导游人员信息应公示，用中英两种文字说明，要求照片、文字信息齐全、准确，展示牌美观醒目，价格公示。③增加电子智能讲解设备。可采用较先进的感应式讲解器，通过感应游客所在区域，自动为游客提供讲解服务，并在各设置点设语音导游标识牌，解说内容准确、生动。④丰富导游词内容，增加导游词的科学性、准确性和文化性，增强导游效果，并印刷成册。

（9）休憩与观景设施。

**休憩与观景设施得分**　　　　　　　　　　　　　　　　单位：分

| 序号 | 评定项目 | 评定项目说明 | 分值 | 整治前 | 整治后 | 失分 |
|---|---|---|---|---|---|---|
| 2.6 | 游客公共休息设施和观景设施（26） | | | | | |
| 2.6.1 | 布局合理 | 景区内供游客观景及休息的设施基本没有，休憩设施基本缺失。现状休憩设施造型与景观环境的协调性很一般。景区休憩设施制作一般，缺乏美感和艺术感，文化气息不够 | 8 | 0 | 8 | 0 |
| 2.6.2 | 造型与景观环境的协调性 | | 5 | 0 | 5 | 0 |
| 2.6.3 | 制作 | | 5 | 0 | 5 | 0 |
| 2.6.4 | 材质 | | 5 | 0 | 5 | 0 |
| 2.6.5 | 维护 | | 3 | 0 | 3 | 0 |
| | 小计 | | 26 | 0 | 26 | 0 |

提升措施：①在游客中心前集散广场利用开敞空间，间隔布置休闲椅凳、仿木景观凳，供游人休息。②在主游步道每隔200～300米设置游客休息椅凳，坐具一般设置在视野开阔、景观怡人的地段，便于游客驻足赏景及休憩。对景区已有的休息廊亭进行生态化改造和景观设施提升。③滨水茶室及景观长廊：在滨湖规划一处滨水茶室，同时设计一条景观长廊，可从主入口直接连至滨水茶室。滨水茶室为一层建筑，建筑面积288平方米，层高4.5米，景观长廊总长度约260米，长廊中间设置5～6处景观亭，同时设置3处亲水平台供游客休息拍照。

（10）公共信息图形符号。

公共信息图形符号得分

单位：分

| 序号 | 评定项目 | 评定项目说明 | 分值 | 整治前 | 整治后 | 失分 |
|------|----------|--------------|------|--------|--------|------|
| 2.7 | 公共信息图形符号设置（18） | | | | | |
| 2.7.1 | 位置与数量 | 景区内在垃圾箱、吸烟区、厕所标识、紧急呼救电话、出入口、购物点、咨询处、售票处、医务室等公共信息图形符号数量严重不足、位置欠合理 | 6 | 0 | 6 | 0 |
| 2.7.2 | 图形符号设计（6） | | 6 | 0 | 6 | 0 |
| 2.7.3 | 视觉效果 | | 4 | 0 | 4 | 0 |
| 2.7.4 | 维护保养 | 维护保养、更新不及时 | 2 | 0 | 2 | 0 |
| | 小计 | | 18 | 0 | 18 | 0 |

提升措施：①图形符号的设计：严格按照公共信息图形符号国家标准规范设计，颜色方面不能因美观而随意使用红色和黄色。②图形符号的制作：制作精美、材质环保，陈旧坏损处及时更新。③图形符号的应用：景区在停车场、出入口、旅游超市、医务室、旅游厕所、餐饮设施等位置合理设置，规范使用公共信息图形符号。④设计时要突出文化性。

（11）特殊人群服务项目。

特殊人群服务项目得分

单位：分

| 序号 | 评定项目 | 评定项目说明 | 分值 | 整治前 | 整治后 | 失分 |
|------|----------|--------------|------|--------|--------|------|
| 2.8 | 特殊人群服务项目 | 包括残疾人轮椅、盲道、无障碍设施，老年人使用的拐杖，儿童使用的童车等。查看服务指南与相关设施，每项得2分 | 10 | 0 | 8 | 2 |
| | 小计 | | 10 | 0 | 8 | 2 |

提升措施：①排查景区内主要景观节点、功能服务设施（如游客中心、旅游厕所、旅游超市、观众席等处）均需设无障碍通道、安全护栏等。②游客中心、旅游公厕，

应有无障碍通道相连。③游客中心内设特殊人群服务设施,包括轮椅、拐杖、童车、童椅等。

(12) 旅游安全。包括景区旅游安全制度是否完善、安全设施是否齐备有效、紧急救援体系是否建立等方面。旅游安全在《细则一:服务质量与环境质量评分细则》中,参评分值为 80 分,占总分值的 8%。

**旅游安全得分** 单位:分

| 序号 | 评定项目 | 评定项目说明 | 分值 | 整治前 | 整治后 | 失分 |
|------|----------|--------------|------|--------|--------|------|
| 3 | 旅游安全 | 待改进项目:安全制度;安保人员;安全处置预案;安全设施设备;医疗救护服务 | 80 | 16 | 74 | 0 |

**安全保护机构、制度与人员得分** 单位:分

| 序号 | 评定项目 | 评定项目说明 | 分值 | 整治前 | 整治后 | 失分 |
|------|----------|--------------|------|--------|--------|------|
| 3.1 | 安全保护机构、制度与人员(10) | | | | | |
| 3.1.1 | 设有安全保护机构 | 没有保安部 | 2 | 0 | 2 | 0 |
| 3.1.2 | 有健全的安全保护制度 | 目前景区管理制度不齐全,需要重新整理 | 2 | 0 | 2 | 0 |
| 3.1.3 | 专职安全保护人员 | 目前专职安保人员没有,与景区规模不相适应,应增加人员 | 4 | 0 | 3 | 1 |
| 3.1.4 | 流动安全保护人员数量 | 没有流动安保人员 | 2 | 0 | 1 | 1 |
| | 小计 | | 10 | 0 | 8 | 2 |

提升措施:①成立浴血瑞京景区安全工作领导小组。其基本职责为:全面领导浴血瑞京景区的安全管理工作,研究制定景区安全工作的方针政策;全权处理和解决景区内发生的重大安全问题;督导各景点、各部门做好职工的安全培训工作,提高全体员工的安全意识,提高和培养职工预防和处理安全事故的能力;贯彻执行与安全工作有关的相关法律法规;制定和实施景区安全工作年度计划;审核和批准各种安全工作制度并督导各部门进行落实。安全工作领导小组下设办公室,办公室设在景区安保部,具体负责景区各项安全工作。②配备安全保护人员。专职安全保护人员职责:在游客中心、各景区游客集中的地方和有安全隐患的地方设置专职安全保护人员,安保人员统一着装,佩戴工牌。每个景点需有至少 1 名流动安全保护人员,重点巡查景点可能存在危险的地段,随时查景区公共服务设施是否存在安全隐患,对游客不良行为进行及时劝阻,维护游客人身和财物安全。

（13）安全处置。

**安全处置得分** 单位：分

| 序号 | 评定项目 | 评定项目说明 | 分值 | 整治前 | 整治后 | 失分 |
|---|---|---|---|---|---|---|
| 3.2 | 安全处置（17） | | | | | |
| 3.2.1 | 高峰期游客安全处置（7） | 包括恶劣气候、突发灾情、传染病疫情、食物中毒、缆车停电等特殊情况。安全设施完备，定时巡查，能有效维护安全秩序 | 7 | 0 | 7 | 0 |
| 3.2.2 | 特殊情况的安全处置（7） | | 7 | 0 | 6 | 1 |
| 3.2.3 | 安全巡查（3） | | 3 | 0 | 3 | 0 |
| | 小计 | | 17 | 0 | 16 | 1 |

提升措施：

1）高峰期游客安全处置：①制定高峰期游客安全预案。在黄金周及元旦、清明、五一、端午、中秋小长假和4～10月双休日及重大节庆活动期间，制定高峰期游客安全预案，妥善处理高峰期安全问题，确保正常的游览秩序和游客的人身安全。②高峰期游客安全预案主要内容包括适用范围、组织领导和职责分工、预警预防机制、处置措施（人员疏导分流、安全防护、不可预知情况应急处理）及其他注意事项。③安全处置。一到高峰期，就要切实启动高峰期游客安全预案，认真贯彻执行，做到工作人员到岗到位，人员疏导分流得力，安全措施有效。同时对不可预知情况进行分析总结，完善预案内容，不断积累经验，提高处理水平。

2）特殊情况的安全处置：①出现特殊情况，景区应根据应急方案，认真贯彻落实，做到反应迅速、组织得力，并将特殊情况的安全处置工作记录在案。②制定特殊情况应急预案。特殊情况安全预案包括恶劣天气、突发灾情、传染病疫情、食物中毒、停水停电等。③恶劣气候应急预案主要内容包括适用范围、组织领导、启动条件（暴雨、台风、雷电、暴雪、冰冻、高温等）、启动程序、处置措施及其他注意事项。④突发灾情应急预案主要内容包括适用范围、组织领导、启动条件（地质灾害、水旱灾害及其他突发事件）、预警发布、救援机制、应急救援演练、信息报告、责任追究及其他注意事项。⑤传染病疫情应急预案主要内容包括适用范围、组织领导、启动条件、应急救援程序、应急救援演练、信息报告及其他注意事项。⑥食物中毒应急预案主要内容包括适用范围、组织领导、应急用品的配备保管、处理程序（食物中毒事件的分级和报告、采样、应急处理）、保障措施等。⑦停水停电应急预案主要内容包括适用范围、组织领导、事件报告、信息发布、应急处置、后期处理（事故调查、改进措施）等。

安全巡查：①组建一支安全巡查队伍，针对景区安全工作定时巡查，做到防范于未然。②建立安全巡查工作制度，推行景点安全巡查责任制，健全安全巡查台账，做到"谁巡查，谁登记，谁负责"。

（14）安全设施设备。

**安全设施设备得分**　　　　　　　　　　　　　　　　　　　单位：分

| 序号 | 评定项目 | 评定项目说明 | 分值 | 整治前 | 整治后 | 失分 |
|---|---|---|---|---|---|---|
| 3.3 | 安全设备设施（27） | | | | | |
| 3.3.1 | 危险地带安全防护设施 | 危险地带安全防护措施不足 | 8 | 0 | 5 | 3 |
| 3.3.2 | 消防、防火等设备 | 重点是室内旅游点的消防设备，风景区、自然保护区等旅游区的防火设备等应齐备、完好、有效，发现一处不合格扣2分 | 6 | 2 | 6 | 0 |
| 3.3.3 | 监控设施 | 监控设施未启用 | 5 | 2 | 5 | 0 |
| 3.3.4 | 游览游乐服务设施安全 | 游乐安全设施不足 | 5 | 0 | 5 | 0 |
| 3.3.5 | 特殊旅游项目的安全确认 | 景区无特殊游览项目，此项不失分 | 3 | 3 | 3 | 0 |
| | 小计 | | 27 | 12 | 24 | 3 |

提升措施：

1）安全防护设施与设备：①在景区坡度陡峭地段和地势险要处设立安全护栏，要求材质环保、经久耐用，并与周边环境相协调。②在湖区边缘易出现安全隐患处加固围栏，排除潜在危险因素。③根据景区现状，在能接通自来水的地方要有消防栓，以便在消防力量到达之前进行自救。④景区接待服务设施、公共休憩场所按照消防要求设置消防栓、消防带、灭火器、压力泵等，消防设施设备定期检修。

2）监控设施：建立景区数字监控系统，在主要岔路口安装电子摄像头，包括交通监控、防火监控、地质地貌监控、管理秩序监控、门禁监控等，保证对景区进行全天候的监控。

3）安全警示与宣传：①在易滑地段、雷电多发地带、陡坡、水深地段、水流湍急处、道路拐弯点、严禁烟火处等处设有安全警告标志、标识。做到标志、标识设置齐全、醒目、规范。②在游客中心、各景点入口处、危险地带、特殊游乐项目等地方设有安全说明牌和安全须知，重点景点通过讲解员、监控中心广播、安全宣传牌等对游客进行全面的温馨提示。安全说明或须知等要置于醒目位置，中外文对照。

（15）安全警告标志、标识。

**安全警告标志、标识得分**　　　　　　　　　　　　　　　　　单位：分

| 序号 | 评定项目 | 评定项目说明 | 分值 | 整治前 | 整治后 | 失分 |
|---|---|---|---|---|---|---|
| 3.4 | 安全警告标志、标识 | 景区内临水区附近安全警告标志、标识缺失，部分景点楼梯、易碰头处安全警示牌缺失，游步道部分湿滑路段警示牌缺失 | 8 | 2 | 8 | 0 |
| | 小计 | | 8 | 2 | 8 | 0 |

提升措施：①在景区危险地带（水面附近、火灾易发区、人流密集区、景点楼梯、易碰头、地面湿滑容易跌倒设施附近）增设一些安全警告标识（标志应按 GB/T10001 标志用公共信息图形符号的要求设置）；对禁止通行的危险地段，应在岔路口明显位置设置"禁止通行"的警示标识；增加外文对照。②安全警告标志、标识设置语言应该人性化。

（16）安全宣传。

**安全宣传得分**　　　　　　　　　　　　　　　　　　　　　　单位：分

| 序号 | 评定项目 | 评定项目说明 | 分值 | 整治前 | 整治后 | 失分 |
|------|----------|--------------|------|--------|--------|------|
| 3.5 | 安全宣传 | 安全宣传标识设置少，部分有的警示牌制作不规范，随意设置，无外文对照 | 6 | 2 | 6 | 0 |
| | | 小计 | 6 | 2 | 6 | 0 |

提升措施：建议按规范在重点安全防护区域（防火重点区域、水深区域等）安装安全广播和安全须知提示栏或说明牌，安全须知或说明等要求图形显示和中外文对照，置于醒目位置。

（17）医疗服务。

**医疗服务得分**　　　　　　　　　　　　　　　　　　　　　　单位：分

| 序号 | 评定项目 | 评定项目说明 | 分值 | 整治前 | 整治后 | 失分 |
|------|----------|--------------|------|--------|--------|------|
| 3.6 | 医疗服务（8） | | | | | |
| 3.6.1 | 设立医务室 | | 4 | 0 | 4 | 0 |
| 3.6.2 | 有专职医护人员 | 目前景区医务室尚待完善，需聘请专职医护人员，建立景区救援体系 | 1 | 0 | 1 | 0 |
| 3.6.3 | 备日常药品 | | 1 | 0 | 1 | 0 |
| 3.6.4 | 备急救箱 | | 1 | 0 | 1 | 0 |
| 3.6.5 | 备急救担架 | | 1 | 0 | 1 | 0 |
| | | 小计 | 8 | 0 | 8 | 0 |

提升措施：①游客中心医务室应与瑞金市医院合作设立，有专职医护人员。②配备非处方应急药品、急救箱、急救担架等，提高医疗队伍专业水平。

（18）救护服务。

**救护服务得分**　　　　　　　　　　　　　　　　　　　　　　单位：分

| 序号 | 评定项目 | 评定项目说明 | 分值 | 整治前 | 整治后 | 失分 |
|------|----------|--------------|------|--------|--------|------|
| 3.7 | 救护服务（4） | | | | | |
| 3.7.1 | 救护设备 | 目前景区内救护设备及紧急救援体系均未达标 | 2 | 0 | 2 | 0 |
| 3.7.2 | 建立紧急救援体系（2） | | | | | |
| | | 小计 | 4 | 0 | 4 | 0 |

提升措施：①为保障游客在景区一旦有突发性疾病、安全事故能够尽快报告，得到有效救援，建立紧急救援体系和制度，启动内部救援，电话设专线专人。②救援电话在景区门票、宣传资料及显要位置对游客公示；③与附近医院签订救护运送协议，共享救护车。

（19）卫生。包括环境是否整洁、场所是否达到相应的卫生标准、公共旅游厕所和垃圾箱的数量和布局是否合理环保、食品卫生是否符合国家规定等。卫生在《细则一：服务质量与环境质量评分细则》中，参评分值为140分，占总分值的14%。

**卫生得分**　　　　　　　　　　　　　　　　　　　　　　　单位：分

| 序号 | 评定项目 | 评定项目说明 | 分值 | 整治前 | 整治后 | 失分 |
|------|---------|-------------|------|--------|--------|------|
| 4 | 卫生 | 待改进项目：环境卫生、废弃物管理、餐饮管理旅游厕所、残疾人厕位、垃圾桶 | 140 | 84 | 130 | 8 |

**卫生环境得分**　　　　　　　　　　　　　　　　　　　　　单位：分

| 序号 | 评定项目 | 评定项目说明 | 分值 | 整治前 | 整治后 | 失分 |
|------|---------|-------------|------|--------|--------|------|
| 4.1 | 环境卫生（20） | | | | | |
| 4.1.1 | 场地秩序 | 景区施工场地存在乱堆、乱放、乱建现象，施工场地维护较差 | 5 | 2 | 4 | 1 |
| 4.1.2 | 游览场所地面 | 无污水、污物，发现一处扣1 | 5 | 2 | 5 | 0 |
| 4.1.3 | 建筑物及各种设施设备 | 无污垢、无剥落，发现一处污垢或剥痕明显的，扣1；（在规划建设中对建筑物和设施的剥落和破损有特殊要求除外） | 5 | 3 | 5 | 0 |
| 4.1.4 | 气味 | 清新，无异味；不符合要求酌情扣分 | 5 | 5 | 5 | 0 |
| | | 小计 | 20 | 12 | 19 | 1 |

提升措施：①对建设施工场地提出秩序整治要求，严禁乱堆、乱放。②安排秩序巡查专员，负责监管景区内场地秩序。③及时清扫地面积水、泥土、建筑垃圾。④严格要求景区内的建设施工队伍，在完工之后积极及时地处理建筑垃圾，严禁将垃圾随意丢弃。⑤针对苔藓地面，建议采取化学防治，铺洒漂白粉进行地面清洗。⑥对建筑物进行全方位修补，防止墙面脱落，不留一处斑驳点，管线外露作适当处理。

（20）废弃物管理。

**废弃物管理得分**　　　　　　　　　　　　　　　　　　　　单位：分

| 序号 | 评定项目 | 评定项目说明 | 分值 | 整治前 | 整治后 | 失分 |
|------|---------|-------------|------|--------|--------|------|
| 4.2 | 废弃物管理（40） | | | | | |
| 4.2.1 | 污水排放（5） | 景区目前排水仍未采用专用污水管道接入城市污水管网排放的方式 | 2 | 0 | 5 | 0 |
| 4.2.2 | 垃圾管理（35） | | 35 | 24 | 32 | 3 |
| | 小计 | | 40 | 24 | 37 | 3 |

提升措施：垃圾箱设置。主要游览线每隔150米设置一个垃圾箱，游客密集处间隔100米设置一个垃圾箱。造型与材质：垃圾箱外面材质用防腐原木或仿生态材料制作，建议内胆采用灵活取用型，可以更换，材质宜用仿生态铁皮或防水防腐的材质制作。分类设置：为避免腐质垃圾气味四散，垃圾箱不能设计成敞口式，应为半封闭式。垃圾箱按照回收和不可回收分类设置，标识符号使用正确。垃圾清扫：每个景点有固定清洁工，实行垃圾跟踪清扫，日产日清。垃圾处置：对有机垃圾和无机垃圾进行分类处理，有机垃圾进行回收再利用，无机垃圾统一运送到垃圾处理站集中处理，杜绝乱堆放、就地焚烧或掩埋。

（21）吸烟区管理。

**吸烟区管理得分**　　　　　　　　　　　　　　　　　　　　　单位：分

| 序号 | 评定项目 | 评定项目说明 | 分值 | 整治前 | 整治后 | 失分 |
|---|---|---|---|---|---|---|
| 4.3 | 吸烟区管理 | | | | | |
| | 合理划分、管理到位（5） | 目前未划分为吸烟区与非吸烟区，整治后对吸烟区和非吸烟区进行划分，标识明确，管理行为到位 | 5 | 0 | 5 | 0 |
| | 小计 | | 5 | 0 | 5 | 0 |

提升措施：游客中心室内列为禁烟区，严禁吸烟。游客中心室外合理划分吸烟区。吸烟区和非吸烟区标志应清楚醒目，制定景区吸烟处管理办法。

（22）餐饮服务。

**餐饮服务得分**　　　　　　　　　　　　　　　　　　　　　单位：分

| 序号 | 评定项目 | 评定项目说明 | 分值 | 整治前 | 整治后 | 失分 |
|---|---|---|---|---|---|---|
| 4.4 | 餐饮服务（10） | | | | | |
| 4.4.1 | 服务质量 | | 5 | 3 | 5 | 0 |
| 4.4.2 | 食品卫生，厨具质量 | | 5 | 2 | 5 | 0 |
| | 小计 | | 10 | 5 | 10 | 0 |

提升措施：①引入瑞金市和红军主题特色菜，同时开发系列切合景区主题的菜品、饮品、糕点等。②加强对餐饮服务许可、从业人员健康管理、卫生防护设施、卫生制度及消毒措施的落实，食品原材料采购索证与台账的建立，店堂环境卫生等方面工作。

（23）厕所。

**厕所得分**　　　　　　　　　　　　单位：分

| 序号 | 评定项目 | 评定项目说明 | 分值 | 整治前 | 整治后 | 失分 |
|---|---|---|---|---|---|---|
| 4.5 | 厕所（65） | | | | | |
| 4.5.1 | 布局合理 | 目前布局合理，数量充足，只需对男女厕位进行重新调整，合理布局厕位，高峰时期要增加流动厕所 | 2 | 0 | 2 | 0 |
| 4.5.2 | 位置合理 | | 2 | 2 | 2 | 0 |
| 4.5.3 | 数量充足（8） | | 8 | 8 | 8 | 0 |
| 4.5.4 | 厕所采用水冲或使用生态厕所的比例 | 100%采用水冲或生态厕所 | 8 | 8 | 8 | 0 |
| 4.5.5 | 残疾人厕位 | | 5 | 2 | 5 | 0 |
| 4.5.6 | 厕所设备（15） | | 15 | 5 | 15 | 0 |
| 4.5.7 | 厕所内部有文化氛围 | 无规范的文明用厕宣传牌 | 3 | 0 | 2 | 1 |
| 4.5.8 | 厕所外观、色彩、造型与景观环境的协调 | 外观造型色彩与景观相协调，有一定特色，但无独创性 | 8 | 3 | 3 | 5 |
| 4.5.9 | 厕所服务 | 有有专人提供服务 | 5 | 5 | 5 | 0 |
| 4.5.10 | 三星级以上厕所比例 | | 5 | 5 | 5 | 0 |
| 4.5.11 | 厕所卫生 | 地面无污渍 | 5 | 5 | 5 | 0 |
| | 小计 | | 66 | 43 | 60 | 6 |

提升措施：①按照《旅游厕所质量等级的划分与评定》国家标准对景区内旅游厕所进行全方位改造，整个景区厕位总量达景区承载量的3‰比率，AAA级旅游厕所达到50%以上。旅游厕所位置相对隐蔽，建筑风格古朴自然，融入周边景观，建设材质环保，旅游厕所内各项设施齐全，体现人性化服务理念。②改造现有厕所为AAA级旅游厕所，新增1处A级旅游厕所、1处AA级旅游厕所。

建设方案：按照AAA级旅游厕所进行改造，旅游厕所建筑面积大于100平方米，室内高度大于3.7米，室外设有残疾人坡道，厕所标识醒目美观，建筑造型与景观环境相协调，满足残障人士和母婴使用要求。

（24）邮电。包括邮政和通信是否通畅、邮政是否能够提供纪念服务以及相关设施与环境的和谐程度等。邮电在《细则一：服务质量与环境质量评分细则》中，参评分值为20分，占总分值的2%。

**邮电得分**　　　　　　　　　　　　单位：分

| 序号 | 评定项目 | 评定项目说明 | 分值 | 整治前 | 整治后 | 失分 |
|---|---|---|---|---|---|---|
| 5 | 邮电 | 待改进项目：邮政纪念服务设施、公用电话、手机加油站 | 20 | 4 | 14 | 0 |

**邮电纪念服务得分** 单位：分

| 序号 | 评定项目 | 评定项目说明 | 分值 | 整治前 | 整治后 | 失分 |
|---|---|---|---|---|---|---|
| 5.1 | 邮政纪念服务（8） | | | | | |
| 5.1.1 | 邮政服务 | 景区未设邮政办事点，缺少基本的邮政服务；没有纪念邮票、纪念封、明信片等 | 2 | 0 | 2 | 0 |
| 5.1.2 | 纪念服务 | | 6 | 0 | 6 | 0 |
| | 小计 | | 8 | 0 | 8 | 0 |

提升措施：在游客中心设立主题邮局，为游客提供信函等基本邮政业务，提供纪念邮戳、明信片、纪念邮票。

（25）电信服务。

**电信服务得分** 单位：分

| 序号 | 评定项目 | 评定项目说明 | 分值 | 整治前 | 整治后 | 失分 |
|---|---|---|---|---|---|---|
| 5.2 | 电信服务（12） | | | | | |
| 5.2.1 | 公用电话设置 | | 4 | 0 | 0 | 0 |
| 5.2.2 | 公用电话亭及标志 | | 4 | 0 | 2 | 0 |
| 5.2.3 | 能接收移动电话信号 | | 4 | 4 | 4 | 0 |
| | 小计 | | 12 | 4 | 6 | 0 |

提升措施：①游客中心应设有多部公用电话，其他景点出入口和游客集中地区应设有公共电话。②与电信部门合作接入 100M 以上互联网宽带，实现游客密集区域 4G 网络和免费 Wi-Fi 全覆盖。

（26）旅游购物。包括购物场所布局是否合理、建筑和环境是否和谐、购物场所和从业人员是否得到有效管理、旅游商品种类和特色是否丰富或显著等。

旅游购物在《细则一：服务质量与环境质量评分细则》中，参评分值为 50 分，占总分值的 5%。

**旅游购物得分** 单位：分

| 序号 | 评定项目 | 评定项目说明 | 分值 | 整治前 | 整治后 | 失分 |
|---|---|---|---|---|---|---|
| 6.1 | 购物场所建设 | 景区购物场所正在建设中，购物场所布局较合理，不抢占游览空间，外观设计与景区环境协调，不破坏景观效果 | 15 | 0 | 15 | 0 |
| 6.2 | 购物场所管理 | 对购物场所进行集中管理，环境整洁，秩序良好无围追兜售、强卖强买现象 | 10 | 8 | 10 | 0 |

续表

| 序号 | 评定项目 | 评定项目说明 | 分值 | 整治前 | 整治后 | 失分 |
|------|----------|-------------|------|--------|--------|------|
| 6.3 | 商品经营、从业人员管理 | 有统一管理措施和手段，包括质量管理、价格管理（需明码标价）、计量管理、位置管理、售后服务管理等，每项2分；购物场所从业人员服务态度有待提升，缺少购物场所相关管理制度 | 10 | 5 | 10 | 0 |
| 6.4 | 旅游商品 | | 15 | 5 | 10 | 0 |
| | 小计 | | 50 | 18 | 45 | 0 |

提升措施：①游客中心设有纪念品展示与销售中心，展销旅游纪念品和饮料食品及旅游必需品。②制作富有景区特色的旅游商品，设计、印制具有景区 Logo 标志、特色项目或精美风光图片的旅游纪念品，如雨伞、钥匙扣、纪念挂盘、挂件、小雕塑、挂历、画册、扑克牌、玩偶等，并可复兴传统手工制作业，制作具有地方特色的纪念品，如瑞金市特色农产品等，所有商品均实行明码标价，确保游客放心购物。③对购物场所进行集中管理，规划经营秩序，避免强买强卖现象发生。④制定商品经营从业人员管理制度，对商品质量、明码标价、计量管理、位置管理、售后服务管理等方面进行严格规范，并制定处罚办法。⑤制定旅游购物服务人员服务规范，对服务人员仪容仪表、业务技能、服务水平进行统一规范，提高从业人员服务水平。

（27）综合管理。包括管理体制和经营机制是否健全有效、管理人员素质状况、企业形象及文化状况、员工培训、投诉制度是否健全等。综合管理在《细则一：服务质量与环境质量评分细则》中，参评分值为200分，占总分值的20%。

**综合管理得分**　　　　　　　　　　　　　　　　　　　　　单位：分

| 序号 | 评定项目 | 评定项目说明 | 分值 | 整治前 | 整治后 | 失分 |
|------|----------|-------------|------|--------|--------|------|
| 7 | 综合管理 | 待改进项目：完善管理机构、建立健全各项规章制度、树立及强化企业形象、员工培训、游客投诉及意见处理、旅游宣传、电子商务 | 200 | 82 | 179 | 21 |

**机构与制度得分**　　　　　　　　　　　　　　　　　　　　　单位：分

| 序号 | 评定项目 | 评定项目说明 | 分值 | 整治前 | 整治后 | 失分 |
|------|----------|-------------|------|--------|--------|------|
| 7.1 | 机构与制度 | | | | | |
| 7.1.1 | 管理机构健全，职责分明 | 景区统一管理，机构健全，职责明确；具有市场质量、导游、卫生环保、统计等规章制度，需提前提供 | 3 | 3 | 3 | 0 |
| 7.1.2 | 规章制度健全 | 各规章制度健全、贯彻得力，需提前准备执行记录 | 12 | 3 | 11 | 0 |

| 序号 | 评定项目 | 评定项目说明 | 分值 | 整治前 | 整治后 | 失分 |
|------|----------|--------------|------|--------|--------|------|
| 7.1.3 | 规章制度贯彻得力 | | 5 | 0 | 5 | 0 |
| | 小计 | | 20 | 6 | 19 | 0 |

提升措施：

1）运营机构设置。景区的经营建议采取市场化经营模式，发挥其灵活的用人机制、融资机制，引进先进的管理经验，建立现代企业制度，将浴血瑞京景区旅游做强做大。

2）管理制度建设。健全各项规章制度，贯彻执行得力，并将执行情况记录在案，抽样职责掌握率提高到100%。

①市场营销制度：针对景区客源市场，制定切实可行的宣传营销制度，并认真得以贯彻实施。

②宣传营销制度：主要内容包括营销计划管理规定、营销组织、销售事务管理、促销事务管理、市场调研事务管理、营销事务检查、营销人员行为准则、业绩考核等。

③旅游质量管理制度：制定员工服务质量管理细则，提升旅游服务水平，建设游客满意景区。旅游服务质量管理细则主要内容包括通用服务标准（员工形象标准、个人卫生、职业道德等）和岗位服务标准（停车场服务、旅游咨询点服务、售票服务、保安服务、导游服务、住宿餐饮服务、商品销售服务、门票稽查服务、综合执法服务、环卫服务等）。

④导游管理制度：制定景区导游管理制度，杜绝无证上岗、拉客宰客等行为。导游管理制度主要内容包括持证上岗、规范服务、诚信带团、费用标准、奖惩办法等。

⑤卫生管理制度：制定卫生管理制度，保持景区整洁、美观、卫生。卫生管理制度主要内容包括景区日常环境卫生管理、垃圾清扫、环卫工人的职责等。

⑥环保管理制度：制定环保管理制度，建设生态环保型景区。环保管理制度主要内容包括环境质量检测、施工项目环评、节能减排措施的实施、噪声控制、污水治理、生物资源保护等。

⑦统计管理制度：执行国家统计法和上级旅游行政部门景区统计管理规定，制定景区统计管理制度，认真做好景区统计工作。统计管理制度主要内容包括统计人员基本职责，统计数据的保管等，须保留一年以上完整执行记录。

（28）企业形象。

**企业形象得分**　　　　　　　　　　　　　　　　　　　单位：分

| 序号 | 评定项目 | 评定项目说明 | 分值 | 整治前 | 整治后 | 失分 |
|------|----------|--------------|------|--------|--------|------|
| 7.2 | 企业形象（32） | | | | | |
| 7.2.1 | 产品形象 | 具有独特的产品形象但并形成外在的企业标志 | 5 | 4 | 5 | 0 |

续表

| 序号 | 评定项目 | 评定项目说明 | 分值 | 整治前 | 整治后 | 失分 |
|---|---|---|---|---|---|---|
| 7.2.2 | 质量目标、质量方针或口号 | 有明确的质量目标，有鲜明的质量方针或口号 | 5 | 0 | 5 | 0 |
| 7.2.3 | 企业标志运用 | 景区Logo较好地运用到旅游景区入口、导览系统（如全景图、指示牌、景物介绍牌等）、宣传品、门票、工牌上 | 4 | 4 | 4 | 0 |
| 7.2.4 | 企业标志注册 | 企业品牌标志还未进行商标注册 | 3 | 0 | 3 | 0 |
| 7.2.5 | 员工服饰 | 没有统一服饰，需要统一制作 | 5 | 4 | 5 | 0 |
| 7.2.6 | 员工服务 | 服务规范，举止文明，热情大方，服务态度、效果及质量好。能够针对不同客源群，提供个性化定制服务 | 10 | 4 | 8 | 0 |
| 小计 | | | 32 | 16 | 30 | 0 |

提升措施：随着景区的综合开发，应确立质量目标和鲜明的质量方针或口号，并为全体员工所熟知。景区应设计Logo并进行商标注册，标志应在景区入口、全景图、指示牌、景物介绍牌、宣传品、门票、工牌等上面应用。员工上班应着岗位服饰，佩戴工牌。景区员工服饰设计建议突出景区文化的内涵融入地方传统服饰设计理念，落落大方。制定员工服务规范，对员工服务仪表、服务语言、服务行为、其他礼仪等方面进行规范使整个景区员工做到服务规范，举止文明，热情大方，服务态度、效果及质量良好。并能针对不同客源群，提供个性化订制服务。

（29）规划。

**企业形象得分**　　　　　　　　　　　　　　　　　　　　单位：分

| 序号 | 评定项目 | 评定项目说明 | 分值 | 整治前 | 整治后 | 失分 |
|---|---|---|---|---|---|---|
| 7.3 | 规划（25） | | | | | |
| 7.3.1 | 规划制定 | 目前，正在编制的浴血瑞京景区创AAAA总体规划，包括旅游创AAAA工作实施方案，并分为两期建设 | 10 | 5 | 10 | 0 |
| 7.3.2 | 规划审批 | | 5 | 5 | 5 | 0 |
| 7.3.3 | 规划实施 | | 10 | 5 | 10 | 0 |
| 小计 | | | 25 | 15 | 25 | 0 |

提升措施：《瑞金市浴血瑞京景区创4A提升规划》应由江西省文旅厅审批，使规划中各项建设项目和提升要素得到全面实施。以后各个景点的开发建设必须先编制旅游规划或景区策划，并报瑞金市政府或旅游部门批准实施。

（30）培训。

**培训得分**　　　　　　　　　　　　　　　　　　　单位：分

| 序号 | 评定项目 | 评定项目说明 | 分值 | 整治前 | 整治后 | 失分 |
|---|---|---|---|---|---|---|
| 7.4 | 培训（20） | | | | | |
| 7.4.1 | 培训制度、机构、人员、经费明确，落实 | 查看年度计划及实施记录，要求对每一位正式员工建立培训档案。定期抽查员工，考察其业务 | 4 | 4 | 4 | 0 |
| 7.4.2 | 年度培训范围 | | 4 | 2 | 4 | 0 |
| 7.4.3 | 质量、营销、安全、导游、卫生、环保、统计等业务培训全面 | | 7 | 2 | 7 | 0 |
| 7.4.4 | 培训效果 | | 5 | 2 | 5 | 0 |
| | 小计 | | 20 | 10 | 20 | 0 |

提升措施：①引进和培养专业人才：实施人才强旅战略，景区经营和管理单位应引进大量的专业旅游管理人才和从业人员，组建一支素质高、业务能力强的人才队伍。②制定员工培训制度：培训制度主要内容包括培训对象、培训机构、培训经费、培训程序、培训要求、培训纪律、建立档案等。③制定年度培训计划和实施方案：把培训工作作为景区综合管理的一项常态工作，年初制定培训计划和实施方案，开展有工作记录，年终有总结，培训工作计划和方案主要内容包括培训对象、培训内容、达标要求、培训方式、培训时间、培训地点、组织机构等。④专项培训：全面开展旅游质量、市场营销、安全、导游、卫生、环保、统计等业务培训。

（31）游客投诉及意见处理。

**游客投诉及意见处理得分**　　　　　　　　　　　　单位：分

| 序号 | 评定项目 | 评定项目说明 | 分值 | 整治前 | 整治后 | 失分 |
|---|---|---|---|---|---|---|
| 7.5 | 游客投诉及意见处理（20） | 查询有关行政管理部门和景区自身记录，酌情给分。近两年内发生重大质量投诉（涉及对旅游者人身侵犯和健康损害的旅游投诉，均视为重大质量投诉），此项不得分 | | | | |
| 7.5.1 | 投诉数量及性质 | 景区现有对游客意见的征集和处理有少量工作，但责任不明确 | 4 | 4 | 4 | 0 |
| 7.5.2 | 投诉处理（10） | | 10 | 5 | 10 | 0 |
| 7.5.3 | 征询游客意见（6） | | 6 | 1 | 6 | 0 |
| | 小计 | | 20 | 10 | 20 | 0 |

提升措施：①完善投诉管理制度：投诉管理制度主要内容包括投诉接待、处理程序、处理办法、记录归案等。②设立投诉机构：游客中心设立投诉处和投诉室，主要

游客集中点、每个景点综合服务处设有投诉信箱、意见本，门票、导游图、服务指南上应印有投诉电话号码。③建立征询游客意见机制：每个季度面向广大游客征询意见，对游客反映较突出的问题进行分析、改进，并进行通报。

（32）旅游景区宣传。

**旅游景区宣传得分**  单位：分

| 序号 | 评定项目 | 评定项目说明 | 分值 | 整治前 | 整治后 | 失分 |
|---|---|---|---|---|---|---|
| 7.6 | 旅游景区宣传（37） | 主要考查近期的宣传情况 | | | | |
| 7.6.1 | 通过国际互联网宣传（21） | 查询与网络服务商的合同，并结合上网检查 | 21 | 2 | 14 | 7 |
| 7.6.2 | 通过电视宣传（10） | 未进行电视宣传 | 10 | 7 | 7 | 3 |
| 7.6.3 | 通过报刊宣传（6） | 未进行报刊宣传 | 6 | 5 | 5 | 3 |
| | 小计 | | 36 | 14 | 26 | 13 |

提升措施：①申请景区网络官方域名，建立中文网站，多语言（2种以上），内容丰富，全面说明景区情况；建有虚拟旅游、官方攻略、视频展示等多功能的官方网站（至少3种功能以上），且建有手机网站。②在国内旅游网站发布景区旅游信息，刊登广告，并通过微博、微信和网络摄影比赛炒作宣传。③制作旅游电视专题片在江西卫视和移动电视传媒播放。④每年到省级以上报刊投放一期专题宣传栏目，通过《江西旅游画报》进行整版宣传，待景区创建AAAA级旅游景区成功专门在《中国旅游报上》进行一次专栏宣传。旅游旺季可在主要客源地市场报刊上进行广告宣传。

（33）电子商务与智慧旅游。

**电子商务得分**  单位：分

| 序号 | 评定项目 | 评定项目说明 | 分值 | 整治前 | 整治后 | 失分 |
|---|---|---|---|---|---|---|
| 7.7 | 电子商务（30） | | | | | |
| 7.7.1 | 查询 | 未实现电子商务体系建设，需要重新建设 | 5 | 0 | 5 | 0 |
| 7.7.2 | 预订（20） | | 20 | 0 | 13 | 7 |
| 7.7.3 | 支付 | | 5 | 0 | 5 | 0 |
| | 小计 | | 30 | 0 | 23 | 7 |

提升措施：

1）电子化提升措施：①建立景区门票预约系统，可通过预约获取门票。②建立智能化电子门票系统，实现门票检验、网上信息传输与决策支持功能，实现动态查询未来特定时间段预计游客接待量。③构架景区预订平台。有条件的与酒店、宾馆、旅行社、旅游商品销售商建立网上预订、票务功能，为游客提供景区餐饮或其他个性化的定制服务。④建有微店、网店等基于移动终端的景区产品预订平台。⑤建立支持二代身份证、二维码等信息凭证的门禁系统或验证设施，景区内消费可通过刷卡消费和可通过移动端支付。⑥建立包含英文等2种语言以上资讯网站，在全国主流旅游网站、主流旅游在线交易平台上，如携程网、途牛网等，设立专题页面或开设专卖店、旗舰店等，开展在线互动营销或活动，投放景区网络广告。⑦景区设立运营正常的微信公共账号、官方微博、百度直达号、支付宝服务窗等景区信息服务平台。

2）智慧化提升措施：①接入江西省"一部手机游江西"游客服务平台，宣传推广平台，数据中心、行业监管平台、延伸拓展平台。实现智慧导游、电子讲解、在线预订、信息推送、智慧找厕、智慧停车等功能全覆盖。②在景区内提供完善的智慧服务。可与国内知名网上的旅游运营商合作开展电子商务，引入智能信息收集系统（如游客统计）等，用于重点游赏区域的游客量统计。建设管理机构自动化办公系统。③在重点游赏区域入口处、大型停车场入口前设置LED显示屏，分别显示当前该区域游览人数、停车场停车位信息，方便游客选择游览景点和停车场。使用无线接入点加美化天线直接覆盖的方式对热点区域如游客中心、休闲娱乐设施等处实现无线网络覆盖。实施景区二维码设计、App设计，智能语音导游系统引入，AR智能系统等建设。④实现GPS车辆监控和调度。⑤在重点游赏区域步行道安装语音广播系统。

（34）社会效益。

**社会效益得分**　　　　　　　　　　　　　　　　单位：分

| 序号 | 评定项目 | 评定项目说明 | 分值 | 整治前 | 整治后 | 失分 |
|------|----------|--------------|------|--------|--------|------|
| 7.8 | 社会效益（16） | | | | | |
| 7.8.1 | 带动当地社会就业 | 目前，浴血瑞京景区的演职人员多为周边村民，对本地的就业和经济带动作用明显，有较好的社会效益 | 8 | 3 | 8 | 0 |
| 7.8.2 | 对当地经济带动作用 | | 8 | 8 | 8 | 0 |
| | 小计 | | 16 | 11 | 16 | 0 |

提升措施：①整理景区本地居民就业情况，形成书面文件。②近三年瑞金市社会效益统计及景区所占百分比等资料备查。③在景区内举办本地招聘会，对于聘用人员进行提前培训，待各个岗位设施完善后保证职工直接入职。

（35）资源和环境的保护。包括空气、噪声、地面水和污水排放等是否达到相应标准，对自然景观和文物古迹的管理，建筑及设施与环境的友好程度等。资源和环境的保护在《细则一：服务质量与环境质量评分细则》中，参评分值为145分，占总分值的14.5%。

资源和环境的保护得分 单位：分

| 序号 | 评定项目 | 评定项目说明 | 分值 | 整治前 | 整治后 | 失分 |
|---|---|---|---|---|---|---|
| 8 | 资源和环境的保护 | 待改进项目：景观、生态、文物、古建筑的保护周边环境整治 | 145 | 71 | 122 | 23 |

空气质量、噪声指标、地表水质量达国家标准，景观、生态、文物、古建筑的保护。

空气质量等的保护得分 单位：分

| 序号 | 评定项目 | 评定项目说明 | 分值 | 整治前 | 整治后 | 失分 |
|---|---|---|---|---|---|---|
| 8.1 | 空气质量 | ①对景区滨河的水体进行清污处理，雨水收集管线有直接排入水体的现象，建议将收集的雨水进行简单处理后再排入 ②建议请当地环保部门对这三项指标进行检测，将相关材料存档备查，视检测报告计分 | 10 | 5 | 9 | 1 |
| 8.2 | 噪声指标 | | 5 | 3 | 4 | 1 |
| 8.3 | 地表水质量达国标规定 | | 10 | 2 | 5 | 5 |
| 8.4 | 景观、生态、文物、古建筑保护（45） | | | | | |
| 8.4.1 | 保护费用投入 | 景区内应有相关的防火防盗保护等制度，明确相关人员职责 以现场检查为主，景区内的景观、文物、古建筑生态系统等保护效果较好 | 15 | 0 | 10 | 5 |
| 8.4.2 | 保护措施（采取适合的保护措施，如防火、防盗、防捕杀、古建筑修缮、古树名木保护等）（15） | | 15 | 5 | 12 | 3 |
| 8.4.3 | 保护效果 | | 15 | 15 | 15 | 0 |
| 小计 | | | 70 | 30 | 55 | 5 |

提升措施：①良好的生态环境是景区赖以存在和发展的基础，在创 AAAA 景区的过程中，应集合旅游管理部门、居民、游客的力量，共同加强景区生态环境的保护和管理。②设立景区生态环保告示牌：在各主要景区入口处和各接待点设置"您已进入景区，环境保护人人有责"的告示进行温情提示。③设立生态垃圾箱：沿主要游览路线，按照 150 米的间距设置垃圾箱，垃圾箱的外观应与景区环境相协调。垃圾分类收集，清扫及时，日产日清。④修建生态旅游公厕：按照半小时游程间距设置生态式公厕，公厕标志应醒目、美观、符合国际惯例。⑤建立垃圾转运站，及时转运景区垃圾。⑥提高景区周边乡镇居民的生态环保意识，使之意识到良好的生态环境不仅可以提高生活质量，而且能带来长期稳定的旅游收入，从而自觉成为景区生态环保的提倡者和拥护者。向游客宣传生态旅游基本知识，加强游客的环保意识，发动游客自觉参与景

区的生态环保工作。⑦提升措施——空气质量、噪声指标、地表水质量。景区要对空气质量、噪声质量、地面水环境质量请专业的检测机构来检测，并出具相关检测报告。⑧加强对景区景观、生态等的保护，每年增加保护费用预算至全年景区门票收入的10%，并提供相应财务证明。⑨完善保护制度和设施，特别是安全、防火制度和设施的完善；同时也要加强景观环境保护。

（36）环境氛围。

**环境氛围的得分**
　　　　　　　　　　　　　　　　　　　　　　　　　　　　　　　　　单位：分

| 序号 | 评定项目 | 评定项目说明 | 分值 | 整治前 | 整治后 | 失分 |
|---|---|---|---|---|---|---|
| 8.5 | 环境氛围（69） | | | | | |
| 8.5.1 | 出入口（20） | 出入口主体建筑基本与景观和谐 | 20 | 8 | 20 | 0 |
| 8.5.2 | 区内建筑及设施与景观的协调性（36） | 区内建筑和周围景观较为协调 | 36 | 23 | 31 | 5 |
| 8.5.3 | 周边环境与景观的协调性（13） | 周边环境和景观较为协调。景区周边依托山体作为景区的缓冲区，环境较好 | 13 | 4 | 10 | 3 |
| 8.6 | 采用清洁能源的设施、设备 | 景区内主要游览方式为步行，此项不扣分 | 3 | 2 | 3 | 0 |
| 8.7 | 采用环保型材料 | 景区内主要游步道及游客中心停车场均在整治后调整为环保型材料 | 3 | 0 | 3 | 0 |
| | 小计 | | 75 | 37 | 67 | 8 |

提升措施：①游客中心要与景区出入口格调相互协调，通过主题景观小品的建设来烘托主题气氛。②景区出入口环境要整洁美观、要有良好的管理秩序，与景区整体氛围相互协调。③景区完善区保护制度和保护措施，完善防火、防盗设施，明确景区人员职责，加大防火、防盗等的资金投入。④对景区外部电线、电缆，以缓冲隔离带隔离起来。⑤景区内各种标语口号要注重文化性、艺术性。商业摊点、游乐设施招牌要进行统一规划设计，要与景观协调。⑥在景区进入的主通道建设两处体现红色文化主题特色的旅游公交站台。⑦裸露的空调外机、室外电力、电信设备，对游客安全造成隐患，材质不够生态，影响环境氛围。建议用生态木框或其他生态材质隔离，保障游客旅游安全。对景区的空调外机、挡车石墩、电箱等进行美化。

2. 细则二涉及内容的提升

通过对浴血瑞京景区的实地考察，参照《旅游资源分类、调查与评价》（GB/T18972-2017），细则二：《景观质量评分细则》的资源要素价值与景观市场价值两大评价项目、9项评价因子共计100分，剖析浴血瑞京景区与国家AAAA级旅游景区存在的差距，进一步提出整改意见。

**《景观质量评分细则》** 单位：分

| 评价项目 | 评价因子 | 4A标准 | 景区现状 | 等级赋值 | | | | 本项得分 |
|---|---|---|---|---|---|---|---|---|
| | | | | I | II | III | IV | |
| 资源吸引力（65） | 观赏游憩使用价值（25） | 观赏游憩价值很高 | 1. 观赏游憩以红色演艺观赏、长征体验、研学和素质拓展等为主 2. 凭借瑞金市红色基因，红色文化氛围浓厚 3. 浴血瑞京景区红色演艺在全国具有唯一性，珍稀和奇特程度高 4. 资源实体体量很大，资源疏密良好 5. 浴血瑞京景区在全国范围内知名度不高，须进行宣传营销，提高知名度 | 25~20 | 19~13 | 12~6 | 5~0 | 22 |
| | 历史文化科学艺术价值（15） | 同时具有极高历史价值、文化价值、科学价值或其中一类价值具世界意义 | | 15~13 | 12~9 | 8~4 | 3~0 | 12 |
| | 珍稀奇特程度（15） | 有较多珍稀物种，或景观奇特，或有国家级资源实体 | | 10~8 | 7~5 | 4~3 | 2~0 | 8 |
| | 规模与丰度（10） | 资源实体体量巨大，或基本类型数量超过40种，或资源实体疏密度优良 | | 10~8 | 7~5 | 4~3 | 2~0 | 5 |
| | 完整性（5） | 资源实体完整，基本保持原来形态与结构 | | 5~4 | 3 | 2 | 1~0 | 3 |
| 市场影响力（35） | 知名度（10） | 全国知名 | | 10~8 | 7~5 | 4~3 | 2~0 | 5 |
| | 美誉度（10） | 有很好的声誉，受到85%以上游客和大多数专业人员的普遍赞美 | | 10~8 | 7~5 | 4~3 | 2~0 | 6 |
| | 市场辐射力（10） | 国内远程游客占一定比例 | | 10~8 | 7~5 | 4~3 | 2~0 | 4 |
| | 主题强化度（5） | 主题鲜明，特色突出，独创性强 | | 5~4 | 3 | 2 | 1 | 3 |
| 总分 | | | | 68 | | | | |

（1）主题性提升。对景区景观进行主题化提升，如增加红色景观小品和装饰等。

1）设置重走长征路项目。沿景区周围山体设置重走长征路体验项目。沿路线设置不同的长征体验点，向游客传播长征文化，体验长征过程中红军遇到的艰难险阻，让游客领会幸福生活来之不易，珍惜生活。①重走长征路：出发集结点。在出发集结点，进行重走长征路开始前动员大会，重走长征路开始前准备工作，如换军装、草鞋、布置任务、纪律讲解、任命职务、领取物资等。②重走长征路：长征故事讲述点。在重走长征路动员大会结束后，组织团员观看一部长征短片、听一次长征故事、唱一首长征主题歌、读一首长征诗词、讲一个长征故事，带团员走进那段在艰难困苦的环境中不懈奋斗，终获胜利的氛围中。③重走长征路：长征生活体验点。打造一个长征生活体验点，带游客走进长征时期，艰苦的生活，例如，用手推车运输物资、野外造饭、推磨、住军营、伤口包扎等，教会游客忆苦思甜，珍惜当下美好的生活。④重走长征路：长征战斗体验点。利用景区现有山体岩洞和地势特点，打造一个战斗体验点，教

195

会游客顽强拼搏和团队协作的精神。⑤重走长征路：长征行军体验点。当年红军长征路上的行军过程，也充满了艰难险阻，利用水田、林地等地形特点，用现代技术手段，模拟长征路上过草地、爬雪山等场景，发扬不怕苦不怕累的精神。

2）塑造"一环多点"的文化景观。增加体验环节，让游客参与红色文化体验，增加景区主题性。"一环多点"：以主园路串联沿路多个文化景观节点，构成景区以红色文化为主线的文化景观体验环线。充分挖掘场地的地域文化特性，通过入口大门、党旗和苏维埃国徽广场等标志性景观构建整体的红色文化框架，烘托红色景区的主题氛围。为此做好以下工作：①夜景提升。提升景区夜景主题，延长景区的可游憩时间，例如，增加有主题文化性的夜间活动和彩灯景观等。②山体瀑布景观提升。③山体投影景观提升。④军事展览馆景观提升。

（2）影响力提升。

1）明确市场定位。①一级核心市场。以瑞金和赣州为主，包括江西省内南昌市、抚州、吉安、鹰潭等区域中心城市及周边城镇，该地区距离景区距离最近，经济较发达，交通方便，同时居民文化素质、政治觉悟较高，居民可支配收入较高，所以该区居民到景区的出游率较高，是景区核心市场。②二级辅助市场。辅助市场定位为长三角与珠三角客源市场。该地区旅游资源与浴血瑞京景区有差异，以红色旅游为契机，大量吸引上述周边地区的客源，从而使其成为景区的辅助市场。③三级潜在市场。核心市场和基础市场以外的市场是景区的潜在市场。依托其优秀的红色旅游资源，以发展红色旅游为契机，在完善基础设施建设的基础上，将景区的人文旅游资源和邻近地区的自然旅游资源有机结合起来，将吸引相当可观的客源来景区参与红色旅游。

2）开展市场细分。综合考虑景区特色，做好景区营销推广宣传工作，提高知名度和影响力。以公务员为主的企事业公职人员市场；以大中小学为主的青少年研学旅游市场；以离退休人员为主的银发市场；基于红色教育、怀旧为主的大众游客市场。

3）提升营销策略。①节事营销。举办各类主题节庆活动，吸引社会对景区的关注。②联合营销。开展城市联动+资源联合等类型的营销活动；与市内红色景区联合营销。③品牌营销。打造特色品牌项目，并通过设立大型标示宣传牌、策划精品休闲路线、媒体宣传等综合举措宣传品牌特色。④智慧营销。在大型网站为浴血瑞京设立宣传网页，在旅游网、政务网进行宣传内容更新等。⑤其他营销。可用广告牌推广、新闻媒体、参加推介会等方式加大浴血瑞京品牌宣传。

4）举办旅游节事。①浴血瑞京研学季。举办时间：寒暑假。举办地点：景区全部范围。活动内容：针对中小学生市场，在寒暑假集中时间开展研学季，一般以接受爱国主义教育、革命传统教育、集体主义教育为主。②红色文创产品展。举办时间在春秋两季。举办地点包括游客中心、度假酒店。活动内容是在春秋两季，举办红色文创产品展览，邀请知名媒体进行宣传报道，扩大影响力。

（3）提升游客满意度。根据数据分析，对照 AAAA 景区要求，明确需要改进和提升的地方。

**景区游客满意度调查问卷发放情况统计**

| 月份 | 发放总数（份） | 回收总数（份） | 有效份数（份） | 回收率（%） | 有效率（%） |
|------|------|------|------|------|------|
| 1 | 50 | 44 | 40 | 88 | 80 |
| 2 | 50 | 46 | 44 | 92 | 88 |
| 3 | 60 | 57 | 57 | 95 | 95 |
| 4 | 150 | 145 | 140 | 97 | 93 |
| 5 | 150 | 150 | 142 | 100 | 95 |
| 6 | 150 | 143 | 142 | 95 | 95 |
| 7 | 150 | 146 | 140 | 97 | 93 |
| 8 | 150 | 145 | 132 | 97 | 88 |
| 9 | 150 | 142 | 132 | 95 | 88 |
| 10 | 200 | 175 | 160 | 88 | 80 |
| 11 | 50 | 44 | 42 | 88 | 84 |
| 12 | 50 | 46 | 45 | 92 | 90 |
| 总计 | 1360 | 1283 | 1216 | 94 | 89 |

1）AAAA 级景区申报要求：①景区游客满意度问卷的发放分数总计 1360 份（每次 30~50 份）。②有效回收率达到 94%（不得低于 80%）。③满意度不得低于 80 分。

**景区游客满意度调查结果分析**

| 内容 | 一般（人） | 较满意（人） | 满意（人） | 总计（人） | 满意比例（%） |
|------|------|------|------|------|------|
| 环境卫生 | 85 | 250 | 961 | 1296 | 74 |
| 讲解与服务 | 92 | 170 | 1085 | 1347 | 81 |
| 售验票服务 | 124 | 278 | 845 | 1247 | 68 |
| 游览内容 | 45 | 140 | 1062 | 1247 | 85 |
| 景区建设 | 58 | 183 | 1095 | 1336 | 82 |

2）AAAA 级景区标准：景区游客满意度问卷征询意见分环境卫生、讲解与服务、售票验票、游览内容和景区建设 5 个方面，通过调查结果分析建设不足之处。①

游客满意度提升措施。可以根据游客意见确定需要改进的方面：①2018 年第一度游客建议：景区项目单一，建议提升档次，开发特色游览项目；景区配套设施不够完善，绿化少，区内卫生间要完善，垃圾箱设置少，附近酒店太少；交通不够便利；建议开发过程中保持原生态，避免过度开发。②2018 年第二度游客建议：景区项目单一，建议增设游客参与性强的项目；景区配套设施不够完善，建议增加餐饮点和特色鲜明的购物点；建议加大景区的宣传和推广力度；加大景区的文化设施建设；增设区内的旅游标识牌和游客问询处。③2018 年第三度游客建议：景区项目单一，建议增设游客参与性强的项目；景区配套设施不够完善，建议增加餐饮点和完善住宿条件；建议加

---

① 注：申报时需完善近 3 年的游客满意度调查统计。

大景区的招商引资力度，开发更多的项目。④2018 年第四度游客建议：开发的项目不够多，建议开发具有文化特色的项目；餐饮点少；指示标牌不明确；加大宣传力度。

# 七、行动计划

创建国家 AAAA 级旅游景区，是全面提升浴血瑞京景区质量、完善景区功能的有效载体。根据 AAAA 级景区评定时间要求，结合景区建设实际情况，倒排时间表，分秒必争，力争 2020 年底促成浴血瑞京景区成功创建为国家 AAAA 级旅游景区。

1. 宣传启动阶段（2019 年 10 月初至 2020 年 1 月初）

加大对国家 AAAA 级旅游景区标准的宣传力度，并于 2019 年 12 月前向旅游部门提交创建实施方案，完成 AAAA 级景区提升规划评审。

2. 创建实施阶段（1 月至 6 月上旬）

成立创建工作办公室，全面动员，分解任务，明确责任，制订计划，依据规划，付诸实施，重点完成生态停车场、游步道、标识系统、旅游厕所改建、游客中心建设和景观提升。4 月中下旬至 6 月上旬，完善硬件设施建设，并着手构建旅游景区管理机构、体系与制度，并设置几个可供游客"游"、"看"的旅游项目。

3. 检查初评阶段（6 月上旬至 10 月中旬）

对照创建标准各创建责任部门抓紧补缺补差，收集整理资料，做好充分准备。同时，举办 2~3 次旅游节庆活动，提升景区影响力。

4. 查漏补缺阶段（10 月中旬至 12 月初）

做好查漏补缺，邀请专家进行现场指导，落实最后的整改工作，重点是健全创建所需规章制度及历史档案，随时准备接受最后的检查评定工作。

# 八、支撑保障

1. 商业策划

完善旅游配套体系，集食、宿、行、游、购、娱于一体，能够扩大景区的旅游接待能力，带来更好的经济效益。一是完善住宿接待体系：研学旅游团队是景区主要的客源市场，研学团队人数较多，因此良好的住宿接待条件极为重要，规划几处高低品质齐全，传统酒店和特色住宿齐备的住宿接待体系。二是完善餐饮服务体系：开发更多的瑞金传统美食和红军长征时期的传统食物，完善餐饮服务体系，吸引游客。三是完善旅游购物体系：随着国货潮的兴起，传统的文创产品越来越受游客欢迎，依据景区主题特色，开发设计特色旅游纪念品。

2. 运营模式

由公司牵头、部门配合、社会参与的旅游产业领导小组，承担旅游综合协调、行业管理、产业规划等任务，建议形成以下组织架构：

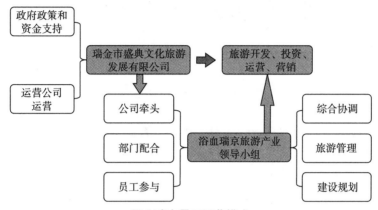

**浴血瑞京景区运营模式**

3. 组织保障

为保证创建工作的高效运行，各项工作有条不紊地快速推进，市政府等相关部门应高度统一并达成一致，建议由市文广新旅局牵头成立浴血瑞京景区创建国家AAAA级旅游景区工作领导小组，以明确组织领导和具体工作，确保浴血瑞京景区成功创建国家AAAA级旅游景区。

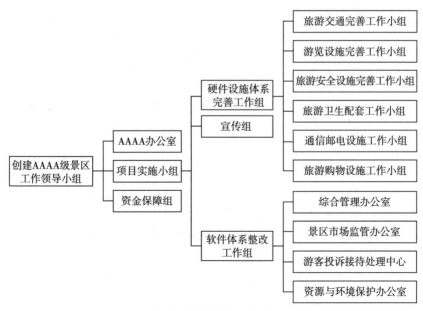

**浴血瑞京景区组织保障**

# 宁都县小布镇红色旅游发展规划
## （2013—2020）<sup>*</sup>

一、分析与解读

1. 规划认识

（1）规格高。小布镇是赣州市委、市政府"三送"（送政策、送温暖、送服务）工作联系点，其总体规划相应地由赣州市旅游局负责聘请规划单位进行编制，这对于乡镇一级的规划尚属少见。

（2）挑战大。首先，小布旅游资源的特色不突出，红色旅游处于"共和国摇篮"景区红色旅游的"灯下黑"局面，资源"同质化"现象严重；其次，小布区位交通存在发展"瓶颈"。以上两因素给此规划带来不小挑战。

（3）政策好。虽然面临较大挑战，但小布旅游业处于历史最好发展时机，可结合旅游业争取原中央苏区振兴中文化、农业、环保等众多优惠政策，这为小布旅游开发带来前所未有的发展契机。

2. 规划总则

（1）规划性质。本规划是小布镇旅游发展总体规划。

（2）规划目的。深入挖掘和整合小布的红色、绿色、古色资源，将发展旅游与推进城镇化相结合，建立旅游引导下的新型城镇化模式，促进小布脱贫致富，并建成著名的红色旅游扶贫示范点。

（3）规划依据。《中华人民共和国城乡规划法》（2007年）；《中华人民共和国水土保持法》（2010年修订）；《中华人民共和国森林法》（2000年修订）；《中华人民共和国水污染防治法》（2008年修订）；《中华人民共和国大气污染防治法》（2000年修订）；《中华人民共和国土地管理法》（2004年修订）；《中华人民共和国环境保护法》（1989年）；《中华人民共和国文物保护法》（2007年）；《旅游规划通则》（2003年）；《江西省旅游条例》（2009年）；《江西省旅游业发展"十二五"规划》（2011年）；

---

* 主要编制人黄志繁、黄细嘉、龚志强、王方、饶频芳、董律等，完成于2013年。

《旅游资源分类、调查与评价》（GB/T18972-2003）；《旅游区（点）质量等级的划分与评定》（GB/T17775-2003）；《国务院关于支持赣南等原中央苏区振兴发展的若干意见》（2012年）；《赣州市旅游"十二五"发展规划纲要》（2011年）；《赣州市旅游发展规划（2005—2020）》（2005年）；《赣州市人民政府关于印发加快培育旅游支柱产业工作意见》（2007年）；《宁都县国民经济和社会发展第十二个五年规划纲要》（2012年）；《宁都县小布镇土地利用总体规划（2001—2010）》；《江西省宁都县小布镇城镇总体规划（2005—2020）》；《宁都县旅游发展总体规划（2003—2015）》。

（4）规划范围。规划涵盖小布镇所辖152.57平方公里，包括小布、大土楼、上潮、树陂、陂下、横照、木坑、徐会、湖家边9个行政村。

（5）规划年限。近期：2013~2015年；远期：2016~2020年。

（6）规划原则。一是可持续原则：在严格保护生态环境的前提下，进行旅游资源开发与旅游服务设施建设，绝不能"竭泽而渔"。二是动态性原则：综合考虑未来旅游发展的不确定性因素，为未来规划的变动预留空间。三是可操作原则：虽然是一个总体规划，但确保规划措施要落地，保障规划的可操作性。四是原生态原则：注重保护景区（点）原有风貌，通过挖掘原汁原味、具有鲜明地方特色的景观来吸引游客，让游客有返璞归真的心理体念。五是特色性原则：小布镇旅游资源与周边区域存在较大同质性，应从特色化出发，以差异性取胜。六是与城镇化相结合原则：以旅游产业的发展带动小布镇的城镇化，通过旅游发展推动城镇化建设，形成"景在镇中，镇在景中"的良性互动。七是"小而精"原则：小布镇旅游资源分布相对集中且覆盖范围不大，要精心设计，使开发的每一个旅游产品都要做到精益求精。

3.认识小布

（1）区位分析。

1）地理区位。宁都县位于赣州市东北部，东邻广昌县、石城县；南靠瑞金市、于都县；西接兴国县、永丰县；北毗乐安县、宜黄县。县城距省会南昌市324公里，至赣州市162公里。小布镇位于宁都县西北部，东临洛口镇、钓峰乡；南邻黄陂镇、大沽乡；西与吉安市永丰县中村乡、上溪乡接壤；北面毗邻东韶乡。距县城63公里，离南昌市295公里，至赣州市203公里，到吉安市155公里，去瑞金市132公里。地理区位评价是：小布镇的地理区位相对偏远，受外界影响较少，遗存较多原生态的自然和人文景观，利于打造原生态的红色风情小镇。

2）经济区位。宁都是赣南粮仓。有耕地76万亩，年产粮食8亿斤以上，占赣南总产的1/5，自古就有"纵使三年两不收，仍有米谷下赣州"之称，是国家首批商品粮基地县，形成了水稻、黄鸡、果业、蘑菇、油茶等农业主导产业和茶叶、烟叶、席草、白莲、花卉、苗木等区域特色产业。全县森林覆盖率71.3%，是全国首批100个生态环境建设示范县之一。随着2012年《国务院关于支持赣南等原中央苏区振兴发展的若干意见》的出台，宁都县经济社会迎来了跨越式发展的极好契机。小布镇以农业经济为主，茶叶、黄鸡、油茶、毛竹为主导的山地特色农业初具规模；工业刚刚起步，对生态环境的影响较少，良好的自然生态环境和小布岩茶、宁都黄鸡、油茶、毛竹等产业初具规模，并具有不小知名度，这对于发展小布旅游业有较大的推动作用。另外，宁都县良好的生态环境以及"发展为先、生态为重"的发展理念，将为小布镇旅游发展提供强有力的支撑。

3）交通区位。①宁都县交通：无铁路也无水运，交通运输以公路为主。石吉高速公路、鹰瑞高速公路贯穿县境7个乡镇，结束了宁都无高速公路的历史。以国道319线、省道5条（新宁线、临宁线、永宁线、赖燕线、丰洛线）为骨干，以县乡公路为大动脉，形成干支结合、纵横交错、辐射邻近县市和周边乡村的公路交通网络。宁都至南昌高速公路，全长约为243公里，将与沪昆高速和泉南高速连通，2013年开建，2015年通车。②小布镇交通：至县城63公里，其中小布到蛇形排段约40公里，路面狭窄只有4.5米，正在拓宽改造，改造完成后小布到县城车程将由1.5小时缩短至45分钟左右。筹建中的宁都至南昌高速公路黄陂出口到小布镇只有17公里。③评价：近期是"瓶颈"、远期可进入性将大大提高。交通是制约小布镇发展的"瓶颈"，但随着小布至宁都县城公路拓宽改造完成和宁都到南昌高速公路的建成通车，珠三角、长三角以及闽三角到小布均只有半日车程，这将是小布旅游发展的突破口。

（2）资源调查。

1）自然资源。①资源丰富。小布境内多为山地，其中栖息着金钱豹、穿山甲等珍稀动物，生长有银杏、香果树、红豆杉、白樟等名贵树种。小布的竹木资源非常可观，有松、杉及杂木林10万亩，活木储积量50万立方米，可年产木材1万立方米；还有毛竹林3万亩，可年产毛竹10万根。花岗岩和稀土等矿产资源储藏量大，尤其是被称为"工业味精"的离子稀土矿储达到10万吨，且品位高，易开采。小布岩茶是江西五大名茶之一，在国内外屡获大奖。②山清水秀。钩刀嘴、庐穆峰、庙龙山、岩背脑瀑布等自然风景区，山势奇伟，古木参天，悬泉瀑布点缀其间，令人神往。风景迷人的田园风光，多条穿境而过的潺潺溪流，如明珠般镶嵌在小布山水间的几座水库，都为小镇增添了别样风情。③气候宜人。小布属中亚热带季风湿润气候区，气候温和，四季分明，日照充足，冬无严寒，无霜期长。年均温度17.3℃，最冷的1月，平均温度6℃，最热的7月，平均温度才27.8℃，是盛夏避暑的好去处。年降水量1591.5毫米，且多集中在4~6月。雨期的相对集中，有利于游客出行。

2）人文资源。①革命遗址。小布是一块有着光荣革命传统的红土地，毛泽东、朱德等无产阶级革命家都在此生活和战斗过，革命遗址数量多，而且保存相对完好。例如，中共苏区中央局和中华苏维埃中央革命军事委员会成立旧址暨毛泽东旧居，朱德旧居，红一方面军总司令部旧址暨中国工农红军第一部无线电台侦察台旧址，中央革命军事委员会总政治部旧址，红一方面军总后方医院旧址，红一方面军总政治部旧址，红一方面军总部旧址，红一方面军总交通队旧址，王净、刘寅同志旧居，苏区军民歼敌誓师大会旧址，公审张辉瓒大会旧址，小布设伏战场遗址，苏区军民庆祝第一次反"围剿"胜利大会遗址，红军第一支无线电通信队成立及第一期无线电训练班开班遗址，红四军军部旧址，红一方面军第 12 师师部旧址等。这些革命遗址有的已列入国家级文物保护单位，是进行爱国主义教育的重要基地。②历史建筑和设施。小布是宁都县最早的边陲建制乡之一，有许多古建筑遗存。如始建于嘉庆年间的塔下墟和小布墟建筑群、小布古街、韶坊民居建筑群、陂下王氏宗祠、孝川木门等一批颇具特色的古建筑，均保存较为完好。③宗教旅游资源。小布境内散布着众多庙宇。如小布和小塔万寿宫、下潮和源头的真君庙、木坑的天一庵、徐会的铲头庵、湖家边的婆太庙、陂下的水口寺和普门寺、庙龙山上的祥云寺、横照的龙头寺、大土楼的瑞云寺、树陂的松林寺等庙宇，每到特定的节日都有丰富多彩的民俗活动。

（3）资源评价。

1）旅游资源定量评价。根据国家标准（GB/18972-2003），在小布镇主要旅游资源的实地调研和文献资料分析的基础上，对主要旅游资源进行评分定级，按照观赏游憩使用价值（25 分）、历史科学文化艺术价值（20 分）、珍稀奇特程度（14 分）、规模和丰度（8 分）、完整性（5 分）、知名度和影响力（10 分）、适游期或使用范围（5分）、环境保护与环境安全（3 分）等不同评价项目进行赋分评价，结果共有特品级旅游资源 2 个：中共苏区中央局和中华苏维埃中央革命军事委员会成立旧址暨毛泽东旧居、红一方面军总司令部旧址暨中国工农红军第一部无线电台侦察台旧址，四级、三级优良级旅游资源 15 个（略），普通级资源 15 个（略）。

2）旅游资源定性评价：①就一个镇的范围而言，旅游资源种类比较丰富。小布镇自然旅游和人文旅游资源较为丰富，景观类型也比较齐全。山峦、溪流、瀑布、洞水、层林令人流连忘返；古镇、古村、古街、古庙使人目不暇接；中共苏区中央局和中华苏维埃中央革命军事委员会成立旧址暨毛泽东旧居、朱德旧居、红一方面军总司令部旧址暨中国工农红军第一部无线电台侦察台旧址、中央革命军事委员会总政治部旧址、红一方面军总后方医院旧址等革命传统教育和红色旅游资源丰富多样。②总体资源质量较高，尤其是红色资源优势比较突出。从小布镇旅游资源的定量评价中，可以看出，小布镇的旅游资源不仅优良级旅游资源较多，并且拥有自己的特色。以万寿宫为中心的小布古街风貌别有一番风味；以中国工农红军第一部无线电台侦察台旧址为代表的红色资源具有一定的独特性，且大部分为原物，这是周边其他红色旅游地缺乏的；以钩刀嘴瀑布为典型的绿色资源，风景秀丽可谓是天然的氧吧。③旅游资源空间分布合理。小布镇的旅游资源散布在辖区内的 9 个行政村，各具鲜明特色，形成资源互补，其中红色资源又相对集中。从区域角度而言，小布与黄陂、县城梅江镇以及瑞金等地的"反围剿"红色旅游资源形成互补，可优化整合形成"反围剿"旅游产品或线路，加强区域间合作，促进共同发展。④周边同质的红色资源众多，必须强调竞合发展理念。虽然小布镇拥有红色、绿色、古色等多种旅游资源，但其特色资源还是以红色为主。周边地区有红都瑞金和革命圣地井冈山，还有闽西龙岩、长汀等地的红色资源，是小布镇红色旅游的主要竞争对手。这就要求小布镇采用内强外联、竞争合作的策略。从内部而言，就是要合理组合旅游资源，充分发挥自身拥有绿色生态的田园风光以及古色古香的老街庙宇优势，构造独特的旅游产品。从外部来讲，则要利用交通发展的后发优势，与井冈山、瑞金、闽西龙岩和长汀等构建红色旅游的区域联合体，互惠互利，共同促销，从延长旅游线路、游客消费增加共同效益。

3) 评价结论。①旅游资源多样性较为显著。小布镇的旅游资源，类型较为齐全，具备多样性的特点。低山丘陵景观系列（钩刀嘴、岩背脑、庙龙山等）、革命胜迹系列（中共苏区中央局和中华苏维埃中央革命军事委员会成立旧址暨毛泽东旧居、朱德旧居、红一方面军总司令部旧址暨中国工农红军第一部无线电台侦察台旧址等）、民居景观系列（小布古街、韶坊古村等）、宗教文化系列（万寿宫、天一庵、祥云寺、太婆庙等）、土特产和风味佳肴系列（小布岩茶、三黄鸡等）民俗和民族文化系列（庙会习俗、半班戏等）。②生态旅游资源有一定的优势。小布气候温暖湿润，水源丰沛，森林覆盖率高，山青水碧，工业污染轻，为发展生态旅游提供了优良的资源基础。③自然与人文旅游资源的互补性强。小布镇群山环抱，溪流纵横，加上革命传统文化与历史人文积淀厚重，形成了众多的山水人文合一的景观。如岩背脑瀑布就是江西军区司令员李赐凡牺牲的地方，可让游客在体验自然山水风光的同时接受革命传统的教育；祥云寺位于妙龙庙巅，客人饱览奇石怪松自然风光的同时又能聆听到动人的民间传说。④资源分布比较集中，易于串联成线。小布旅游资源分布的特点是：以小布村红色和古色资源为中心，其他绿色资源和宗教民俗资源围绕小布村成放射状分布。小布村红色资源与古色资源集中，形成以小布河为界一河两岸红色与古色资源分列两岸的格局。同时，可与其他行政村的各旅游资源点借助于交通网络可形成连点成线、连线成网的线路结构，易于形成对外促销招揽、客人实地享受的旅游环线。另外，借助将在近年修建完成的高速公路及铁路网络，小布镇将与井冈山、瑞金、闽西等红色旅游景区构成更大的红色旅游圈。

(4) SWOT 分析。

1) 优势（Strengths）分析。①资源优势。生态旅游资源丰富，并且保持较好的原生态风貌，为小布镇的旅游开发提供了良好的基础。从小布镇旅游资源的定量评价中，可以看出，不仅优良级较多，并且拥有自己的特色。以万寿宫为中心的小布古街风貌别有一番风味；以中国工农红军第一部无线电台侦察台旧址为代表的红色资源具有一定的独特性，且大部分革命遗址为原物，这是周边其他红色旅游地所缺乏的；以钩刀嘴瀑布为典型的绿色资源，风景秀丽，还是天然的氧吧。总之，与周边区域横向比较，小布镇旅游资源具有一定优势，尤其是红色旅游资源，不管是红色历史文化还是遗址建筑遗存，均具有一定的独特性，整体上具有统一的红色风情。②后发优势。小布镇因为地理位置偏僻，很多旅游资源都未经大规模开发和利用，随着可进入性的逐步提高，旅游发展具有较强的后发优势，这将为今后的旅游实现跨越式发展奠定基础。③区位优势。小布镇属于原赣南等中央苏区的核心区域，随着近年来红色旅游的持续升温，有利于小布镇红色旅游市场的拓展。

2) 劣势（Weaknesses）分析。①内外部交通有待提升。从外部交通来看，小布镇所属的宁都县还未直接对接全国的高速公路网络；从内部交通而言，目前小布镇各旅游资源集中点之间多为低等的村级公路。这种交通状况极大制约小布镇旅游的快速发展。②旅游服务设施严重不足。小布镇服务设施少、档次低，难以满足未来旅游发展的需求。③旅游目的地形象定位模糊，市场认知度差。小布镇作为中央苏区的摇篮，至今没有形成一个具有影响力的旅游品牌，在江西知名度不高。

3）机遇（Opportunities）分析。①政府重视。2012 年 6 月，国务院下发了《关于支持赣南等原中央苏区振兴发展的若干意见》，将赣南等原中央苏区红色旅游列入国家旅游发展战略，支持红色旅游基础设施建设，这将为小布镇的红色旅游带来前所未有的历史机遇。赣州市对小布镇的发展特别重视，这也是小布镇旅游发展的一次难得契机。②经济机遇。国务院支持赣南等原中央苏区振兴发展的重大部署，将为小布镇的旅游提供新的发展空间。③交通改善。宁都至南昌高速公路，全长约为 243 公里，将与沪昆高速和泉南高速连通，预计在 2013 年内开建。这条高速公路的建成将为小布的旅游提供强劲的引擎。

4）挑战（Threats）分析。①同质化竞争严重。瑞金、井冈山、闽西等地的红色旅游资源，使小布镇的旅游开发存在激烈的市场竞争。②资金问题。小布镇旅游开发需要大量的资金投入，成功招商引资是一大挑战。③开发与保护矛盾。如何把握好旅游开发与小布镇生态保护的度，主要涉及两个层面：其一，开发建设要注意把握开发强度，一定在景区生态承受的范围之内；其二，景区开发要同时考虑到居民日常生活的便利。

（5）任务解读。在对小布镇旅游开发条件进行分析的基础上，同时深入研究我国旅游业发展趋势及区域旅游发展现状，在面临区位交通不佳、同质竞争激烈、开发基础差等系列问题的情况下，小布镇的旅游发展必须解决以下四大任务。

1）主题定位。旅游主题不鲜明是制约一个地方旅游发展的重要因素之一。对小布旅游发展进行主题定位是当前首要任务。小布镇旅游资源丰富多样，确定一个旅游发展主题是关键。根据小布自身旅游资源特色，综合分析周边区域竞争环境和未来旅游市场需求趋势，构建一个特色突出、文化性强、市场受欢迎的旅游主题。规划组认为，应选择红色旅游作为小布旅游发展主题。

2）项目创意。红色旅游在全国各地遍地开花，创意性的红色旅游项目才是小布未来旅游发展主题的重要支撑。结合区内古色、绿色旅游资源，突破现有纯观光考察式的红色旅游开发模式，通过风情式打造，设计参与性、体验性、娱乐性强的旅游项目，是本景区的重要任务。

3）环境营造。环境是旅游发展的重要基础，规划组认为旅游开发的重要环节是对环境、景观进行设计营造，好的环境必将吸引游人前往。因此，小布旅游发展，既要注重对景区（点）内的环境景观营造，还要重视对非游览区即小布镇整体环境的打造。

4）产业模式。探索景区开发和发展模式是重要保障。作为以红色旅游为主题的综合性旅游区，如何将旅游产业发展与城镇化建设融合起来，如何将红色旅游与现代市场需求结合起来，如何将传统民俗文化与现代休闲元素结合起来，开发受市场欢迎的旅游项目，如何对乡村社区旅游发展进行管理，值得探索和总结，并为其他景区提供参考和借鉴。

# 二、战略与理念

1. 指导思想

以党的十八大精神为指导，紧紧抓住建设美丽中国、富裕和谐秀美江西、山川秀美新赣南的重要战略机遇，积极策应宜居生态宁都的决策部署，依托小布镇丰富的红色、绿色、古色旅游资源，整合全镇乃至宁都县的资源要素，借助中央苏区振兴和赣南红色旅游扶贫示范区创建的带动力，结合新农村、城镇化等工作，运用新理念、新思路和新方法进行旅游项目策划，努力挖掘客源市场潜力，把小布镇建成集红色风情体验、民俗文化休闲、山水观光运动、田园养生度假为一体的特色综合性红色风情小镇。

2. 规划理念

（1）新型城镇化。旅游引导的新型城镇化包括：现有大型城市的扩张与升级，中小城镇特色化发展，产城一体化项目开发与非建制性旅游城镇化，新农村社区建设四大方面。小布镇旅游开发应以旅游小镇、旅游新农村社区为依托，形成新型的、更加完善的城镇化体系。

（2）镇景一体化。很多红色旅游景区景点实际上是城市的一部分。它要和街区、城市相结合，就要跟街区的发展、城市的发展结合，即景城一体化。而且红色旅游的发展必须依托城市和中心城镇完善的基础设施和服务设施，为旅游者提供全方位、多方面的服务。因此，从这个角度来说，红色旅游的发展必须与城市建设和旅游小城镇建设相结合。红色旅游和社会主义新农村建设存在着天然的契合关系。发展红色旅游有利于解决好农村剩余劳动力转移和就业，提高农业的附加值，增加农民经济收入，更在于能为贫困人口创造提高文化科技素质的机会和条件，进而推动新农村建设的步伐。

（3）村镇风情化。小布圩镇的开发，应突破千篇一律的现代城镇的建设模式，要体现区域文化特色，通过景观营造和项目开发，凸显红色风情和民俗风情特色。

（4）乡村社区化。将旅游发展、城镇建设、乡村建设、扶贫开发的理念有机融合，通过发展旅游业，将乡村建设成特色旅游村镇，旅游产业以社区合作社发展模式为主。

（5）建设景观化。环境和景观是旅游发展的基础。小布旅游项目和基础设施的建设，一方面，要突出本地区域文化特色；另一方面，要将各工程建设当作一处景观进行打造。

（6）产业集群化。一方面，旅游业要以泛旅游产业为理念和准则，加强旅游业与其他相关产业的融合；另一方面，形成旅游产业的聚集、集成与集群化，由此带动区域经济整体发展。

3. 规划构想

（1）一个目标：将小布镇建成集红色风情体验、民俗文化休闲、山水观光运动、田园养生度假于一体的特色综合性红色风情小镇。

（2）两个创新：突破传统城镇化理念、创新边缘区旅游开发模式。

（3）三个协调：注意景区规划与相关规划、旅游业与相关产业、本旅游区与其他旅游区之间的协调。

（4）四个统一：即旅游资源的开发、保护、发展的统一；资源条件、市场需求、产品特色的统一；硬件配套、软件开发、市场化运作的统一；经济效益、社会效益、环境效益的统一。

（5）五组关系：一是各种相关利益主体（政府、投资商、社区居民、旅游者）的统筹和多赢发展关系；二是人与自然的统筹关系；三是景区与社区的统筹关系；四是本景区与周边景区的统筹关系；五是旅游业与相关产业的统筹关系。

（6）六个重点：一是红色、古色人文资源和生态环境的开发与保护；二是红色旅游、民俗旅游和山水旅游重点项目的打造；三是 AAAA 级景区标准的基础设施的建设；四是社区居民的科学管理和就业；五是村镇景观的营造；六是景区的经营管理。

（7）七个原则：一是市场引导、政府辅导、企业主营原则；二是资源依托原则；三是凸显特色原则；四是统筹协调原则；五是循序渐进原则；六是可持续发展原则；七是可操作性原则。

4. 发展战略

（1）空间战略：珍珠串联、相互带动。小布镇的交通主轴线大体上呈现南北走向，各主要旅游资源均分布于南北交通线的沿线，鉴于此，小布旅游业应采用"珍珠串联、相互带动"的空间发展战略，通过交通主干线以点连线、以线带面，带动小布旅游全面发展。

（2）开发战略：风情营造、特色取胜。小布镇有丰富的红色、绿色和古色旅游资源，但与周边区域旅游资源仍具有同质性。因此，小布旅游开发要运用创新开发理念，对全镇进行风情营造，结合新型城镇化和美丽中国建设，出精品、做特色，做到"人无我有，人有我优，人优我特，人特我新，人新我精，人精我全"。

（3）产品战略：红色领跑、双轮驱动。虽然拥有红、绿、古等多种旅游资源，但小布旅游应将红色旅游作为区域旅游业的龙头，将其作为全镇旅游业发展的"引擎"，乡村民俗旅游、山水生态旅游产品是"双轮"，即红色旅游带动乡村民俗旅游和山水生态旅游这"双轮"转动，以促进全镇旅游业整体快速发展。

（4）保护战略：有序开发、持续发展。保护是开发的前提，这是任何旅游地开发必须遵循的战略。小布镇旅游开发必须在严格保护各种资源的前提下，遵循旅游业发展规律，根据市场需求特征，对区域内各资源进行合理安排和有序开发，以促进旅游业可持续发展。

（5）合作战略：产业联动、区域互动。一方面，加强农业、林业、商业、手工业、娱乐业等与旅游业的产业联动，相互促进，共同发展；另一方面，加强与宁都县其他乡镇及永丰、乐安等周边区域的资源整合，进行产品互动、线路互动、客源互动、政策互动。

（6）经营战略：企业主力、社区联营。旅游产业的日常经营管理理念、方式和战略也是当地旅游规划与开发的重要内容之一。应在政府引导的基础上，引入现代企业经营机制，以企业作为旅游经营的主体和主要力量，同时合理运用好当地社区和居民的力量，进行合作式经营。

# 三、主题与定位

1. 发展主题

根据小布旅游资源特色，综合考虑各类旅游资源的重要性程度，根据小布旅游发展未来部署，在以市场需求为导向的前提下，将"风情营造"的开发主体理念贯穿始终，将小布旅游定位为"红色风情小镇"的发展主题，同时包括民俗文化体验（民俗风情）、山水观光运动（山水风情）、田园休闲度假（田园风情）三大配套主题。

（1）核心主题：红色风情小镇。依托丰富的红色旅游资源，与城镇化建设结合起来，通过红色体验项目、红色风情建筑、环境意境营造等方式，将小布打造成红色风情小镇，以此作为小布旅游最核心的发展主题。

（2）配套主题一：民俗文化体验（民俗风情）。依托万寿宫、鱼行古街、宗祠建筑以及丰富的民俗活动，通过策划体验性、参与性、趣味性的旅游项目，开发系列民俗文化体验项目。

（3）配套主题二：山水观光运动（山水风情）。依托钩刀嘴、小布河、岩背脑瀑布等山水资源，策划登高览胜、瀑布探源、竹林漂流等系列项目，开发山水观光运动主题产品。

（4）配套主题三：田园休闲度假（田园风情）。依托区内优美的田园环境和小布岩茶茶园，开发生态农业观光、乡村生活体验、乡村田园度假、生态茶园休闲等系列主题产品和项目。

2. 规划目标

（1）总体目标。将小布镇建成集红色风情体验、民俗文化休闲、山水观光运动、田园养生度假为一体的特色、综合性红色风情小镇。

（2）建设目标。

1）近期（2013~2015年）：对旅游发展主题、旅游主题形象进行定位，提高旅游知名度，提升小布红色旧址群等项目开发，完成万寿宫、鱼行古街、钩刀嘴竹林漂流等重点项目开发，完成旅游公路、旅游集散中心、钩刀嘴登山游步道等旅游基础设施建设。

2）远期（2016~2020年）：到2016年，完成小布圩镇旅游区的整体建设，并成功创建国家AAAA级旅游景区；完成民俗文化体验、田园休闲度假等系列产品和项目建设，进一步完善和提升钩刀嘴山水生态旅游区建设；另外，对各大项目进行完善提升，完善各配套辅助项目建设，加大区内各景区（点）互动合作，提高小布镇旅游整体竞争力。

（3）产业目标。

1）近期（2013~2015年）：2012年全镇游客人数2万人次左右，近期处于刚起步阶段，游客增长速度较慢、消费水平较低，按25%计算，到期末（2015年），年接待游客约4万人次，按人均消费200元/人计算，旅游收入约800万元。

2）远期（2016~2020年）：期内随着南昌—宁都高速公路的通车，加上一些重点项目已建成开业，旅游产品进一步完善，游客接待量将保持较快增长，旅游消费将大幅提高，按年均增长30%计算，到期末（2020年），年接待游客约15万人次，按人均消费400元/人计算，旅游收入达到6000万元。

（4）产品目标。将小布镇建成全国知名、江西著名、赣南典型的红色风情小镇，江西旅游小镇的代表，江西著名的红色历史文化名村，江西红色旅游扶贫示范点。

3. 形象定位

（1）主题形象。根据小布镇旅游资源特色，综合考虑其未来旅游发展战略部署，将小布旅游主题形象定位为：

苏区摇篮，风情小布

（2）宣传口号。

多彩小布，万种风情

小布：给你一个浪漫的理由

小布，色彩斑斓的漫步

4. 功能定位

小布镇旅游发展的功能定位包括风情体验、爱国主义教育、观光游览、休闲度假、户外拓展五大功能。

5. 战略定位

从不同层次，对小布旅游发展战略定位进行分析。

（1）国内战略定位：全国知名的红色风情旅游小镇。

（2）省际战略定位：江西著名红色风情小镇、知名红色旅游目的地。

（3）区域战略定位：原中央苏区区域重要旅游节点、宁都乡村旅游的突破口。

（4）基础战略定位：文化风情休闲小镇、山水乡村观光度假。

# 四、空间与布局

1. 区域空间分析

小布镇位于宁都县西北面，从区域空间布局分析，其空间结构主要呈现以下特征。

（1）交通轴南北走向。镇域空间地形呈现南北长条形状，其交通主轴线经过上潮—树陂—陂下—小布—大土楼—横照—木坑—湖家边等村，大体上呈现南北走向。

（2）资源呈串状分布。钩刀嘴、花果山茶园、万寿宫、红色旧址群、韶坊宗祠群以及众多宗教寺庙等主要旅游资源大多分布于南北交通主轴沿线，呈现串状分布。

2. 空间意象分析

通过对小布镇区域空间结构进行分析，小布未来旅游发展空间和区域主要集中在南北交通轴线上，好比一个个"珍珠"分布。因此，将小布旅游发展空间意象理解为"珍珠链"串状分布。

3. 总体空间布局

在对小布镇资源调查的基础上，通过对小布地域空间进行分析，结合未来旅游发展定位，小布镇旅游发展总体空间布局可概括为"一核带两极串五区"的"珍珠链"状空间布局。旅游发展空间意象理解为"珍珠链"状分布。

（1）一核。即一个旅游发展核，是旅游发展的核心，即小布旅游以圩镇作为其旅游发展的核心，包括旅游集散中心和风情小镇的建设，以此带动全镇旅游发展。

（2）两极。两个旅游发展极，是旅游发展的带动点，其地位仅次于旅游发展核，即小布以钩刀嘴和花果山茶园作为旅游发展极，通过旅游发展核带动旅游发展极，进一步，串联五个功能区。

（3）五区。

1）风情小镇休闲区（红色风情、古镇风情）。范围选址：小布村、圩镇、大土楼。功能产品：红色风情体验、万寿宫民俗体验、古街风情体验。开发思路：依托众多的红色旅游资源以及万寿宫、鱼行古街等古色旅游资源，通过红色风情和古色风情的打造，结合参观、购物、娱乐等产品，将小布圩镇开发成一个特色风情小镇。

2）山水观光运动区（山水风情）。范围选址：以钩刀嘴为核心的区域。功能产品：山水观光、竹林漂流。开发思路：依托钩刀嘴、岩背脑瀑布以及漂流河段，开发瀑布观光、登山体验、漂流体验等观光运动旅游产品。

3）生态田园度假区（田园风情）。范围选址：以孝川、丁塘巷、花果山茶园为核心的周边区域。功能产品：田园休闲度假、茶园观光体验、农事生活体验。开发思路：依托区内良好的田园、茶园环境意境，结合现代休闲度假元素，开发田园休闲度假和茶园观光休闲两大主题项目。

4）民俗文化游览区（客家、古村风情）。范围选址：横照、木坑、湖家边村。功能产品：民俗体验、宗教文化考察、古建鉴赏。开发思路：依托区内众多宗祠古建和宗教寺庙旅游资源，深入挖掘客家民俗风情文化内涵，开发客家风情体验、宗教文化考察和古村观光游览等旅游产品。

5）景区预留发展区。范围选址：上潮、树陂、徐会村。功能产品：生态环境保育。开发思路：将此部分区域作为未来小布旅游发展的预留空间，以满足其可持续发展需求。

# 五、项目与产品

1. 项目设计

（1）风情小镇休闲区。依托红色旧址群、万寿宫、鱼行古街、小布河等资源，同时结合现代休闲元素，对其进行整体包装打造，将其打造成红色风情休闲小镇，同时兼具古色民俗风情，具体项目如下：

1）小布英雄纪念碑。在小布河旁的山顶，即当年毛泽东召开誓师大会的讲话地点，树立小布英雄纪念碑，纪念碑要高品位、高起点进行设计，高度为19.30米（代表誓师大会召开的时间），并作为小布的标志。

2）誓师广场。对誓师广场所在地的小布河滩麻糍石，只需进行适当修整，即可展露誓师广场场景。修整时尽量保持原有自然和生态风貌，尤其是加强对自然河岸、古树、田地的保护，切忌进行过多人工驳岸处理。在河岸树立一"誓师广场"标识牌，显示誓师广场的位置，以及向游客介绍誓师广场相关情况。

3）红军广场。①项目选址：毛泽东旧居左前方区域。②开发思路：旧居左前方有3~4栋现代民居建筑，不仅阻挡了旧居的景观视线，而且不利于红色板块与古色板块的互动连接。鉴于此，将其拆除，建设红军主题的文化休闲广场，一方面，有助于游客集散和景观上的连续；另一方面，有利于红色板块与古色板块的连接。③具体项目：一是伟人雕塑群。历史上，毛泽东、朱德、项英等老一辈革命家在小布战斗过。按照在小布时期的形象，请著名艺术家设计伟人雕塑群，结合广场景观需要，分布于广场合适位置。二是红军主题雕塑。在广场中心位置设计一红军主题雕塑，作为整个红军广场的标志性景观。三是反"围剿"浮雕群。结合园林景观设计，在红军主题雕塑四周设计反"围剿"浮雕群，整个浮雕群由四个弧形组成，呈圆形分布。

4）中共苏区中央局、中华苏维埃中央革命军事委员会成立旧址（含毛泽东旧居）。①开发思路：在加强建筑保护修缮的基础上，充实室内布展内容，充分运用现代光、声、电技术，进一步提高布展品质。另外，完善现有标语墙的保护，将保护盖的铝合金边框更换成原木材料，与整体建筑风格协调统一。②具体项目：一是毛泽东蜡像，在室内设立毛泽东整理《兴国调查》、《寻乌调查》的蜡像。二是"苏区摇篮"布展，以高标准、高品位，采用现代光声电技术，就小布镇对中央苏区的创建所做的贡献和地位以及毛泽东在小布时期的工作进行布展。三是中共苏区中央局展厅。单独设立中共苏区中央局布展厅，介绍1931年1月15日中共苏区中央局在小布成立的情况以及对中央苏区的影响，突出小布在中央苏区时期的重要性。四是中央革命军事委员会展厅。单独设立中央革命军事委员会布展厅，介绍1931年1月15日中华苏维埃中央革命军事委员会在小布成立的情况以及对中央苏区的影响，突出小布在中央苏区时期的重要性。

5）中华苏维埃中央革命军事委员会总政治部旧址。①开发思路：在加强对建筑和室内标语保护的基础上，针对中华苏维埃中央革命军事委员会总政治部进行布展。②具体项目：一是室内布展。利用现代光、声、电技术，结合文字、图片、影像等方式，对中华苏维埃中央革命军事委员会总政治部在小布、黄陂及周边地区的发展进行有针对性的介绍。二是标语保护，可参照毛泽东旧居的标语保护方法，在此基础上加以完善，如将保护盖的铝合金边框更换成原木材料，对其室内大量的标语群进行保护。

6）标语墙。对中华苏维埃中央革命军事委员会总政治部旧址旁有标语的建筑加强保护性修复，并在旁边另建一乡土建筑的墙面作为专门的标语墙，安排"红军"写标语，再现当年红军写标语的情景。

7）红色电波。①项目选址：第一部无线电侦察台旧址；②开发思路：以第一部无线电侦察台旧址——龚氏家庙为依托，拓展为红色电波项目，在对现有图片文字布展的基础上，新开发包括电台雕塑、无线电现场展示、莫尔斯电码体验、红色"无间道"等体验性、参与性项目。③具体项目：一是无线电现场展示，一方面，通过文字、图片、音像、现场示范等方式展示无线电的产生、发展及技术原理；另一方面，展示无线电技术的应用，包括电报、广播、电视、电话、导航、雷达、加热（微波炉）等领域。二是红色电波雕塑，以第一部电台为原型，在旧址门前设立雕塑，取名为"红色电波"。三是红色"无间道"，以无线电战争主题电视电影为素材，展示革命战争年代中共地下党员与国民党情报人员的"无硝烟"的"无间道"式的斗争故事。四是莫尔斯电码体验，教授游客学会部分简单的莫尔斯电码和电报机的简单使用，让游客参与、体验发电报和接电报的乐趣。

8）朱德旧居。将旧居内的居民迁出，对朱德旧居包括王净旧居、刘寅旧居等进行修缮，对房间内部进行装修完善，对院内环境进行整治，对室内布展进行提升，对现有图片文字布展进行更新，增加现代光声电技术，提升布展标准和品质。

9）公审张辉瓒遗址。恢复公审张辉瓒的遗址，竖一标牌介绍相关情况。

10）红军食堂。①项目选址：小布河沿岸。②开发思路：在小布河沿岸选择一合适民居，按照"青墙黛瓦+马头墙"的乡土建筑风貌进行改造，按照当年红军食堂的场景，如长板凳、长桌子、标语等，向游客提供红军食谱菜肴，打造特色红军风情餐馆。③具体内容：一是风情营造。按照"青墙黛瓦+马头墙"的乡土建筑风貌仿造，内部装修装饰体现苏区时期特征，如长板凳、长桌子、乡土碗筷、标语等元素；服务员均穿着红军式服装；游客吃饭前唱红军歌曲、喊红军口号。二是红军食谱，餐馆食谱大多为红军时期的主要菜肴，但经过一定改良，既体现红军时期特征，又能满足现代人口味需求。三是红军服务标准，建立红军服务标准，在餐馆提供红军式服务，包括红军服装、红军用语等。

11）四季田园。项目选址：朱德旧居对面和中华苏维埃中央革命军事委员会总政治部旧址对面的田园。开发思路：为了迎合市场四季旅游需求，在四季分别种植不同农作物，营造四季有景的田园风光，如春天种植油菜花、夏季种荷花、夏秋季种植水稻、冬季种植红花草。

12）万寿宫。一方面，对万寿宫建筑内外进行修缮和完善；另一方面，将周边破旧建筑进行完善和修复，加强与万寿宫和戏台这两大本体建筑的协调统一。

13）万寿宫广场。在万寿宫正前方沿河区域，建造万寿宫广场，供游客休闲、游憩，广场以古代园林建造手法进行设计建造，与小布古镇风情相协调。

14）永安桥。在小布河恢复修建永安桥，连接万寿宫古色风情板块和红色风情板块。

15）鱼行古街。对鱼行古街进行保护性修缮修复，一方面，尽量恢复古街原貌，还原当年商铺林立的场面；另一方面，融合现代休闲元素，将其打造成集餐饮、茶吧、购物、娱乐等于一体的文化街区，与万寿宫、广场、酒楼古街等连为一体，其中茶吧与酒楼古街的酒吧形成对应。

16）酒楼古街。对现有酒楼古街进行保护性修缮修复，恢复古街原貌，将其打造成客家风情酒吧一条街，酒吧内外装修装饰体现古色古香风貌，融入客家文艺元素，与鱼行古街发展主题区别开，并与万寿宫、广场、鱼行古街等连为一体。

17）陈家土楼。陈家土楼保留着一张旧照片，可按照照片风貌，恢复陈家土楼，开发成特色客家土楼主题酒店或餐馆。

18）红军大酒店。项目选址：旅游集散中心；档次标准：三星级；开发思路：按照小布本地传统乡土建筑风格进行设计，酒店外部装饰和内部装修体现苏区、红军等元素，酒店设施、项目和环境按四星级标准进行设计。

19）小布河。结合红色风情和古镇风情，将小布河作为景观轴线和休闲场所进行整体式开发：第一，加强对小布河卫生环境整治，保持水质优良；第二，切忌用水泥对河岸进行垂直驳岸，建议采用自然麻石、鹅卵石等进行分级式驳岸，营造自然生态风格；第三，在沿河修建双向临水下沉式游步道，形成休闲游步道。

20）祥云寺。修建登山游步道，一方面，进行人工植被抚育，营造优美山地景观，恢复庙灵山10景；另一方面，对祥云寺进行修缮，远期进行扩建，完善寺庙其他功能建筑，包括山门、钟鼓楼、天王殿、大雄宝殿、佛塔等。

（2）山水观光运动区。

1）钩刀嘴。将钩刀嘴开发成集登山运动、瀑布探源、山地观光、自然养生于一体的山水生态旅游区，包括修建登山游步道、观景亭、休憩亭等设施。

2）红军瀑布。将岩背脑瀑布更名为红军瀑布。第一，在合适位置修建观景台，供游客拍照、观瀑布；第二，为控制水量，在上游建造拦水坝，以保证枯水期瀑布水量；第三，在岩壁合适位置镌刻"岩背脑"等字。

3）竹林漂流。项目选址：石示下河。项目主题：竹林漂流、茶园漂流、田园漂流。开发内容：对石示下河上游至小布岩茶茶场约3公里的河段进行整治，对沿河两岸的竹林、茶园、田园等环境进行营造和美化，建设起点站房、终点站房等设施。

4）红军训练营。项目选址：钩刀嘴。开发思路：结合山地拓展项目，融入当年的红军训练项目，针对公务员、青少年和户外拓展市场，开发集拓展、训练、营地等于一体的综合性训练拓展产品，建立户外拓展基地、公务员吃苦体验基地、青少年素质拓展营地，具体见主题项目策划。

5）森林浴场。项目选址：钩刀嘴山腰合适区域。开发思路：森林浴即沐浴森林里的新鲜空气，通过修建木栈道、鹅卵石游步道、游憩亭、休闲屋等设施，同时人工大量增种有益于负氧离子产生的常绿树种和植物，并通过理水之法，打造集自然养生、森林观光、运动养生于一体的森林浴场。

6）汽车度假村。项目选址：钩刀嘴合适区域。开发思路：为满足日益增多的自驾游市场需求，为自驾车爱好者提供自助或半自助服务的休闲度假区，以钩刀嘴为依托，打造一环境优美、规模适中的汽车度假村，主要服务包括住宿、露营、餐饮、娱乐、拓展、汽车保养与维护等。

（3）生态田园度假区。

1）水岩茶园。项目选址：花果山茶园。项目主题：茶园观光、茶艺体验、养生度假。项目内容：以花果山茶园为依托，对周边环境进行整治，提供茶园观光、采茶体验、制茶工艺展示、茶艺表演、茶叶养生、茶文化主题酒店等项目，具体见主题项目策划。

2）孝川田园度假山庄。项目选址：孝川。项目主题：田园风情主题养生度假酒店。项目档次：三至四星级。功能定位：住宿、餐饮、会议、休闲、养生、度假。市场定位：城市白领、公务员、教师、退休老人。开发理念：田园主义、野奢酒店。开发思路：孝川村具有优美的田园环境和地理环境基础条件，酒店建筑依山而建，酒店前面为原生的田园风光，以此作为环境基础和背景，利用田园主义和野奢酒店的开发理念，崇尚生态、低碳、健康的理念，建设以农耕养生、传统运动养生（散步、郊游、荡秋千、放风筝、踢毽、舞龙灯、垂钓、跑旱船、跳绳、射箭、走高跷等）、生态养生、美食养生为主题的高档田园度假酒店。

3）生态农业。项目选址：丁堂巷。项目主题：农业观光、农事体验。项目内容：①生态农业观光，依托传统农业，通过在四季分别种植不同农作物，营造四季有景的田园风光，如春天种植油菜花、夏秋季种植水稻、冬季种植红花草等；另外，结合现代农业技术，开发现代科技农业观光体验，如温室大棚蔬菜种植等。②农事生活体验：耕地认种——将菜地按面积进行编号，向游客出租，农艺师为其负责日常田间管理，游客也可在农艺师的指导下参与田间劳作，同时参与采摘体验，将自己的劳动成果带回家。动物认养——向游客提供鸡、鸭、鹅、牛、羊、猪等畜禽认养服务，对认养畜禽进行土法传统饲养，旨在为游客提供最生态、最健康的肉类和蛋类食品，也可定期前来参与饲养体验。农事体验——根据不同季节，向游客提供插秧、割稻子、挖雷竹、挖藕、犁田、锄地等农事活动体验，也可定期举办推独轮车、插秧等各类农事农趣比赛活动。③田园宿营基地，依托优美的田园环境，打造具有田园意境的宿营基地。设有若干个营帐位，相邻营帐位之间间隔最小为 1 米，每个营位最多可容纳 8~10 个帐篷，既适合几十人的团体宿营，也适合三口之家、情侣以及 2~4 人组成的小团队野营度假。④田园垂钓，依托天然池塘，天然放养鲤鱼、草鱼、鲫鱼、螃蟹、鲈鱼等品种，修建垂钓平台、垂钓小屋等不同档次的垂钓基地；另外，还可小规模组织游客进行钓青蛙、钓黄鳝等活动。⑤乡村课堂基地，以农事生活体验项目为基础，与教育部门合作，针对中小学生，结合教材知识、体育锻炼、乡村体验等内容，建立乡村课堂修学教育基地，既可以提高中小学生的课外实践能力，又能为景区带来发展机会。⑥宁都黄鸡养殖基地，将宁都黄鸡选蛋、孵化、喂养等饲养工艺过程供游客参观，并结合图像、文字等方式，就孵化、饲养技术进行现场展示。

（4）民俗文化体验区。

1）宗祠建筑群。项目选址：韶坊。项目主题：古建观光、民俗体验。开发思路：一方面，对现有众多宗祠建筑加强保护和修缮，对凤竹巢林、九世攸居、张子离翁祠等宗祠进行室内布展，内容包括宗族文化、祭祀文化等；另一方面，依托现有宗祠，结合节日，上演闹花灯、舞龙灯、清明酒筵、祭祖仪式、客家婚俗、搬茶灯、搬马灯、游火龙等民俗活动。

2）天一山。项目选址：韶坊天一山。项目主题：山地观光、文化考察。开发思路：修建登山游步道，一方面，对天一山进行人工植被抚育，营造优美的山地景观；另一方面，对天一寺进行修缮，远期进行扩建，完善寺庙其他功能建筑，包括山门、钟鼓楼、天王殿、大雄宝殿等。

3）客家文化主题酒店。项目选址：横照百间大屋。项目主题：客家文化休闲度假酒店。项目档次：三至四星级。功能定位：住宿、餐饮、会议、休闲、度假。开发思路：将百间大屋进行修复性重建，重现百间大屋规模，拆除留下的材料部件镶嵌于新建建筑内外，以体现古朴风格。深入挖掘客家文化元素，将客家围屋、客家饮食、客家服务、客家服饰、客家乐曲等元素贯穿酒店中，打造赣南最具特色的客家文化主题酒店。

4）红军医院。在横照村恢复红一方面军总后方医院旧址，包括建筑和室内布展。

2. 线路组织

（1）区内游线。

1）一日游线路。线路一：小布圩镇—钩刀嘴；线路二：小布圩镇—韶坊古村。

2）二日游线路。线路一：小布圩镇—水岩茶园—钩刀嘴—孝川；线路二：小布圩镇—韶坊古村—天一山—湖家边。

（2）区间游线。

1）一日游线路。翠微峰—宁都起义纪念馆—反"围剿"纪念馆—小布圩镇。

2）二日游线路。线路一：翠微峰—宁都起义纪念馆—反"围剿"纪念馆—黄陂—小布—永丰；线路二：赣州—瑞金—宁都起义纪念馆—反"围剿"纪念馆—黄陂—小布；线路三：南昌—流坑—小布—黄陂—宁都起义纪念馆—反"围剿"纪念馆。

3）三日游线路。南昌—小布—翠微峰—宁都起义纪念馆—反"围剿"纪念馆—瑞金—赣州。

（3）游线组织。

1）反"围剿"纪念馆的延伸。小布是第一、第二、第三次反"围剿"的主战场之一，可作为反"围剿"纪念馆的延伸，通过套票、免费旅游班车等方式，吸引游客前往参观。

2）宁都起义纪念馆的补充。将小布作为宁都起义纪念馆的产品补充，开发宁都红色旅游产品，也可通过套票、免费旅游班车等方式，使游客互动。

3）翠微峰的产品互补。作为红色旅游、乡村旅游、民俗旅游为主的综合性旅游目的地，小布可与翠微峰形成产品互补，推出宁都旅游第一条精品线。

4）与黄陂、永丰的整合。与黄陂、永丰进行整合，打造第一、第二、第三次反"围剿"主题旅游产品。

**3. 产品开发**

根据小布旅游发展主题定位、项目设计和市场定位，其旅游产品体系开发为三大核心产品、四大配套产品。

（1）三大核心产品。

1）古镇休闲旅游产品（近期）：依托红色革命旧址群、万寿宫、古街等资源，与现代休闲元素结合起来，通过对小布圩镇进行整体"风情化"改造，开发体验性、趣味性、娱乐性强的旅游产品，这不仅是近期也是远期小布最核心的旅游产品之一。

2）山水观光旅游产品（近期）：依托钩刀嘴及区内优美的田园环境，开发山地、瀑布、茶园、田园等观光产品，虽然是初级阶段产品，但仍然是近期小布核心产品之一。

3）养生度假旅游产品（远期）：待小布旅游发展有了一定基础，在远期，依托山水资源、田园环境、生态茶园、客家文化等资源要素，对区内旅游产品进行提升，大力开发养生度假产品。

（2）四大配套产品。

1）科普教育旅游产品：依托革命遗址、农事体验等资源和项目，有针对性地开发科普教育产品。

2）户外拓展旅游产品：依托户外漂流、山地拓展、红军训练营等项目，开发户外拓展产品。

3）农耕体验旅游产品：依托系列农耕农事体验项目，开发农耕体验旅游产品。

4）宗教文化考察旅游产品：依托区内丰富的宗教资源，开发宗教文化考察旅游产品。

（3）旅游商品。

1）立足本地资源，体现乡土特色。利用小布特有资源，开发具有本地乡土特色的旅游商品，特别是要加强对绿色旅游食品、旅游纪念用品和旅游工艺品等系列商品的开发力度。加大对小布岩茶、宁都黄鸡这两大旅游商品的开发，进一步提升产品品质和知名度，开发系列衍生产品。开发红军食谱、客家风味等系列旅游食品，同时在现有风味食品的基础上生产和开发绿色食品、纯保健食品和调味料等，建议开发纯天然、无污染、原汁原味的即食产品、方便食品（固体和液体食品、速冻食品和速溶食品等），采用无污染的小型简易包装，以满足游客的不同需求。结合本地资源，融合工艺品的生产、销售与旅游业的发展，面向游客制造一些适合游客需求的工艺产品，如木雕（根雕）、石雕、竹制品（如竹席、竹篓、竹篮）等。立足本地红色革命文化资源，设计一批反映红色革命的精美旅游纪念品，如无线电工艺品、红色革命服饰、革命纪念章、风光明信片、旅游地图、旅游指南、VCD 光碟等印刷品和电子产品。

2）注重包装设计，加强宣传推介。一方面，备受游客青睐的旅游商品必须做到设计新颖、包装精美、内涵丰富，充分体现其品位与档次，凸显其特色和形象。另一方面，旅游商品要做出特色，拥有自己的市场，还必须加强旅游商品的宣传促销力度，采取综合宣传手段，即通过报纸、广播、电视、杂志、网络等多种传媒加以宣传，扩大其影响和知名度。

3）加大扶持力度，规范市场服务。政府及相关部门要在政策上扶持旅游商品的发展，创造条件建立集研制、生产、销售于一体的旅游商品生产基地。旅游行政管理部门和工商管理部门可联合设立专门的旅游商品管理机构，对旅游商品生产、经营和销售进行统一管理和宏观调控，监督旅游商品质量，协调物价部门制定商品价格，规范市场行为，确保其健康有序发展。

# 六、"风情小镇"文化休闲旅游区策划

1. 资源基础

（1）红色资源基础。

1）数量丰富。小布革命遗址数量多，而且保存相对完好，如中共苏区中央局和中华苏维埃中央革命军事委员会成立旧址暨毛泽东旧居、朱德旧居，红一方面军总司令部旧址暨中国工农红军第一部无线电台侦察台旧址，中央革命军事委员会总政治部旧址，红一方面军总政治部旧址，红一方面军总部旧址，红一方面军总交通队旧址，王诤、刘寅同志旧居，苏区军民歼敌誓师大会旧址，公审张辉瓒大会旧址，小布设伏战场遗址，苏区军民庆祝第一次反"围剿"胜利大会遗址，红军第一支无线电通信队成立及第一期无线电训练班开班遗址，红四军军部旧址，红一方面军第十二师师部旧址等。可谓是名副其实的革命遗址群。

2）分布集中。不仅红色旅游资源丰富，而且分布较集中，革命遗址群大多分布于圩镇及周边区域，便于进行集中开发。

3）品级较高。这些革命遗址群中，不仅有中国工农红军第一部无线电台侦察台旧址，还有毛泽东、朱德等伟人旧居，而且有的已列入国家级文物保护单位，资源品级总体较高。

（2）古色资源基础。

1）万寿宫具有代表性。始建于清朝嘉庆十八年的万寿宫，据称是由小布、黄陂、大沽以及周边县市乡镇，72个村的村民捐资兴建的一座古庙，有殿堂、天棚、酒楼等建筑，占地4000多平方米。

2）鱼行古街可塑性强。现存的鱼行古街历史上辉煌繁荣，从现状看虽然显得较为破旧，就地利用的价值不大，可采用全新的理念，将古街进行恢复性修建，同时与现代休闲文化元素结合起来，打造成一条文化商业古街。

3）民俗文化内涵丰富。小布民风淳朴，具有典型的客家民俗风情，不仅有特色的宗祠文化、宗教文化，而且有闹花灯、舞龙灯、清明酒筵、祭祖仪式、客家婚俗、搬茶灯、搬马灯、游火龙等民俗活动。

2. 项目主题

（1）发展主题。将小布圩镇的发展主题定位为风情休闲小镇。其中，风情包括红色风情和古色风情两部分，与现代休闲元素有机融合起来。

（2）主题形象。

中国红色风情第一镇

去小布，寻找红色浪漫

3. 开发理念

（1）风情打造。"风情打造"是风情休闲小镇开发的最核心理念，应突破"千篇一律"的城镇的建设模式，通过景观设计、意境营造和项目开发，着力打造红色风情和古镇风情，体现区域文化特色。

（2）镇景结合。始终坚持将城镇建设与景观营造有机结合起来，建筑、道路、水系、植被等设施既要体现城镇功能，又要体现风情小镇的风格，达到"城在景中，景在城中"的效果。

（3）文化休闲。深入挖掘红色文化、民俗文化、商铺文化等文化内涵，与现代休闲文化紧密结合在一起，开发参与性、体验性、趣味性强，受市场欢迎的旅游项目。

4. 空间布局

圩镇的红色革命旧址群与古色旧址群正好位于小布河两岸。鉴于此，"风情小镇"休闲旅游区的旅游发展空间布局为"一河两岸"。一河：小布河，景观轴；两岸：红色风情和民俗风情板块。

5. 项目内容

（1）小布河改造。

1）卫生整治。对小布河圩镇河段进行卫生垃圾集中清理，严格控制上下游"倾倒垃圾"现象，保证河道干净、河水清洁。

2）河道疏浚。对圩镇河道进行疏浚，还原自然河道景观。

3）驳岸优化。小布河是采用水泥对河岸进行驳岸，建议对现有河岸进行改造，采用自然麻石、鹅卵石等材料进行驳岸，营造自然生态风貌。

4）滨水游步道。在河道两岸，修建下沉式滨水游步道，配合种植柳树、水草等植物，让游客亲近河水。

5）永安桥。在万寿宫广场河段恢复修建永安桥，连接万寿宫与红色革命旧址群区域，专供游人行走。另外，对酒楼对面桥梁改造成复古式人车两用桥，与永安桥及万寿宫古镇区域风格协调。

6）防洪坝。为防止山区洪水对小布镇区的影响，在小布河上游修建防洪拦水坝，控制小布河圩镇河段的水位，防止洪水影响游人游览。

（2）建筑色彩规划。为整体营造风情小镇的意境和韵味，对圩镇建筑进行色彩规划。

1）革命旧址群。对现有革命旧址群建筑的外观进行统一规划，设计为"黑瓦+白墙+马头墙"式传统乡土建筑。

2）古街建筑群。古街建筑群统一为"青瓦+黄墙+马头墙"两层骑楼式传统乡土建筑。

3）圩镇民居。对圩镇民居建筑进行统一"穿衣戴帽"，为"青瓦+黄墙+马头墙"，高度控制在四层以下，以体现风情小镇风格。

（3）鱼行古街。

1）古街改造。第一，在现有古街建筑的基础上进行修复性改造，建筑外观以土、木、砖为主要材料，统一风格，呈现骑楼式风貌；第二，现有大部分建筑为危房，内部进行安全加固，确保排除安全隐患；第三，对建筑内部进行现代化改造，做到适合居住；第四，古街路面采用现有的青石板路面，充分利用现存的青石板，增加的青石板应进行做旧处理，以体现古街韵味。

2）文化休闲街打造。第一，还原当年商铺林立的场面，包括打铁铺、银铺、药铺等传统商铺；第二，融合现代休闲元素，将其打造成集餐饮、茶吧、购物、娱乐等为一体的文化街区，与万寿宫、广场等连为一体。

3）小品景观。可结合古井、石椅凳、壁画等方式，对古街进行景观设计。

（4）酒楼古街。

1）古街改造。第一，在现有古街建筑的基础上进行修复性改造，建筑外观以土、木、砖为主要材料，统一风格，呈现骑楼式风貌；第二，现有大部分建筑为危房，内部进行安全坚固，确保排除安全隐患；第三，对建筑内部现代化改造，做到适合居住；

第四，古街路面采用现有的青石板路面，充分利用现存的青石板，增加的青石板应进行做旧处理，以体现古街韵味；第五，为区别与鱼行古街的主题，将酒楼古街打造成客家风情酒吧和宁都美食一条街；第六，将酒楼古街与鱼行古街连通，与万寿宫、小布河等区域连为一体。

2）客家风情酒吧街。在现有古建基础上进行改造，酒吧内家具采用长条木凳、方形木桌等，采用斗笠、蓑衣等乡土元素进行装饰，歌舞演艺节目与客家山歌、采茶戏等结合，酒吧工作人员工作服既传统又现代，即体现客家传统服饰特点，酒吧总体上呈现客家风情。

3）宁都美食街。除客家风情酒吧外，酒楼古街另一个主题即宁都美食，通过餐馆、小吃、夜宵、大排档等不同方式，提供纯正宁都美食，包括宁都三杯鸡、宁都空心菜、灯盏糕、肉撮、芋包子、宁都炒粉、宁都红烧肉、宁都豆腐、头畜（白斩鸡）炒大蒜、菠菜串肉丸、腊香肠等。

（5）万寿宫。

1）建筑改造。整治改造万寿宫周边建筑，实现敞开式建筑格局，保护好天棚、酒楼等附属建筑，对周边民居建筑和新建建筑进行风格统一。

2）万寿宫。第一，对万寿宫主体建筑——殿堂进行保护修缮；第二，对殿堂内进行装修完善，加强堂内布局；第三，恢复天棚等附属建筑。

3）戏台。对戏台、观戏亭和两旁的回廊建筑进行统一修缮和加固，并与万寿宫殿堂主体建筑衔接协调。

4）万寿宫广场。在万寿宫对面沿河区域修建万寿宫广场，做到以下几点：第一，切忌修建成现代城市广场风格，应以古园林的建造手法进行建造；第二，切忌采用水泥路面或大理石进行铺设，而应采用仿古青砖进行铺设；第三，种植桂花树、樟树等进行美化；第四，整体风格应与红色风情和古色风情相吻合。

（6）革命遗址群。对区内每个革命遗址、旧址进行改造提升，具体见项目设计。

（7）小布墟市。

1）项目内容。将小布镇政府后面的集市街道打造成小布墟市，即在每月特定日子（如二日、五日、八日等）进行赶集，将其打造成不仅当地人赶集，来小布旅游的人也可在小布赶集，墟市主要买卖小布本地的乡土特产，如土菜、小吃、工艺品等，游客即可买回家，也可购买相应食材到餐馆进行加工享用。

2）圩镇街道改造。除对圩镇建筑进行穿衣戴帽改造外，同时对街道进行整治改造，加大对街道绿化，具体见村镇景观规划。

（8）游客集散中心。在圩镇合适位置建造小布游客集散中心（具体地点见总平面图），发挥旅游集散、旅游咨询等功能，包括以下内容：

1）游客服务中心。游客接待大厅位于一楼，面积约400平方米，主要供游客进行休息、集散、咨询、景区宣传，具体内容如下：

①游客休息处：将大厅一侧作为休息处，安放6组（每组4个）竹木椅子，供游

客休息，并提供免费茶水饮料。

②洗手间：厕所面积约 100 平方米，男厕位 6 个、便池 6 个，女厕位 8 个，冲水均为感应式；洗手间入口处设洗手台，水池 2 个。

③咨询处：有专门工作人员提供咨询服务，公示咨询电话号码。

④投诉处：有专门工作人员受理游客投诉，及时协调，记录在案，并公示投诉电话。

⑤导游联系处：提供景区普通话导游，并建立导游公示栏，公示栏包括导游相片、姓名、工号、语种、等级等信息。

⑥电脑触摸屏：在大厅入口左右区域分别设置一台电脑触摸屏，介绍小布旅游区的概况，各景点文字和图片，景区主要交通、住宿、餐饮、娱乐、购物设施与服务等内容，分中英文版。

⑦导游全景图：在大厅右边墙上放置一块景区导游全景图，规格不小于 2.0 米×1.5 米，全景图要正确标识出主要景点及旅游服务设施的位置，包括各主要景点、酒店、餐馆、游客中心、厕所、出入口、医务室、公用电话、停车场等，配有中英文对照文字说明，并明示咨询、投诉、救援电话。

⑧景区宣传资料：在游客休闲处免费提供景区宣传册页、游程线路图，供游客免费阅览景区的画册、明信片、研究著作、科普读物等。另外，在放置导游全景图的对面墙上安装一台液晶电视，放映景区宣传片。

2）生态停车场。主要为旅游巴士、自驾车和景区环保车使用。按 AAAA 级景区的设施标准建设，总面积 6000 平方米，分设出入口、大小车停车分区，设计大巴停车位 30 个，小车停车位 120 个，停车位尺寸按小车停车位长 5~6 米、宽 2.5~2.7 米，大车停车位长 7~8 米、宽 3.5~4 米进行设计建造，有专人值管。按生态停车场标准设计，以空心网格砖为地面主要铺设材料，并适当种植绿化用草皮，每隔 4~6 个停车位栽种一排适合本地生长的树种，如梧桐、樟树、松树等，利用树木作为车位与车位之间的隔离手段，最终达到"树下停车，车下有草，车上有树"的环保效果。

3）旅游巴士中转站。提供宁都—小布、南昌—小布、小布至各景区（点）等旅游巴士，游客在此往返客源地至小布、小布圩镇至区内各景区（点），作为整个小布镇的交通中转枢纽。

4）旅游商店。一方面，销售小布相关的土特产品；另一方面，为游客提供日常的生活用品。

5）汽车营地。为满足日益增多的自驾游市场需求，为自驾车爱好者提供自助或半自助服务的休闲区，以旅游集散中心为依托，在规划远期打造一规模适中的汽车营地，并作为自驾游游客的集散中心，主要服务包括大型停车场、住宿、餐饮、娱乐、汽车保养与维护等。

6）红军大酒店。档次标准：四星级。开发思路：按照小布本地传统乡土建筑风格进行设计，酒店外部和内部装修体现苏区、红军等元素，酒店设施、项目和环境按四星级标准进行设计。

（9）红色影视基地。以小布优良的自然生态环境为基础，以红色革命旧址群、古建筑群为依托，打造影视拍摄基地，尤其是革命题材影视剧。

6. 游线设计

车辆一律停放于旅游集散中心生态停车场或汽车营地，在停车场中转景区环保车前往红色革命旧址群或万寿宫板块，环保车在休闲小镇的行车路线为环形线，游客凭票可在沿途任何站点上车前往下一个景点或旅游集散中心。具体游线设计如下：旅游集散中心—誓师广场—红军广场—毛泽东旧居—中华苏维埃中央革命军事委员会总政治部旧址—标语墙—第一部无线电侦察台旧址—朱德旧居—公审张辉瓒遗址—小布河—永安桥—万寿宫广场—万寿宫—酒楼古街—鱼行古街—小布墟市。

# 七、"水岩茶园" 生态养生旅游区策划

1. 资源基础

（1）品牌知名度高：小布镇是远近闻名的"茶叶之乡"，"小布岩茶"获省优、部优名茶称号，具有较高的区域知名度和市场美誉度。

（2）区域环境优良：小布属梅江源头，山清水秀，空气新鲜。茶场所在地花果山，树木植被茂密，自然生态优良，田园意境优美。

（3）产业基础较好：全镇茶园面积达 6500 亩，年产值达 2000 万元，已形成茶叶种植、加工、销售一条龙的完整产业链。

2. 项目主题

根据资源特色和市场需求特征，将"水岩茶园"生态养生旅游区的发展主题定位为茶园观光、茶艺体验、茶养度假三大主题。

3. 开发理念

（1）规模即美。一个景观一旦有了规模，则会更加美丽和壮观。因此，茶园观光项目必须建立在大规模的茶园基础上，给人以规模美、壮观美、震撼美。

（2）环境为媒。环境是旅游发展的基础，休闲养生度假类项目更加以优美的环境为依托。应在茶场的资源基础上，通过人工设计和打造，营造优美的环境意境，提升项目品位和品质。

（3）泛旅产业。泛旅产业，即将旅游产业的范围进一步延伸和拓宽，将旅游与茶产业、养生、休闲等有机融合起来，开拓旅游产业新业态。

4. 项目选址

花果山茶园拥有较好的资源和区位条件，是"水岩茶园"生态养生旅游区的最佳选择地。

5. 项目内容

（1）茶园观光。①茶海景观营造，对花果山茶园周边环境进行整治，进一步加大茶园种植，扩大规模，提高景观震撼性，营造茶海景观。②观光设施，通过建设茶园游步道（可取名为茶道）、茶海轩、观茶亭等设施，让游客置身于茫茫茶海中。

（2）采茶体验。划拨一块茶园，供游客体验采茶乐趣，游客可将自己采摘的茶叶送至茶艺坊进行加工，并带走。

（3）茶艺坊。①制茶工艺展示，通过现场展示，向游客展示传统和现代的制茶工艺，包括杀青、抖散、揉捻、初干、搓条、做毫、再干等过程。②制茶工艺体验，不仅可以参观制茶工艺，游客也可选择性参与茶叶制作体验，甚至将自己在茶场采的茶叶在制茶师的指导下进行加工，作为自制的纪念品带走。

（4）茶艺馆。①客家茶艺表演，培训专业的茶艺队，向游客展示客家茶艺。②茶艺学习，结合茶艺表演，向游客讲解茶叶知识、茶艺表演程序。③茶艺轩，即将茶艺与现代休闲元素结合起来，开发集品茶、购茶、餐饮、棋牌等于一体的综合性休闲项目。

（5）茶多酚养生馆。深入挖掘茶叶的养生保健功能，将茶叶与现代养生项目结合起来，开发系列养生产品。①茶药膳，将茶叶与饮食结合起来，开发系列具有保健作用的茶膳菜谱。②茶浴，即茶叶与沐浴的结合，通过在木桶中放置具有保健作用的茶叶，起到养生沐浴的作用。③茶足疗，即茶叶与足疗的结合，结合不同类型茶叶，开发不同功效的茶足疗。④茶香薰，提取茶叶的成分，与香薰结合起来，开发茶香薰养生产品。⑤茶多酚美体，以茶多酚为主要物质，开发相关美体养生产品。

（6）茶园度假山庄。以优美的茶园环境为基础，并融入中国茶文化元素，打造茶文化主题酒店。做到以下几点：第一，山庄基础环境为茶园景观；第二，建筑风格及内外装饰体现中国茶文化元素；第三，酒店内饮食以茶膳为特色；第四，酒店内休闲项目以茶养生项目为主。

# 八、"红军训练营" 主题项目策划

1. 基础分析

（1）资源基础好。项目选址位于钩刀嘴旅游区，区域内拥有良好的生态环境基础，可以依托河流、山地等资源开展相关拓展训练项目，是该项目的合适选择地。

（2）市场需求大。据相关调查显示，与旅游相结合的拓展训练项目，逐渐受到市场追捧，包括青少年学生市场、企事业单位员工拓展市场、公务员市场等，其市场需求庞大。

2. 项目主题

根据资源特色，将钩刀嘴生态旅游区的发展主题定位为拓展训练，过一天红军生活。

3. 开发思路

以当年红军的部分训练科目为基础，以钩刀嘴的山地、河流资源为基础，结合现代户外拓展项目，针对当前庞大的拓展训练市场，与相关单位、部队、户外俱乐部、拓展公司等团体合作，开发"红军训练营"项目。

4. 市场定位

拓展训练项目，市场定位为公务员、青少年学生、企事业单位的员工。

5. 项目内容

（1）"红小鬼"训练营。针对青少年学生市场，参照当年红军的训练科目，结合夏令营、学生拓展、军训等产品，与学校、部队合作，打造专门针对学生的训练营。训练营实行全日制、封闭式、军事化管理，提供短期、中期和长期训练产品，短期为1～2日，中期为1周左右，长期为半个月左右。

（2）公务员吃苦训练营。向广大公务员市场，结合红军时期的吃苦奋斗精神，在当前的反腐倡廉的大环境下，大力开发艰苦奋斗训练产品，培养和锻炼公务员队伍。

（3）山地拓展基地。依托钩刀嘴的山地资源，开发山地拓展中心，具体包括高空断桥、空中抓杠、巨人梯、徒步登山、攀岩、穿越铁丝网、风火轮、穿越取水、负重行军等项目，一方面为公司企业员工提供短暂的拓展产品，另一方面作为"红小鬼"训练营、公务员吃苦训练营两大训练营的拓展项目基地。

（4）山地露营。针对越来越庞大的露营市场，高起点、高品位打造山地露营项目，具体包括帐篷区、生活区、娱乐区、服务区等板块。一方面，注重原生态环境的保护和营造，提高露营品质；另一方面，提供完善的露营服务及设施，提高露营服务水平。此外，与户外俱乐部合作，大力开发市场。

（5）解放军传统军事教育基地。依托小布革命旧址群等资源，结合爱国主义教育，与部队、武装部、消防大队等单位合作，建立解放军传统军事教育基地。解放军战士不仅可以在小布接受爱国主义教育，而且可以接受各种传统军事训练和教育，如传统训练科目、红军吃苦教育等。

# 九、市场营销规划

1. 市场分析

（1）市场需求旺盛。在内需启动、消费升级以及国民收入不断提高的背景下，中国旅游业正步入黄金发展期。国内旅游业正在进入高速发展的快车道。2012年，我国旅游经济总体保持较快发展，国内旅游增长高于预期，国内出游人数达26.4亿人次，国内旅游收入19306亿元，入境旅游人数13542万人次，国际旅游外汇收入485亿美元。在国内旅游发展的大好环境下，江西省旅游业获得飞速发展。2012年，江西省接待旅游总人数 20503.46 万人次，比上年增长 28.22%；旅游总收入 1402.59 亿元，增长 26.82%。根据规划，"十二五"时期，中国政府将多策并举，把旅游业培育成国民经济的战略性支柱产业。国内旅游行业政策环境持续改善，行业也将迎来一个崭新的发展阶段。

（2）需求层次趋高。随着我国旅游业的不断深入发展，我国旅游产业已整体度过了初级发展阶段，市场需求层次和要求不断提高，需求动机不仅停留在传统的观光层面，而且逐步向休闲度假转变，对旅游产品和旅游项目内容的要求不断提高，更注重旅游项目的参与性、体验性、文化性，同时，对旅游设施的品质和旅游服务的水平要求越来越高。

（3）市场竞争激烈。从周边区域角度出发，小布镇旅游资源并不具有排他性和独特性，革命旧址群、古色旅游资源、山水旅游资源、乡村旅游资源在周边县市广泛存在，资源同质性较高，尤其是红色旅游资源在赣南处于严重的"灯下黑"状态。虽然周边地区旅游业尚处在起步阶段，但从区域发展规划看，周边县市均有对旅游发展的良好规划，旅游开发蓄势待发，与小布旅游具有很强同质性。

2. 市场定位

根据旅游发展主题定位，结合市场需求特征和客源分布情况，小布镇旅游市场定位如下：

（1）总体市场定位。依托南昌市、赣州市、吉安市、抚州市等江西市场，吸纳珠三角、闽三角、长三角等周边经济发达区域客源，形成以城市居民为主体，都市白领、国家公职人员、青少年学生为核心的客源市场结构。

（2）客源类型定位。

**客源类型及定位**

| 核心市场 | 重要市场 | 潜在市场 |
| --- | --- | --- |
| 红色旅游市场 | 山水观光市场 | 商务会议市场 |
| 古镇休闲市场 | 乡村休闲市场 | 宗教文化考察市场 |
| 漂流拓展市场 | 青少年夏令营市场 | 科普教育市场 |

（3）客源地域定位。

**客源地域及定位**

| | 国内客源市场定位 | 境外客源市场定位 |
| --- | --- | --- |
| 核心市场 | 南昌、赣州、吉安、抚州等省内周边城市，福建、广东等周边省外市场，以及来赣州旅游的分流市场 | 日本、韩国等东南亚市场 |
| 重要市场 | 鹰潭、上饶、新余、宜春、萍乡、九江、景德镇等省内市场，长三角、武汉城市圈、长株潭城市群等省外经济发达体市场 | 其他东南亚国家、欧美、大洋洲等市场 |
| 机会市场 | 京津唐、成渝经济区等国内其他发达经济体市场 | 其他海外客源地 |

3. 营销方案

（1）营销理念创新。

1）个性化营销。即旅游目的地要把对游客的关注、游客的个性释放及游客的个性需求的满足推到空前中心的地位，与客源市场逐步建立起一种互动关系，及时地了解市场动向和游客需求，向游客提供一种人性化的旅游产品和服务。例如，茶多酚养生馆、田园度假山庄、红军大酒店等可以通过建立消费者个人数据库和信息档案，与消费者保持友好交流的关系；而红军训练营、竹林漂流等则可以根据不同游客群体的需求推出不同的娱乐、运动、培训和教育项目。

2）情感营销。除了要关注游客的需求、个性等，应充分发掘游客心理和情感上的渴望，通过分析游客的情感和需求，与其建立新型关系。从情感上进行产品的设计和营销推广。在服务中让游客有所感动，吸引二次消费，如采用微电影情感营销，融入故事本身叙事风格中，使观众在潜移默化中接受企业品牌。

3）绿色营销。在整个旅游营销推广过程中应充分体现环保意识、生态意识和社会意识，向旅游者提供生态的、无污染的、绿色的旅游产（商）品和服务，引导并满足旅游者有利于环境保护及身心健康的需求，以此来吸引休闲度假游客。通过绿色营销实现生态环境和社会环境的保护及改善，维护整个生态系统的平衡，进而实现区域社会、经济、生态的可持续发展。

4）联合营销。加强与周边景区联系，整合区域优势资源，形成多个区域联合营销体，对宁都、赣州、原中央苏区范围内的宏观旅游市场进行大力宣传造势，以造势的"效应"来做足旅游区的客源市场，以此实现区域旅游资源共享、产品差异互补、线路相连、客源互送、相互宣传的目的，形成区域对外宣传合力，充分发挥联动效应。

（2）市场营销战略。

1）品牌营销战略。首先，从全县宏观的角度考虑，要注重对"红色风情小镇"、"苏区摇篮"等品牌的营销力度，提升品牌价值；其次，从区域中观的角度考虑，要注重对"钩刀嘴"、"小布岩茶"、"宁都黄鸡"等品牌的营销；最后，从企业微观的角度考虑，要重视对旅游公司的品牌营销战略，扶持一批旅游企业品牌。

2）市场领先战略。如前所述，综观周边县市，小布与周边区域的资源同质性现象较普遍，鉴于此，应采取市场领先战略，包含两个层次：第一，周边乡镇、县市旅游很多处于刚起步或未开发阶段，小布旅游应在其他县市启动之前率先进行开发，抢先占领市场；第二，考虑到后来者易居上，小布旅游发展必须具有前瞻性和动态性，其开发档次必须在一定时期内具有领先性，即使被其他同质项目赶超，通过动态管理和再提升，也可争取领先地位。

3）品质取胜战略。在具备条件的前提下，注重提高项目档次，将赢得部分市场，但一味追求档次不可取，必须靠品质建设赢得市场，注重项目的特色化、精细化、文化性、人性化，注重日常运营的维护，才能取得市场认可，如城镇风情化、设施乡土化、管理现代化、环境田园化、城市公园化。

（3）市场营销策略。

1）视觉识别体系。即通过对小布全镇及各景区（点）的旅游形象、宣传口号、旅游标识（Logo）进行提炼设计，将其广泛运用到宣传促销、产品设计、经营管理等各个环节。

2）五种宣传方式。在不同发展阶段，根据旅游产品和项目的不同需要，选择合适的宣传方式。一是网络多媒体。这是当前最为广泛的宣传方式之一，小布镇应根据需要，可选择知名网站做广告、网络上发布新闻、网站链接等方式进行宣传。二是广播电视。根据目标市场定位，分别选择在宁都电视台、赣州电视台、江西电视台等不同级别电视台以及赣州广播电台、南昌广播电台等不同广播电台进行广告播放、节目制作、新闻发布等方式进行宣传。三是报纸杂志。首先，在《今日宁都报》、《赣州日报》、《江南都市报》、《江西晨报》、《南昌晚报》、《信息日报》、《南昌日报》、《中国旅游报》等不同区域不同报纸进行宣传；其次，可选择当地或全国性的旅游杂志进行宣传。四是户外广告。户外广告成本较低，应充分利用，可在重要客源市场相应选择车身广告、灯箱广告、墙体广告、流动广告等形式进行宣传。五是宣传手册发放。制作精美的小布旅游宣传手册，在汽车站、火车站、酒店、昌北国际机场、赣州黄金机场等场所进行发放。

3）"五个一工程"。即一个旅游资讯门户网站：制作"小布旅游网"门户网站，对小布旅游产品进行宣传，并及时更新信息，在远期可实行网上在线咨询、在线销售。一本旅游手册：制作一本精美的小布旅游手册，包括景区（点）、旅行社、酒店、餐馆、车队以及各休闲娱乐场所的信息介绍。一部旅游宣传片：聘请专业团队，拍摄一部小布旅游宣传片，也可与电视台合作，拍摄系列旅游或文化节目，在电视台进行播放。一本旅游摄影集：聘请专业摄影师，制作《美丽小布》旅游摄影集，集合小布重要资源的精美照片。一套招商说明书：针对项目招商，制作一套标准的招商说明书。

# 十、基础设施规划

## 1. 道路交通

（1）现状分析。当前，小布交通状况较差，小布镇至县城63公里长的公路，正进行拓宽改造，改造完成后小布到县城车程将由1.5小时缩短至45分钟左右；宁都至南昌高速公路已获得立项，2015年通车，最近出口距离小布圩镇仅17公里；区域内公路状况较差，大多为乡村公路，路面宽仅4米左右。

（2）发展思路。改善外部交通条件，提高可进入性；完善拓宽内部公路条件，改善区内的互通性；注重道路景观的营造，同时与周边生态环境协调统一；与外部大交通紧密联系，抓住旅游交通的突破口。

（3）交通规划。

1）内部交通规划。圩镇—钩刀嘴旅游绿道：近期，在现有村级公路基础上，按照旅游绿道标准进行设计，沥青路面，宽8米，包括机动车道、非机动车道和人行道三部分。圩镇—胡家边旅游绿道：远期，在现有村级公路基础上，按照旅游绿道标准进行设计，沥青路面，宽8米，包括机动车道、非机动车道和人行道三部分。连通各景区（点）与旅游绿道的连接通道。从景区（点）的现状布局及自然地貌出发，依山就势，充分考虑道路与景观的结合，以路衬景，游步道与车行道各成系统，又相互连接，路路成环，使游客能连续不重复地游玩所有景点，并提供尽可能多的游线选择，使游客各得其所，乐在其中。

2）外部交通规划。小布—蛇形排二级公路：连接319国道，可通往宁都县城、广昌、石城等地，此公路正在建设改造过程中，路面宽7米，改造后长60公里，建议为沥青路面，注重公路景观与沿途田园、山地、水体景观的协调。小布—宁昌（宁都—南昌）高速：近期，按照二级公路进行设计，沥青路面，宽7米，长17公里，未来将成为进入小布的快速通道。小布—永丰二级公路：远期，在现有公路基础上进行改造，拓宽至7米。

近期，利用319国道作为小布镇旅游区对外交通的主要出入口，通过泉南高速、广宁高速、济广高速，加强旅游景区与珠三角、长三角、闽三角城市群的交通联系。

远期，以宁都—南昌高速公路为主要对外交通线，连接泉南高速、广宁高速、济广高速等外部公路网络，彻底提高小布的可进入性。

3）交通设施规划。在布宁公路沿线设立汽车服务区，包括加油站、厕所、商店等设施。在旅游集散中心设立游客换乘中心，在各景区（点）及接待点之间开设旅游专线车，在各景区（点）设立停靠站。各景区在开发建设时应规划好与客流量相匹配停车场用地，应设立集中停车场和分散的小型停车场、停靠点，便于车辆的统一停放与管理，缓解景区压力。在绿道沿线设立自行车服务点，包括租用自行车、还自行车、自行车修理、旅游商店等服务。

2. 给水规划

（1）现状分析。小布镇圩镇给水系统已采取集中统一的供水系统，日供水量为1000吨，供水水管为20厘米，圩镇日需求量为400吨，可满足目前用水需求，大部分区域可接入给水管网。

（2）规划原则。根据景区地形和总体布局，因地制宜，分散与集中结合，建立经济合理的供水系统；区内设施布置隐蔽，并与景区环境协调。

（3）给水工程规划。

1）用水量估测。综合考虑游客增长、居民需求增长，通过估算，近期（2013～2015年）日需求量约1000吨；远期，随着景区游客量增长，游客用水和管理用水都将随之发生较大幅度的增长，预计将达到 2000 吨左右。

2）近期规划。小布镇水源涵养良好，溪流众多，有充沛良好的地表水源供生活用。景区内的给水处理设施有条件者应利用水源点、净水设施、高位水池与用水点的高差，尽量以自流方式供水，以节约电能。没有条件的地方，现阶段打井取水，日供水量约 1000 吨，基本能满足旅游发展的需求，完善给水管网敷设，主要用水区域的配水管网采用环状管网，其他用水区域的配水管网采用支状管网。

3）远期规划。增加供水水源，给水日供量提高至 2000 吨/日，给水管线尽可能集中布置，管网基本覆盖全镇 90% 以上区域，各景区（点）实行统一供水。

3. 排水规划

（1）现状分析。全镇尚无统一的排水管网设施，生活污水未经处理直接排入溪流，对环境有较大程度的污染。

（2）规划原则。采取雨污分流排水体制，分散布局，分散处理，减少排水管网投资；生活污水必须经过净化处理，达到排放标准后排出，严禁未达标排放；区内排水设施布置隐蔽，并与景区环境协调。

（3）排水工程规划。

1）污水排放量预测。污水系数为 90%，按照高峰值计算，需要处理的污水分别是近期 800 立方米/日，远期 1800 立方米/日。

2）近期规划。在圩镇建设一处理能力为 1000 吨/日的污水处理站，对圩镇的生活和工业污水进行集中处理，达到《污水综合排放标准》（GB8978）的水（国家规定一级排放标准）后排放。雨水以自然排放为主，在建筑设施集中的地段及局部铺装面积较大的区域设明（暗）沟或沿道路排放。在树陂、陂下村、钩刀嘴旅游区，修建部分地埋式多级污水处理设施，经处理后的污水供附近的农田、林地、草木的灌溉。不易集中处理的采取分散处理，污水经化粪池或沼气池处理后，经铺设的 UPVC 塑料排水管供附近的农田、林地、草木的灌溉。

3）远期规划。铺设管线对接整个县域污水管网，区域内污水经内部污水系统处理后，接入全县污水处理系统进行集中处理。在乡村大力普及沼气池、地埋式多级污水处理设施，确保污水就地处理利用，处理率达 90% 以上。

4. 低碳环卫

（1）现状分析。第一，部分村镇卫生环境不佳，表现在生活垃圾处理、公共厕所等方面；第二，村镇建筑风格与自然环境不协调；第三，在小布河圩镇河段生活垃圾和污水排放污染严重；第四，部分山地开山取石，山石裸露，植被破坏严重；第五，全镇的环境监测体系缺乏，处理污染事故、环境突发事故的能力不强。

（2）原则与目标。

1）原则。①规划先行的原则。旅游规划区内控制性规划未批准前，不得上任何开发建设项目；旅游区内的开发建设项目规模不得超出其环境容量的限制；确保旅游区用地不被挪用和破坏；旅游区用地一经确定，纳入立法保护范围，并由社会监督。

②坚持"以人为本，人与自然和谐统一"的原则。③坚持"环境第一，经济第二"的原则，不以牺牲生态环境来换取暂时的经济利益。

2）目标。①水环境质量。近期保持境内河流水质均在国家Ⅱ级标准内，景区内及周边水域采取措施力争Ⅰ级标准；中远期保持在国家环境Ⅰ级标准。②大气环境质量。区域空气质量指数控制在50以内，保持国家Ⅰ级标准。③噪声。通过科学管理、合理规划，使全镇噪声达标区覆盖率达到90%以上，确保重点景区（点）100%合格。④固体废弃物与危险弃物的处理。近期，危险弃物均得到妥善处理处置，工业固体废弃物综合利用率达到80%，生活垃圾资源化率达到30%，分类收集率达到50%；远期，生活垃圾无害化处理率达到88%，工业污染源全部实现达标，工业固体废弃物综合利用率达到100%。

（3）生物资源保护。

1）坚持增加植树造林面积。在海拔800米以下的低山地丘陵选择耐旱、生存能力较强的植物进行种植，也可结合茶叶、茶油种植，提高森林覆盖率，使山地丘陵土地裸露现象得到明显改善。

2）保护景区内古树名木。有关部门要对保护树种进行全面普查，登记挂牌，实行责任制，派专人进行保护监督，根据需要建立围栏等加以保护。

3）严禁滥杀野生动物。加大对野生动物保护法的宣传力度，提高民众保护意识。

（4）水体资源保护。

1）加大小布河治污力度。禁止向河内倾倒生活垃圾和排放污水，尤其是圩镇两岸的治理，严禁污水直接排入和倾倒垃圾；禁止在河堤两岸开挖菜地；河道淤塞处要投入专项资金进行疏浚；两岸需要驳岸的应采取分级式生态驳岸方式，保护水体生态多样性。

2）加强石示下河漂流监管。对石示下河漂流项目进行环评认证，加强未来漂流项目有可能对水体造成的污染，包括减少工程建设对水体污染，禁止向河内倾倒生活垃圾和排放污水。

3）强化河流监管力度。在主要的乡村要设立完善的垃圾中转站，禁止随意向河中倾倒垃圾和排放污水；普及无磷洗衣粉，降低水体富营养化程度；着力加强对附近居民的宣传教育力度。

（5）大气环境保护。

1）严格控制工业企业的进驻，重污染企业严令整改，引入新设备，最大化减少污染的排放。

2）在农村地区要控制野外随意燃烧稻草现象，努力推广清洁能源，逐步减少柴薪使用量。

3）政府要以优惠政策鼓励农民使用沼气、天然液化气等清洁能源，并给予技术上的指导。

（6）村镇环卫治理。

1）绿化村镇周边、道路两旁以及景区周边的裸露土地，尽量减少裸露土地的面积和范围。

2）整治村镇内外环境卫生情况，增加环卫设施，提高垃圾处理能力，减少垃圾排放量。

3）改造区域内道路，整治公路两旁环境卫生情况，提高公路绿化率。

4）改造下水道和电网系统，避免出现地面积水和电网线混乱的情况。

5）加强日常监督力度，实行街道、村庄卫生负责到个人，建立健全村镇环境卫生系统，开展日常性环卫工作。

（7）景区环境卫生管理。

1）设立适量的垃圾桶。垃圾箱的设计要与周围景色协调统一，做到及时清理箱内垃圾，维护景区内的环境卫生，卫生责任到人，垃圾箱分类设置，垃圾清扫及时，日产日清，每个景区都应建设垃圾转运站。

2）规范景区内的摊贩。监督商贩要及时做好其经营范围内的卫生清洁工作，设置一些人性化的标语，时刻提醒游客不要乱扔垃圾。

3）完善景区内的厕所。把景区简易的厕所改造为无蝇、无虫、无异味的绿色生态型厕所，具备水冲、盥洗、通风设备并保持完好或使用免水冲生态厕所，设专人进行管理维护，改变旅游景区厕所"脏、乱、差"的局面。

5. 古建保护

（1）革命遗址。

1）"保下来"。通过编号进行保护，贯彻执行"抢救第一、保护为主、合理开发、永续利用"的方针，遵循"修旧如旧"的原则，保持原来的建筑形式、结构，保存原来的材料、工艺，尽量保持其原有的历史风貌。

2）"亮出来"。拆除违章搭建及广告，修缮房屋，整治周边环境，让革命建筑"透亮"地展示出来。

3）"美起来"。结合四季田园的打造，对革命旧址群周边环境进行集中治理，营造优美环境。

4）"用起来"。结合相应革命主题的布展，开发体验性、参与性强的项目，进行集中、统一保护利用。

5）"串起来"。设置革命建筑标识系统，根据项目安排，将各建筑串成一条游览线。

（2）古街建筑。

1）外表乡土化，对鱼行古街和酒楼古街进行抢救性保护，对倒塌严重的古建或危房按照现有古街建筑风貌进行改造。

2）内部现代化，结合项目开发，在安全前提下，建筑内部设施应做到现代化设计，符合现代人需求。

（3）万寿宫。结合完善万寿宫广场的修建，对万寿宫、古戏台、酒楼等主体和附属建筑进行统一保护。在提高建筑保护技术措施的同时，一方面，对区内革命建筑和乡土古建加强管理措施的制定，如划定建筑文物保护范围，建立建筑文物古迹保护管理的专门机构和制度；另一方面，在资金安排方面，地方财政配套一部分的同时，积极争取原中央苏区振兴战略中关于旧址保护的资金。

6. 公共设施

（1）文化娱乐规划。小布镇上几乎没有文化娱乐设施，应加大开发建设力度。规划思路：营造娱乐、节庆氛围。

立足自身文脉，开发文化体验型娱乐项目。结合景区旅游发展需要，发展功能性娱乐项目。丰富大型主题活动，打造一台夜晚主题演出。

**娱乐设施配置指标**

| 类别 | 规模（平方米） | 近期（个） | 远期（个） |
|---|---|---|---|
| 电影院 | 300~400 | 1 | 2 |
| 多功能厅 | 500~500 | 1 | 2 |
| 露天影剧院 | 500 | 1 | 2 |
| 青年中心 | 600 | 1 | 2 |
| 夜总会、舞厅 | 100~800 | 1 | 1 |

（2）购物设施规划。以圩镇为中心，由中心向周围逐步扩散，依托景区的资源特色，在陂下、花果山茶场等地应针对不同风格旅游产品来设置特色旅游商店，专项销售与各旅游功能区项目有关的商品，并营造不同风格的购物环境，避免游客产生旅游商品千篇一律的感受。在小布镇内的星级（准星级）宾馆中设立本地特色商品专柜，展示和出售本地特色产品。在主要景区景点出入口设立旅游商品定点商店，所售商品是最具本地特色的或就地取材就地生产的商品以及食品、饮料、纸巾类日用品、导游图和旅游用品等。鉴于小布镇拥有丰富的地方土特产品（小布岩茶系列产品、三黄鸡系列产品、竹系列制品），可在小布镇旅游集散中心建立一家大型标准化和规范化经营的旅游特产超市，作为核心旅游购物设施。

7. 电力通信

（1）现状分析。小布镇主要依托黄陂镇变电所供电，现用电水平低，难以满足未来旅游发展用电需求。电信、邮政业务由小布镇电信所和邮政所代理；移动信号基本覆盖全镇。电信、邮政、有线电视设施简易，制约了景区旅游发展。区内电力、电信、有线电视等线路大多为架空敷设，影响村镇景观。

（2）原则与目标。满足景区内景点和服务设施以及区内居民生产、生活用电发展需求。建设完善的电信、移动通信、有线电视系统，为景区提供快速、便捷的现代化通信设备和丰富的文化娱乐活动。电力、电信、有线电视等线路的敷设在满足功能和不影响景观的前提下，线路布置应便于施工安装，并尽可能缩短线路，节省投资。

（3）电力规划。旅游区内用电点比较分散，各点用电量少，根据这一特点，宜中低压输电，因地制宜设置多处变配电点。现空中架设的电力网线破坏景观，规划区内的电缆全部采用地埋式，电缆通道原则上沿道路或人行道敷设，电缆排管管材为塑料管或钢管。核心景区（点）应规划有两条供电接入线路，在主要用电点间形成环状电网。同时，为保证应急用电，应配备相应的备用电源。新建与改建相结合，近期与远期相结合，供电工程的供电能力适应远期负荷增长需要，结构合理，便于实施与过渡。

（4）电信规划。为保证旅游业和县域经济对电信服务越来越高的需求，小布镇的电信规划需保持适度超前的设计，坚持"政府主导、统筹规划、资源共享"的指导方针，以信息化促进旅游业及其他相关产业的发展。加强本规划所确定的重点景区（点）所在地的通信网络、移动基站建设。加强宾馆、度假山庄、旅游集散中心等地的互联网建设，引进无线网络技术，让游客体会到便捷的互联网服务。与中国移动、电信、联通联系，确保景区内覆盖三种移动信号，不留死角、盲区。景区电信电（光）缆、有线电视线路沿景区公路、游步道与电力电缆异侧埋地敷设，避免造成对景区的视觉污染。

8. 安全防灾

（1）现状分析。

1）火灾隐患。居民区内存在较大的火灾隐患，特别老旧民房的照明线路老化严重，容易发生电线短路造成火灾事故。另外圩镇上的一些商铺用电量大，特别是餐饮、宾馆、超市等人口密集场所，消防设施不到位，安全通道被杂物堵塞的现象屡见不鲜。这些消防隐患急需整顿。

2）危房隐患。两条古街建筑大多为20世纪四五十年代兴建的土坯房，遇到暴雨天气，极易发生倒塌事故，造成伤亡。

3）山体滑坡隐患。有些正在开采花岗岩石材的山体，植被破坏较为严重，一遇灾害性天气容易引发山体滑坡和泥石流等灾害。

（2）预防措施。按照规划对老街进行整体改造，彻底消除因电线老化造成的火灾和危房隐患。结合古街改造，对古建筑进行安全加固，排除危房安全隐患。按照地震防灾要求，区内各建筑的抗震等级为七级；逐步关停花岗岩开采企业，通过植树种草等方式，恢复山体植被。

# 十一、旅游要素规划

1. 游客服务中心

（1）规划思路。

1）近期规划：在小布旅游集散中心设置游客服务中心。

2）远期规划：在圩镇的游客服务中心基础上，在钩刀嘴、水岩茶园等重点景区建设各自的游客服务中心。

3）建筑风格：参照现有革命旧址群的建筑样式，体现小布红色风情小镇的风格，或为典型的小布当地的乡土建筑风格，或为体现原中央苏区时代的建筑特点。

4）功能定位：发挥旅游咨询、导游服务、门票销售、停车服务、景区管理、购物服务等功能。

（2）具体内容。

1）游客接待大厅，位于一楼，面积约 400 平方米，主要供游客休息、集散、咨询或景区宣传等。

2）旅游购物商店，位于一楼，面积约 100 平方米，满足游客旅游常用品和纪念品购物需求。①游客休息处：将大厅一侧作为休息处，安放 6 组（每组 4 个）竹木椅子，供游客休息，并提供免费茶水饮料。②洗手间：厕所面积约 100 平方米，男厕位 6 个、便池 6 个，女厕位 8 个，冲水均为感应式。洗手间入口处设洗手台，水池 2 个。③咨询处：有专门工作人员提供咨询服务，公示咨询电话号码。④投诉处：有专门工作人员受理游客投诉，及时协调，记录在案，并公示投诉电话。⑤导游联系处：提供景区普通话导游，并建立导游公示栏，公示栏包括导游相片、姓名、工号、语种、等级等信息。⑥电脑触摸屏：在大厅入口左右区域分别设置一台电脑触摸屏，介绍小布旅游区的概况，各景点文字和图片，景区主要交通、住宿、餐饮、娱乐、购物设施与服务等内容，分中英文版。⑦导游全景图：在大厅右边墙上放置一块景区全景图，规格不小于 2.0 米×1.5 米，全景图内容包括要正确标识出主要景点及旅游服务设施的位置，包括各主要景点、酒店、餐馆、游客中心、厕所、出入口、医务室、公用电话、停车场等，配有中英文对照文字说明，并明示咨询、投诉、救援电话。⑧景区宣传资料：在游客休闲处免费提供景区宣传册页、游程线路图，免费阅览景区的画册、明信片、研究著作、科普读物等。另外，在放置导游全景图的对面墙上安装一台液晶电视，放映景区宣传片。

3）贵宾接待室。位于二楼，面积约 100 平方米，包括真皮沙发、茶几、电视、电脑等设施设备。

4）景区办公室，位于二楼，面积约 200 平方米，满足景区日常管理办公需要。

5）生态停车场，位于游客服务中心旁，按 AAAA 级景区的设施标准改造成一个生态停车场，总面积约 3000 平方米，分设出入口、大小车停车分区，设计大巴停车位 15 个，小车停车位 60 个，停车位尺寸按小车停车位长 5~6 米、宽 2.5~2.7 米，大车停车位长 7~8 米、宽 3.5~4 米进行设计建造，有专人值管。按生态停车场标准设计，以空心网格砖为地面主要铺设材料，并适当种植绿化用草皮，每隔 4~6 个停车位栽种一排适合本地生长的树种，如梧桐、樟树、松树等，利用树木作为车位与车位之间的隔离手段，最终达到"树下停车，车下有草，车顶有树"的环保效果。

2. 星级酒店

（1）现状分析。小布镇现有接待能力较差，只有旅馆 3 家，房间 30 个左右，床位 60 张左右，且条件十分简陋，不能满足未来旅游发展需求。

（2）规划思路。

1）规划原则：档次适中，不宜档次过高，三至四星级标准；数量适宜，近期 1 家，远期 2~3 家；精品设计，档次不宜过高，但酒店内外设计应追求精品化。

2）规模规划：近期末（2015 年）：根据旅游发展布局和游客接待人数目标预测，2015 年日过夜游客在 180~200 人，床位需求总数为 200 床左右，考虑到小布还有农家旅馆、客栈等住宿形式，在圩镇规划建设 1 家三星级宾馆，床位数达到 150 张。远期末（2020 年）：日过夜游客在 400~500 人，床位需求总数达到 500 张左右，在圩镇 1 家三星级宾馆基础上，分别规划孝川田园度假山庄、茶园度假山庄，床位总数 400 张左右。

3. 主题旅馆

综合考虑市场需求趋势和小布资源特色，规划建设系列特色主题旅馆。

（1）庭院旅馆。依托田园环境和农家庭院，在钩刀嘴、陂下、胡家边等区域，规划建设环境优美的农家庭院旅馆，近期为 10 个，床位总数为 80 张；远期为 20 个，床位总数为 150 张。

（2）青年旅馆。在小布圩镇，针对青年市场，建设经济适用的青年旅馆，近期 3 个，远期 5 个，每个青年旅馆床位数为 20~30 张。

（3）文化客栈。结合鱼行古街项目，依托老旧建筑，近期开发 1~2 家文化客栈，远期发展到 3~5 家，每个客栈床位数为 30~40 张。

（4）汽车旅馆。针对自驾市场，在旅游集散中心、钩刀嘴分别建设 1 家汽车旅馆，床位数分别为 50~60 张，远期增加至 80~100 张。

4. 旅游餐馆

（1）现状分析。小布圩镇现只有小餐馆 8 个，约 100 个餐位，而且卫生条件较差，远远不能满足未来游客接待的需要。

（2）规划思路。依托鱼行古街和酒楼古街，近期规划建设 2~3 家特色餐馆，远期拓展至 3~5 家，作为外地游客体验小布特色饮食的主要接待点。在红军广场附近，远期规划建设红军大食堂，可同时容纳 100 人用餐。在陂下村规划建设 2~3 家农家乐土菜馆，依托当地黄鸡养殖基地，主要经营绿色农家餐饮，远期可依据近期游客总数适当增加餐饮点。远期，在胡家边规划建设 2~3 家农家乐土菜馆。结合小布镇的物产特点，塑造高文化附加值的餐饮精品，重点开发客家特色餐饮，推出小布特色餐饮菜系。

5. 标识系统

（1）导游图。在宁布公路与 319 国道交接处、游客服务中心、主要景区（点）、游客汇集地等位置，设置旅游导游图，方便游客享受自助式便捷服务。

（2）解说牌。主要设置在重要项目处，以简明的文字、生动的图解对旅游区内主要旅游景点、旅游项目进行说明；重点项目、景点可设置多媒体设备进行动态语音、图文讲解，方便游览者，增加游览质量。

（3）引导牌。主要是指交通引导，公共服务设施引导（包括厕所、垃圾箱、电话亭、邮局、医院），以及住宿、餐饮、商店、娱乐场所等。该设施可与导游图协调安排，在导游图的总体设置下，在各景区内部进行引导牌的设计。

（4）警示牌。依照设置地点和警示内容不同，包括水上危险警示牌、防火警示标志、危险地段标志、大型娱乐设施、运动性娱乐项目以及观光运营设备警示牌等。

（5）公共信息图形符号设计。要严格按照《公共信息导向系统国家标准》设计，符合图形符号国家标准。景区停车场、出入口、售票处、购物场所、厕所、餐饮设施等位置合理设置，规范使用公共信息图形符号，公共信息图标要求制作精美，材质环保、陈旧坏损及时更换，也可创意趣味图标，但注意不能随意使用颜色，要应景应物。

# 十二、村镇景观规划

1. 绿道景观

道路除交通作用外，也充当着景观功能，将其作为旅游区景观的重要组成部分进行设计。运用绿道的理念进行小布道路景观的设计。

绿道，就是沿着如河滨、溪谷、山脊线等自然走廊，或是沿着如用作游憩活动的废弃铁路线、沟渠、风景道路等人工走廊所建立的线型开敞空间，包括所有可供行人和骑车者进入的自然景观线路和人工景观线路。它是连接公园、自然保护地、名胜区、历史古迹，及其他与高密度聚居区之间进行连接的开敞空间纽带。

（1）旅游公路。对布宁公路、小布—布昌高速入口及区内重要旅游公路，突破现有公路设计的模式，按照绿道标准进行建设，做到以下几点：第一，沿路两侧以大乔木、小乔木、地被植物三层混交立体式构景设计，红色、绿色、黄色交错相间；第二，一律采用沥青路面，设路缘石，种植 2 米宽的灌木绿化带，针对区内旅游公路分设机动车道和自行车道；第三，主要供选树种有水杉、松、银杏、香樟、杜鹃、红叶石楠、女贞、金边黄杨、红花继木球、红叶石楠球、马尼拉草、沿阶草等；第四，作为景区的入口景观，给游客留下很好的第一印象；在经过耕地路段，公路两旁采取自然过渡方式，维护原生的花草景观，不需进行人工种植树木，切忌过多人工种植。

（2）景区电瓶车道。对包括红色革命旧址群等景区内的电瓶车道，使用砖铺或沥青路面，做好道路两旁的绿化，与道路两旁建筑和环境协调统一。

（3）古镇街道。对鱼行古街、酒楼古街等古镇街道，采用青石板和青砖进行铺设，与街道两旁古建筑风格协调统一。

（4）山地游步道。对区内的钩刀嘴、天一山、茶园等景区内游步道，选择采用青石板、青砖、仿木等材料，与周边环境相协调。

（5）滨水绿道。主要包括石示下河漂流河段和小布河圩镇河段两旁游步道，尽量保持河流现有自然风貌，游步道采用青砖或木栈道形式，做好沿河绿化种植。

（6）田园游步道。田园游步道，不宜大规模种植，为保持原生田园风光，可沿道路种植柳树、竹子、山樱等本地植物进行绿化，同时结合油菜花、红花草、水稻等本地农作物种植，进行景观营造。

（7）景观设计注意事项。

1）在呈现出大面积良好的道路外景观路段，削弱路侧绿化在视觉上的切割感，使视线通透开敞，将周边景观元素引进道路，使道路成为欣赏沿途优美风景的走廊图。

2）对沿途的不雅景观或容易造成心理恐惧的高填方路段路侧以植物造景屏蔽，让行车者忽略路侧的不良景观，减少烦躁和恐慌感。

3）在急弯道外侧，线性种植成排乔木，强化公路曲线线型，对行车施以向心方向的诱导，从心理上给司机向心力，保障行车安全。

4）灵活运用景观设计中的"曲径通幽"、"柳暗花明又一村"的手法来打造道路景观。

5）根据适合生长的地域来选择适当的植物品种。

6）景区旅游公路采用柏油路面，景区内游步道一律采用麻石、青石板、青砖、仿木等材料进行铺设，与乡村田园景观协调一致。

7）将景区内杂乱无章的电线网拆除，一律采用地埋铺设。

2. 田园景观

结合旅游产品开发，重点打造红色旧址群、孝川、丁塘巷村、韶坊、湖家边以及其他旅游公路沿线的四季田园景观，具体措施如下：第一，拆除现有电线杆，采取地埋式管线，杜绝地上物出现在成片的田园中，保持田园"一尘不染"；第二，由政府牵头以一定资金支持的方式鼓励农民统一栽种景观度高的植物和农作物，建议考虑四季的差异性，如春季油菜花，夏季水稻、荷花，秋季水稻、甘蔗，冬季红花草等，以保证四季有景；第三，可安排与农业相关的小品景观或场景，如水车、耕牛等，营造乡土意境。

3. 建筑景观

（1）现状。小布镇建筑主要由明清古建、乡土干打垒建筑、红色乡土建筑和现代水泥建筑四类组成。但整体分布错落不齐，装修装饰不统一，古建筑破损严重，现代水泥建筑穿插其中，导致整体景观性较差。

（2）注意事项。第一，将圩镇未装修的水泥建筑按照红色乡土建筑和鱼行古街古建筑风格进行外部改造，使其风格统一且与整体环境协调一致；第二，按"修旧如旧"的原则，对重点区域乡土民居建筑进行修缮，对倒塌和损坏的建筑进行拆除；第三，将鱼行古街及万寿宫旁破损严重的建筑拆除，按照现有风格，进行统一规划设计，并在建设中结合休闲广场、文化街区、小布河改造等进行风格协调统一；第四，在民居房前屋后采取开发菜地果园、种植藤蔓、安置盆景等方式进行景观绿化。

### 4. 山地景观

对村民的乱砍滥伐现象进行管制，杜绝一切行为的乱砍滥伐现象的发生；注意营造四季林相景观和彩色林相景观，如种植映山红营造春季山地景观，种植枫树营造秋季山地景观，种植梅花营造冬季林相景观等；对重要区域裸露山地，进行人工种植，恢复植被；旅游项目开发必须在保护山地生态环境的前提下进行，工程建设所造成的破坏必须及时进行恢复。

### 5. 水系景观

小布镇水系景观规划主要包括河流、溪流、湖泊、瀑布等，具体内容如下：①对小布河在圩镇的河段，进行卫生环境整治的基础上，结合临水游步道、万寿宫广场等休闲设施的建设，保证河流的自然原生态，整体风格红色风情、古色韵味相一致；②对河流两岸广种桃树、柳树、鸢尾、芦苇、菖蒲等湿生植物，营造原生的河流生态景观；③在石示下河的漂流河段两岸进行环境整治，河道疏浚，进一步营造好竹林、茶园景观；④结合羊肠小路建设，在农业观光区营造田园溪流景观，保持原生态的田园水渠景观，切忌用水泥、鹅卵石、木桩等材料进行人工驳岸，供游客进行田园漫步游览。

### 6. 街区景观

（1）田园街区景观。对小布镇街区进行田园式改造：第一，对街巷环境卫生进行整治，杜绝"三废"污染；第二，突破草坪绿化的传统城市景观模式，采用菜园、果园、树林等形式进行绿化、美化；第三，对街头小巷的路灯、信号灯、垃圾桶进行更换和美化，体现田园风格。

（2）田园社区景观。采用门前屋后植树种菜、屋顶种花养草、墙壁种藤状植物的方式，对现有村镇居民社区进行田园式改造：对新建居民区建筑风格和社区环境进行统一规定，一方面通过建设菜园、花园和安置水车、水井等小品景观进行环境营造；另一方面居民建筑和社区设施体现田园民居风格。

（3）园林广场景观。弃西式广场的建筑手法，采用我国古代园林建造理念，修建万寿宫、集散中心等区域的广场，同时加入道家文化元素，体现"天人合一"的核心理念。

### 7. 色彩规划

（1）七彩田园规划。在保护本地植物的基础上，结合四季农业作物种植，利用不同季节作物的不同颜色，营造赤、橙、黄、绿、青、蓝、紫"相互搭配、相得益彰"的"七彩田园"的色彩景观。另外，相应采取以下措施：①拆除现有电线杆，采取地埋式管线，杜绝地上物出现在成片的田园中，保持田园"一尘不染"；②由政府牵头以一定资金支持的方式鼓励农民统一栽种景观度高的植物和农作物，建议考虑四季的差异性，如春季油菜花，夏季水稻、荷花，秋季水稻、甘蔗，冬季红花草等；③可安排与农业相关的小品景观或场景，如水车、耕牛等，营造乡土意境。

（2）建筑色彩规划。针对圩镇民居建筑、乡村田园建筑、古街建筑、革命遗址等不同类型建筑，进行分片色彩规划，采取不同的色彩规划措施和方案：①圩镇民居建筑：对圩镇民居建筑进行统一"穿衣戴帽"，为"黑瓦+青砖墙面+马头墙"，高度控制在四层以下，以体现风情小镇风格；②乡村田园建筑：对重点区域乡村建筑进行统一"穿衣戴帽"，为"红顶+青墙/黄墙"，高度控制在三层以下，以体现乡村田园风格；③古街建筑：古街建筑群统一为"黑瓦+青砖墙面+马头墙"两层骑楼式传统乡土建筑；④革命遗址：对现有革命旧址群建筑的外观进行统一规划设计为"黑瓦+白墙+马头墙"式传统乡土建筑。

（3）林相色彩规划。结合植树造林，采取人工种植不同四季树木、花卉，充分运用不同树木、花卉的色彩，营造色彩斑斓的四季林相色彩景观，如春季杜鹃、夏季栀子花、秋季枫树、冬季柏树/松树。

# 十三、政策保障

1. 管理体制

（1）成立小布镇旅游产业发展委员会。加快成立小布镇旅游产业发展委员会，由书记担任组长，由相关部门（包括旅游、发改委、财政、国土、城建、宣传、文化、林业、水利、农业、交通、卫生、安全、环保等部门）的主要负责人组成，主要负责处理旅游发展中各方利益的分配、与宁都县和赣州市各相关部门的对接、协调各行政执法部门之间的关系、商议关于旅游规划和发展过程中的重大问题等。机构成立后，必须真正切实发挥其作用。

（2）重点景区成立管理机构。在红色旧址群、万寿宫、钩刀嘴、"小布岩茶"茶园等重点景区应按照因地制宜、统一管理、责权对应、精简高效的原则，设置景区管理委员会或旅游发展公司，并赋予其相应职能，对景区内的资源保护、开发、建设、经营和地方经济社会发展统一行使管理职能，并负责对外招商。

2. 运营模式

针对不同旅游项目，根据其特点和需要，因地制宜采用不同运营模式。

（1）红色革命旧址群："政府+公司+商户。"根据红色旅游的特点，建议采用"政府+公司+商户"的运营模式，即整合所有小布的红色革命旧址群，在小布镇镇政府下成立小布红色旅游发展有限公司，兼具相应政府管理职能，负责对小布所有红色革命旧址群进行经营管理，其中如餐馆、酒店、商店等项目则采取对外招商的形式，承包给相关商户或企业。

（2）万寿宫：股份制企业运营管理。万寿宫项目，规模大，投资大，综合性强，市场关注度高。规划组建议该项目宜运用股份制企业运营管理，可有效解决较大投融资问题，通过将经营权和所有权分离，所有权归小布镇旅游产业发展委员会，经营权委托给股份制企业，负责对具体项目进行招商、经营、管理，对企业开发经营通过制订相关制度进行监督和管理。

（3）乡村旅游项目："政府主导+公司+合作社+农户。"乡村旅游项目涉及政府、企业和当地居民三大利益主体。规划组建议，应紧密结合政府相关乡村政策，采用"政府主导+公司+合作社+农户"的运营管理模式：在战略规划、资源保护、基础设施建设、资金安排、行业管理等方面由政府统筹协调，通过有效的法律、经济、行政等综合手段，充分发挥引导、调控、监督、协调和服务等功能，对经营者进行引导、监督，保证旅游区的合理开发和资源的可持续利用，协调各部门间的冲突与矛盾；企业负责对旅游项目进行开发，实行市场化运作；同时，广泛吸纳当地社区以合作社的形式进行集体投资，鼓励农户自主参与开发。

（4）钩刀嘴：整体租赁运营管理。钩刀嘴旅游区生态优良、资源丰富，具有较大开发潜力。建议该项目运用整体租赁运营管理模式，即合理估价，将钩刀嘴（包括石示下河漂流项目）整体租赁给具有实力的民营企业或股份制企业，租赁年限在 30～50 年，在租赁期间，企业负责对钩刀嘴的开发运营和资源保护，当地政府负责对其进行监督管理。

3. 政策保障

（1）加强组织领导。充分发挥小布镇旅游产业发展领导小组的领导、组织、协调作用，对重点旅游项目安排相关领导专项负责，由组长或常务副组长主持召开定期会议，研究小布镇旅游业发展战略和举措，及时收集各方意见和建议，对旅游发展过程中出现的难点问题进行协调解决。

（2）形成部门合力。旅游业发展需要有关部门、相关乡村等众多机构的支持和配合。在小布镇旅游业发展领导小组的领导下，在全县上下强化大旅游的意识，要求旅游产业发展委员会各成员单位，按各自职责分工，积极配合和支持旅游部门工作。

（3）落实政策扶持。

1）设立旅游发展专项资金。自 2013 年起，赣州市、宁都县财政每年安排相应旅游发展专项资金，主要用于规划编制、项目策划包装、宣传推介、品牌创建、培训学习、企业奖励、乡村旅游点与旅游饭店星级创评等。专项资金额度根据市县经济发展情况和旅游发展实际需要逐年增加。

2）加大金融信贷支持。一方面，鼓励金融机构为旅游企业提供信贷支持，适当加大信贷投放力度，适度降低旅游企业贷款准入门槛，给予利率、期限等方面的优惠，扶持旅游龙头企业发展；另一方面，旅游企业发展相应享受农业贷款、小额担保贷款、抵押贷款等方面的优惠政策，以此吸引多渠道资金投资旅游发展。

3）支持旅游建设用地。在制定全镇土地利用和村镇建设总体规划时，根据旅游产业发展需要和项目建设安排，适度增加旅游项目建设用地额度；每年根据发展需要，适时提出用地需求，由国土部门列入年度计划。

4）实施优惠奖励政策。

①对固定资产投资1000万元以上的旅游项目在财政奖励政策上享受县工业园区企业同等待遇。②对从事农家乐、生态农业、观光农业等乡村旅游开发经营的个体工商户，营业税起征点提高到最高限额。③对三星级以上（含三星级）的旅游饭店、乡村旅游区（点）、农家乐企业实行与一般工业企业同等的用水价格，用电实行比商业用电低0.10元/千瓦时的价格。④同意星级宾馆和星级乡村旅游区（点）的农家乐为公务接待定点单位，支持其对外宣传。⑤对被评为国家AAAAA、AAAA、AAA级的旅游景区，政府分别给予50万元、20万元、5万元奖励。⑥对被评为国家五星级、四星级、三星级的旅游饭店，县政府分别给予20万元、10万元、3万元奖励。⑦对被评为AAAAA、AAAA、AAA、AA、A级的乡村旅游区（点），县政府分别给予20万元、10万元、5万元、2万元、1万元奖励。

（4）加大市场监管。联合工商、质监、安全、卫生等相关部门，对无证经营、强买强卖、价格欺诈、失信违约、质量不合格、安全隐患、卫生不合格等违法违规行为进行严格查处，加强对旅游市场的监管，营造良好的市场经营环境。

（5）实施人才战略。一方面，通过各种措施，吸引高层次旅游人才前来小布就业任职，增加旅游专业人才的岗位配置；另一方面，聘请省内外著名旅游专家，对现有旅游从业人员进行定期专业培训，培育旅游人才队伍，提升旅游工作服务质量和水平。

# 十四、行动计划

## 1. 总体建设进度

遵循旅游业发展规律和项目特征，规划期内（2013~2020年），小布镇旅游业发展分为近期和远期两个阶段。

（1）启动项目：革命遗址群。革命旧址群项目是小布镇的启动项目，尽快提升红色革命旧址群项目品质，包括毛泽东旧居的"苏区摇篮"布展、朱德旧居的布展提升等，形成完整的红色旅游线路和产品，对外进行宣传营销，提高市场知名度。

（2）近期重点：红色风情小镇、钩刀嘴生态旅游区。规划近期（2013~2015年），作为小布旅游业的起步发展阶段，一方面，在提升革命旧址群项目的同时，继续完善加强红色风情的打造，建成红色风情小镇，同时建设钩刀嘴登山游步道、开发石示下河漂流、万寿宫扩建等项目；另一方面，完成小布旅游集散中心建设，建成相应景区（点）旅游公路、大门、停车场、游客服务中心、旅游厕所等配套设施和基础设施。

（3）远期重点：风情休闲古街、山水田园度假、"水岩茶园"养生度假。规划远期（2016~2020年），是小布旅游业的建设壮大阶段，在红色旅游板块和山水观光运动板块建成后，重点建设风情休闲古街、山水田园度假和茶园养生度假项目和产品，形成成熟的二日游路线。同时，进行南部民俗风情体验区项目开发，提升区内公路等级、完善环卫设施、美化山水田园景观。到期末，基本完成"小布旅游小镇"的总体发展目标。

2. 项目建设进度

以上是对全镇旅游业发展的总体建设进行安排，具体项目建设安排主要集中在近期。

**小布镇旅游项目分期建设安排**

| 功能分区 | 项目名称 | 分期建设安排 | | 功能分区 | 项目名称 | 分期建设安排 | |
|---|---|---|---|---|---|---|---|
| | | 近期 | 远期 | | | 近期 | 远期 |
| 风情小镇休闲区 | 小布英雄纪念碑 | ■ | | 风情小镇休闲区 | 小布河改造 | ■ | |
| | 誓师广场 | ■ | | | 小布墟市 | ■ | |
| | 红军广场 | ■ | | | 祥云寺 | ■ | |
| | 中共苏区中央局、中华苏维埃中央革命军事委员会成立旧址 | ■ | | | 游客集散中心 | ■ | |
| | 中华苏维埃中央革命军事委员会总政治部旧址 | ■ | | 山水观光运动区 | 钩刀嘴 | ■ | |
| | 红军标语墙 | ■ | | | 红军瀑布 | ■ | |
| | 红色电波 | ■ | ■ | | 石示下河竹林漂流 | ■ | |
| | 朱德旧居 | ■ | | | 森林浴场 | ■ | |
| | 公审张辉瓒广场 | ■ | | | 红军训练营 | | ■ |
| | 红军食堂 | | ■ | | 汽车度假村 | | ■ |
| | 红色旅游区四季田园 | ■ | | 生态田园度假区 | 水岩茶园 | | ■ |
| | 万寿宫 | ■ | | | 孝川田园度假山庄 | | ■ |
| | 万寿宫广场 | ■ | | | 生态农业观光 | ■ | |
| | 永安桥 | ■ | | | 农耕生活体验 | ■ | |
| | 鱼行古街 | ■ | | 民俗文化体验区 | 韶坊宗祠群 | ■ | |
| | 酒楼古街 | | ■ | | 天一山 | | ■ |
| | 陈家土楼 | | ■ | | 客家文化主题酒店 | | ■ |
| | 红军大酒店 | | ■ | | 红军医院 | ■ | |

**小布镇旅游项目资金投入估算**　　　　　　　　单位：万元

| 功能分区 | 项目名称 | 分期建设安排 | | 功能分区 | 项目名称 | 分期建设安排 | |
|---|---|---|---|---|---|---|---|
| | | 近期 | 远期 | | | 近期 | 远期 |
| 风情小镇休闲区 | 小布英雄纪念碑 | 50 | | 风情小镇休闲区 | 小布河改造 | 300 | |
| | 誓师广场 | 20 | | | 小布墟市 | 300 | |
| | 红军广场 | 200 | | | 祥云寺 | 100 | |
| | 中共苏区中央局、中华苏维埃中央革命军事委员会成立旧址 | 300 | | | 游客集散中心 | 1000 | |
| | 中华苏维埃中央革命军事委员会总政治部旧址 | 50 | | 山水观光运动区 | 钩刀嘴 | 200 | |
| | 红军标语墙 | 30 | | | 红军瀑布 | 100 | |
| | 红色电波 | 100 | 200 | | 石示下河竹林漂流 | 400 | |
| | 朱德旧居 | 50 | | | 森林浴场 | 100 | |
| | 公审张辉瓒广场 | 10 | | | 红军训练营 | | 1000 |
| | 红军食堂 | | 200 | | 汽车度假村 | | 2000 |
| | 红色旅游区四季田园 | 60 | | 生态田园度假区 | 水岩茶园 | | 5000 |
| | 万寿宫 | 100 | | | 孝川田园度假山庄 | | 4000 |
| | 万寿宫广场 | 300 | | | 生态农业观光 | 100 | |
| | 永安桥 | 80 | | | 农耕生活体验 | 100 | |
| | 鱼行古街 | 5000 | | 民俗文化体验区 | 韶坊宗祠群 | 400 | |
| | 酒楼古街 | | 3000 | | 天一山 | | 300 |
| | 陈家土楼 | | 1000 | | 客家文化主题酒店 | | 2000 |
| | 红军大酒店 | | 1800 | | 红军医院 | 50 | |
| 合计 | | 30000 | | | | 9500 | 20500 |

# 十五、效益分析

## 1. 经济效益

（1）投资估算。依据国家质量监督总局颁布的《旅游规划通则》（GB/T18971-2003），并参照《建设项目经济评价方法与参数》（第三版），结合相关估算依据和标准及本项目具体情况，小布旅游项目总投资为3亿元，近期投资9500万元，远期投资2.05亿元。

小布镇旅游人次、收入测算

| 规划期 | 年份 | 游客数量（万人次） | 年均增长速度（%） | 人均消费（元/人次） | 旅游收入（万元） |
|---|---|---|---|---|---|
| | 2013 | 2.5 | — | 200 | 500 |
| | 2014 | 3.2 | 25 | 200 | 640 |
| | 2015 | 4.0 | 25 | 200 | 800 |
| 小计 | | 11.7 | — | 200 | 2340 |
| | 2016 | 5.2 | 30 | 400 | 2080 |
| | 2017 | 6.8 | 30 | 400 | 2720 |
| | 2018 | 8.8 | 30 | 400 | 3520 |
| | 2019 | 11.5 | 30 | 400 | 4600 |
| | 2020 | 15.0 | 30 | 400 | 6000 |
| 小计 | | 47.3 | — | 400 | 18920 |
| 总计 | | 59.0 | — | — | 21260 |

（2）收入估算。根据小布镇旅游的开发进度安排和旅游业发展规律，全镇旅游发展近期处于刚起步阶段，游客增长速度较慢、消费水平较低，按25%计算，按人均消费200元/人计算；远期增长迅速，按年均增长30%计算，按人均消费400元/人计算，规划期内游客总人数达到59万人次，旅游收入2.126亿元。

（3）效益评估。规划期内项目投资总额为3亿元，旅游收入总额约为2.1亿元，经营成本约为营业收入的30%，综合考虑税收及不可预见性成本等因素。根据估算，近期建成的项目在2020年前均可收回全部投资。但由于涉及多个项目，建设周期较长，远期建成的项目将陆续在2025年前后收回投资。远期，待所有项目建成开放后，南昌—宁都高速公路也将建成通车，小布区位得到质的改变，小布旅游发展将快速增长，项目产出效益大大提高，值得投资建设。

2. 社会效益

小布旅游业的发展不仅能带来经济效益，而且也将产生巨大的社会效益。第一，提高居民生活水平。旅游开发，为当地企业和居民提供更多的发展机遇，有利于拓宽农民增收渠道，完善当地经济产业结构，从而提高当地居民收入。第二，解决当地就业问题。有利于带动相关产业的发展，提供大量就业机会，吸收农村剩余劳动力。第三，提高居民综合素质。有利于当地对外经济文化交流，为当地居民提供提高文化素质和科学素养的机会和条件。第四，优化社会发展环境。有利于提高小布镇的知名度，优化当地的投资环境，吸引更多外资进入。第五，提高生活幸福指数。旅游业的发展不仅为当地居民提高收入水平，同时可改善生态环境和居住环境，这有利于提高当地居民的幸福指数。

3. 环境效益

小布镇旅游的开发前提条件是立足红色文化、古镇文化、民俗文化及山水生态资源，使文化资源和生态环境得到最大限度的开发和保护，应摒弃环境与旅游对立发展模式，树立"环境带动旅游，旅游促进经济，经济促进发展"的开发和发展思路，推动地区的全面协调发展。第一，有利于红色文化的传承。小布现存有多处红色革命旧址遗址，通过旅游开发不仅可以有效保护和恢复革命旧址遗址，还可有效传承革命精神。第二，有利于古镇文化的保护。通过旅游开发，一方面，可有效保护万寿宫、祠堂等现有古建筑；另一方面，可恢复拯救鱼行古街、酒楼古街。另外，有利于传承当地客家文化。第二，有利于生态环境的美化。小布的山水生态环境优良，但与人工设施仍不协调，优美感不突出，通过旅游开发，可在保护现有山水生态环境的前提下，使得小布山水田园生态环境更加优美。第三，有利于提高环保意识。旅游业的开发，将当地居民的利益与环境保护有机联系起来，当地居民环境保护的主动意识更强，旅游活动在开展过程中，游客的环境保护意识也将得到教化。

# 横峰县旅游业发展总体规划思路<sup>*</sup>

## 一、怎样认识横峰

*1. 新的理念：突破狭隘的优势观，将区位优势摆在首位*

横峰县旅游资源比较丰富，红绿古三色交相辉映。横峰素有"中国葛之乡"、"葛之源"的称号。横峰县闽浙（皖）赣革命根据地旧址群已于 2009 年被中宣部列为"全国爱国主义教育示范基地"，成为独特而宝贵的红色资源。其自然资源也相当丰富，交通十分便利，且横峰工业园区发展态势强劲。2008 年，岑山森林公园被国家林业局确定为"国家森林公园"，工业园区荣膺"全省生态工业园区试点单位"，园区经济成为该县财政增收的重要增长极，葛源镇被国家住房和建设部批准为第四批"中国历史文化名镇"。因此在交通、经济和旅游资源具一定优势的基础上，发展旅游业是最能够尽快地为横峰县增加社会效益和经济效益，带动一产、二产和三产相互发展，能够在一定程度上保障"保增长保民生保稳定"工作的顺利进行。但是横峰没有全国知名的名山大川和文化古迹，因此，要将旅游做大做强，必须引入新的理念，突破狭隘的资源观，将区位优势摆在第一位予以开发利用。

（1）从旅游开发角度来看，横峰区位优势相当明显。

1）横峰县处在江西对接"长三角"的主要交通要道上，也是江西进入江浙和福建的重要节点。

2）横峰县处于上饶市半小时经济圈内，和赣东北区域中心城市（上饶市）一体化进程日益加快，处在上饶市旅游发展战略构架"鲲鹏战略"的两翼连接处。

3）横峰县处在三个世界遗产（世界文化遗产——庐山，世界自然遗产——三清山，即将申报成为世界自然遗产的龙虎山、龟峰）的辐射中心点。

4）横峰县处在 8 大国家级风景名胜区（庐山、黄山、三清山、龙虎山和龟峰、武夷山、杭州西湖、高岭—瑶里、千岛湖）的半日车程之内。

---

\* 本文完成于 2008 年。

（2）从区域发展角度来看，横峰旅游发展优势明显。

1）从上饶旅游发展的角度看，上饶地处长江三角洲经济圈、珠江三角洲经济圈和闽南金三角经济圈的中间过渡地带，与三个经济圈之间均有很强的互补性。而横峰正属于上饶中心旅游区域，对上饶市的旅游发展起着承上启下的作用。

2）从长三角经济区发展的角度看，长三角已经成为中国经济的引擎，将来的发展趋势，由于区位条件等因素，会向江西进行转移。

3）从海峡西岸经济区发展的角度看，海峡西岸经济区作为国家新的经济发展战略，今后的发展趋势，必将对江西东部区域产生巨大的影响。

因此，上饶市的经济社会发展具有良好的潜力，对横峰县的经济社会发展将会产生很强的辐射作用，能够对横峰各产业起到促进作用的旅游业的发展则是今后发展的主要支撑点。横峰区位优势使横峰不仅交通便利，而且能够外引内联，很快融入周边县市的精品旅游圈，从而使横峰真正成为旅游大县、旅游强县。

2. 新的认识：突破直观的资源观，深度认识四大资源

（1）红色品牌价值突出。

1）革命家黄道建立农村党支部的地方。黄道在姚家村积极开展革命活动，组织创建了横峰的"岑阳学会"，并于1926年秋在姚家村成立了横峰县第一个党支部和农民协会，吸收了10多位革命同志加入中国共产党，姚家村又有黄道烈士故居，陈列了当年的战斗路线和历史资料，多处革命旧址保存完好，每年的"七一"期间，革命家黄道曾经在闽北一带工作战斗过的党组织都会来黄道故居参加党的生日系列纪念活动，为今后闽浙（皖）赣四省党组织开展"寻根之旅"留下了厚重的一笔。

2）打响闽浙赣地区革命斗争第一枪的地方。姚家乡又是第二次国内革命战争时期的红色革命发源地之一，在这片红色的土地上爆发了著名的弋横起义。1927年12月10日，由方志敏、黄道等共产党人领导的农民革命团在姚家乡兰子村楼底进行了武装起义，为闽浙赣地区打响了武装起义的第一枪，书写了"两条半枪闹革命"的历史故事，后来为了斗争的需要，由姚家举军向葛源挺进，创立了闽浙赣革命根据地，成为闽浙赣革命根据地的中心区域。弋横起义总指挥部旧址和黄道故居被上饶市政府批准公布为市级文物单位，2008年2月，被省委宣传部评为"全省爱国主义教育基地"，成为该县宝贵的红色旅游资源。

3）闽浙皖赣革命根据地的一群旧址。曾被毛泽东誉为"方志敏式革命根据地"，根据地荣获中华苏维埃中央人民政府授予的"苏维埃模范省"的光荣称号，现已经被中宣部列为第四批"全国爱国主义教育基地"之一。

4）一组革命英雄人物宝贵精神财富。方志敏、黄道、邵式平和粟裕、汪东兴等共产党人曾在葛源建功立业，无论在政治、军事、经济、文化方面，都创造了"第一等的工作"，留下了方志敏"爱国、创造、清贫、奉献"不朽的精神丰碑；方志敏同志在狱中极端困难条件下写出的《清贫》、《可爱的中国》等遗作，是他心灵和崇高品德的表现，被胡锦涛总书记誉为"爱国主义的千古绝唱"。

（2）产业资源优势明显。

1）拥有四大农业支柱产业。横峰的葛、猪、菜、油茶已成为四大农业支柱产业，具有横峰特色的葛业开发已初具规模，"葛佬凉茶"、纯葛粉等已批量生产，市场拓展很快，市场前景非常好；横峰油茶、葛源豆腐、港边鹅和港边粉丝以及横峰黑猪、横峰狗肉等系列特色绿色生态食品，是横峰值得开发的另一重要生态资源。

2）建成一个生态工业园区。横峰工业园区为"全省首批十大生态工业园区建设试点单位"，工业园区生产的有色金属铜深加工业非常有特色。机械制造业、高新技术、劳动密集型等产业也是重要的旅游资源，我们可以在工业产业发展的基础上，开发系列旅游商品和产业旅游项目，譬如说利用有色金属铜可以进行深加工，生产方志敏等英雄领袖人物的铜像，赋予方志敏的"爱国、创造、清贫、奉献"精神内涵，作为纪念品，时刻提醒广大干部保持廉洁自律的意识，自觉接受爱国主义思想主题教育。此项旅游商品开发，把横峰独特的红色旅游资源与闻名全省的有色金属铜工业产业进行有效对接、良性互动、共同发展。

（3）生态资源相当优良。

1）努力构造好高品位的市民公园。因为县城境内有岑山国家森林公园，植被保存良好，点缀着绿洲风光，宗教和道教文化底蕴深厚，游步道已经初步建成，完全可以利用岑山的区位特点及资源状况，将其作为市民公园，并且以国家森林公园的身份，凸显出其在国内市民公园的地位。

2）积极开发好差异化的赭亭山。同属于国家森林公园"一主两副"之一的风光秀丽的赭亭山，与周边三清山、龟峰、龙虎山等具有不同体验特点相比，属于典型的丹霞地貌山体，景区内山水相依，景色瑰丽旖旎，类似桂林，四面绝壁悬崖，唯有一小径可供攀援登上山顶，以赭亭山和赭亭山水库为主体，进行分期开发，可以把它打造成为养生度假休闲旅游目的地。

3）有乡村旅和生态工业游的特色。横峰境内山峦起伏，丛林密布，空气清新，广大乡村遍布着茶林、枫林、竹海、葛园等自然景观和少数民族畲族风土人情，构成了如画的乡村美景，可以组织游客进行"婺源三月看油菜花，横峰十月看油茶花"旅游观光活动。横峰的新农村建设发展良好，选取几个具有特色文化的村落作为乡村旅游接待基地，既可以满足周边及当地的市民休闲度假旅游的生活需要，又可以带动乡村旅游农家乐的迅速发展。横峰工业园区发展态势强劲，现已培育形成了有色金属深加工、机械制造、高新技术和劳动密集型四大支柱产业，进一步延伸了产业链，吸引了更多的规模企业向园区集聚，尤其是园区第一代成长的制锁业被誉为"锁业马赛克"。横峰主打生态工业园区，在国内也比较具有知名度，在满足工业生产需求的同时，可以适当组织周边县市的游客或政府官员来横峰工业园区以参观学习的方式进行工业旅游，既可以促进县域内消费，又扩大了横峰工业园区的知名度和美誉度，使横峰工业产品迅速走向市场取得无形的广告效益。

（4）古色资源基本完好。

横峰县古色资源保存完好。葛源镇曾因作为红色省会的历史地位，被评为"江西省历史文化名镇"，葛源镇除具备红色资源外，最令人赞叹的是它特有的古镇风貌，古韵犹存，仍保存着古朴淳厚的历史风貌，村社祠堂、瓦屋楼阁、板壁店铺、小桥流水、卵石巷道；还有岩洞、寺庙、牌坊等自然景观、文化遗产，土墙、瓦顶、禾基、走廊、拖步、天井构成了独特的赣东北民居房屋造型。全镇现有3条古街道，建于清末民初，至今完整保留了清末民初时期的集市商埠特色，鹅卵石铺设的小路，纵横交错，四通八达，麻石板架设的拱桥，结实雄伟，美观大方。2008年10月，葛源镇被住房和城乡建设部列为"中国历史文化名镇"，下一步，要充分利用这块金字招牌，修复葛源镇的明清古街，做到修旧如旧，把一些反映葛源历史风土人情的工艺制作和烹调技术开发恢复起来，如民间刺绣、榨油渣果，烧小河鱼、葛源豆腐，制作葛源豆腐系列真空包装食品等。

## 二、横峰需要一个什么样的旅游规划

横峰需要的是启动型、跨越式、节点型旅游目的地规划。

严格地说，横峰旅游尚未启动，需要在规划中解决旅游业如何启动的问题。

长远地看，横峰旅游具有后发优势，应高起点、跨越式发展，才能迅速占据旅游业的制高点，旅游规划应始终体现跨越式发展思想。

具体来讲，横峰旅游业是否能获得真正发展，关键是看能否成为周边著名旅游圈的重要节点，规划中必须对构建横峰与周边景点旅游节点提出应对措施。

## 三、横峰旅游业的突破口在哪里

突破口1：融入大旅游圈。横峰的区位优势在于地处赣东北精品旅游圈的中心地带，和沪浙红色旅游景区、湘赣闽红色旅游区、鲁苏皖红色旅游区交界的中心区域，同时又位于黄山—婺源—上饶—弋阳—武夷山旅游精品线路上。具备融入精品旅游圈的区位条件。

突破口2：做强红色旅游。小区域、多节点。如果能够将横峰旅游资源与上饶集中营、弋阳方志敏纪念馆（漆工镇）等周边资源组合，形成一个"小区域、多节点"，产品相对丰富、形式相对多样、设计相对合理的旅游线路，必将有效地刺激区域内红色旅游消费。大圈网、连精品。横峰的红色旅游资源虽然品位高，但是，毕竟还不是全国知名的红色景点，因此，必须利用方志敏的"爱国、创造、清贫、奉献"精神的人文品牌，在更大的区域内组织红色连线游览路线。例如，与上海、英雄城南昌、井冈山革命根据地等组织"红色创业"专项游等。好资源、产品化。红色旅游资源要产品化。红色旅游目前最大的问题在于产品体系单一，仅仅是资源的介绍，而不是旅游产品体系的打造。横峰旅游要求高起点发展，就必须设计系列丰富多彩的红色旅游产品，使红色旅游不仅有教育意义，而且还"好玩"。

突破口3：争取自驾游。自驾游火爆是最近中国旅游业的重要业态特征，自驾游带有自发性和自主性，见效快，是旅游业启动的重要切入点。横峰优良的区位条件，良好的生态环境，加上上饶市委、市政府十分重视乡村旅游农家乐的发展，如果能够积极应对自驾车游，设计系列旅游产品和改善旅游服务设施，必将使横峰成为长三角、南昌、上饶等周边大城市自驾游的重要目的地。

# 四、应以怎样的理念来规划横峰旅游业

1. 全面融合理念

横峰旅游业应与赣东北旅游圈和闽浙沪赣红色旅游圈等大旅游圈进行无缝对接，横峰应成为以上两个旅游圈中的重要节点，从而实现与周边大旅游圈的全面融合。

2. 跃位领先理念

横峰旅游业相对落后，但并不是永远落后，落后有后发优势，只要科学规划、合理发展，完全能实现跃位领先，后来居上。实现"跃位领先"理念，不能空谈，而是应高起点、高标准、严要求地规划和发展旅游业。

3. 泛旅产业理念

所谓泛旅产业理念，即指超出吃、住、行、游、购、娱等观光、休闲、度假等传统旅游概念的更加泛化的旅游产业概念，是为人们提供具备趣味性、艺术性、知识性、刺激性等特性的体验消费的一系列产业的总称，其内容包括修身、养性、感悟、体验、休闲、运动、康体等。只有坚持泛旅产业理念，才能将横峰旅游业做出品位，带上层次。

4. 原真旅游理念

横峰旅游业必须设计与周边景点相比具有差异性的系列产品，才能与周边旅游产品优势互补，融入大旅游圈。"原真"就是要求尽量返璞归真，充分利用横峰优良的生态资源，使横峰成为一个具备原真的乡村环境、原始的乡土风情、原味的农家饮食的乡村度假休闲胜地。

5. 体验经济理念

体验经济被称为继农业经济、工业经济和服务经济阶段之后的第四个人类的经济生活发展阶段，或称为服务经济的延伸，体验就是要创造令人难以忘怀的感受、经历、经验，横峰的红色旅游、农业观光游都必须实现体验经济的需求，才能迎合现代旅游者的需求。

# 五、横峰旅游业发展重点是什么

1. 通过红色资源产品化——树品牌，聚人气

红色旅游是横峰旅游业做大做强的品牌保证，红色旅游产品化将使红色旅游更具市场卖点，红色旅游虽然不一定带来很多市场赢利，但是可以树品牌、聚人气，还可以为爱国主义教育提供更优空间和条件。

2. 通过产业资源涉游化——争市场，出效益

产业资源开发必须考虑和红色旅游开发结合起来，实现旅游业发展与产业发展的双赢，从而两者达到良性循环，争取更大的市场份额和经济效益。

3. 通过区域合作一体化——大融合，做营销

区域合作是横峰旅游的重要发展方向，必须全面实现与周边旅游区的融合，这就需要在市场营销上采取针对性的措施。

4. 通过乡村环境景观化——重体验，出亮点

发展为周边地区的乡村度假休闲胜地是横峰旅游业的另一重点。乡村旅游最重要的是将乡村环境景观化，贯彻大旅游的理念，使旅游者真正体验到乡村风景、风情与风味。必须精心策划几个重要的亮点景区，带动周边乡村的改造和发展。

# 六、横峰旅游业发展的远景

通过旅游开发的系列战略部署，将横峰县打造成为全国知名的红色旅游目的地，闽浙（皖）赣四省革命传统教育的重要基地，长三角、海西经济区和南昌、上饶等地重要的度假休闲后花园，成功地融入鄱阳湖生态经济区，成为国内一流的"红色体验圣地、乡村休闲福地"。

# 葛源镇旅游业发展总体规划（2009—2020）<sup>*</sup>

## 一、现状分析

### 1. 葛源镇概况

（1）地理位置。葛源镇所在地横峰县是著名的老区县，位于江西省东大门上饶市辖区。地处闽、浙、皖、赣四省要冲，距省城南昌210公里，距上饶市35公里，距浙赣高速公路道口6公里，且交通状况良好。浙赣电气化铁路、杭昌长铁路客运专线（规划建设中）横贯东西，峰（横峰）福（福州）铁路在县城接轨，320国道、上（饶）德（兴）公路和梨温高速公路穿境而过，南来北往十分便利。

葛源镇位于横峰县北怀玉山余脉磨盘山山区盆地中，与弋阳、德兴、上饶三县接界，距县城35公里，因漫山遍野生长着野葛，又处溪水源头而得名。葛源是第二次国内革命战争时期闽、浙、赣省革命根据地中心，赣东北省委、省苏维埃政府和闽浙赣省委、省苏维埃政府所在地，被誉为"红色省会"。2003年，被江西省人民政府命名为首批"江西省历史文化名镇"；2008年，被住房和城乡建设部列为"中国历史文化名镇"，闽浙皖赣革命根据地中心（葛源）被中宣部誉为"全国爱国主义教育基地"。镇区距省级公路上（饶）—德（兴）线15公里，距离横峰县城35公里，岑葛公路穿境而过，为境内主要交通要道。

（2）历史沿革。葛源历史悠久。隋末唐初，苏、冯二姓定居在溪水源头，唐贞观三年（629年）玉山县大横塘祠堂基郑姓迁徙于此，后又有蔡、叶、骆、金等姓相继迁入。宋代以来，葛源一直是繁荣的山区集镇，素有"小小横峰县，大大葛源街"之说。民国20年（1931年）2月，以方志敏为首的赣东北特区党、政、军领导机关从弋阳迁驻葛源，成立了赣东北特区苏维埃政府。之后，分驻在各地的特区工、青、妇、农、军校、银行等机关单位相继入驻葛源。1932年11月，相继成立了中共闽浙赣（皖）省委和闽浙赣（皖）省苏维埃政府。自此，葛源成了赣东北革命根据地政治、军事、经济、文化的中心，为中国革命写下了光辉的一页。现有众多保存完好的革命

---

＊　主要编制人黄细嘉、黄志繁、龚志强、陈志军、黄红珍、王鸽、刘凌燕，完成于2009年。

旧址，是著名的"红色省会"和全国爱国主义教育基地、全国红色旅游经典景区。

（3）社会经济。葛源镇现辖 8 个村委会，1 个居委会，110 个自然村，占地面积 115 平方公里，总人口 3.1 万，集镇区面积达 2.25 平方公里，是横峰县内最大的一个镇。

葛源镇是个传统的农业大镇，农业基础设施较好，全镇共有林地面积 11.8 万亩，其中油茶林面积有 5 万亩，可年产油茶近 30 万斤。初步形成了以葛根种植、油茶种植、蔬菜种植为主导的农业特色产业，其中葛根种植 1 万余亩，占据着该镇农业主导地位。依托漫山遍野的野葛和丰富的矿物资源，葛源镇的矿业和葛加工业经济得到新的突破，现已探明并开采的钽、铌、钨、锡、锌，被人们称为"五朵金花"，已研制开发的葛粉、葛片、葛茶等系列产品大量投放市场，深受各地消费者喜爱。

葛源镇以"建设集红色生态旅游、葛产业、矿产业为一体的中心集镇"为目标，着力从经济、旅游、文化三方面打造出一个精品小城镇。城镇建设步伐不断加快，镇内加油站、综合集贸市场、汽车站、敬老院、法庭、派出所等机构齐全，设施完整；文体活动蓬勃发展，群众文化生活丰富多彩，先后建立了社区活动中心、文化活动中心、门球场等文化活动场所。2007 年，葛源镇被国家农业部、体育总局和农民体协评为"全国亿万农民健身活动先进乡镇"。

2. 自然特征

（1）地质地貌。葛源镇地处江西省东北部，境内为低山丘陵地形，地势东北高，西南低，主要为农用地、山地、山林，其中，山地约占 60%，因而境内四面环山，峰峦起伏。境东北的五羊山最高，海拔 1147 米；最低点在境内西南的何家坝，海拔仅 90 米。

（2）气候。葛源镇属亚热带湿润季风气候，气候温和，四季分明。雨量充沛，年降雨量 1800～1900 毫米，主要降水集中在春夏两季；光照充足，年均光照为 4426 小时，以七八月份为最多；霜雪期短，年均无霜期为 286 天，最长 310 天，最短 240 天，年平均气温为 17.5℃～18.3℃。

（3）河流。葛源河自东向西流经葛源村与自北向南流经枫树坞的龙山溪在葛源村西面汇合后流向青湖村。

（4）土壤。土壤偏酸性，以砂米红壤和山地黄壤为主，pH 值在 5.5～7，适宜于种植油茶、茶叶、果树、杉木、湿地松、泡桐、马尾松、薪炭林等。

（5）植被。葛源属中低山区，境内自然植被良好，生态优良，地带性植被为亚热带常绿针、阔叶林。主要树种多为杉、樟、柳、栎、枫、柯、榨、马尾松、湿地松、油茶林、泡桐、毛竹等。林下植被常见野葛、映山红、牛劲草、野谷草、三之草等。

（6）其他。山林中有野猪、野兔、田鸡、穿山甲、麂子、豹猫等野生动物，野生植物种类繁多，主要为猕猴桃、杨梅、竹笋和中药材等，地下蕴藏着丰富的钽、铌、铅、锌、铁、钨、锡、稀土等矿，其中钽矿储量居亚洲第一。

3. 旅游业发展现状

横峰县地处全国旅游区位中的奇异风景带中，境内有 60 余处第二次国内革命战争时期旧址，且保存完好。自然风光和人文景观兼备，旅游资源丰富，特色突出，类型多样，具有良好的开发前景。但旅游产业起步晚，未形成成熟的旅游市场，尚在旅游开发初级阶段。已开发的景点集中在以葛源为主线的红色旅游和以江西岑山国家森林公园（含赭亭山）为主线的绿色旅游。

上饶市、横峰县高度重视葛源红色旅游开发，成立了中华苏维埃闽浙赣革命根据地旧址景区管理委员会，并划拨专项资金，加大文物、旧址的保护、管理和旅游业综合规划、开发。当地还组建了红歌演唱队、苏区民间乐队、苏区秧歌队等红色文化群众艺术团体，使游客在欣赏景点的同时，全方位感受红色文化，促使该地旅游蛋糕越做越大，"红色葛源"品牌越叫越响，吸引了县内外、省内外游客纷至沓来。据统计，到葛源接受传统教育的游客每年以20%速度增长，仅2008年，各地到葛源进行红色旅游的游客就达6万余人。但总体来说，葛源的旅游业发展还处于起步阶段，需要科学规划，高起点、高标准地建设景区，完善各项旅游设施，促使景区快速发展。

4. SWOT分析

（1）优势（Strength）分析。

1）红色资源绝特，资源组合完美。作为"红色省会"，葛源是闽、浙、皖、赣革命根据地中心，赣东北省委、省苏维埃政府和闽浙赣省委、省苏维埃政府所在地，是毛泽东同志称赞的"方志敏式根据地"的重要历史见证，在中国共产党历史上占有重要地位，是全国六大革命根据地之一。葛源保存众多革命旧址，其中，列入全国重点文物保护单位的旧址5处，省市级文物保护单位的旧址30多处。葛源因为其独特丰富的红色旅游资源，被命名为全国爱国主义教育基地和全国红色旅游经典景区。另外，葛源地处山间盆地，四周青山绿水，生态环境优良。加之又是历史古镇，历史上素有"小小横峰县，大大葛源街"的说法，至今葛源古街古朴的革命旧址和周围秀丽的农村风光，和谐共处，共同构成如水彩画般的乡村图景。因此，葛源旅游资源丰富，红、绿、古交相辉映，非常具有可观赏性，具备旅游开发的优越条件。

2）区位条件优越，交通条件优良。葛源所处的区域赣东北是旅游资源相对集中的国内旅游热点板块。该区域内集中了三清山、龙虎山、龟峰、景德镇、婺源等热点旅游目的地，葛源与这些著名景点的距离最远不超过200公里，尤其是距离龙虎山、龟峰与三清山，更为接近。良好的区位条件使葛源发展旅游起点高，市场营销条件优越。优良的道路交通系统，又使葛源的区位条件更显优越。横峰县为闽浙皖赣四省交通要冲。即将开工建设的杭昌长客运铁路专线、浙赣复线横贯东西，峰（横峰）福（福州）电气化改造也即将开建。沪昆高速、320国道、上饶至德兴（二级）公路穿境而过。葛源镇距离县城35公里，葛源—横峰、葛源—上饶县、葛源—德兴3条主要的公路，使葛源可方便地通过这3条公路对外沟通。葛源镇内部道路系统也还比较完善，岑葛公路穿境而过，各级乡村公路如闽浙赣大道、红十军大道等纵横交错，使葛源发展旅游的道路系统初步完备。

3）旅游商品丰富，民风民情淳朴。葛源早在隋末唐初就有加工葛粉的历史，明、清两朝葛源葛粉曾作为贡品奉献朝廷，现在葛根已成为葛源的绿色主导产业，种植面积达 2 万余亩。已研制开发的葛粉、葛片、葛茶等系列产品大量投放市场，深受各地消费者喜爱。葛源也因此被誉为"中国葛之乡"和中国葛根原产地。除了葛根系列特色产品，还有以葛源豆腐、油茶、黑猪、狗肉、油子果等为代表的特色绿色食品系列，以民间刺绣、木雕工艺等为代表的民间工艺系列。以横峰工业园区生产有色金属铜为基础进行深加工，可以生产一系列铜加工红色旅游商品，如方志敏铜像、红军步枪、大刀、长矛、苏区纪念币、纪念章等，葛源旅游商品开发空间很大。同时，葛源由于经济相对落后，因而民风淳朴，民俗淳厚。以五里铺为代表的新农村建设使葛源许多乡村不仅风景秀美，而且民情思进，具备旅游发展的良好氛围。

（2）劣势（Weakness）分析。

1）基础设施有待完善。葛源内部主要交通系统虽然初具规模，但是有待完善，主要表现在路面等级还不高，景点之间连接的公路粗糙，不符合发展旅游的需要。大部分景点缺少必要的停车场。景区内游步道缺乏，布局不合理。另外，镇区的给排水、通信设施、污水处理设施均相对落后。

2）接待设施建设滞后。葛源镇作为初具规模的旅游区，接待设施不仅数量少而且档次低，全镇无一家中档饭店和酒店，仅仅几家简易旅社，未形成旅游接待能力。旅游购物、娱乐、人才等配套要素及其设施也处于零开发状态。葛源镇所依托的横峰县城中高档宾馆饭店也相对稀缺。

3）经济基础相对薄弱。红色旅游景区大部分位于偏远山村或革命老区，整体经济实力较弱，葛源镇也不例外。横峰县是国家级贫困县，经济发展水平一度在江西省县域范围内排名靠后，其经济基础较薄弱。葛源镇是横峰县经济发展的软肋，财政经济实力不仅在全省，而且在横峰县域内相对较弱。由于葛源镇经济基础较差，难以保证旅游开发所需要的大量资金支持，不利于葛源镇旅游业的发展。

4）旅游专业人才匮乏。横峰县旅游业发展刚刚起步，又地处偏僻山区，旅游专业人才相当匮乏。旅游业缺乏专业人才，导游人员、管理人员、政府官员、基础服务人员等从业人员的旅游专业知识缺乏。政府管理人员也缺乏相应的专业培训。社区民众则往往由于缺乏旅游专业知识，对环境保护、市场规范缺乏必要的认识。这些都是制约旅游业发展的重要因素。

（3）机遇（Opportunity）分析。

1）红色旅游逐渐成为新的旅游热点。新时代注重革命传统教育为发展红色旅游提供了很好的契机，从中央到地方，各级党组织和政府对发展红色旅游都给予了高度重视和大力支持，为红色旅游发展创造了良好的机会。2004 年 12 月，中共中央办公厅和国务院办公厅发布了《2004～2010 年全国红色旅游发展规划纲要》，计划用 50 亿元资金打造"红色旅游"品牌；交通部在"十一五"期间重点向"老少边穷"地区村村通公路工程项目倾斜，这将有效解决革命老区普遍存在的道路基础设施差的问题，改善可进入性条件。江西省委、省政府一直十分注重发展红色旅游的工作，于 2006 年 5 月

19 日出台了《关于大力发展红色旅游的若干意见》，这些都为发展红色旅游带来了良好的机遇。红色旅游热度持续上升，加上全国各地开展的党风廉政教育、学习实践科学发展观教育活动，红色旅游正受到前所未有的青睐，逐渐成为旅游市场的新宠。红色旅游是今后旅游行业的一项重点推进的工作，很多旅行社也适时推出了面向普通消费者的"红色之旅"产品。可以预见，随着产品开发的细化和基础设施的完善，红色旅游将进一步成为旅游市场的热点产品。

2）乡村休闲旅游市场前景十分广阔。我国正由观光旅游时代逐步向休闲旅游时代迈进，参与体验式旅游需求旺盛。城市居民"返璞归真"的愿望强烈，农家乐日益成为旅游市场的"宠儿"。国家正引导制定国民休闲活动规划，江西省旅游局也正出台相应的措施。参与体验式的旅游产品开发模式不仅得到旅游界认可，而且深受市场欢迎。乡村休闲旅游市场前景十分广阔。农家乐旅游产品参与体验性高，是乡村休闲旅游的主要内容。发展农家乐旅游是推进新农村建设的重要方式之一，我国各级政府对农家乐的发展予以大力支持，尤其是返乡人员对于农家乐旅游开发也反应热烈。葛源山清水秀，山间开门即景，土特产丰富，具备开发乡村休闲旅游得天独厚的条件，加上红色旅游所带来的旅游形象的提升，葛源发展乡村旅游前景非常广阔。

3）发展旅游业成为各级政府共识。横峰县委、县政府十分重视闽浙皖赣机关旧址群的保护和利用工作，不断加大对根据地旧址的保护力度，相继下发了《闽浙皖赣革命旧址群体保护与利用规划》、《关于切实加强闽浙皖赣革命根据地旧址文物保护的规定》、《闽浙皖赣革命根据地旧址景区环境保护实施细则》、《闽浙皖赣革命根据地旧址群规划建设管理实施办法》等文件，县人大常委会还于 2006 年通过了《闽浙赣革命旧址群体保护管理办法》等地方性法规，2008 年成立了"中华苏维埃闽浙皖赣革命根据地旧址景区管理委员会"对景区旧址进行统一管理和保护。这些都对葛源镇旅游资源的开发利用和旅游业发展提供了支持。葛源镇产业比较单一，主要以农业为主，人均收入较低，老区人民渴望通过发展旅游脱贫致富，所以参与发展旅游的愿望强烈，对发展旅游持欢迎和支持态度，旅游开发地区障碍少。旅游可以通过产业化的推动，将本地的生态旅游资源和人文旅游资源转化为经济优势，推动老区经济结构的调整和相关产业的发展，转移农村劳动力，增加当地群众的收入。

（4）威胁（Threat）分析。

1）同类产品竞争激烈。红色旅游在全国开展得如火如荼，红色旅游景点几乎遍布全国。从全国范围来看，江西的瑞金和井冈山、陕西的延安、贵州的遵义、河北的西柏坡知名度最高，被命名为五大革命圣地。这 5 个目的地由于历史上曾经发生过具有重大意义的革命历史事件或活动，具有很强的竞争力。就本省而言，瑞金、井冈山作为红色旅游热点，其竞争力也大于葛源。葛源红色旅游资源知名度虽高，但由于闽浙皖赣革命根据地宣传力度不大，在全国范围唱得不响，所以在全国造成的影响力就非常有限。

2）旅游展示手段单调。从红色旅游的项目设计上看，葛源红色旅游产品基本上处于初级和粗放型阶段，开发方式简单化、程式化、趋同化。对党史事件及人物的宣传方式和手段比较陈旧。革命烈士纪念馆的解说、展示方法不够形象、生动、有趣。基本上是用简单的图片展示和橱窗式的文物陈列。同时各革命景点仅有参观游览一种活动方式，缺乏参与式、体验式的旅游项目，更没有相应的红色旅游餐饮、红色旅游商品等，致使游客在景点的停留时间不长。

3) 游客需求日益提高。随着旅游者外出旅游机会的增多、消费意识的增强和旅游产品的多元化，人们对旅游产品的消费日趋理性，对旅游过程中食、住、行、游、购、娱等方面提出了更高的要求，在追求旅游的方便快捷、安全舒适、新鲜趣味的同时，更加注重游乐性、参与性等个性化需求的满足。葛源县经济基础较为薄弱，基础设施和服务设施还有待完善，游客多样化、个性化的需求难以满足。

总体来说，葛源镇旅游开发，优势强于劣势，机遇多于挑战，即所谓优势与劣势互存，机遇与威胁同在，葛源镇旅游开发必须"强化优势、弱化劣势，抓住机遇、消除威胁"。

# 二、规 划 总 则

1. 指导思想

以科学发展观为指导，紧密围绕江西省委、省政府提出的"红色摇篮·绿色家园·观光度假休闲旅游胜地"的发展定位和把江西省建成面向海内外旅游休闲"后花园"的发展战略，将旅游业发展全面融入到大力推进农业和农村现代化与建设创新创业江西、绿色生态江西、和谐平安江西的工作之中。通过本规划的制定和实施促进葛源镇旅游资源的开发、利用和环境保护，引导各种生产要素合理地向葛源镇集聚，提高当地旅游接待服务质量，解决农民就地就业，促进农民增收，建设社会主义新农村，实现葛源镇经济社会的全面可持续发展。

2. 规划目标

通过科学规划，统一布局，立足自身资源优势，以资源保护为前提，市场需求为导向，产品开发为中心，旅游目的地建设为重点，结合社会主义新农村建设，加大葛源镇特色景观旅游名镇的建设力度。通过大力发展旅游业，调整地区产业结构，带动农村基础设施建设，提高农民生活水平，改善农村人居环境，以旅游发展促进资源保护工作，使闽浙皖赣革命根据地中心——葛源镇焕发新的生机与活力。

3. 规划范围

规划范围涵盖葛源镇所属全部范围，重点规划区域为葛源街区及其周边的枫树坞、五里铺和黄山村等自然与人文旅游资源富集区域。

4. 规划思路

总体思路是：在保护为主，合理利用的原则下，立足葛源镇旅游资源特色，突出红色旅游的本体地位，有机整合绿色生态和传统文化要素，着力构建葛源镇鲜明的旅游主题形象，策划系列旅游项目，形成多元旅游产品体系，在整合产业发展要素过程中着力凸显地方旅游业核心竞争力，将葛源镇打造成外在景观绚丽，特色内涵丰富，以红色旅游为主题，集革命圣地观光体悟、乡村休闲度假于一体的"全国特色景观旅游名镇"。

5. 规划方法

为保证规划的科学性、严谨性和可操作性，提高旅游规划的工作效率，确保规划的顺利进行并取得相应成果，本规划在有机结合定性和定量分析方法的基础上拟采用以下具体技术方法和手段。

（1）综合考察法。规划小组成员赴葛源实地考察，通过野外考察、座谈、访谈、市场调查等手段，摸清旅游资源分布情况及各级各类资源特点，获取各类有价值数据和信息。

（2）计量法。包括使用统计法、统计预测法、投入产出模型等计量、预测各类数据，为规划提供准确、科学的数据。

（3）计算机模型。包括运用数学模型、图形、景观模拟以及推理模型等方法，对客源市场、产品形态、投资来源等进行直观形象分析。

（4）系统集成规划方法。通过科学理论、经验知识和专家判断相结合，将理论模型、计算机仿真技术、专家群体和智能技术有机结合起来，把各种学科的科学理论与政府决策者的经验结合起来，形成一个官、商、产、学、研"五位一体"的系统集成环境。

（5）多媒体技术。运用 AutoCAD、Photoshop、3DMAX 等绘图软件绘制规划图件。

（6）其他技术方法。运用摄影摄像技术，利用地理信息系统 GIS、全球卫星定位系统 GPS 的成果，特别是利用互联网等手段来扩大视野，缩短规划周期，提高规划的科学性。

# 三、资源分析

旅游资源是旅游活动的客体和对象，依托于一定空间环境，能够对旅游者产生美感和吸引力，并具有一定旅游功能和价值的自然或人文吸引物。旅游资源是区域旅游业发展的前提和基础。根据国家旅游局 2003 年 5 月颁布的《旅游资源分类、调查与评价》（GB/T18972-2003）标准，规划组对葛源镇旅游资源进行了全面现场踏勘，在现场重点调查和资料分析提炼的基础上，对葛源镇旅游资源进行了分类统计与分析评价。

1. 旅游资源类型分析

（1）旅游资源类型构成分析。参照国家标准，葛源镇旅游资源可分为 7 个主类、

15 个亚类、32 个基本类型。

**葛源镇旅游资源分类统计**

| 主类 | 亚类 | 基本类型 | 旅游资源名称 | 备注 |
|---|---|---|---|---|
| A 地文景观 | AB 沉积与构造 | ABF 矿点矿脉与矿石积聚地 | 钽、铌、钨、锡、锌金属矿藏，萤石、花岗岩、钍石、锆石、透闪石、石煤等晶质矿 | |
| | AC 地质地貌过程形迹 | ACA 凸峰 | 麒麟峰、小黄山、来龙山 | |
| | | ACL 岩石洞与岩穴 | 仙岩洞 | |
| B 水域风光 | BA 河段 | BAA 观光游憩河段 | 葛溪河 | |
| | BB 天然湖泊与池沼 | BBA 观光游憩湖区 | 枫林湖、关田湖 | |
| | BC 瀑布 | BCA 悬瀑 | 葛溪飞瀑 | |
| C 生物景观 | CA 树木 | CAA 林地 | 枫树林、上坑源林场 | |
| | | CAB 丛树 | 百年古树名树群青松丛 | |
| | | CAC 独树 | 梭柁树 | |
| E 遗址遗迹 | EB 社会经济文化活动遗址遗迹 | EBA 历史事件发生地 | 《闪闪红星》拍摄现场、千年古樟（吴先民烈士牺牲处） | |
| | | EBB 军事遗迹和古战场 | 闽浙赣省红军操场旧址 | 国保单位 |
| | | | 万年台旧址 | |
| | | EBD 废弃生产地 | 根据地兵工厂旧址 | |
| F 建筑与设施 | FA 综合人文旅游地 | FAC 宗教与祭祀活动场所 | 金山寺 | |
| | | FAD 园林游憩区域 | 五里铺新农村休憩广场 | |
| | | FAE 文化活动场所 | 横峰县革命烈士纪念馆 | 省保单位 |
| | | FAF 建设工程与生产地 | 千层梯田 | |
| | | FAH 动物与植物展示地 | 枣园、杨梅林、葛生态园、茶花林、竹海 | |
| | | FAI 军事观光地 | 红军标语、漫画、见物识字站 | |
| | FD 居住地与社区 | FDA 传统与乡土建筑 | 赣东北民居、枫林村唐代风格朝门 | |
| | | FDB 特色街巷 | 葛源镇老街 | |
| | | FDC 特色社区 | 五里铺新农村示范村<br>岭下村新农村示范村 | |
| | | FDD 名人故居与历史纪念建筑 | 中国工农红军学校第五分校旧址<br>闽浙赣省军区司令部旧址<br>闽浙赣省委机关旧址<br>闽浙赣省苏维埃政府旧址 | 国保单位 |

| 主类 | 亚类 | 基本类型 | 旅游资源名称 | 备注 |
|---|---|---|---|---|
| F 建筑与设施 | FD 居住地与社区 | FDD 名人故居与历史纪念建筑 | 列宁公园旧址<br>闽浙赣省邮政管理局旧址<br>闽浙赣省工农医院旧址<br>闽浙赣省银行旧址<br>闽浙赣省消费合作社总社旧址<br>闽浙赣省消费合作社旧址<br>闽浙赣省工农药店旧址<br>闽浙赣省工农商店旧址<br>闽浙赣省贮粮合作社旧址<br>闽浙赣省少年先锋总队旧址<br>闽浙赣省革命军事委员会旧址<br>闽浙赣省反帝大同盟互济会旧址<br>白军招待所旧址<br>闽浙赣省工农俱乐部旧址<br>闽浙赣省列宁师范小学旧址<br>中共赣东北省委（特委）旧址<br>闽浙赣省少年先锋总队儿童局旧址<br>闽浙赣省苏维埃"四部一会"旧址<br>红军烈士纪念亭旧址<br>中共赣东北省委党校旧址<br>共青团闽浙赣省委旧址<br>闽浙赣省苏维埃裁判部旧址<br>闽浙赣省苏维埃画室旧址<br>闽浙赣省政治保卫分局旧址<br>闽浙赣省军区政治保卫分局旧址<br>闽浙赣省财政部旧址<br>邓氏宗祠卢森堡训练团旧址<br>闽浙赣省苏维埃少模团旧址 | |
| | | FDG 特色店铺 | 民间木工铺、铁匠铺、豆腐坊 | |
| | FF 交通建筑 | FFA 桥 | 红军桥、岩山头桥 | |
| | FG 水工建筑 | FGA 水库观光游憩区段 | 西坑水库 | |
| | | FGB 水井 | 葛源古井群 | |
| G 旅游商品 | GA 地方旅游商品 | GAA 菜品饮食 | 葛源豆腐、葛粉蒸肉、红军果、葛源烫粉、葛源清汤 | |
| | | GAB 农林畜产品及制品 | 葛根系列产品、油茶、笋干、豆腐制品 | |
| | | GAE 传统手工产品与工艺品 | 民间刺绣、木工摇椅、铁匠制品 | |

续表

| 主类 | 亚类 | 基本类型 | 旅游资源名称 | 备注 |
|---|---|---|---|---|
| H 人文活动 | HA 人事记录 | HAA 人物 | 方志敏、粟裕、黄道、邵式平、汪东兴、方志纯等 | |
| | HB 艺术 | HBB 文学艺术作品 | 《可爱的中国》、《清贫》、《我从事革命斗争的略述》 | |
| | HC 民间习俗 | HCB 民间节庆 | 上元赛灯 | |
| | | HCC 民间演艺 | 串堂 | |

数量统计

| 主类（种） | 亚类（种） | 基本类型（种） | 旅游资源单体（项） | |
|---|---|---|---|---|
| 7 | 15 | 33 | 97 | |

（2）旅游资源类型结构分析。根据对葛源镇旅游资源的分类与统计，对比国标旅游资源分类，可以得出，葛源镇单体旅游资源共97处，7大类，15亚类，占旅游资源全部亚类型数（31种）的48.4%；旅游资源基本类型32种，占旅游资源全部基本类型（155种）的21.3%；自然类旅游资源亚类6种，占全部亚类数的35.3%；基本类型9种，占全部基本类型的12.7%；单体资源15处，占全镇单体总资源数的15.5%；人文类旅游资源亚类15种，占全部亚类数的48.4%；基本类型33种，占全部基本类型数的21.3%；单体资源82个，占全镇单体资源数的84.5%。

**葛源镇旅游资源类型结构**

| 主类 | 指标 | 旅游资源总类型数（种） | | 葛源镇旅游资源类型数（种） | | 葛源镇旅游资源类型占总类型数比例（%） | | 葛源镇资源单体总数（项） | 葛源镇各类型单体占总数的比例（%） |
|---|---|---|---|---|---|---|---|---|---|
| | | 亚类 | 基本类型 | 亚类 | 基本类型 | 亚类 | 基本类型 | | |
| 自然资源类 | 地文景观 A | 5 | 37 | 2 | 3 | 35.3 | 12.7 | 6 | 15.5 |
| | 水域风光 B | 6 | 15 | 3 | 3 | | | 4 | |
| | 生物景观 C | 4 | 11 | 1 | 3 | | | 5 | |
| | 天象与气候景观 D | 2 | 8 | 0 | 0 | | | 0 | |
| | 小计 | 17 | 71 | 6 | 9 | | | 15 | |
| 人文资源类 | 遗址遗迹 E | 2 | 12 | 1 | 3 | 64.3 | 28.6 | 5 | 84.5 |
| | 建筑与设施 F | 7 | 49 | 4 | 14 | | | 56 | |
| | 旅游商品 G | 1 | 7 | 1 | 3 | | | 13 | |
| | 人文活动 H | 4 | 16 | 3 | 4 | | | 10 | |
| | 小计 | 14 | 84 | 9 | 24 | | | 82 | |
| 合计 | | 8 | 31 | 155 | 15 | 33 | 48.4 | 21.3 | 97 | 100 |

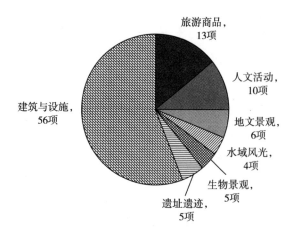

**葛源镇旅游资源主类构成**

2. 旅游资源评价分析

（1）定性评价。

1）总量丰富，主体突出。葛源镇共有旅游资源单体 90 余项，其中红色资源单体数量就有 50 项，占总量的一半以上，并且这些红色资源具有较高的历史和教育价值，是葛源镇旅游资源的主体。同时，红色旅游也是葛源镇旅游的特色，闽浙皖赣革命根据地是全国六大根据地之一，葛源作为"方志敏式根据地"的"红色省会"，在全国红色旅游中仍占有重要地位。

2）类型多样，组合度高。葛源仍然保持着山区古老村镇的风韵，土墙、瓦顶、禾基、走廊、拖步、天井构成了独特的农舍房屋造型；鹅卵石铺设的小路，纵横交错，四通八达；麻石板架设的拱桥，结实雄伟，美观大方。古民居、古宗祠、古街、古店面、古旗杆石、古井、古桥、古樟，当这些和革命先烈事迹结合在一起时，更使它们显得弥足珍贵。葛源周边群山环绕，葛溪河穿流而过，奇峰异洞增加神秘感，还有新农村建设崭新而又整齐的联排小楼。葛源红、古、绿、新四种资源相得益彰，浑然天成。

3）内涵深厚，价值突出。闽浙皖赣革命根据地不仅为中国革命作出了重大贡献，方志敏生前撰写的《清贫》、《可爱的中国》等传世佳作，以及弋横起义、两条半枪闹革命、"模范苏区"所表现的可贵精神无不令后人敬仰叹服。尤其是"爱国、创造、清贫、奉献"的方志敏精神，是闽浙皖赣根据地人民革命斗争精神的集中体现，是中华民族宝贵的精神财富，对今天的爱国主义教育、革命传统教育及构建和谐社会有着显著的示范价值和积极的推动意义。

4）部分损毁，亟待整治。葛源在长达 10 年的苏区革命斗争中，形成了革命旧址100 余处，至今保存完好的 40 处左右，在全国六大苏区革命根据地中首屈一指，虽然当地政府比较重视对这些革命遗址的保护，但由于保护经费与人员不足，部分旧址和文物还是遭到损毁，例如，闽浙赣省"四部一会"旧址、闽浙赣省工农银行旧址等，有的只剩下门楼，有的已经破旧不堪或被大量改建，很难恢复和修缮。部分街区的古街风貌也因为新建筑的不和谐而遭到一定程度的破坏，路边、河边垃圾乱丢现象也较为常见，尚待整治。

（2）定量评价。规划小组选取葛源镇有现实开发利用价值，保存基本完好的重要旅游资源单体共28项进行分析。根据《旅游资源分类、调查与评价》（GB/T18972-2003）的标准，对其进行赋分与定量评价。

**旅游资源评价项目及评价因子**    单位：分

| 评价项目 | 评价因子 | 权重值 |
|---|---|---|
| 资源要素价值<br>（85） | A. 观赏游憩使用价值 | 30 |
| | B. 历史文化科学艺术价值 | 25 |
| | C. 珍稀奇特程度 | 15 |
| | D. 规模、丰度与概率 | 10 |
| | E. 完整性 | 5 |
| 资源影响力<br>（15） | F. 知名度与影响力 | 10 |
| | G. 适游期或使用范围 | 5 |
| 附加值（-5） | H. 环境保护与环境安全 | |

依据旅游资源单体评价总分，可分为5级，从高级到低级为：五级旅游资源，得分值域≥90分。四级旅游资源，得分值域≥75~89分。三级旅游资源，得分值域≥60~74分。二级旅游资源，得分值域≥45~59分。一级旅游资源，得分值域≥30~44分。此外还有未获等级旅游资源，得分≤29分。其中，五级旅游资源称为特品级旅游资源；五级、四级、三级旅游资源被通称为优良级旅游资源；二级、一级旅游资源被通称为普通级旅游资源。

**葛源主要旅游资源单体分级评价**    单位：分

| 资源名称 \ 评价因子 | A | B | C | D | E | F | G | H | 合计 | 级别 |
|---|---|---|---|---|---|---|---|---|---|---|
| 中国工农红军学校第五分校旧址 | 28 | 21 | 14 | 9 | 5 | 7 | 5 | 3 | 92 | 五级 |
| 闽浙赣省军区司令部旧址 | 27 | 21 | 13 | 9 | 5 | 7 | 5 | 3 | 91 | 五级 |
| 闽浙赣省委机关旧址 | 28 | 20 | 13 | 9 | 5 | 7 | 5 | 3 | 90 | 五级 |
| 闽浙赣省苏维埃政府旧址 | 27 | 21 | 13 | 9 | 5 | 7 | 5 | 3 | 91 | 五级 |
| 闽浙赣省红军操场旧址 | 27 | 20 | 13 | 9 | 5 | 7 | 5 | 3 | 90 | 五级 |
| 横峰县革命烈士纪念馆 | 27 | 19 | 12 | 7 | 5 | 5 | 5 | 3 | 83 | 四级 |
| 列宁公园旧址 | 28 | 22 | 15 | 7 | 3 | 7 | 5 | 2 | 89 | 四级 |
| 红军烈士纪念亭旧址 | 27 | 18 | 13 | 8 | 2 | 5 | 4 | 1 | 78 | 四级 |
| 闽浙赣省军区政治保卫分局旧址 | 23 | 17 | 11 | 7 | 5 | 5 | 4 | 3 | 75 | 四级 |

| 评价因子<br>资源名称 | A | B | C | D | E | F | G | H | 合计 | 级别 |
|---|---|---|---|---|---|---|---|---|---|---|
| 闽浙赣省财政部旧址 | 22 | 16 | 11 | 8 | 5 | 5 | 4 | 3 | 75 | 四级 |
| 闽浙赣省政治保卫分局旧址 | 22 | 17 | 11 | 7 | 5 | 6 | 4 | 3 | 75 | 四级 |
| 闽浙赣省革命军事委员会旧址 | 21 | 17 | 11 | 8 | 5 | 6 | 4 | 3 | 75 | 四级 |
| 万年台旧址 | 23 | 16 | 11 | 8 | 5 | 5 | 4 | 3 | 76 | 四级 |
| 闽浙赣省苏维埃画室旧址 | 20 | 16 | 10 | 7 | 5 | 6 | 4 | 1 | 69 | 三级 |
| 闽浙赣省消费合作社总社旧址 | 20 | 15 | 10 | 7 | 3 | 6 | 4 | 1 | 65 | 三级 |
| 闽浙赣省消费合作社旧址 | 20 | 15 | 10 | 6 | 3 | 5 | 4 | 1 | 63 | 三级 |
| 闽浙赣省反帝大同盟互济会旧址 | 18 | 15 | 9 | 7 | 3 | 5 | 4 | 2 | 63 | 三级 |
| 闽浙赣省贮粮合作社旧址 | 19 | 16 | 9 | 7 | 3 | 5 | 4 | 1 | 64 | 三级 |
| 闽浙赣省工农商店旧址 | 19 | 15 | 8 | 7 | 3 | 5 | 4 | 1 | 63 | 三级 |
| 闽浙赣省工农药店旧址 | 19 | 15 | 8 | 7 | 3 | 5 | 4 | 1 | 63 | 三级 |
| 中共赣东北省委党校旧址 | 18 | 15 | 8 | 7 | 4 | 5 | 4 | 1 | 64 | 三级 |
| 闽浙赣省列宁师范附属小学旧址 | 18 | 15 | 8 | 7 | 3 | 5 | 4 | 1 | 63 | 三级 |
| 闽浙赣省邮政管理局旧址 | 19 | 14 | 8 | 7 | 3 | 5 | 4 | 1 | 62 | 三级 |
| 五里铺新农村示范点 | 19 | 15 | 9 | 6 | 5 | 5 | 4 | 2 | 65 | 三级 |
| 百年古树名树群 | 18 | 14 | 9 | 6 | 5 | 5 | 4 | 1 | 62 | 三级 |
| 麒麟峰、小黄山、仙岩洞 | 15 | 13 | 12 | 7 | 5 | 4 | 4 | 0 | 60 | 三级 |
| 葛源镇老街 | 17 | 14 | 11 | 7 | 3 | 4 | 4 | 0 | 60 | 三级 |
| 葛源古井群 | 18 | 15 | 9 | 7 | 5 | 4 | 4 | 1 | 63 | 三级 |

葛源拥有五级旅游资源单体 5 处，四级旅游资源单体 8 处，三级旅游资源单体 15 处。优良级资源单体总计 28 处，占葛源旅游资源单体总量的 34.3%。红色资源优势明显，主要体现在建筑与设施主类中，尤其是居住与社区亚类中的名人故居与历史纪念建筑这个基本类型中，优良资源单体数达 20 个，占到了全部优良资源的 71.4%。

（3）总体评价。葛源拥有较高档次的人文旅游资源，尤其是高级别的红色旅游资源，特色突出，并且大部分风貌保存完好，同时旅游资源的层次和类型也比较丰富，丰密度良好，适合开发为以红色旅游为主题，古色、绿色和新景相结合的特色旅游景区。

# 四、特色价值

## 1. 特色资源

（1）"模范苏区"。葛源是第二次国内革命战争时期中国共产党领导成立的闽浙赣省省会所在地，是中央苏区"有力的右翼"，被誉为"方志敏式革命根据地"、"苏维埃模范省"，在 10 年中华苏维埃运动史上具有重要的地位。葛源现存重要红色旧址 40 处左右，主要分布在葛源村和枫林村，其中中共闽浙赣省委、闽浙赣省苏维埃政府、闽浙赣省军区司令部、中国工农红军学校第五分校和红军操场旧址被列入国家重点文物保护单位。

（2）绿色生态。葛源镇四面环山，峰峦起伏，盛产野葛，中间盆地中一水横流，气候凉爽，年均温度 16℃，适宜旅游观光和休闲度假。葛源镇不仅自然生态环境优良，生态农业也正蓬勃发展，葛根的种植面积达 1.2 万亩，林地面积 97800 亩，其中油茶林面积达 7 万余亩。

（3）乡土建筑。葛源镇建筑是典型赣东北传统的干打垒建筑形制，多为悬山式，采用穿斗式土木结构，内设天井、拖步，建筑内石雕、木雕十分精美，整体上反映了清末民国时期的传统建筑风貌。葛源传统建筑中传统文化意识有着集中的反映。例如，大门朝向、偏转门和中轴线偏移等均体现了强烈的风水观念，而建筑上的八卦形墨画和地面的鹅卵石拼图也深刻反映了当地传统建筑文化意识。同时，一些历史建筑上至今保留的红军标语也构成了葛源建筑的一道特色景观。因此，葛源的乡土建筑不仅在外观上赏心悦目，其文化内涵也十分丰富。

（4）民俗风情。千百年来葛源镇形成了独特的地方民俗文化，有内容丰富、形式多样的民俗活动，其中尤以"上元赛灯"和"串堂"闻名遐迩。上元赛灯始于明代，为明代右副都御史郑毅所倡，曾有"灯炬塞途，箫鼓沸腾"的盛况。串堂流传广泛，为群众喜闻乐见。他们用中小型唢呐等民间乐器演唱昆腔、赣剧，并演奏打击乐，流传的曲目有"闹花台"。民间喜庆，都请串堂班子演唱，俗称"打串堂"。

（5）地方特产。葛源是在赣东北具有较大影响力的乡镇，自古就有"小小横峰县，大大葛源镇"之说。这里漫山遍野生长野葛，早在隋唐时期便生产葛粉，不仅有葛粉，还有葛片、葛茶、葛佬等系列特色产品大量投放市场，葛源因此被称为"中国葛之乡"和中国葛根原产地。葛源芋头糖（又名蓼花糖、兴安酥）自古远近闻名，口感极佳，而用葛溪水制作的葛源豆腐更被誉为"葛源一绝"，此外还有清明果、油子果等特色风味小吃。这些土特产及其制作工艺可以成为游客可品、可尝的对象。

特色资源结构分析：葛源镇特色资源中，"模范苏区"无疑是核心资源，其品牌形象、规模丰度、保存状态都较为理想，在文物保护与旅游开发中应处于中心地位，绿色生态、乡土建筑、民俗风情和地方特产则是葛源镇发展旅游事业的重要资源支撑。

2. 特色价值评析

（1）革命传统教育的圣地。以葛源为中心的闽浙皖赣革命根据地是我党较早创建的一块农村革命根据地，属全国六大苏区之一，是中央苏区右翼的有力屏障。根据地的苏区和游击区先后波及 72 个县，苏区人口 100 多万，游击区人口 2000 多万，鼎盛时期红军总数达 3 万人。闽浙皖赣革命根据地创造性的斗争实践，丰富和完善了中国革命道路理论。在政权建设上确立了苏维埃政权波浪式向前推进的模式；在军事上首创了"地雷战"；在经济建设上首发了"红色股票"，发展"赤色贸易"；在文化建设上普及免费义务教育，创办列宁小学 300 余所，并建设了我党历史上第一座、也是惟一一座"列宁公园"。葛源是方志敏创建的重要根据地，方志敏带领红军艰苦奋斗，勇于创新的革命事迹，正是他能够写出中共历史上不朽篇章《清贫》、《可爱的中国》的最好说明，这些名著被胡锦涛总书记誉为"爱国主义千古绝唱"。

葛源镇保存了将近 40 处红军旧址，许多旧址保存完好，是当年红军艰苦奋斗，勇于创新的历史见证。参观和游览这些旧址，能够很好地激发人们的爱国主义的热情、艰苦奋斗的精神、勇于创新的斗志。因此，葛源是革命传统教育的圣地，是开展爱国主义教育、党风廉政教育、革命清贫教育的最好基地。

（2）中国野葛的发源之地。葛源之得名，一个重要因素是漫山遍野的野葛，葛源也因此而被称为"中国葛乡"和中国葛根原产地。早在隋末唐初，葛源人就有加工葛粉的历史，在明、清时期，葛源葛粉被作为贡品奉献朝廷。葛源镇葛根种植面积达 2 万余亩，并研制开发出了葛粉、葛片、葛茶、葛佬等系列产品大量投放市场，深受各地消费者喜爱。葛源四处是葛，大面积的葛根种植基地随处可见，既蕴藏着经济价值，又是天然的绿色景观。野葛的开发及利用，是葛源旅游开发的另一重要特色资源。

（3）赣东北民俗的标本地。葛源是具有悠久历史的中国历史文化名镇，是区域政治、经济、文化中心。葛源四面环山、中间盆地的特殊地形造就了其优良的自然生态环境。葛源山水相依，满目苍翠，景致怡人，内涵深厚的赣东北乡土文化在此荟萃生发，文化聚集的"盆地效应"十分明显。葛源镇遗存的大量清末民国时期的古建筑形制美观、保存完好，具有浓郁的赣东北地方特色；上元赛灯和串堂等民俗活动地方特色鲜明，是葛源地方风情的绝佳展示；葛源所产以葛根为代表的系列本土绿色食品，体现了深厚赣东北民间饮食文化传统。总之，葛源地方特色鲜明，民俗风情淳厚，是赣东北民俗的标本地。近年来，由于新农村建设的开展，葛源很多村庄环境幽雅，天人和谐，人民热情，具备开展乡村旅游、休闲度假游的优良条件。因此，从旅游开发角度来看，葛源又是乡村旅游和休闲度假旅游产品开发的宝地，具备成为赣东北乡村休闲的典范旅游古镇的优良条件。

## 五、形象定位

### 1. 形象要素分析

葛源镇旅游资源非常丰富，类型多样，主题突出，内涵丰富，其形象要素可以概括为以下几个方面：

（1）享誉全国的红色省会。在第二次国内革命战争时期，方志敏、黄道、邵式平、粟裕、汪东兴等共产党人在这里组织领导了叱咤风云的革命斗争，创建了赣东北革命根据地，成立了闽浙赣省，葛源就是当时闽浙赣省省会所在地，因此有"红色省会"之称。赣东北革命根据地在土地革命战争史上有着重要的地位，影响深远。它是中央苏区"有力的右翼"，毛泽东同志把它誉为"方志敏式革命根据地"、"是坚强的苏维埃阵地"，并授予"苏维埃模范省"的光荣称号。周恩来、朱德等领导同志也称颂它是"典型的红色根据地"、"不仅革命根据地搞得好，军队也搞得好"、"群众工作做得好"。它曾被誉为"南有朱（朱德）毛（毛泽东），北有方（方志敏）邵（邵式平）"，这块根据地在长达10年革命斗争中，留下革命旧址100余处，保存完好的重要遗址40处。葛源也因其具有独特丰富的红色旅游资源，被命名为全国爱国主义教育基地和全国红色旅游经典景区。

（2）传承不朽的精神丰碑。闽浙皖赣革命根据地为今世后人留下了宝贵的精神财富和物质遗产。方志敏生前撰写的《清贫》、《可爱的中国》等传世佳作，被胡锦涛总书记誉为"爱国主义千古绝唱"。弋横起义、两条半枪闹革命、苏维埃的"五种"精神、北上抗日先遣队等一个个可歌可泣革命故事无不令后人敬仰叹服。尤其是方志敏精神中的"爱国思想、清贫理念、创造奉献精神"这三大精髓，是闽浙皖赣根据地人民革命斗争的集中体现，更是党和国家的一笔弥足珍贵、传之不朽的精神财富。

（3）生态绝佳的野葛之乡。葛源山环水绕，气候凉爽，自然生态环境优良，山间的丛林和田野的农作物形成了一片绿色海洋。这里尤以盛产野葛和油茶而闻名。早在隋末唐初就有加工葛粉的历史，明、清两朝葛源葛粉曾作为贡品奉献朝廷，现在葛根已成为葛源的绿色主导产业，种植面积达2万余亩。已研制开发的葛粉、葛片、葛茶、葛佬等系列产品大量投放市场，深受各地消费者喜爱。葛源也因此被誉为"中国葛之乡"和中国葛根原产地。

（4）独具特色的葛乡风情。葛源四处洋溢着浓厚的赣东北乡土气息。葛源古韵犹存，全镇仍然保持着山区古老村镇的风韵，较好地保存了众多的清末和民国时期的传统建筑，土墙、瓦顶、禾基、走廊、拖步、天井构成了独特的农舍房屋造型。很多古建筑内石雕、木雕十分精美。鹅卵石铺设的小路，纵横交错，四通八达。麻石板架设的拱桥，结实雄伟，美观大方。木匠铺、铁匠铺、豆腐铺等传统手工作坊点缀在老街两边，漫步期间，小镇古巷的韵味油然而生。

千百年来葛源镇又形成了独特的地方民俗文化，有内容丰富、形式多样的民俗活动，其中尤以"上元赛灯"和"串堂"闻名遐迩。不仅如此，葛源还有着丰富的土特产，有流传着千年的葛粉制作技艺，用葛溪水制作被誉为"葛源一绝"的葛源豆腐，有芋头糖、清明果、油子果等特色风味小吃远近闻名。

2. 旅游形象定位

（1）旅游形象定位。根据对景区的资源特色、区位条件及市场定位的分析，我们认为"红色省会"、"方志敏式根据地"、"模范苏区"是红色文脉，野葛资源也是一大亮点，故规划组对这些特色资源的内涵予以提炼，将景区形象建立的基础理念概括为：闽浙皖赣的红色省会；生态绝佳的中国葛乡；独具特色的乡村古镇。旅游形象定位为：红色省会·绿色葛乡。

（2）旅游形象驱动模式。

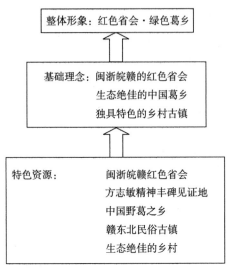

**葛源镇旅游形象设计驱动模式**

3. 旅游形象推广

（1）行为识别系统（BIS）设计。

1）服务行为。葛源是红色旅游经典景区，应突出其不同于大众的特色之处，而旅游服务人员服务行为是塑造红色旅游氛围的重要手段。因此，葛源景区服务人员穿着、配饰等应与红色的主题相一致，起到烘托主题的作用，可以穿红军装、戴红军帽、行红军礼，给游客提供具有苏区文化特色的服务。

2）活动行为。景区举行的各种参与性的活动项目中，应将红色文化融入旅游项目设计中，按照当年闽浙赣苏区时期红军和广大革命群众的战斗、生活、生产情况模拟参与性项目，以满足游客体验当时特定场景的心理需要。

（2）视觉识别系统（VIS）设计。

1）牌识系统。对旅游区内的路标、指示牌、导游图等进行文字风格的统一，规划使用行书为标准字，采用红色为主色。

2）旅游标徽（Logo）。旅游地标徽是识别旅游目的地的最直接形式，需要按照主题形象策划方案加以形象化地提炼创意，应由专业设计机构设计或向社会公开征集。规划组建议将"自来水笔+葛根"的组合作为设计的意向——一根朴素的自来水笔和外形优美的葛根组合成交叉的两杆枪。自来水笔表明方志敏等革命者在历史上创造的革命传奇，以创造性的精神建了"模范苏区"；葛根则表明葛源是中国野葛之乡，两者组合在一起成交叉的枪，又表明革命者的战斗和英雄气概。葛源的旅游标徽设计好以后，需应用到葛源的旅游地图、景点门票、车票、导游图、画册、明信片、海报，各种宣传品、风景邮票等传播性印刷品制作之中，应用于对外推介活动之中。

（3）旅游吉祥物。吉祥物是一种象征性符号，便于游客识别和记忆景区，是传播旅游形象的有效载体。葛源景区选择葛根为吉祥物，葛是生长在深山老林中的野生藤本植物，中医誉称"山人参"，药用价值极高，民间有"南葛北参"之说。1998年，卫生部将葛根列为既是食品也是药品的天然植物，中国古今药书中均有葛根的记载，葛根的外形又酷似人参，故选用葛根作为景区的吉祥物。吉祥物可以设计为布艺的玩具，也可以设计为金属材质的摆件，还可以设计为木雕作品或气球玩具。

（4）旅游形象大使。闽浙皖赣革命根据地中心（葛源）虽然被列入中国红色旅游精品线路，但葛源的旅游开发总体上尚处于初级阶段，葛源景区的旅游发展还需要大力宣传促销，以提高景区的知名度。旅游景区的宣传促销需要形象大使的名人效应。建议邀请闽浙赣根据地的主要领导人的子女或经典革命战争影片中的正面主角做葛源的旅游形象大使，也可与江西卫视或者中央电视台合作，向社会公开选拔葛源旅游形象大使，积极宣传葛源的红色旅游资源。

（5）旅游商品。旅游商品是展示红色旅游形象的重要物质载体，红色旅游纪念品、地方土特产品等应该尽可能统一包装风格，统一使用标准的"红色省会·绿色葛乡"字样和旅游标徽。旅游商品不仅要注重实用性，还要注重对其纪念效果和旅游形象的宣传效果的开发和利用。

（6）户外广告宣传。景区的户外广告牌、路牌、招牌、条幅、导游图等应加以景观美化，材料就地取材，设计应突出红色风貌和生态特色，兼顾材质古朴性和知识趣味性。界面宜以图为主，文字简洁明了，以景区主题形象"红色省会·绿色葛乡"为广告主题词，宣传口号则针对不同客源市场使用本规划形象设计中提出的相应宣传口号。


# 六、市场营销


## 1. 市场开发现状

据统计，到闽浙皖赣革命根据地中心（葛源）接受革命传统教育的游客每年以20%速度增长，仅2008年，各地到葛源进行红色旅游的游客就达6万余人。由此可见随着红色旅游开发，葛源的知名度也在不断提高。现将葛源和上饶集中营旧址与八一起义纪念馆这3个红色景区的网络知名度做对比。

从图可以看出，虽然横峰葛源与周边知名红色旅游景区的知名度还有一定的差距，但总体上看景区的知名度有利于旅游开发，其市场营销具有广阔的前景。

## 2. 客源市场定位

（1）地域空间定位。根据客源结构和市场可进入性的难易程度，本区的客源市场大致细分为四个亚市场。

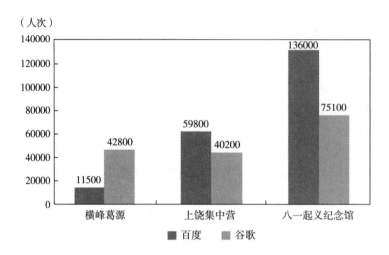

横峰和上饶集中营与八一起义纪念馆网络知名度比较

1）一级客源市场。以南昌为中心的省内及周边地区，上饶、景德镇、九江、鹰潭、衢州、黄山市的客源市场（200公里半径范围内），为本区旅游信息易于到达的地区，且赴本区旅游所花费的时间和支出较少。以上海、杭州为中心的长江三角洲客源市场也是葛源一级客源市场。该区域可以通过沪昆高速和浙赣线路快捷到达，且消费能力强，历来是重点争取的客源市场。

2）二级客源市场。以广州、深圳、东莞和汕头为中心的珠三角客源市场；以福州、厦门、泉州和漳州为中心的闽三角客源市场。这一市场经济发达，是全国高消费客源地，但距离略远，因此是葛源的重点开发的二级客源市场。

3）三级客源市场。以长沙和武汉为中心向周边辐射的华中客源市场；以北京、天津为重点的华北市场，华北市场包括京、津、冀、豫、鲁等省区。这一市场存在巨大的发展潜力，是中远期的延伸拓展市场。

4）机会客源市场。一、二、三级客源市场以外的其他省市，包括港澳台地区。

（2）客源结构定位。

1）主体客源市场。①以公务员为主体的党员干部市场。葛源是红色旅游经典景区，是革命传统教育的圣地，以公务员为主体的党员干部，是葛源红色旅游的主体客源市场之一。②都市自驾车游、乡村休闲游爱好者。葛源不仅是红色旅游经典景区，而且是乡村休闲的绝佳胜地，其秀美的乡村景色和特色餐饮对周边都市游客具有很大吸引力。周末和节假日休闲市场将是葛源客源市场的另一主体。

2）重要客源市场。①以学生为主体的青少年市场。在校中小学生、大中专院校学生是爱国主义教育和革命传统教育的主要目标群体，具有规模大的特点，是红色旅游景区的重要客源市场。②以离退休人员为主体的银发市场。老年人多有怀旧情结和革命情结，红色旅游对老年群体来说有着特殊的吸引力，加上我国60岁以上的老年人口数量在不断增加，银发市场也将是葛源景区的一大客源市场。

3. 市场推广方案

（1）推广手段。

1）常规手段营销。主要有：①网络宣传。建立景区旅游网站，开展全方位网络营销。不仅要通过网络化渠道，采取产品虚拟、价格公示、网络互动等营销战略，引导在线旅游消费，而且要构建为自驾车和自助游客服务的旅游信息平台和导游指引系统。②媒介推广。在报纸、杂志、公交车、汽车站、火车站、电台、电视台、互联网等媒介上发布广告推广。拍摄一部以闽浙皖赣革命根据地中心（葛源）为题材的大型电视历史剧，以扩大"方志敏式根据地"在全国范围内的影响。③旅行社推广。与客源市场所在地的各大旅行社联系，将葛源景区纳入旅行社推介线路或开辟专门游线。④节庆推广。条件成熟时，可考虑推出"中国葛乡文化旅游节"或联手上饶集中营参与承办"中国（江西）红色旅游博览会"。

2）关系营销。关系营销是新近发展的营销技术，所谓关系营销就是置身于社会经济大环境中的企业必须与消费者、供应商、分销商、竞争者、政府机构及其他公众发生互动作用的过程，其核心是建立和发展与这些公众的良好关系。对于旅游业来说，就要特别注意一些地方群众团体和旅行社保持一定的联系，如葛源景区就可以凭借独特的红色旅游目的地形象与闽浙皖赣4省的省市县委党校，共青团、工会等建立联系，由其组织客源前来旅游，带动景区人气，以提高景区的知名度。

3）事件营销。通过制造轰动性的事件，提高景区知名度，是一种非常规营销手段，但运用得好可以迅速提高景区知名度，带旺地区旅游业。葛源有优良的旅游资源，可考虑策划一些轰动性的事件来达到短时间内提高知名度的目的。

（2）市场营销计划。针对上述的客源市场定位，进行有针对性的营销，对不同的客源市场采取不同的营销策略，以达到良好的营销效果。

1）第一客源市场的营销策略。在主要客源市场地区推出各种形式的广告；制作专门网站和景区的Logo，链接至各大门户网站；与省内外各大旅行社加强联系，争取与龙虎山、三清山等著名景区联合推出合适的旅游线路，采取价格优惠等政策吸引游客；主动与第一客源市场地区的媒体保持经常的联系，采取多种形式的广告方式；与三清山、婺源、龟峰、上饶集中营、灵山等著名景区进行联合促销；密切与井冈山干部学院、上海浦东干部学院、闽浙皖赣为重点的省市党校、团校和总工会学校的联系，使葛源成为教学点或参观、培训基地；强化与闽浙皖赣为重点的省内外各大中专院校学生社团的联系，到闽浙皖赣为重点的省内外各大中专院校宣传，吸引大中学生来实习、考察；建立以闽浙皖赣为重点的中小学生革命传统教育基地和青少年活动营地，开展"红色夏令营"、"红色科普"等活动。

2）第二客源市场的营销策略。加大在珠三角、闽三角市场的开发宣传力度。可到这些地方进行闽浙皖赣革命根据地中心（葛源）旅游推介会，邀请主流媒体和旅行社参观游览，采风写生，拓展影响，争取客源；开展强势营销活动，组合闽浙皖赣革命根据地中心（葛源）、上饶集中营、井冈山等著名红色旅游景点，推出廉政和革命传统教育专项游。

3）第三客源市场的营销策略。重视和发挥旅行社的促销功能，有计划地与该区域内的各大旅行社共同开发"红色省会、魅力上饶"等特色旅游线；规划中远期，在中央电视台等媒体、《国家地理》等杂志推出闽浙皖赣革命根据地中心（葛源）专项旅游广告；通过事件或者拍摄电视连续剧片的方式使闽浙皖赣革命根据地中心（葛源）成为全国知名景点。

# 七、总体布局

## 1. 开发思路

在保护历史遗存和自然生态的前提下，贯彻落实"政府主导、规划先行、科学开发"的方针，实施"三色辉映"的开发战略和"区域整合"的发展战略，在葛源"一溪、两轴、三片区"的地理结构基础上，规划"一心两核三片五区六点"的旅游空间结构，突出红色旅游主题，深入挖掘特色旅游资源，创意设计特色旅游项目，科学开发特色旅游产品，将葛源建成集爱国主义教育和乡村休闲度假于一体的全国知名的特色景观旅游示范镇。

## 2. 战略定位

（1）可持续性的保护战略。旅游业的可持续发展是以资源保护为前提和保障的。葛源镇是中国历史文化名镇，其历史文化和自然生态资源是人类宝贵的精神和物质遗产，是当地旅游业开发的基石，是旅游可持续发展的保证。葛源旅游业的发展必须在严格保护历史文化和自然生态资源的前提下进行，所有的开发与建设活动都不能以破坏资源为代价。

（2）三色辉映的开发战略。葛源的红色、古色和绿色旅游资源数量丰富，品位级别高，组合度好。葛源旅游资源的开发，一方面以红色旅游开发为主体，突出红色旅游产品的主题；另一方面不忽视对古色和绿色旅游资源的开发，将葛源旅游区开发成集红色、古色和绿色旅游产品于一体的综合旅游区，以达到相互促进，整体发展。

（3）区域整合的发展战略。葛源镇发展旅游业一个重要的优势就是区位优势。葛源位于旅游资源非常丰富的赣东北区域，处于著名的风景区龙虎山、龟峰和三清山中间，与两者的距离各自不超过150公里，且可以借助浙赣线、沪昆高速、即将开工建设的杭昌长铁路客运专线和峰福电气化改造铁路。距 AAAA 级景区龟峰和著名的红色旅游景点上饶集中营更是不到一个半小时的车程。由于有浙赣线和沪昆高速可直接连通，再加上即将开工建设的杭昌长铁路客运专线和三清山机场，葛源连接国内著名的旅游消费热点区域——以上海为中心的长江三角洲更是非常便捷。这样的区位条件决定了葛源旅游业发展必须走区域整合的合作战略，即通过打造既有特色，又有差异性的产品体系，融入赣东北旅游圈，并与长江三角洲构成联动区域，成为长江三角洲居民热点旅游目的地。

3. 布局结构

（1）地理空间结构。葛源镇呈现典型的"一溪二轴三片区"的地理空间结构：一溪：葛溪河绕老城区北部而过，其支流为自然分界线，充分体现了江南水乡城镇特色；二轴：城镇发展以闽浙赣大道、红城大道为发展主轴，将镇区联结为一个整体；三片区：分别指老城区、新城区和城北区，老城区主要是生活居住区，兼具教育、文化、商贸、旅游等功能的综合区；新城区即老城区以西，包括乡镇企业区，是集商贸、行政、娱乐、游憩为一体的功能完善的现代化新型城镇；城北区即老城区以北，是集镇的小康示范区，是集居住、商贸为一体的功能完善的生活小区。

（2）旅游空间布局。在葛源镇现有地理空间布局的基础上，从科学发展旅游产业的角度出发，葛源特色景观旅游示范镇的旅游空间布局可概括为"一心两核三片五区六点"。一心：一个集散中心。即葛源旅游服务接待区。两核：两个发展核心。即枫树坞和葛源古镇为中心的两个重点旅游区。三片：三大旅游片区。即枫林红色省会旅游区、葛源红色古镇旅游区和五里铺乡村旅游区三大核心旅游片区。五区：五个功能分区。即游客管理服务区、革命圣地体悟区、红色古镇鉴赏区、乡村旅游休闲区、山水观光度假区。六点：六个重点项目。包括闽浙皖赣革命根据地烈士陵园、"模范红军"体验园、葛源风情古街、列宁公园、五里铺农庄和麒麟峰度假酒店。

4. 功能分区

（1）游客管理服务区。包括标志性大门、景区管理处、酒店餐馆、旅游购物和停车场等，主要发挥旅游集散和景区管理功能。

（2）革命圣地体悟区。以红色古迹游览、清贫园和闽浙皖赣革命根据地烈士陵园为龙头，范围包括枫林村及闽浙赣大道，延伸至黄溪村一带，主要发挥革命圣地观光、红色生活体验、革命情操感悟等功能。

（3）红色古镇鉴赏区。以葛源风情古街、列宁公园和红五分校为龙头，主要包括葛源古镇所辖范围，发挥红色遗址观光、古镇风情品味、特产商品购买等功能。

（4）乡村旅游休闲区。以五里铺农庄为发展龙头，范围包括以五里铺村为中心的附近区域，主要发挥乡村休闲、农业观光、农事体验等功能。

（5）山水观光度假区。以麒麟度假酒店为发展龙头，范围包括麒麟峰及黄山村一带，主要发挥山水观光、休闲娱乐、会议度假等功能。

5. 项目设计

（1）游客管理服务区。

1）范围。闽浙赣大道和红城大道的交会处。

2）功能。旅游集散、景区管理、旅游购物。

3）理念。此功能区不同于普通的一般的景区管理服务区，可以满足景区管理、旅游接待、游客购物和景区宣传等多重要求，包括旅游接待服务大楼和"葛源客栈"大酒店两部分，建筑设计以赣东北民居风格为主调。

4）项目设计。

①旅游接待服务大楼。选址于葛源镇镇区入口处牌坊标志右侧山地，门口朝红城大道，建筑结构为两层，建筑面积约 2000 平方米，建筑风格为黄墙、青瓦、马头墙。一楼是游客接待咨询室、导游休息处、影像播放厅、纪念品商店等；二楼是游客茶室、景区管理办公室、接待室等。

②葛源客栈大酒店。选址于葛源镇镇区入口处牌坊标志右侧山地，紧邻旅游接待服务大楼，酒店门朝红城大道，门额题写"葛源客栈"，建筑风格与旅游接待服务大楼统一协调，为赣东北民居风格，设计标准为三星级，酒店高三层，建筑面积约为 4000 平方米，设 100 间客房，180 个床位，是集餐饮、住宿和休闲娱乐为一体的综合性生态酒店。

③休闲购物街。选址于葛源城镇规划的新城区，即葛源镇老城区以西，呈南北走向。专门出售地方葛源土特产品和旅游纪念品，同时为游客提供休闲娱乐场所，建筑风格保持与古镇传统建筑风格相一致。

④停车场。位于旅游接待服务大楼西侧，停车场外围以高大的常绿树木筑起绿色围墙，中间插种具有吸收氮氧化物等污染废气的植物，停车场地面统一用鹅卵石铺设，间隙播撒具有较强固土和抗踩踏能力的草种。

规划近期占地面积 2000 平方米，设计旅游大巴车位 20 个，小车车位 40 个。规划中远期可随着游客增加而增加停车场的面积。

（2）革命圣地体悟区。

1）范围。枫树坞及周围区域，包括黄溪村、沙畈村等。

2）功能。革命圣地观光、红色生活体验、革命情操感悟。

3）理念。枫树坞的革命遗存整体保存非常完好，其中有 4 处遗址为国家重点文物保护单位。在保护好革命文物的基础上，通过以红色旅游为主题，对整体环境的再营造和创意项目设计，提高旅游项目的参与性，向游客展现真实的革命场景，为爱国主义和革命传统教育提供场所。

4）项目设计。

①建设"模范红军"体验园——红军生活体验园。"模范红军"项目的创意来源于"模范苏区"这一概念，旨在营造氛围，创造如真的场面，让游客亲身感受红军生活，发扬革命优良传统。收购部分含有赣东北特色的居民建筑的土地约 20 亩，作为"模范红军"体验园的选址，将其融入整个枫树坞革命旧址群中，不宜新建。清贫园中央设立一舞台，以供开展参与性项目之用。"模范红军"主要设计如下项目：一是情景剧《清贫》。以话剧的方式，展现方志敏被捕、狱中斗争、英勇就义等系列情节，使游客真实地体验方志敏清贫朴素、敢于斗争的革命情操。二是红军生活真实展现。根据历史资料，通过真实人物和实物再现真实的红军工作和生活场景。聘请和培训一批演员，身穿红军服装，每天动态地展现如刷标语、出版报纸、织布、编织草鞋、操练、

宣誓、拉歌、挑柴、担水、舂米等真实的工作生活场景，给游客以身临其境的感受。

为游客提供可参与的系列活动项目：一是"当一天红军"。游客报名参军，即可体验红军紧张而艰苦的一天生活，参与军事训练、政治学习、刷标语、站岗等活动，体会睡门板、喝南瓜汤、穿红军草鞋等清贫生活。二是拔河比赛。游客可穿上红军服饰，分成两队，展开拔河比赛。三是"急行军"。设置一些障碍，如独木桥、水坑、山坡、栅栏等，让游客穿上红军的服装，进行短途的穿越和急行军。四是"抓俘虏"。让景区服务员扮成白军，或者让游客分组，一组游客扮成白军，由另一组游客装扮的红军去抓捕。五是红歌会。由景区服务员带动，游客穿上红军服饰，开展红歌比赛。六是举办"红色生日"。游客报上自己的生日，即可领到一份自己生日当天苏区报纸《红色中华》等一份作为纪念，并知道自己生日那天苏区发生了什么大事件。

②建设闽浙皖赣革命根据地烈士陵园。选址于闽浙赣大道旁的山地，整体依山而建，包括闽浙皖赣根据地烈士纪念堂、两条半枪雕塑、雕塑园三部分，闽浙皖赣根据地烈士纪念堂位于陵园入口处，两条半枪雕塑选址于山顶，雕塑园位于山腰。一是建设闽浙皖赣革命根据地烈士纪念堂。考虑到现有的革命烈士纪念馆不能满足游客对革命烈士的纪念和悼念需求，规划建立闽浙皖赣革命根据地烈士纪念堂，闽浙皖赣革命根据地烈士纪念堂属于两层建筑，包括英烈园和忠魂堂，英烈园位于一楼，纪念在闽浙皖赣革命根据地牺牲和战斗过的革命领导人，大堂正中是拜祭英烈们的场所，大堂两侧介绍闽浙皖赣革命根据地的主要领导人；忠魂堂位于二楼，纪念在闽浙皖赣根据地牺牲的众多有记载的革命烈士以及无数的无名烈士。二是竖立两条半枪雕塑。请著名雕塑家设计两条半枪雕塑，竖立在整个雕塑园的至高点，寓意闽浙皖赣革命根据地创建时"两条半枪闹革命"的烽火岁月。三是规划建设雕塑园。雕塑园正中为一巨型石雕，石雕主体为打开的书，四周可配以工农红军的旗帜，上面刻方志敏的《可爱的中国》节选，下面为一小型空地，以方便各社会团体在此共同朗读《清贫》的节选段落。雕塑园的丛林中依地势安置方志敏、黄道、邵式平、粟裕、汪东兴等20位闽浙皖赣革命根据地的领导人雕塑。一些雕塑红军生活的场景则以浮雕的方式，错落有致地分布于园中。总体而言，雕塑必须与丛林草地构成和谐优美的景观，以形成一个既富于教育意义，又具有观赏性的景点。

③建设"铁军"素质拓展基地。在烈士陵园附近山头上选取一地形复杂的山头，设计系列项目，建设成为素质拓展基地，包括红白军对抗、军事训练等内容。该项目取名为"铁军"，与烈士陵园和"模范红军"一起，配套构成一个红色旅游的精品区域。力争通过建设，使该基地在中远期成为赣东北区域的高品位的爱国主义教育基地和单位职工素质拓展的知名目的地。

④实施现有项目提升工程。一是提升闽浙赣省委机关革命旧址建筑群。在重点保护旧址群的前提下，对整个游览线路进行重新合理设计，尽可能不走回头路和在村民家中穿行，游步道恢复成条石或鹅卵石路面；外墙和墙体标语按国家文物保护规定处理，定期修补出新；对村落建筑环境进行风格协调统一，修复破损建筑，拆除现代水

泥建筑或对外墙进行修整；一些有价值将毁旧址民居可采取收购或仅作维修处理不改变产权的方式进行管理。二是红军广场。对广场周边的建筑和环境进行整顿，维持广场现有范围，地面用三合土重新夯实；广场及枫树坞村四周大面积栽种各类枫树，体现"枫树坞"地名特色；对司令台进行维修出新，晚上安排军乐队、情景剧等演出活动。三是红军亭。用麻石修整游步道，按原样修复红军亭，整顿周边环境卫生，但不宜大规模修建，务必保护原有风貌。四是停车场。拆除路口礼堂，修建占地面积约1500平方米的生态停车场。五是黄溪村和沙畈村旧址修复。黄溪村和沙畈村也有部分革命旧址，但比较破旧，而且缺少指示和说明牌，必须加以整修。

（3）红色古镇鉴赏区。

1）范围。葛源古镇。

2）功能。旅游观光、休闲购物。

3）理念。葛源村建筑群遭到一定程度损毁，部分革命旧址不复存在，古镇整体建筑风貌较乱，但部分明清时期的古街保存较完好，因此可以恢复部分古街和商铺，对其他古建筑进行恢复和维护，恢复列宁公园原貌，对红五分校和革命烈士纪念馆进行提升。

4）项目设计。

①现有项目提升。一是列宁公园。列宁公园是中共党史上第一个，也是惟一一个公园。旧址整体架构保存完好，当前重点工作是恢复包括游泳池、钓台、荷花池等原有项目，修复六角亭、枣园，修整游步道、溪流，将内部的水泥地面改造成鹅卵石地面。将公园靠近葛溪方向的几栋高层楼房建筑拆除，公园周围10米范围内居民建筑高度控制在4米以下。列宁公园修复后，在保护的前提下，可开发系列休闲项目，开放给游客和当地居民游览，作为景区游线组织上的一个游憩节点。二是红五分校。红五分校是共产党较早建立的军校之一，但旧址内可游览的内容过少，从现有的建筑格式来看没有多少军事院校的元素。鉴于此，一方面考虑恢复教室和其他配套设施的硬件配置，使之更具观赏性；另一方面在进入大门后的院内，每天定期进行当年红军操练、出操、红军歌大合唱等军事活动表演。三是革命烈士纪念馆。革命烈士纪念馆内相关设施较完备，但是比较陈旧，为了给游客展现更加形象、生动的革命事迹，必须对纪念馆内的光、声、电等设备进行技术升级，另外再加入现代影视技术对革命历史进行生动的影像展示。四是其他葛源革命旧址群的修复。葛源古镇其他20多处革命遗址也必须进行维修、整理，并订立古朴风貌的说明牌，使之能以安静、肃穆、整洁的面貌接待游客。

②葛源风情古街建设。政府收购舒溪街店铺和革命旧址，修复革命旧址。能找到具体方位的革命旧址在原地按原貌恢复，不能找到确切地址的全部集中转移到现有的舒溪街上。同时仿造传统历史风格，布置包括打铁、纺织、木匠、炼油、豆腐、刺绣等作坊，或安排工匠和小店主进行现场生产，或安排演员进行表演传统技术的制作制造工艺，作坊布置全部按照当年原貌进行修建。游客可现场观赏传统民间工艺流程，

也可参与该民间工艺的制作过程，也可购买手工纪念品和红色旅游商品。

（4）乡村旅游休闲区。

1）范围。以五里铺村为中心的周边区域，延伸至上坑源、新篁等处。

2）功能。乡村休闲、农业观光、农事体验。

3）理念。将农事体验、农家餐饮、土特产品尝和买卖、动植物养殖、生态农业观光、农产品加工与旅游业结合起来，开发参与性、体验性强的乡村旅游产品，五里铺村是新农村建设示范点，具有良好的开发条件和优势。

4）项目设计。

①五里铺农庄。以五里铺新农村为主体，是一处融果蔬采摘、农事体验、农家住宿等功能于一体的高品位的农家乐景点。规划设计如下内容。一是景区大门。选址于五里铺进村桥头，以青砖或竹木做成，葛根的形状和颜色是大门的主要装饰图案，风格简朴大方，大门正中间题写"五里铺农庄"。二是蔬果基地。选址于五里铺的葛根基地，主要是种植葛根，另外在不同季节辅助种植如辣椒、茄子、冬瓜、南瓜、黄瓜、青菜、西红柿、草莓、西瓜等果蔬作物，供游客游览和采摘。三是农家作坊。主要是指农产品加工作坊，供游客参观和制作过程体验，包括葛粉加工、豆腐作坊等，让游客直观了解葛粉的制作过程（如何从葛根变成葛粉）。四是农具展示。因地制宜地在景区各个路口、游步道等地方放置如磨坊、独轮车、斗笠、蓑衣、犁头、锄头、铁耙、打谷机、水车、风车等以增加农村气息，同时也可作为道具和娱乐工具，供游客照相和体验。五是"五里铺"酒家。在五里铺后山距离葛园不远处修建名为"五里铺"的酒家，该酒家融餐饮和住宿于一体，建筑外表采用黄墙、青瓦的赣东北民居风格，大门口仿造古代的酒家伸出招牌幡，上书"五里铺酒家"五大字，迎风招展。葛园农庄提供的餐饮原料全部来自当地纯天然无污染的农家菜，客房内部装饰可以凸显农家风格，但是整体应达农家旅馆三星级以上的标准。六是五里铺休憩园。五里铺游憩园选址于古树群区域，在现有基础上修建游憩亭，增加仿木桌、椅、凳等休闲设施，另外放置独轮车、风车、秋千、跷跷板等娱乐设施。

②金山寺观光考察。金山寺上风景秀丽，特别适合近郊的观光与佛教文化考察，只要增修游步道和相应的环卫措施，即可开放游览。

③农耕体验中心。在五里铺附近选择有水田和山地的区域作为农耕活动的体验场所，根据不同季节向游客提供包括犁田、锄地、插秧、打谷、播种、植树、摸鱼、骑牛等体验活动，同时配合举办如猪赛跑、斗鸡、人与牛拔河等趣味比赛活动。该项目也可作为横峰县农民职业培训中心，为中远期项目。

④"葛园"葛根生产基地。在五里铺附近寻找约100亩土地，全部种植葛根，既构成观赏性景观，又具有经济价值。基地合适处设立长廊，或者小型展览馆，以图文并茂的方式介绍葛根的相关知识。

⑤新篁农业观光带。在新篁的阳山附近选取生态条件较好的山区，开辟一条长约3公里的峡谷观光带，根据地形分别种植葛根、毛竹、茶树和其他观赏性植物，构成绿

色的葛海、翠色的竹海、白色的茶花海等绚丽的乡村景观，打造一条既有经济价值，又有观赏价值的农业观光带。游客可走游步道，或者坐景区游览车观光，并可进入农业园中开展拍照、采摘和购买农产品等活动。

（5）山水休闲度假区。

1）范围。麒麟峰及黄山村。

2）功能。旅游观光、休闲娱乐、会议度假。

3）理念。麒麟峰及黄山村周边区域集山地风光、田园风光和水域风光为一体，自然山水景观秀丽，将当地良好的山水生态资源作为基础，在保护自然环境的前提下，开发集旅游观光、休闲娱乐、会议度假为一体的高档旅游区。

4）项目设计：考虑到市场成熟度和景区开发进度，规划此功能区在中远期启动。开发项目包括麒麟度假山庄、麒麟河溪漂流等项目。

①麒麟度假山庄。麒麟度假山庄选址于麒麟峰的西坑水库，包括麒麟山庄、麒麟别墅、麒麟会所三个部分，麒麟山庄按三星级标准建设，针对大众休闲旅游市场；麒麟别墅按五星级标准建设，针对高档度假旅游市场，提供生态宴、全鱼宴等高档特色餐饮；麒麟会所，包括养生堂、SPA、咖啡厅、酒吧、KTV、茶座、餐馆等。

②"麒麟溪"田园漂流。将西坑水库下游河溪改名为"麒麟溪"，考虑到其水流量不大，在上游进行人工筑坝，对漂流河段进行整顿和改造，对麒麟溪两旁环境卫生进行整治，严格禁止村民向河溪中倾倒垃圾和排污。游客在麒麟溪中漂流既能享受漂流本身带来的刺激，又能一览河溪两旁自然幽静的田园风光。

**葛源旅游区旅游项目一览**

| 功能分区 | 旅游项目 | 开发性质 | 开发期限 |
| --- | --- | --- | --- |
| 游客管理服务区 | 旅游接待服务大楼 | 新建 | 近期 |
| | "葛源客栈"大酒店 | 新建 | 近期 |
| | 休闲购物街 | 新建 | 中期 |
| | 停车场 | 新建 | 近期 |
| 革命圣地体悟区 | 景区大门 | 新建 | 近期 |
| | "模范红军"体验园——红军生活体验园 | 新建 | 近期 |
| | 闽浙皖赣革命根据地烈士陵园 | 新建 | 中期 |
| | 闽浙赣省委机关革命旧址建筑群 | 修复完善 | 近期 |
| | 红军广场 | 修复完善 | 近期 |
| | 红军亭 | 修复完善 | 近期 |
| | 停车场 | 新建 | 近期 |
| | "铁军"素质拓展基地 | 新建 | 中远期 |

续表

| 功能分区 | 旅游项目 | 开发性质 | 开发期限 |
|---|---|---|---|
| 红色古镇品赏区 | 葛源风情古街 | 新建+修复完善 | 近期 |
| | 列宁公园 | 修复完善 | 近期 |
| | 红五分校、革命烈士纪念馆 | 完善 | 近期 |
| | 五里铺农庄 | 新建 | 近期 |
| | 金山寺 | 新建 | 近期 |
| | 农耕体验中心 | 新建 | 中远期 |
| | "葛园"葛根生产基地 | 完善 | 近期 |
| | 新簧农业观光带 | 新建 | 近期 |
| | 上坑源国际狩猎场 | 新建 | 中远期 |
| 山水观光度假区 | 景区大门 | 新建 | 中远期 |
| | 麒麟高尔夫度假山庄 | 新建 | 中远期 |
| | "麒麟溪"田园漂流 | 新建 | 中远期 |
| | 麒麟峰游步道 | 新建 | 中远期 |

# 八、产品体系

## 1. 产品结构

葛源镇旅游业发展规划是以市场为导向、以资源为基础，设计出适合不同细分市场的旅游产品。根据市场调查与分析，现有和潜在到葛源的旅游者的旅游动机依次是革命圣地游览、古镇风韵品赏、乡村风情体验。因此，规划组设计了包括一个主题、两个旅游产品系列和八大旅游产品的旅游产品体系。

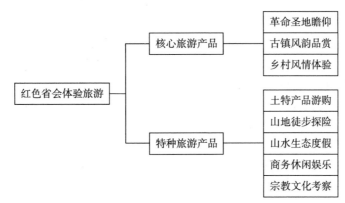

**葛源旅游区旅游产品结构**

2. 红色省会主题产品

葛源镇是"红色省会"所在地，葛源全国特色景观旅游示范镇的旅游产品始终紧紧围绕"红色省会体验旅游"这个主题着力打造。葛源镇完好保存有众多闽浙皖赣根据地时期的革命胜迹，是当地和全国人民的一笔财富，是当地旅游业发展的基础。本规划在保护历史遗存和自然生态的前提下，采取"政府主导、规划先行、科学开发"的方针，挖掘特色旅游资源，坚持文化真实性和保护第一的原则，打造全国知名的红色旅游地。红色是葛源镇的主要特色，紧紧围绕红色这一主要特色主题，挖掘其他特色资源，设计构建全国特色景观旅游示范镇——葛源八大旅游产品。

3. 三大核心产品

（1）感悟精神：革命圣地瞻仰旅游产品。闽浙皖赣根据地中心（葛源）被毛主席称为"方志敏式根据地"，为中华儿女留下了一笔宝贵的精神财富和物质遗产，"爱国、创造、清贫、奉献"是方志敏精神的核心。枫树坞和葛源村保存有大量革命旧址群，其中国保单位5个（枫树坞拥有4个），枫树坞革命旧址群整体保存完好，这是方志敏精神的重要物质载体。本规划在对闽浙赣省委机关旧址、闽浙赣省苏维埃政府旧址、闽浙赣省红军操场旧址、闽浙赣省军区司令部、闽浙赣省"四部一会"旧址、红军亭、中国工农红军学校第五分校旧址、列宁公园等现有项目进行提升的基础上，创新设计了闽浙皖赣革命根据地烈士陵园、"模范红军"体验园两个动态参与和体验性项目，作为革命圣地瞻仰旅游产品的核心项目，以发挥革命圣地在引导游客感悟革命精神方面的重要作用。革命圣地瞻仰旅游产品是葛源旅游业发展的最核心产品，公务员群体、教师和大中小学生是其最重要的目标市场。

（2）品味文化：古镇风韵鉴赏旅游产品。葛源镇建镇始于隋末唐初，自宋代成为繁荣乡区，是闽浙皖赣根据地首府所在地，被誉为"红色省会"，素有"小小横峰县，大大葛源街"之说，属国家级历史文化名镇，保存有完好的清末时期建筑群和古街，建筑风格呈现典型的赣东北民居风格，同时革命历史本身就是文化的一种类型，另外纯朴的民俗民风也是其特色之一。典型的赣东北民居建筑风格、宝贵的红色革命历史和纯朴的民俗风情是葛源镇文化的组成因子，是古镇风韵品赏旅游产品的基础，枫树坞革命旧址群、葛源革命旧址群、葛源风情古街、列宁公园等景点是此旅游产品的载体。

（3）回归自然：葛乡风情体验旅游产品。葛源镇位于横峰县北面怀玉山余脉磨盘山，属典型的山区盆地地形，与弋阳、德兴、上饶三县交界，因漫山遍野生长着野葛，又处溪水源头而得名。葛源的盆地风光、田园风光、土特产品以及民俗风情非常具有特色，游客通过乡村田园观光、土特产游购和农事体验，获得返璞归真的自然感受，此处的回归自然包含自然生态和乡村生活两层含义。"五里铺"农庄、"葛园"葛根基地、新篁农业观光带、上坑园国际狩猎场、麒麟峰观光、土特产品和红色旅游商品游购是乡村风情体验旅游产品的载体。

4. 五大特种产品

（1）休闲购物之旅。土特产、工艺品、纪念品是葛源非常具有特色的旅游商品，土特产以葛根、油茶、葛源豆腐、油子果等为代表，其中葛根已经形成了葛粉、葛佬饮料、葛叶泡茶、葛豆腐的系列产品，具有一定市场知名度，到原产地采购葛系列产品对市场具有一定吸引力；工艺品以刺绣、精美家具制作等为代表；纪念品以红色旅游纪念品为主，例如，方志敏铜像、苏区纪念币、纪念章、第一只股票、苏区报纸等。此外，观赏土特产的加工和制作过程本身也属于一种旅游产品，例如，葛粉的制作、刺绣等，这对市场都具有很大吸引力。

（2）乡村田园漫步。葛源镇位于北怀玉山余脉的磨盘山山区盆地，盆地、村落、田园、溪流等构成一番世外桃源式的乡村田园风光，徒步漫游其中给旅游者别样的感受。对葛源全镇范围内进行氛围营造，对村落建筑风格、道路系统建设、植物培育等进行统一协调，不同季节种植相应的观赏性高的农作物，如葛、油菜、毛竹、茶树等作物。另外，可以选择若干田园风光较好的村落修建田园漫步小路，同时提供果蔬采摘等农家乐系列活动。

（3）山水生态度假。葛源盆地的自然生态保存完好，尤其是麒麟峰黄山村一带的山水生态资源非常丰富，山地风光、水库、溪流与田园风光相得益彰，风光秀丽，适宜进行山水生态度假。此旅游产品对硬件和软件设施要求很高，对市场购买力要求也很高，因此，建议山水生态度假旅游产品安排在规划远期启动，近期主要对当地的山水生态资源进行保护，对当地的基础设施进行完善。

（4）山地徒步探险。葛源旅游区山地徒步探险旅游产品是指旅游者的活动超出了常规旅游线路和景点，具有一定的开创性、对葛源旅游区范围内的未知领域的探索活动。在尊重当地传统文化、保护葛源宝贵的动植物资源和生态资源的前提下，规划鼓励专业性、组织性、小规模的探险组织和团体，在葛源镇相关部门的监管下，开展适度的探险旅游活动，探险的线路和目的地应该事先得到相关部门的批示，并在其指导下进行。

（5）宗教文化考察。金山寺作为信徒自发建成的寺庙，有一定的香客基础，这些香客就是潜在的游客。另外，金山寺的建筑与周边环境协调统一，寺外远眺，风景优美，也值得开发。以金山寺为依托，可开发宗教文化考察旅游。

5. 游线设计

（1）区内游线设计。

1）一日游线路。①红色精品游：横峰县城—葛源古镇—闽浙皖赣革命根据地烈士陵园—枫树坞革命旧址建筑群（"模范红军"体验园）。②乡村休闲游a：横峰县城—葛源古镇—枫树坞革命旧址建筑群（"模范红军"体验园）—五里铺农庄—新篁农业观光带—上坑源国际狩猎场。③乡村休闲游b：横峰县城—葛源古镇—枫树坞革命旧址建筑群（"清贫"体验园）—麒麟峰—小黄山—仙岩洞。

2）二日游线路。①红色专项线路：横峰县城—弋横起义旧址·黄道故居—姚家革命旧址—葛源古镇—闽浙皖赣革命根据地烈士陵园—枫树坞革命旧址建筑群（"模范红军"体验园）—灵山·上饶集中营。②乡村休闲线路：横峰县城—岑山国家森林公园

（赭亭山）—葛源古镇—枫树坞革命旧址建筑群（"模范红军"体验园）—五里铺农庄—上坑源国际狩猎场—新簧农业观光带—"葛园"葛根生产基地—麒麟峰—小黄山—仙岩洞。

（2）赣东北精品游线：龙虎山—龟峰—闽浙皖赣革命根据地中心（葛源）—灵山·上饶集中营—三清山。

（3）跨区域组合线路。

1）爱国主义教育专线：上海中共"一大"旧址—上饶集中营—闽浙皖赣革命根据地中心（葛源）—南昌八一起义纪念馆—井冈山。

2）山水休闲精品游：上海—三清山—灵山—岑山国家森林公园—葛源—龟峰—龙虎山。

6. 旅游商品

（1）开发原则。

1）生态—本土原则，生态性和本土化的旅游商品备受市场青睐，葛源旅游商品的开发应重在从本土资源出发，开发生态性强的本土商品，切勿盲目模仿其他旅游地的旅游商品。

2）精致—特色原则，旅游商品的开发要遵守"精致—特色"的原则，一方面要做到旅游商品制作工艺的精细，另一方面要突出商品本身的特色，切勿粗制滥造、轻易模仿。

3）市场—导向原则，市场需求特征是一切产品开发的基点，葛源旅游商品的开发要在对市场需求充分调查和分析的基础上进行，切勿盲目开发。

4）规范—经营的原则，规范经营、公平竞争是现代市场机制的基本保障，当地政府部门要积极规范旅游商品市场，给旅游商品经营者创造公平竞争的环境，促进市场发展。

（2）开发措施。

1）开发三个系列商品。①绿色食品系列。葛源最具特色的绿色食品是葛根产品，已经形成了葛粉、葛片、葛茶、"葛佬"饮料、葛叶泡茶、葛豆腐等系列产品。此外，还有横峰黑猪、横峰狗肉、野生河鱼、野生泥鳅、油茶、油子果系列特色绿色食品。②民间工艺系列。一方面，将葛源现有的流苏、刺绣、精美家具等工艺品进行适当的改造开发成适合旅游者的旅游商品；另一方面，传统铁匠工艺、木匠工艺制作如刀具、小件刀具、精品家具等优化提升为旅游商品的相关工艺品。③红色商品系列。纪念品以红色旅游纪念品为主，如方志敏铜像、苏区纪念币、纪念章、第一只股票、苏区报纸等纪念品，游客亦可自己亲自设计纪念品，如印刷自己生日当天的苏区报纸作纪念。

2）推出核心旅游商品。旅游商品中，葛根系列产品是葛源的特色，也是葛源最具竞争力的商品，所以，应在葛根系列商品上做足文章，开发符合现代人理念的有特色的商品。例如，可开发系列"葛佬"中药保健食品、"葛根"系列养生宴、葛根系列旅游纪念品等。另一核心旅游商品是以铜深加工为主的红色旅游商品系列。葛源可依托现有的铜产业，开发加工适合市场需求的红色旅游系列商品，例如，方志敏铜像、纪念章、纪念币、红色旅游日用品等。

3）注重现代营销理念。由于地区经济社会发展相对滞后，葛源旅游商品的销售理念相对传统，现代营销理念的运用很少。例如，"葛佬"饮料在外地市场不成功，很大程度上是由于营销理念的滞后。因此，要对当地旅游商品注入现代营销理念。

4）将旅游商品与旅游活动紧密结合。旅游商品的开发和营销不能只是简单地买卖关系，而是应突出其"纪念"意义，即游客要购买的除了商品本身的使用价值之外，更重视商品的纪念意义。例如，"红色生日"活动，就会让游客很乐意得到一张与自己生日日期相同的苏区报纸，既有纪念意义，又起到了商品促销的活动。类似的策划应多设计，巧妙地变推销商品为游客主动购买。

# 九、接待设施

1. 住宿设施规划

（1）规划原则。

1）饭店（宾馆）设施的布局与建设应统筹规划，坚持游、住分离和集中布局的原则，在游览区内严格控制住宿类服务设施的建设。

2）建筑风格与当地旅游区的地理背景、人文风貌以及邻近建筑相协调；各种住宿设施的室内装饰和家具陈设，应体现天然质朴的风格，以营造良好的红色旅游氛围。

3）应以国家旅游局规定的饭店岗位规范为依据，规范经营。

（2）现状分析。葛源镇现有游客基本上住在横峰县城内，横峰宾馆为惟一一家三星级宾馆。葛源镇内基本无正规住宿设施提供接待，仅有几家私人旅社，档次较低，卫生条件也相对较差。

（3）规划布局。

需求量预测：旅馆床位数量是衡量其旅游服务能力的重要标志。床位数的预测必须以游客规模、可游时间、游客平均游览天数等为依据进行。测算公式：$E = NPL/TK$。其中，$E$ 为床位预测数（张）；$N$ 为年游人规模（万人次）；$P$ 为住宿游人百分比；$L$ 为平均住宿天数（天）；$T$ 为全年可游天数（天）；$K$ 为床位平均利用率。

规划近期：2010 年，可游天数按 270 天计，考虑到与横峰县城接待设施的衔接问题，估计留宿率为 10%，平均住宿天数为 1 天，床位利用率为 0.7，则近期接待床位为：

$$E = \frac{135000 \times 10\% \times 1.0}{270 \times 0.7} = 71.4 （张）$$

规划取整数为 70 张。考虑近期旅游区接待以周边游客群体为主，住宿旅游区概率不高，加上横峰、弋阳县城的调节因素。旅游区可在中低档、中高档次两头来做改善住宿条件的文章。

规划中期：2015 年，可游天数按 270 天计，考虑到与横峰县城接待设施的衔接问题，估计留宿率为 20%，平均住宿天数按 1 天计，床位利用率为 0.7，则中期接待床位为：

$$E = \frac{336000 \times 20\% \times 1.0}{270 \times 0.7} = 355.6（张）$$

规划取整数为 350 张。规划中期，由于景区营销的成功，远距离游客增加，要求留宿景区的游客相应增加，对住宿设施的要求也相应增加。此一时期，应适量增加景区中高档接待设施。按照规划中期中高、低档次住宿设施 3∶7 的比例计算，中期共需要高档宾馆（饭店）床位 105 张，低档住宿设施床位 245 张。

规划远期：2020 年，可游天数按 270 天计，留宿率为 30%，平均住宿天数为 1.5 天，床位利用率为 0.8，则远期接待床位为：

$$E = \frac{540000 \times 30\% \times 1.5}{270 \times 0.8} = 1125（张）$$

规划取整数为 1120 张。按照规划远期高、中低档次住宿设施 3∶7 的比例计算，远期共需要高标档宾馆（饭店）床位 336 张，中低档住宿设施床位 789 张。

（4）规划要点。

1）规划近期（2009～2010 年）。筹建三星级"葛源客栈"大酒店，设计商务套房、单间、豪华标间、普通标间共 200 个（套），360 张床位。酒店高三层，建筑面积约为 3000 平方米，选址于葛源镇区入口的游客服务中心旁，门向镇迎宾大道（红城大道）。设计风格要求外表朴素，内部现代。2010 年，该酒店日最高接待能力为 50 人左右，开放床位约 55 张，以中档客房为主。在葛源镇五里铺农庄，设计集餐饮和住宿为一体的"五里铺酒家"一座，要求风格古朴，简单自然。设计总床位约 110 张。2010 年，该酒家日最高接待能力为 20 人左右，开放床位约 25 张。结合返乡农民工的创业激情，开发 3～5 家小型农家乐景区，设计部分农家旅社，接待部分游客。加强与横峰县横峰宾馆等具备旅游接待能力的宾馆的联系，使之能成为景区重要的接待设施，承担部分接待任务。

2）规划中期（2010～2015 年）："葛源客栈"大酒店基本建成，日最高接待能力达到 300 人，开放床位约 360 张，恰当增加套间和豪华标间；五里铺农庄基本建成，日最高接待能力达到 100 人，开放床为约 110 张；枫林村建设经济型"红色旅馆"。建造风格走复古路线，模仿当年的室内装饰和家具陈设，重现革命战争年代那段光荣岁月，设计床位为 50 张，与景区项目设计"模范红军"项目相衔接；继续加强与横峰县横峰宾馆、华泰宾馆等具备旅游接待能力的宾馆的联系，使之能成为景区重要的接待设施，承担部分接待任务。

3）规划远期（2016～2020年）：开建麒麟峰大酒店，设计商务套房、单间、豪华标间、普通标间共200个（套），300张床位。2020年，日最高接待能力达到200人，开放床位约220张。根据需要，提升"葛源客栈"大酒店和"五里铺"酒家的接待档次和能力。

2. 餐饮设施规划

（1）规划原则。①餐饮接待设施规模合理、档次齐全、布局合理。②餐饮点的服务质量应符合国家关于食品卫生的有关规定，餐具、炊具、厨具应分类存放，配备消毒设施，禁止使用对环境造成污染的一次性餐具。③餐饮服务网点所提供的食肴，既要体现原有的地方特色，又要顺应消费趋势，以更好地满足游客的饮食需求。

（2）现状分析。由于该镇旅游业发展基本处于最初级阶段，旅游区基本无这方面服务设施，仅在葛源镇有几家餐馆且设施条件、卫生条件较差。

（3）开发理念。

1）特色为主，兼顾口味。葛源的地方餐饮颇为著名，葛佬、葛粉肉、葛豆腐等葛系列食品，加上赣东北农家特色系列菜肴，葛源的特色餐饮开发具有广阔的空间。但是，仍应根据游客不同需要，对菜系进行改进。

2）中档为主，兼顾高低。考虑到葛源旅游区的游客大多为公务员群体，乡村休闲旅游、自驾车游客等中高收入者，葛源的餐饮应以中档为主，不宜过分追求高档次的山珍海味宴席。同时兼顾高档的酒宴和根据需要经营一些盒饭、快餐等稍低层次餐饮。

3）卫生为主，兼顾便捷。旅游区的餐饮首要的不是档次，而是卫生，不能为了盈利和方便，牺牲了卫生，这是根本原则。同时，旅游区的餐饮更是需要方便快捷，特别是葛源的住宿的游客不多，大多数仍然为一日游游客，游客往往时间短，日程紧，需要餐饮服务既卫生，又方便快捷。葛源的餐饮服务必须在便捷上下足功夫。

（4）规划布局。①"葛源客栈"大酒店主要经营高档餐饮，设计餐位300个，其中包厢20间。②五里铺农庄主要经营绿色农家餐饮，设计餐位150个，其中包厢10个。③枫林区主要经营"红军饭"，让游客体验当年红军艰苦生活，忆苦思甜，设计餐位100个，其中包厢5个。④葛源风情古街主要经营赣东北特色民间餐饮，设计小规模餐馆3～5家。

3. 环卫规划

（1）环卫要求。①公共厕所要合理布局，尤其是接待服务区域、主要游览区域等。厕所分水冲型和生态型，外形设计要新颖独特，具有景观效果，且与周围环境相协调，使游客产生"如厕也是旅游"的感觉。②厕所的蹲位总数要严格按照国家AAAA级旅游区标准设置，即达到日均接待量的5‰。③要尽可能地满足游客的人性化需求，如配有洗手液，设置儿童专用厕所和残疾人专用蹲位等。④旅游区日产垃圾不仅要实行"日产日清"，更要实施集中填埋方式处理，填埋地点要远离景点、村镇。⑤合理放置统一规制（三箱式，即可回收、不可回收、电池）而又造型美观的垃圾箱，做到定时收集，统一处理。对垃圾源集中的饭店、摊位经营场地更要强化管理，及时清理。⑥加强生活污水和粪等污染物的管理，一定要净化处理达标后才允许定向排放。尤其接近生活用水水源的地方，更要实行多极化处理，要将现有化粪池逐步向农村沼气池方向改造。⑦组建专门的环卫队伍，加强对员工和游客的卫生常识宣传，提倡文明旅游。

（2）具体布局。

1）公厕。①规划近期：按景区实际情况，设立 8 座公共厕所，均要求为水冲式厕所，并配化粪池。旅游厕所具体规划是：游客服务中心停车场旁设置 1 座，男蹲位 8 个，女蹲位 10 个；葛源景区片 3 座，其中每座设置男蹲位 5 个，女蹲位 7 个；枫树村景区片 3 座，其中 1 座位于景区入口旁，1 座位于闽浙皖赣根据地旧址群，1 座位于"清贫"体验园，每座厕所男蹲位 5 个，女蹲位 7 个；根据需要在金山寺、黄溪村等地各设立厕所 1 个。②规划中远期：根据需要进行恰当增加，新开发的景区按功能分区增加。

2）垃圾清理与垃圾桶设置。增加移动环卫人员，开展"跟踪式清扫服务"；在游客服务中心免费发给游客垃圾袋（可降解塑料）；旅游区内的车行道每 200 米设置一个垃圾桶；枫林村和葛源村内的游览步道每 50 米设一处以红色革命氛围为格调且与景观和谐的垃圾桶；五里铺"农家乐"区的游览步道每 50 米设一古朴自然风格的生态垃圾桶；游客服务中心、停车场、小型接待处等游客集中区每 50 米设 1 个垃圾箱。

4. 旅游购物规划

旅游购物不仅是增加旅游收入的主要途径，还可以增加景区的总体旅游吸引力。在旅游购物方面，葛源镇内尚无真正意义上的旅游商店，没有开发任何相应的旅游商品。

（1）葛源城镇规划的新城区，建立主客共享的休闲购物街，设置专业化的旅游纪念品商店，主要销售景区内特有的土特产品、日用品、红色旅游商品和旅游工艺品等，使之成为集中的、规模化的购物服务中心。

（2）各大旅游区开辟专门的旅游购物服务网点，出售与葛源旅游有关的各种纪念品。

（3）在游客服务中心、各旅游景区的外围也可设置个体店铺、小型购物摊点，作为旅游购物的次级服务网点，主要向游客提供小食品、饮料等，对这些购物点进行统一管理，实施监督。

5. 解说系统规划

（1）设计目的。葛源镇旅游区旅游解说系统设计的目的在于向潜在游客和已经到访的游客传达该旅游区的相关信息，激发潜在游客到访，同时为抵达旅游区的游客提供全面的信息，引导旅游活动。旅游解说系统的展示途径包括硬件和软件两部分，硬件部分有导游图、导游画册、交通标识系统，旅游区的游览道路和景点、设施牌示系统等；软件部分包括导游员、解说员、咨询服务等具有互动性的现场解说。

（2）音像图文展示与播放系统。

1）规划近期与中期：制作葛源旅游小册子，在景区全面散发；在葛源各大旅游景点，张贴反映葛源景点精华的摄影照片；制作全面反映葛源镇旅游资源和旅游服务的音像影像制品，于旅游景点出售或者在游客服务中心内设置放映厅，向游客滚动式播放；制作专门的旅游网站，对葛源的景点进行介绍和展示；在位于葛源镇旅游区入口的综合服务区的游客服务中心内设置触摸式游客自助电子咨询系统，开发旅游信息查询系统，将这些信息集成进去，游客可根据自己的需要选择性阅读。

2）规划远期：开放远程 3G 音像于景区网站，游客可通过手机接收景区介绍录像；景区的图文介绍全部实现电子化，使用触摸式电子屏介绍。

（3）牌示系统。

1）牌示制作要求。牌示系统的设计应统一风格，与景区整体环境相协调，文字说明使用中英文对照，所有服务设施均采用公共信息图形符号系统，图形符号设计要注意规范，要具有较高的工艺效果。

2）牌示系统布局。主要有如下几个类别的牌示：

①外部交通指示牌：横峰县城至葛源镇旅游区入口的沿线设置道路指示牌（特别是道路交叉口），标识旅游区的位置、行驶方向、途径主要道路的节点名称、距离等信息。

②景区全景示意牌：设置于旅游区入口大门和游客服务中心。内容包括旅游区总平面布局、游览道路和服务设施分布（商亭、餐厅、公厕等）以及主要游览点的文字、图片介绍。

③内部交通指示牌：在旅游区内部各不同等级的道路沿线设置清晰醒目的标识牌，即起引导作用，也对长途旅游者起激励作用。

④旅游景点指示牌：说明单个游览点的名称、内容、背景等信息，要求任何开游的景点都必须有统一风格的指示牌。

⑤服务设施指示牌：是服务设施的引导牌示，旅游区内的厕所、餐厅、购物地点、休憩地点等建设相对隐蔽，以免破坏景观的整体美，所以需要借助美观而大方的指示牌进行标识。

⑥警示和公益指示牌：告知游客在游览过程中的各项安全注意事项和禁止出现的各种不良行为的牌示，这类标识牌的设计与摆放应醒目，包括设于大门的"游客须知"、危险地段的"小心"、"注意防火"、"请勿吸烟"、"请勿触摸"等温馨提示。

（4）导游解说系统。有两种：一是传统的导游解说系统，如旅行社的随团导游和风景区的专职导游；二是便携式自助导游解说系统。旅游区的导游人数偏少。规划在 5 年内，旅游区至少要配置 10 名持证导游，要求导游员能至少掌握普通话、英语等两种语言，并组织导游进行以红色旅游和当地旅游资源为基础的针对性培训。

6. 其他接待设施规划

（1）旅行社。葛源镇的旅游开发处于初步阶段，且地处较偏僻的山区内，现在少数游客大都为散客，区内无一家旅行社。团队游客主要依赖横峰县城的两家旅行社（葛枫旅行社、赭亭旅行社）及客源地的旅行社。随着旅游区的不断发展以及游人总量、游客需求的增长，需要有专业的旅行社和导游为游客服务。根据对葛源镇旅游区未来旅游发展的趋势和游客规模的预测，规划近期在横峰县城区新增1家骨干旅行社，在葛源镇设旅行社接待点，在景区的游客中心安排专业导游。

（2）游客中心。游客中心建立的目的在于方便游客获取旅游信息和对游客提供旅游帮助。规划近期在葛源镇区主入口停车场旁建立1个大型游客中心，在枫林村区入口停车场旁建立1个小型接待处。

（3）医疗救护中心。葛源镇现有卫生院1所，内设24张病床，另有几家个体诊所，其医疗及救护设施、服务能力基本上能满足游客的一般性医疗保健需要，并能对普通疾病和意外事故进行处理。所以规划只在游客服务中心旁边配建一小型医疗救护站。医疗救护站应符合以下要求：①有专职医护人员和简易救护设备，并备有各种常用药品。②能够对旅游多发疾病进行前期处理，有较强的应急能力。③与集镇原有医院订立救护协议，保证出现突发事件时能及时得到其协助。④负责对旅游景点定期消毒和开展防疫检查。

# 十、基础设施

1. 交通设施规划

（1）规划原则。①提高旅游区外部交通公路干线的等级和通行能力，满足旅游业发展的需求。②内部交通网络的组织，要有利于旅游线路的安排，创造安全、畅通、便捷、舒适、无公害的交通条件。③游步道设计应因地因景而设，并成环状贯通。④道路交通网络系统的布局应在满足旅游服务的同时兼顾风景旅游区防火、管理等多方面的需要。⑤充分利用原有道路和交通设施，应避免或减少对自然环境的破坏。

（2）现状概况。

1）外部交通。葛源镇境内主要由葛源—横峰县、葛源—上饶县、葛源—德兴市3条公路构成全镇对外交通网络。通过这3条公路，葛源可以很方便地和沪昆高速、浙赣铁路、320国道以及杭昌长铁路客运专线和三清山机场连接。火车也是葛源重要的对外交通方式，葛源离横峰火车站约35公里，可以比较快捷地通过火车对外连接。葛源无空港、码头等交通设施。

2）内部交通。葛源镇区内，交通状况良好。葛源大道、闽浙赣大道构成十字骨架，岑葛公路穿境而过，为境内主要交通要道；各旅游分区葛源村、枫林村、岭下村、五里铺村各村之间都有宽5~6米的简易公路；葛源村与枫林村内保存有大量古街巷，多数以石板为主，宽度在1~3米。

（3）规划布局。

1）对外交通规划。葛源镇旅游区对外交通主要依托原有的葛源—横峰县城公路、葛源—上饶县、葛源—德兴市3条主要的交通公路。规划加强对这3条交通公路的路面改造及拓宽工程，争取在规划近期达到准二级公路的标准。并在必要地段采用线路微调拉直等技术手段，加强路政管理，解决道路路面状况差、弯道多、道路等级低等问题，为旅游区的对外交通提供保障。

2）内部交通规划。

①规划近期。首先，景区旅游公路规划。一是将闽浙赣大道的路面拓宽为10米，其中路面宽6米，路肩宽4米，路面用水泥硬化。另外加强路面状况修整和路边绿化。二是将连接葛源村—枫林村—五里铺—岭下村之间的乡村公路进行拓宽和路面状况修整，道路拓宽为8米，其中路面宽6米，路肩宽2米。绿化主要在道路两旁上栽种行道树，树种为枫树等。三是葛源集镇段红城大道存在脏、乱、差的状况，规划近期进行清理和修整。四是枫林村至黄溪村、沙畈村约3公里乡道，需要拓宽至6米，以适合旅游大巴双向通行。五是镇政府至金山寺约2公里乡道，需要拓宽至6米，以适合旅游大巴双向通行。其次，游步道规划。一是枫林区的游步道。设计从村口礼堂停车场开始，沿红军操场、中共闽浙赣省委机关旧址、闽浙赣省苏维埃政府旧址、闽浙赣省军区司令部旧址、闽浙赣省苏维埃四部会等革命根据地旧址建筑群连接，再由枫林村南面村边返回停车场，全长约5公里，道路宽1~3米不等，村外3米，村内1米。路面沿用原有路样进行鹅卵石铺设或修整。来龙山原有的山下至山上红军亭的游步道因美观度差、安全系数低必须进行全面改造，规划沿原有路线用鹅卵石或碎石铺设台阶。二是葛源镇游步道。该区主游步道设计从景区游客服务中心起，经烈士纪念馆、红五分校旧址、红街、列宁公园成环状返回游客服务中心，全长约3.5公里。规划对路面进行平整处理，路宽仍保持3.5~4米，路面全部用鹅卵石或青石板铺设，对卫生死角进行清理，铺设排水沟管，并设标识行进方向和旧址建筑指示牌，但与整体氛围不协调的建筑要做外墙处理。三是五里铺村区游步道。五里铺村范围不大，现有游憩园周围的游步道风格古朴，符合旅游发展需要，今后随着旅游开发，可按同样风格根据需要设计游步道。

②规划中远期。一是葛源—横峰县、葛源—上饶县、葛源—德兴市3条公路达到国家二级公路标准；二是闽浙赣大道、葛源村—枫林村—五里铺—岭下村公路达到准二级公路的标准；三是枫林村—黄溪村—沙畈村和镇政府—金山寺道理达到三级公路的标准。

2. 给排水设施规划

（1）现状分析。葛源镇镇区居民生活用水靠镇水厂提供，规模3000吨/天，水源采用岩溶地下承压水。枫林村、五里铺村、岭下村居民生活用水则靠自掘水井供水。另外，在来龙山上还建有一座消防专用高位水池，容量150吨，水源为山间溪水。

排水除部分街巷有排水明沟外，仍有些生活污水顺自然地势无组织自由排放，尚未形成统一完善的排水系统，造成环境污染。

（2）规划原则。

1）供水设施满足旅游业、居民生活、林业生产及消防用水的需要。

2）规划留有余地，兼顾发展，并与村庄建设规划和环境保护协调统一。

3）采用雨污合流排水体制，健全完善排水沟网。

4）生活污水经过处理达到《污水综合排放标准》（GB8978-1996）中的二级处理标准后排放。

（3）给水规划。

1）用水量预测。根据供水对象的不同，按住宿游客、散客、常住人口、餐位等用水单位的用水量计算日常生活用水量，并综合考虑不可预见因素，估算用水量指标。

葛源旅游区用水指标

| 项目 | 近期（2010 年） | 远期（2025 年） |
|------|----------------|----------------|
| 住宿游客 | 300 升/床·日 | 350 升/床·日 |
| 散客 | 20 升/人·日 | 25 升/人·日 |
| 餐位 | 30 升/位·日 | 35 升/位·日 |
| 常住人口 | 80 升/人·日 | 120 升/人·日 |

根据用水指标，结合景区发展指标，测算出景区用水量。

规划近期：接待床位 70 张，高峰期日游人量 600 人、150 餐位（该数据为公式计算所得）、常住人口 1.5 万（包括服务管理人员和居民），近期用水量如下：

住宿游客：70×300＝21000（升/日）＝21 吨/日。

散客：600×20＝12000（升/日）＝12 吨/日。

餐位：150×30＝4500（升/日）＝4.5 吨/日。

常住人口：15000×80＝1200000（升/日）＝1200 吨/日。

合计：21+12+4.5+1200＝1237.5 吨/日。

不可预见用水量占 10%：1237.5×10%＝123.75 吨/日。

旅游区近期总用水量为：1361.25 吨/日。

规划中期：接待床位 350 张，高峰期日游人量 1500 人、500 餐位、常住人口 1.52 万（包括服务管理人员和居民），其中，不可预见用水量占 10%，中期用水量为 1502.6 吨/日。

规划远期：接待床位 1120 张，高峰期日游人量 2300 人、800 餐位、常住人口（包括服务管理人员和居民）1.55 万，其中，不可预见用水量占 10%。远期用水量计算所得为 1810.6 吨/日。

2）给水规划。①葛源村：规划村内用水仍由葛源镇水厂提供。②枫林村：该村现有日水量 150 吨的消防水塔 1 座，采用谁投资谁受益方式，鼓励村民投资对水源按饮用水标准净化处理，村民、旅游区皆受益。③五里铺、岭下村：规划分别建立一高位水池，供旅游发展和居民生活所用，容量分别为 500 吨、200 吨。同时，加强水源地生态卫生环境保护，定期进行水源水质监测，保证生活用水安全。

（4）排水规划。

1）污水量计算。旅游区污水排放量按用水量的 85% 计，则旅游区近期排水量为1157 吨/日，远期污水排放量为 1539 吨/日。

2）污水处理规划。规划采用雨污合流排水体制，根据村内地形，雨水分片排入小溪、河流；污水采用化粪池处理后排入排水沟和排水管，严禁生活污水不经处理直接排出，以确保古村环境不受污染；规划沿车行道、步行道单侧敷设排水管沟，排水沟宽采用 0.3 米、0.5 米，沟高为 0.4 米、0.5 米。排水沟最小坡度大于 0.4%，穿过道路的排水沟可采用涵管，避免排水沟淤塞和损坏；枫林村、葛源村、五里铺村、岭下村排水干管管径参照《横峰县葛源镇总体规划（2000—2010）》中的给水排水专项规划执行。

3. 电力电信规划

（1）规划原则。①建立安全可靠的供电系统，满足旅游区生活、生产和旅游接待需要；②完善电信、邮政设施，为旅游区提供便捷的通信服务；③电力、电信线路采用埋地敷设，避免旅游区环境景观受影响，有利于历史风貌的保护。

（2）现状分析。

1）葛源镇现有 35 千伏变电站一座，完全能保证旅游区及居民供电需求，供电主要集中在葛源镇区及枫树坞两处，两处共设有 3 台 400 千伏安的电力变压器供电，10千伏电源引自镇 35 千伏变电站。

2）原有 10 千伏高压架空线走向不合理，特别是低压配电线架设凌乱，既不安全又影响景观。

3）镇区内布设有固定电话线缆、信息网络线缆和有线电视线缆，移动电话在信号覆盖范围内。

（3）电力规划。

1）逐步改造现有不符合要求和影响景观的架空线，实现电缆地埋，电力线沿道路埋地敷设，埋地敷设电缆均采用外套 PVC 阻燃套管，保证供电合理、安全、有效，不影响景观。

2）从葛源镇供电所引出 10 千伏高压线，在枫林村、岭下村、五里铺村用电集中点和游客服务中心设低压配电网向用户供电。

3）旅游区内村镇照明和农业用电线路应按小城镇规划敷设，以不影响旅游区景观风貌为前提。

（4）电信规划。

1）旅游区游客接待服务区域和主要游览区要设置磁卡或 IP 公用电话。

2）主要接待区域要设置有线电视、触摸屏等；主要接待点，如酒店等要单装程控总机。

3）在葛源村、枫林村、五里铺村、岭下村设邮政代办点，办理报纸、杂志、函件、汇兑、邮政储蓄、邮购等邮政业务，满足全村居民和旅游接待邮政通信服务。

4. 管线综合

（1）水平方向。管线水平方向布置顺序为：自建筑红线向道路中心线方向布置，在规划道路北侧依次为电信电缆、给水管，在规划道路南侧依次为电力线、排水管；在道路西侧依次为电信电缆、排水管；在道路东侧依次为电力线、给水管。

（2）垂直方向。根据《城市工程管线综合规划规范》（GB50289-1998），当工程管线交叉敷设时，自地表面向下的排列顺序宜为电力管线、电信电缆、给水管、排水管。

5. 防灾规划

（1）消防规划。

1）现状分析。主要包括旧址群、森林、游览设施和居民点防火规划。葛源村和枫林村街道狭窄，建筑密度大。尤其历史建筑密集区，大多为砖木结构，材料耐火等级差，存在较大的火灾隐患，一旦发生火灾易迅速蔓延。葛源镇四面环山，且植被很好，树木茂密，干燥季节也容易引起火灾。而景区内只有普通的灭火器，无气体、喷淋、灭火枪等消防设备，加强防火建设势在必行。

2）规划要点。①规划在枫林村和葛源村各安排一座消防站，占地 500 平方米。②规划将车行道作为消防通道，沿消防给水管设室外消火栓，间距不大于 120 米，从用水量、水压、管径满足消防用水规范要求。③制定防火管理条例，配备灭火专用器材，对有关人员进行基本的消防知识包括消防设施操作方面的培训。④设置重点消防控制区域，主要包括枫林村旧址群、葛源镇旧址群等，按规定建立重点区域消防体系。

（2）工程地质灾害。葛源镇为盆地地形，根据地旧址群处于山底，受洪患威胁易发生滑坡、崩塌、泥石流等地质灾害，应在山坡周围建设截洪沟、挡土墙，并进行植树造林、水土保持等工作，防治地质灾害发生，加强地质灾害监测和防灾预警预报工作，制定地质灾害应急救护预案，永久性建筑物应避开断层位置。

（3）防洪排涝。葛源镇地处山区，主要为山洪灾害。防洪主要规划措施：①沿建成区周围的山体筑泄洪渠，把山洪引入葛溪河；②疏通河道，扩大过水断面，两岸种植绿化，减少水土流失；③加强流域造林，有条件的山地应建小型水库以调蓄洪峰。

（4）应急机制。①景区内应设立医务室和医疗救火中心，并配备医务人员，以便在游客游玩出现安全问题的时候能得到及时有效的救护；②景区必须备有应急发电装置，以应付因突然断电而发生的各种突发事件；③景区内重点管理和服务人员必须配置无线通信装备，以应付电信、移动信号中断而出现通信需要；④景区必须配置越野车辆，以确保山地救助能够顺利实施。

# 十一、土地利用

1. 旅游区土地利用现状

规划区土地利用现状主要以居民居住建筑用地、公共建筑用地、生产建筑用地为主，从中可以看出，葛源镇土地利用现状与景区发展用地呈良性关系，比较有利于旅游业发展。

**葛源镇土地利用现状与规划面积构成**

| 用地名称 | 2000 年 | | 2020 年 | |
|---|---|---|---|---|
| | 面积（公顷） | 比例（%） | 面积（公顷） | 比例（%） |
| 居住建筑用地 | 25.49 | 35.59 | 82.40 | 38.50 |
| 公共建筑用地 | 18.86 | 15.16 | 36.49 | 17.05 |
| 生产建筑用地 | 16.20 | 22.62 | 13.41 | 6.26 |
| 仓储用地 | 7.75 | 10.82 | 6.55 | 3.07 |
| 对外交通用地 | 1.94 | 2.71 | 7.51 | 3.50 |
| 道路广场用地 | 5.14 | 7.18 | 42.67 | 19.94 |
| 公用设施用地 | 0.59 | 0.82 | 4.21 | 1.97 |
| 绿化用地 | 3.65 | 5.09 | 20.79 | 9.71 |
| 镇区建设用地 | 71.62 | 100 | 214.03 | 100 |

资料来源：《横峰县葛源镇总体规划 2000—2020》。

2. 旅游区土地利用规划

（1）土地调控原则。

1）遵守《中华人民共和国土地管理法》、《江西省实施〈中华人民共和国土地管理法〉办法》、《土地管理法实施条例》以及《基本农田保护条例》。

2）保护各类风景游览活动用地、林地和水源地。

3）控制与旅游开发无关的建筑，原有建筑重建或改造也应与景区整体建筑风貌相一致，禁止违规占用土地乱搭乱建。

4）旅游设施用地须严格审批，严禁乱建民房。

5）景区经营管理单位对景区土地实行统一规划、统一征用、统一出让或划拨和统一管理。任何单位、个人直接或间接征用景区土地须征得管理单位的同意和许可。

（2）土地使用方式。旅游开发将改变当地土地利用结构，部分土地直接用于旅游开发，土地的利用性质将发生较大变化。规划范围内土地分为四类：居民建筑用地、基础设施用地、主题景区用地以及环境抚育用地。

1）居民建筑用地。应控制在现有村落范围内，为了满足新增居民住宅建设需求，可以采取旧宅重建方式或适度向村庄外围扩展。村公共基础设施建设尽量选择闲置土地或避开主要游线。景区内新建房屋应严格控制，分区控制住宅建筑的高度、形状、风格、体量、建材、色彩，尽可能保持民居特色，与自然环境相协调。规划2020年居民建筑用地面积为82.40公顷。

2）基础设施用地。停车场、旅游集散区、游步道等旅游基础设施建设用地总面积预计约为10万平方米，基础设施的建设务必与周围环境相协调，做好基础设施绿化和美化。

**旅游基础设施土地利用规划**

| 用地项目 | 用地面积（平方米） | 备注 |
|---|---|---|
| 旅游接待服务大楼 | 2000 | 葛源镇入口处牌坊标志右侧山地 |
| 接待中心停车场 | 2000 | 旅游接待服务大楼西侧 |
| 枫林停车场 | 1500 | 拆除路口礼堂 |
| 五里铺停车场 | 800 | 村入口处 |
| 葛源到枫林旅游公路 | 36000 | 全长3千米，宽12米 |
| 葛源到麒麟山旅游公路 | 30000 | 全长5千米，宽6米 |
| 枫林区游步道 | 10000 | 长约5千米，宽1~3米 |
| 葛源区游步道 | 14000 | 长约3.5千米，宽3.5~4米 |
| "葛源客栈"大酒店 | 4000 | 葛源镇入口处牌坊标志右侧山地 |
| 合计 | 100300 | |

3）主体景区用地。包括革命圣地体悟区、红色古镇鉴赏区、乡村旅游休闲区、山水观光度假区。这些主题游览区土地利用量较大，规划用地面积预计约为19.5万平方米。

**主体景区土地利用规划**

| 用地项目 | 用地面积（平方米） | 备注 |
|---|---|---|
| 革命圣地体悟区 | 40000 | 其中清贫园4000平方米，烈士陵园5500平方米 |
| 红色古镇鉴赏区 | 100000 | 葛源古镇 |
| 乡村旅游休闲区 | 35000 | 五里铺村 |
| 山水观光度假区 | 20000 | 麒麟峰及黄山村 |
| 总计 | 195000 | |

4）农业耕作用地。葛源镇现有耕地总面积约17808亩，旅游开发用地应尽量利用荒地和山地，将耕地面积力争保持在1.6万亩左右。一方面稳定粮食生产；另一方面

保持一定面积的连片耕地对于维护景区的乡村意境具有重要作用，而且不同季节所展示的农作物景象亦可成为景区的一处重要景观。

5）环境抚育用地。葛源镇环境抚育用地主要包括山林、耕地、水域等，包括葛溪河和乡村旅游休闲区、山水观光度假区等整块区域范围；另外，环境抚育也应涉及零散小片区，主要有道路绿化、村居环境、景点内部、旅游接待中心等。

### 3. 居民控制

葛源镇现有人口3.1万。为了维护景区生态环境平衡，根据景区功能区划、基础设施建设以及旅游业发展方向的要求，划定无居民区、居民衰减区和居民控制区。重点做好以下几点：

（1）无居民区，即核心景点重要景观景物内，不允许任何常住人口落户，已有居民的应予以搬迁。

（2）居民衰减区，即核心景点周边区域，应逐步科学引导削减居民总量。

（3）居民控制区，即整个葛源镇，应严格控制人口增长率，部分居民转为景区服务人员，进行产业结构调整。

（4）常住人口数量控制，至规划近期末，控制在3.3万人以内；至规划中期末，控制在3.6万人以内；至规划远期末，控制在4万人以内。

# 十二、环境保护

### 1. 指导思想

本规划以资源保护为前提，坚持合理开发利用与可持续发展原则，把旅游开发建立在规划区承受能力上，以红色资源带动生态旅游、乡村旅游开发，并使之有机结合，互为补充，相互促进，实现旅游发展和环境保护的双赢。

### 2. 保护原则

（1）坚持规划先行。旅游规划区内控制性规划、修建性规划未批准之前，不得上任何开发建设项目。这条规则体现的是对科学的尊重和对盲目性的排斥。

（2）坚持保护优先。旅游开发是以现有的旧址、旧貌为基础，养护和建设令游客既赏心悦目同时又能收获知识、得到教育的观光场所。因此，在旅游开发的过程中，无论是对人文景观还是对自然风光的开发，都应尽量保留环境的自然风貌，根据当地的自然环境特点，选择合理的开发模式，采取严格的保护措施。

（3）科学控制容量。任意开发或超负荷利用，将破坏旅游资源和生态环境。因此，旅游开发一定要注意旅游容量和承载能力，防止由于游客过多对环境造成污染和破坏。这也是对"环境第一，经济第二"的诠释。

（4）坚持"三同时"。新建或扩建的工业企业，严格执行环境影响报告审批制度，做到环境保护设施与主体工程同时设计、同时施工、同时投产，控制新污染的产生。

（5）坚持依法开展环境保护工作。严格遵守国家和地方有关环境保护的法律法规，如《中华人民共和国环境保护法》、《中华人民共和国水污染防治法》、《中华人民共和国环境噪声污染防治法》、《江西省征收排污费办法》、《文物保护法》等。

3. 环境现状

（1）生态环境现状。

1）规划区森林覆盖率达 62%，空气质量良好，可达到国家一级标准。

2）区内水质尚未遭到明显的污染和破坏，达二类水质标准。

3）基本无噪声污染，环境相对静谧。

4）部分居民点生活垃圾乱弃乱扔现象较为严重，牲畜粪便也随地可见，亟须整治。

（2）人文环境现状。

1）古镇面貌已遭到一定程度的破坏，部分街巷新房古屋错乱交杂，整体风貌不一，缺乏规划协调。

2）许多人文旅游资源由于缺乏相应保护也受到了不同程度的损害。众多年代久远的古建筑或文物被村民用来堆放杂物、圈养家禽牲畜，破坏了整体美观。

3）主要文物古迹已经得到了妥善的保护。

4. 环境保护规划

（1）环境保护措施。

1）自然环境保护。

①水土保持措施。为了保护景区水土资源，防止水土流失，提高抗御洪涝灾害的能力，创造良好的生态环境，根据《中华人民共和国水土保持法》，结合当地实际，制定相应规定。具体包括：在外围保护地带，实行相应的水土保持措施；禁止在景区范围内开荒、挖沙、取土、采石和破坏植物；禁止在 25° 以上陡坡地开垦种植农作物，5°~25° 的坡地上整地造林，必须限制采取水土保护措施，在坡地上造林不得进行全垦，种果茶必须采取高耕种、修筑台地梯田等措施；在林区采伐林木的，采伐方案中必须有采伐区水土保持措施，林业主管部门批准采伐方案后，应当将采伐方案抄送水利行政主管部门，共同监督实施采伐区水土保持措施。

②水体保护措施。地表水环境质量应按 GHZB1-1999 中规定的 II 类标准执行，严格控制景区的排污，不得将污水直接排放，须进行集中处理，达到 GB8978 的规定；为保护本规划区内水体及水生生物，旅游区应组织专门保洁人员对水面垃圾进行定时打捞，确保水环境质量达到 GB3838 的规定；水中娱乐项目区内的各种游乐设施应采用生态动能，且须具备处理污水、垃圾等功能；禁止游客向河流等水域内吐痰、丢抛烟蒂、瓜皮、果壳、纸屑和其他废弃物；禁止在湖内洗澡、便溺、洗涤污物和擅自游泳。

③噪声控制。景区室外允许的噪声级应低于 GB3096-1993 中规定的"特别住宅区"环境噪声标准值，即昼间低于 45 分贝，夜间低于 35 分贝；汽车是主要的噪声污

染源，应限制汽车鸣喇叭，条件具备时景区内应推广使用环保电瓶车；进入景区的主要道路两侧各设 30 米左右隔离林带，起降噪滞尘的作用。

④大气污染控制。控制工业废气排放，以确保景区环境空气质量达到 GB3095-1996 中规定的一级标准；推广普及电力、太阳能、沼气等无污染能源，新建的旅游服务设施中禁止使用燃煤锅炉，已建的燃煤锅炉按计划由燃油锅炉替代，并予以必要的行政、财政、技术支持，直至替代燃煤、燃木的低级能源利用现象，旅游服务设施建设执行《餐饮业油烟排放标准》；主要技术指标：大气环境质量按《环境空气质量标准》（GB3095-1996）规定的一级标准执行，并满足 GB3096-1996 的一级标准要求。同时符合《锅炉大气污染物排放标准》一类区标准，《饮食业油烟排放标准》一类区标准。

⑤固体废弃物处理。景区内固体废弃物主要是生活固体垃圾。规划要求在景区内游客行走区域按 50 米的服务半径设置红色旅游特色的垃圾桶，及时清理垃圾到指定地点并进行分类处理，做到日产日清，同时依据循环经济的理念，循环利用各类垃圾；制定卫生环境管理条例等措施，引导游客保护环境，并实现景区卫生清洁动态管理。

2）人文环境保护。

①文物保护。文物保护工作要严格按照《中华人民共和国文物保护法》相关规定对区域内的所有文物进行有效的保护，增强文物保护意识，不断加强旧址的防火、防盗和预防各种灾害的保护性基础设施建设，进一步完善文物安全条件。一是对旧址景区进行必要的修护时，应遵守《文物保护法》不改变文物原状的规定进行维护性修缮，做到修旧如旧；二是对列入和暂未列入文物保护单位的革命旧址、旧居和纪念建筑物，现由群众居住的，坚持"谁使用、谁管理、谁维修"的原则，不得拆除或改建；三是文物保护区内不得进行工程建设，建设控制区内如有特殊情况需进行其他工程建设的，必须按文物保护法的规定报同级人民政府和上级文物主管部门批准；四是严禁在文物保护区内和建设控制区内烧砖、采石、取土，建设破坏景观、污染环境、妨碍游览等危及文物安全和影响环境风貌的活动项目；五是严禁在文物保护单位进行刻画、涂写、刮削、污损，张贴标语、漫画、损坏陈列等违法行为。禁止在保护范围内和建设控制地带设立大型告示牌、广告牌，张贴有碍观瞻的标语和设置从事迷信、赌博活动的设施；六是严禁在文物保护区内堆放爆炸性、易燃性、腐蚀性、毒害性、放射性等危险性物品。禁止损毁文物保护区内的树木、花卉、草坪及其设施；七是严禁在文物保护区内和建设控制地带新建高度超过 7 米以上建筑物，不得建筑风格、形式、体量、色彩与革命旧址群建筑不相协调的各类建筑；八是做好旧址周边环境整治，保护整体布局，做好传统民居与老街区的保护管理，恢复原有的自然历史环境风貌。

②历史街巷风貌保护。规划区现存 23 条古街巷，其中保存较为完好的为店前街、南市街、后弄街、舒溪街和花屋里等。历史街巷的保护不仅要保护传统建筑、街巷的空间布局及历史格局，还应保护历史街巷内的古井、古树、院落等各个构成环境因素的整体历史风貌。一是必须坚持统一规划、整体整治、逐步实施的原则，先易后难，最终达到整体保护的目标；历史街巷区域内不允许再建造新房，对已经存在的新房，

必须在专家指导下区别不同情况进行外观改造、拆除或搬迁，使其与周围古建筑、古巷相协调；在完善或改造各项基础设施与配套设施时，必须以不影响和破坏其历史风貌环境为前提；历史街巷中禁止机动车穿行。巷道地面应恢复传统的鹅卵石和青石板路面。二是红军标语、漫画也是街巷风貌环境的重要组成部分，对所有的红军标语、漫画应按照原生原样状态进行严格保护，要求进行影像采集，同时记录周边环境和历史风貌；对文物价值高或标语、漫画密度大的建筑物，要征收产权，就地保护；对于分布较散、保护环境差、濒临损坏的标语漫画要采取剥离、迁移等方法统一保护；对于已经损毁的标语漫画进行原状恢复。

3）非物质文化环境保护。红色文化、民俗民风、民间工艺、传统艺术、传统食品制作等无形的文化环境反映着地区的历史文化积淀，要派专人负责收集、整理、挖掘葛源历史传统文化和红色文化，恢复部分已经失传的民俗民艺活动，运用现代科技对历史老人或民间艺人进行录像、录音等，保护口述历史。

5. 旅游容量控制

本规划采用面积法来测算旅游容量。计算公式为 $C=(A/a)d$，其中，$C$ 为游览区日合理环境容量，$A$ 为景区可游面积地，$a$ 为人均适当游览面积，$d$ 为日周转系数。

规划区有 4 个不同功能的游览区，根据游览区功能的不同，指标的取值也有所不同。革命圣地游览区、红色古镇品赏区作为主景区，人均适当游览面积取 50 平方米/人，而且两个游览区受天气的影响都不大，全年可游天数可定为 350 天，乡村旅游体验区和山水休闲度假区由于和自然环境的关系比较大，属于生态旅游性质，人均适当游览面积取 100 平方米/人，全年可游天数也因天气的变化考虑为 300 天。另外考虑各景点在空间分布上有一定距离的特点，综合考虑取景区日周转系数 $d$ 为 2。

旅游容量测算指标值

| 游览区 | 面积（平方米） | 平均（平方米/人） | 日周转系数（天） | 全年可游天数（天） |
|---|---|---|---|---|
| 革命圣地游览区 | 40000 | 50 | 2 | 350 |
| 红色古镇品赏区 | 100000 | 50 | 2 | 350 |
| 乡村旅游体验区 | 35000 | 100 | 2 | 300 |
| 山水休闲度假区 | 20000 | 100 | 2 | 300 |

根据以上指标数据进行旅游容量的计算。

葛源镇各游览区旅游容量

| 功能区 | 瞬时环境容量（人次） | 日允许环境容量（人次） | 年允许环境容量（万人次） |
|---|---|---|---|
| 革命圣地游览区 | 800 | 1600 | 56 |
| 红色古镇品赏区 | 2000 | 4000 | 140 |
| 乡村旅游体验区 | 350 | 700 | 21 |
| 山水休闲度假区 | 200 | 400 | 12 |
| 总计 | 3350 | 6700 | 229 |

必须对游客数量进行严格控制。

# 十三、风貌营造

1. 历史文化保护规划

（1）保护内容。葛源镇历史文化保护的内容包括：保护整体环境景观风貌；保护街道、巷弄形成的历史布局形态、建筑风格、尺度与结构；保护文保单位建筑、保护对象建筑、一般历史建筑等文物古迹与历史环境要素；保护非物质文化内涵，包括历史事件、历史人物、历史变迁和民俗风情等。

（2）保护区划分。对葛源镇历史文化保护的结构模式划分为核心保护区、风貌控制区和协调发展区三个等级。

1）核心保护区。①葛源村：分东、西两片，西片即红五分校和横峰县革命烈士纪念馆，占地面积为1.62万平方米；东片即东、北至列宁公园，西至舒溪街北端，南至排楼路，占地面积为8.59万平方米。②枫林村：西至来龙山，北至闽浙赣省财政部旧址，东至中共闽浙赣省委旧址，南至红军操场，占地面积为4.03万平方米。在核心保护区内，不得新建、重建和拆除古建筑，不得擅自改变街区的空间格局。

2）风貌控制区。①葛源村：东、西、北三面以葛溪河、考坑河为界，南至镇区规划道路（纬六路），占地面积为29.62万平方米。②枫林村：即除核心区外的建设区范围，占地面积为5.75万平方米。在风貌控制区，注意建筑高度、体量、色彩和空间布局等方面与本保护区风貌特色的协调。

3）协调发展区。为了保护葛源历史文化名镇整体的环境风貌，在风貌控制区外围设立协调发展区，尤其是在100~200米，要严格控制自然生态和景观。

2. 绿化和景观规划

（1）规划原则。葛源旅游区的绿地、景观规划要在突出历史文化名镇"山环水绕、红色经典、天人合一、三色辉映"的总体绿化景观风貌的基础上，遵守以下原则：

1）稳定性：在进行绿地建设时要对动植物的生存环境进行深入研究，尽量采用本地物种，切勿盲目引进外来物种，保持当地生物稳定性。

2）协调性：旅游区内绿地、景观建设风格必须与村镇整体风格融合，必须保护由农田、建筑、道路、河流、山体等组成的村镇整体景观格局的协调性。

3）原真性：旅游区内不得增加任何大型的人工建筑，相应的旅游设施建设不能有明显的人工痕迹，保持旅游区内整体景观的原真性，村内不必增添过多的人工绿地，以保护工作为主。

4）阶段性：考虑到可持续发展与对资源的保护，以及技术、知识的不断进步性和开发条件的不成熟，不可能一次性开发到位，应该是阶段性的，为后续开发留下余地。

（2）绿化规划。

1）核心保护区绿化。采用当地树种或经济作物对保护区内空地及拆迁地进行绿化建设，可选用的物种有红枫、樟树、鹅掌楸、竹以及各种当地果树。加强革命旧址院内和周边环境植物的配置，营造环境氛围。

2）重点地块的绿化。在枫林村大面积种植枫树，以名副其实；五里铺村用葡萄架或者爬山虎等植物对农舍进行绿化，庭前院后种植果树；葛溪河沿岸种植四季常青的植物进行绿化。

3）停车场及道路两旁绿化。在各大景区入口处的生态停车场和道路两侧用当地树种进行绿化，并与周围山体植被景观相协调。

4）风貌控制区绿化。风貌控制区绿化以自然为原则，农田维持农田的田园风光，山地维持山地的四季景观。

（3）景观营造。

1）休憩景观营造。在五大功能区的各入口处必须设立相应的休憩景观。休憩景观的营造要以舒适为原则，以鹅卵石、碎石或青石板为主要原材料铺设游步道，恰当地设立精致木质小桥，合理设立葡萄架、灌木丛等，以达到自然、生态、舒适的休闲效果。

2）葛溪河休憩廊道。未来葛溪河必须是管理区重要的沿河景观带。沿河南岸必须规划一条休闲景观带，以鹅卵石为主修建游步道，两岸种植随季节变化林相的树种，以形成树荫和色彩，并设立木质或石质长凳。

3）居民区风貌整改。葛源镇四周还存在许多现代化的居民住房。为了不影响景区整体风貌，规划采取两种办法进行风貌整改：一是外墙统一涂色。二是种植爬藤类植物，使其色彩、风格与景区统一协调。

3. 建筑风格定位

（1）游客接待中心。位于闽浙赣大道和红城大道的交会处，距离葛源古镇不远，为了达到与民居、山体、田园等古镇整体风貌的协调性，建筑风格应采用传统的黄墙、青瓦、马头墙的赣东北居民建筑风格，建筑体量不宜过大，严格控制高度。

（2）住宿餐饮设施。主要包括葛源大酒店、葛园农庄和麒麟度假酒店，葛园大酒店和麒麟度假酒店采取传统的赣东北风格与现代建筑风格相结合的方式，葛园农庄建筑可完全建成黄墙和青瓦的外貌，但内部装修现代化，体量和高度也应严格控制。

（3）当地民居。主要包括三个方面：第一，对旅游区内村民建筑的风格进行定位，新建民居应与传统赣东北民居风格相吻合，尤其要严格控制保护区内民居的新建工程；第二，对现有的未列入保护单位的传统民居，政府应给予适当的教育和引导，鼓励居民对破损建筑按原样修复，政府给予适当补贴；第三，对葛源镇新区的民居建设要严格按照规划进行，统一新区民居风格，注意新区建筑与古镇风格的统一，与周边自然环境的协调。

（4）景区大门。这是景区的形象和招牌，其风格定位亦非常重要。各景区大门的设计不应求大、求新，不能融入过多的现代元素，而应将传统的赣东北民居风格、现代设计理念与各景区的特色相结合起来，在古朴大方的基础上突出特色。

# 十四、运营模式

## 1. 正确理解政府主导

旅游业的政府主导，即按照旅游业自身的特点，在以市场为主配置资源的基础上，充分发挥政府的主导作用，争取旅游业更大的发展。葛源镇旅游业整体上还处于开发最初期，政府应该扮演着"开拓者"的角色，负责投资基础设施等大型项目建设，以拟定旅游发展计划及管理为工作中心。

坚持政府主导，必须强化政府主导功能，明确政府积极主导与市场自身调节的相互关系，规定两者在产业发展中的具体分工。必须正确理解"政府主导"的内涵，应该注意"政府主导"的尺度，不应理解为"政府主宰"、"政府包办"和"政府主财"，政府主导不等于直接集权管理企业，财政拨款包办或直接投资并经营骨干企业。葛源镇政府的作用应体现在旅游业的政策制定、大型项目投资、规划管理监控和行业标准制定以及为旅游业的大发展营造良好的环境等方面。

## 2. 创新旅游管理模式

景区开发一旦全面启动，就必须对现行的管理体制进行调整，引入现代企业管理理念作为景区管理的核心理念，建立专业化的公司，同时建立合理的利益分配和协调机制。景区未来要发展，在经营机制上必须走专业化、规范化的道路。根据景区功能的特点，景区经营体制采取"公司+农户"的方式，将是比较合理的而有助于景区发展的方式。根据具体情况，可有三种方案。

（1）可选方案："公司+农户"。引入专业的旅游开发公司，该公司为股份制。葛源镇的村民可以房屋、土地、资金甚至环境入股，成为公司的股东，年终分红。公司采取租赁的方式和镇政府签订合同，付一定租金，获得该景区一定年限的经营权。公司为景区的实际经营者和管理者，发挥以下作用：负责景区的基础设施建设和整体环境与景观的整修与维护；负责景区的日常经营与管理；负责为参与经营的农户提供技术指导和职业培训；负责景区的对外宣传与营销；负责处理与景区有关的各种责任事故；为景区所在村民提供一定的福利费用，具体情况与村民小组协商。

该公司可获得如下收益：与参与经营的农户签订合同，采取固定额度+按比例提取的灵活办法提取管理费用；经营单个农户无法经营的旅游项目，如水上游乐、野战体验、菜蔬基地、养猪场、制作旅游商品等；接待大型的会议和旅行团等小型农户无法接待的游客。该方案能实施的前提在于能有一定资金实力的公司有兴趣参与景区的开发与建设。

（2）可选方案："公司＝政府＋农户"。以参与葛源旅游开发的全部农户为股东，加上镇政府，组成股份制公司，其中镇政府作为最大的股东，占据经营和管理的控制权，但其他参与的股东也可以发表意见。该方案适用于没有大型的专业公司进入景区的情况，此时，景区内的居民没有经济实力进行景区的开发与建设，镇政府毫无疑问应是景区开发的主体，自然也就成为景区最大的股东。该方案的另一个优点在于，镇政府作为主要的经营者和管理者，可在编制规划的前提下，对景区的开发和建设进行规范。该方案的劣势是镇政府如果成为开发主体，公司成为国有控股企业，容易带有一般国有企业官僚化、形式化、效率低下的弊端。不容易处理好与村民之间的利益分配关系。

（3）优选方案："政府＋公司＋农户"。由镇政府启动景区开发工作，主导景区前期的开发建设、宣传营销等工作。同时，积极引进专业化旅游公司进行旅游业经营管理和商业运作。该镇政府、旅游公司、村民签订三方合同，旅游公司独立行使景区经营和管理权，但必须接受镇政府和旅游行政管理部门的业务监督，同时建立公司、镇政府与农户三方之间的良性利益分配机制。三方共同组建旅游合作理事会负责统一协调处理景区开发与经营管理中出现的问题。

本方案的启动阶段可先由本镇积极性比较高的农户率先以理事会的形式运作起初级的观赏性旅游，然后在此基础上由本镇村民成立旅游股份制公司或引进专业的旅游公司，实施标准化、规范化、专业化经营，镇政府积极支持，并建立良性的利益协调机制。

本方案可以充分调动各方参与积极性，同时可以较好地解决景区开发投融资问题，是较为理想的参与式旅游发展模式。

3. 争取多元融资渠道

（1）加大政府财政投入。重点应该是全镇旅游基础设施、宣传促销、环境保护以及重大工程和重点旅游项目的开发建设等方面的投资，保证政府对旅游业的投入在公共开支中占有一定比例。

（2）吸引社会民营资本。在确保政府投入的基础上，制定一系列优惠政策吸引外资、独资、集体、个体等社会资金对葛源镇旅游业的投入，扩大民营资本在旅游业中的比例。

（3）争取国家专项资金。国家出台了一系列政策支持红色旅游发展，在国家资金支持下发展旅游业，是许多发达省、市的经验。旅游区应充分利用"国民教育是一个国家永远的课题"这一"天时"来争取各类国有资金。例如，争取国债资金项目、中央各对口部门的支持、国家银行的贷款等来促进景区的进一步保护与开发。

（4）建立旅游发展基金。成立基金管理委员会。基金来源于财政拨款、旅游收益、个体或团体捐资等，主要用于全镇旅游业整体营销、环境保护、人员培训、旅游规划、产品开发等。

（5）争取相关部门支持。葛源镇旅游区开发建设的内容涉及文物保护、环境保护、水土保持、造林绿化、村镇改造和旅游开发建设等诸多方面。因此，其开发建设费用可争取文物部门、水土保持部门、林业部门等的支持。

#### 4. 构建产业人才梯队

旅游业是对人力资源要求比较严格的产业部门。不管是横峰县还是葛源镇，旅游人才都异常匮乏。规划期内，认真做好旅游区的人力资源规划，着重培养高级旅游管理人才、旅游经营人才和专业的旅游服务人才，建立一支政治过硬、业务精良、服务水平高的旅游从业队伍。具体到实际工作中，要着力做好几点：

（1）加大人才引进力度。制定专项优惠政策，打破人才流动的地域限制，吸引有旅游专业知识和实际工作经验的旅游人才和旅游院校的优秀毕业生到葛源镇旅游区来工作，做到人尽其才，给予他们施展才能的广泛空间。

（2）加大人才培训力度。优化旅游管理和旅游服务人才的配置结构，提高旅游企业素质和旅游从业人员素质。把在职人员特别是骨干人员的培训放在重要地位，培养一批整体素质高、知识结构合理、视野宽广、作风踏实的中高级经营复合型人才。

（3）完善用人机制。抓好选人、育人、用人、留人四个环节，明确责、权、利三者之间的关系，打破人才的地区、部门和所有制等界限，转变论资排辈等陈旧观念，营造公平、公正、公开的竞争环境，为人才提供平等竞争、脱颖而出的机会。

（4）配备多种人才。葛源旅游区根据自身实际需要，应配备历史、古建、民俗等专门人才。

#### 5. 加强法律法规建设

要保证旅游开发建设的健康发展，还必须加强法治建设，形成健全的法律、法规体系。国家和地方立法机构制定的有关法律、法规必须严格遵守。葛源镇旅游发展规划一旦经过评审、批准即具有法律地位，任何一级政府或个人都必须按照规划办事。

镇政府还应根据当地的具体情况，积极酝酿、制定和颁布如《葛源镇旅游开发建设条例》等的地方性法规。其主要内容应包括：①立法保护镇内的自然、人文资源与环境，不得任意破坏；②强化规划意识，任何一个旅游景区的开发建设都必须先进行规划，并严格按规划程序办事；③对规划项目的建设，应聘请有较高水平的专业人员进行设计，以保证规划理念的实现；④旅游业之外的各类建设项目，必须符合全镇旅游的总体环境建设要求；⑤对地方、企业及个人违规者的惩处条款。

# 十五、效益估算

#### 1. 投资概算

依据中华人民共和国国家质量监督总局颁布的《旅游规划通则》（GB/T18971-2003），并参照《建设项目经济评价方法与参数》（第三版），结合相关估算依据和标准及旅游景区具体情况，可计算出葛源景区总投资估算。

**葛源景区总投资估算**　　　　　　　　　　单位：万元

| 投资区域 | 项目投资 | | 分阶段投资 | | |
|---|---|---|---|---|---|
| | 项目 | 投资额 | 2009~2010年 | 2011~2015年 | 2016~2020年 |
| 旅游管理服务区 | 旅游接待服务大楼 | 100 | 70 | 30 | |
| | "葛源客栈"大酒店 | 800 | 400 | 400 | |
| | 休闲购物街 | 300 | | 200 | 100 |
| | 停车场 | 50 | 30 | 10 | 10 |
| 革命圣地体悟区 | 景区大门 | 50 | 50 | | |
| | "清贫"体验园——红军生活体验园 | 500 | 300 | 100 | 100 |
| | 闽浙皖赣革命根据地烈士陵园 | 1000 | | 600 | 400 |
| | 闽浙赣省委机关革命旧址建筑群 | 500 | 300 | 100 | 100 |
| | 红军广场 | 60 | 30 | 30 | |
| | 红军亭 | 50 | 30 | 20 | |
| | 停车场 | 30 | 20 | 10 | |
| | "红军"素质拓展基地 | 350 | | 200 | 150 |
| 红色古镇品赏区 | 葛源风情古街 | 500 | 200 | 200 | 100 |
| | 列宁公园 | 300 | 150 | 150 | |
| | 红五分校旧址、革命烈士纪念馆 | 200 | 100 | 50 | 50 |
| 乡村旅游休闲区 | 上坑源国际狩猎场 | 5000 | | 2000 | 3000 |
| | 五里铺农庄 | 200 | 100 | 60 | 40 |
| | 金山寺 | 60 | 40 | 20 | |
| | 农耕体验中心 | 50 | | 25 | 25 |
| | "葛园"葛根生产基地 | 100 | | 50 | 50 |
| 山水观光度假区 | 景区大门 | 30 | | 30 | |
| | 麒麟高尔夫度假山庄 | 12000 | | 6000 | 6000 |
| | "麒麟溪"田园漂流 | 150 | | 100 | 50 |
| | 麒麟峰游步道 | 200 | | 120 | 80 |
| 景观设计与绿化 | 小品景观、绿化等 | 400 | 150 | 150 | 100 |
| 旅游营销 | 广告宣传等 | 550 | 70 | 200 | 200 |
| 基础设施 | 环卫设施、道路系统、水电等 | 400 | 150 | 150 | 100 |
| 小计 | 项目建设 | 23930 | 2190 | 11005 | 10735 |
| | 无形资产摊销 | 1041 | 120 | 495 | 426 |
| | 贷款利息 | 562 | 65 | 267 | 230 |
| | 流动资金 | 1514 | 175 | 720 | 619 |
| | 其他未预见开支 | 300 | 70 | 150 | 80 |
| 总计 | | 27347 | 2620 | 12637 | 12090 |

注：各项目投资总额以2009年市场价格作为参考，未考虑规划期内物价变动因素。

2. 收入预测

根据"规划总则"中对旅游收入的预测，至 2010 年、2015 年、2020 年，景区的旅游人数分别为 13.5 万人次、33.6 万人次、54 万人次。规划初期由于产品配套不完善，游客人均消费近期末预计为 200 元，中期景区运营走入正轨，旅游产品逐渐丰富，游客人均消费预计为 350 元，远期葛源景区已经形成丰富而又完整的旅游产品体系，预计人均消费可达 500 元，根据这一预测可计算出葛源景区旅游总收入。

**葛源旅游景区收入测算**

| 规划期 | 年份 | 游客数量（人次） | 人均游客消费（元/人次） | 旅游收入（万元） |
|---|---|---|---|---|
| 规划近期 | 2010 | 135000 | 200 | 2700 |
| | 小计 | 135000 | — | 2700 |
| 规划中期 | 2011 | 162000 | 350 | 5670 |
| | 2012 | 194000 | 350 | 6790 |
| | 2013 | 233300 | 350 | 8166 |
| | 2014 | 280000 | 350 | 9800 |
| | 2015 | 336000 | 350 | 11760 |
| | 小计 | 1205300 | — | 42186 |
| 规划远期 | 2016 | 369600 | 500 | 18480 |
| | 2017 | 406600 | 500 | 20330 |
| | 2018 | 447300 | 500 | 22365 |
| | 2019 | 492000 | 500 | 24600 |
| | 2020 | 540000 | 500 | 27000 |
| | 小计 | 2282500 | — | 112775 |
| 总计 | | 3622800 | — | 157661 |

3. 效益分析

（1）经济效益。在以上估算的总投资与总产出的基础上，计算总投资与总收入的比率，可得到葛源景区旅游开发的投入产出的收益成本比率。

**葛源景区 2010～2020 年收益成本比率测算**　　　　单位：万元

| 项目 | 总计 | 2009～2010 年 | 2011～2015 年 | 2016～2020 年 |
|---|---|---|---|---|
| 旅游总产出 | 157661 | 2700 | 42186 | 112775 |
| 旅游总投入 | 22347 | 2620 | 10637 | 9090 |
| 收益成本比率 | 7.05 | 1.03 | 3.97 | 12.41 |

从表中可以看出，葛源景区未来收益比较可观，投资回报率逐步升高。2010～2020年，景区收益成本比率达到了 7.05 倍。规划近期收益成本比率为 1.03 倍，说明在规划

初期，景区还处在投资阶段，收益低。随着时间推移，旅游产业规模不断扩大、旅游项目不断兴建、基础设施不断完善，收益成本比率也不断提高，2011~2015 年的规划中期为 3.97 倍，2016~2020 年的规划远期为 12.41 倍，说明景区发展至后期投入少产出高，进入收益稳定和快速增长时期。从总体上看，葛源景区到后期收益能稳定而快速地增长，投资回报率较高，只要正确经营，该景区能够带来稳定而快速的收益，值得投资与开发。

（2）社会效益。葛源景区的成功开发和经营，不但可以带来良好的经济效益，而且可以带来良好的社会效益。

1）提供就业岗位、改变落后面貌。旅游的发展将为葛源创造较多的就业岗位，有助于解决当地剩余劳动力的就业问题。而且旅游开发将直接带动一系列相关企业的发展，带活当地的经济，大幅度改善村、镇乃至县的财政状况，改变乡村的落后面貌。

2）改善村居环境、推动文物保护。旅游业科学的健康发展，对文物保护工作是个推动。一方面，开发旅游必将对村庄内部环境进行整治，现有的村居环境将得到极大的改善。另一方面，旅游业的发展也可为文物保护提供一定数量的资金，特别是一些没有纳入文物保护单位的古建筑，可以借助旅游业的发展而得以保存和修缮。

（3）环境效益。良好的生态环境与旅游业发展是相辅相成的，合理发展旅游业并不会对环境造成破坏，反而能提高人们的环保意识，更好地调动社会各方面保护资源和环境的积极性，旅游的收入还能为环保工作提供财力保障。

# 广昌路上——"中央苏区"北大门红色旅游专线概念性规划[*]

## 一、资源概况

广昌县曾是"中央苏区"北大门，在苏区斗争史上具有极其重要的战略地位，发生了多次重大的革命斗争活动，革命历史文化背景深厚，红色旅游资源十分丰富。有沙子岭邱家祠毛泽东故居、头陂红一方面军野战司令部旧址、头陂中国革命军事委员会旧址、乌石岗红一方面军总前敌委员会旧址、大寨脑战斗旧址、高虎脑战斗旧址、万年亭战斗旧址、高虎脑战斗前敌指挥部旧址、高虎脑革命烈士纪念碑、符竹庭烈士纪念亭等。

1. 高虎脑战役遗址

1933年9月，蒋介石调集100万兵力围剿全国苏区，其中50万兵力投入到精心策划和组织的针对"中央苏区"的第五次"围剿"。共产党内博古、李德在"中央苏区"排斥了毛泽东的正确领导，推行打阵地战的"堡垒对垒堡"的"左"倾冒险主义军事路线，致使红军在第五次反"围剿"中陷于被动地位。1934年7~8月，红三军团军团长彭德怀、政委杨尚昆率领红军三个师奉命在广昌县大寨脑、高虎脑、万年亭一带设防，抵御敌人6个师的进攻，掩护中央红军和中央机关转移。红军利用有利地形布下了一道几十里宽的防线，在高山上修筑工事，架上粗大的松木，铺上两三尺厚的泥土，一层层垒平，还挖了深深的壕沟，在防御阵地前布置鹿砦，埋设地雷、竹钉等。8月5日拂晓，高虎脑战斗打响了。彭德怀、杨尚昆在离高虎脑阵地2公里的万年亭军团指挥部指挥作战，敌我双方战斗十分激烈。高虎脑战斗进行得非常残酷，在这场激战中，红三军第五师政委陈阿金、红三军团后勤部卫生部长何复生等2000余名红军战士壮烈牺牲。但这是红军第五次反"围剿"以来打得较好的一仗，击退了敌人的猖狂进攻，歼敌5000余人，圆满完成了阻击任务，为红军主力、临时党中央和苏维埃中央政府的战略转移赢得了时间。高虎脑战役是红军长征前夕的最后一场激战，也是红军在第五

---

[*] 主要编制人龚志强、黄细嘉、陈志军、何静、姜海燕、黄聚红，完成于2008年。

次反"围剿"中惟一取得全面胜利的战役。1988 年 8 月，当地政府在高虎脑下修建了高虎脑红军烈士纪念碑，碑高 12 米，占地 29 平方米，由原红军三军团政委、时任国家主席杨尚昆题写碑名。曾任红四师十团三营营长、中共中央军委原副主席张震题词"向高虎脑战斗顽强作战英勇杀敌光荣献身的烈士们致敬！"高虎脑战斗前敌指挥部旧址、万年亭、红军师长陈阿金墓、高虎脑战斗红军工事等均保存较好。

2. 沙子岭邱家祠毛泽东故居

位于广昌县盱江镇清水村的邱家祠堂。1931 年 5 月 27 日第二次反"围剿"广昌战斗结束后，毛泽东和红一方面军总部到此宿营。邱家祠堂占地 452.36 平方米，坐西朝东，为二进式砖木结构，1970 年经修葺整理并陈列革命文物正式开放。

1931 年 5 月 26 日，毛泽东、朱德率领红一方面军攻占广昌城。次日上午 10 时，毛泽东在邱家祠主持召开了红一方面军总前委第二次反"围剿"期间的第三次会议，参加会议的有毛泽东、朱德、彭德怀、林彪、谭震林、郭化若、袁国平、罗荣桓、罗炳辉等。会议总结了广昌战斗的情况，分析了敌情，统一继续东进的思想，作出了攻打建宁的战略决策，为彻底粉碎敌人的第二次"围剿"指明了正确的方向。

现在旧居内按原样布置了红一方面军总前委第二次反"围剿"第三次会议的会场，陈列了广昌战斗时红军所用的战斗武器。1995 年，中共广昌县委、县人民政府命名此处为广昌县爱国主义教育基地，2000 年 8 月，江西省人民政府公布此处为省级重点文物保护单位。

3. 广昌县革命烈士纪念馆

为了纪念广昌县在第二次国内革命战争时期牺牲的烈士，由江西省人民政府决定，于 1956 年 11 月在盱江河畔一个风景优美的小山丘上兴建广昌县革命烈士纪念馆，1958 年正式落成。纪念馆是单层宫殿式建筑，高 20 米，建筑面积 249.9 平方米。纪念馆内有红军塑像、烈士公墓、展厅等，总占地面积 27 万平方米。其中，红军塑像和烈士公墓是江西省重点烈士纪念建筑保护单位。纪念馆内由五个部分组成，即正厅和左右四个展室，共陈列了 80 多名著名烈士的事迹。

4. 符竹庭烈士纪念亭

符竹庭（1912~1943 年），江西省广昌县人，1927 年秋参加了游击队，1928 年参加了工农红军。参加了中央苏区历次反"围剿"和长征。抗日战争全面爆发后，成长为八路军高级指挥员，曾任中共滨海区委书记兼滨海军区政治委员，曾参加指挥赣榆战斗等一系列重大对日作战，战功显赫。1943 年 11 月 26 日，符竹庭在反击日军袭击赣榆县旦头村的作战中英勇牺牲。为纪念和缅怀这位为国捐躯的八路军优秀将领，1945~1950 年，山东省人民政府曾将赣榆县改名为竹庭县，赣榆人民还创作了题为《纪念符竹庭》的颂歌。头陂镇建有符竹庭烈士纪念亭，并立碑撰文以示纪念。

5. 乌石岗战斗旧址

乌石岗位于广昌县城西南 2 公里昌厦公路旁，形如乌纱帽，圆静秀丽，"乌石春云"为古时广昌十景之一。苏区斗争时期，乌石岗发生过两次鏖战，至今"岗上仍有红军迹，耳畔俨闻先辈声"。第一次战斗是 1931 年 5 月 27 日，毛泽东、朱德、彭德怀等在此指挥红军攻克广昌县城。第二次战斗是 1934 年 4 月中下旬，第五次反"围剿"中广昌保卫战红军临时指挥部就设在乌石岗三官殿。由于错误的军事路线指导，这次战斗最终以失败告终。乌石岗仍然保留红军战壕、红一方面军前敌委员会旧址、三官殿等红色遗迹。

## 二、功能定位

广昌红色旅游景点较为分散，但是交通较为便利，可以组合为广昌路上——"中央苏区"北大门红色旅游专线，同时也可以和其他旅游资源自由组合，丰富游览内容。广昌红色旅游项目的主要功能是通过展示宣传革命战争年代先辈们光辉的斗争历史，以教育和启迪人，充分发挥其政治、文化功能，力争提高其经济功能，为社会主义两个文明建设服务。

## 三、主题形象与宣传口号

（1）主题形象：兵家必争地，苏区北大门。
（2）宣传口号：苏区门户，红色广昌。
　　　　　　　中央苏区的北大门——江西广昌。
　　　　　　　中国革命最悲壮的史诗——广昌阻击战。

## 四、项目策划与建设

1. 高虎脑战斗遗址系列景观建设项目
（1）高虎脑战斗纪念碑重建项目。高虎脑战斗纪念碑位于高虎脑山下的村镇街区上，地势偏狭，视野窄，体量小，视觉效果不理想。建议将纪念碑改建在高虎脑山上开阔之处，增加体量，造型设计应更加厚实凝重，表现的内容更有内涵，与山上当年遗留的战壕、碉堡遗迹组合一处，形成一个景观群。
纪念碑基本设计思路：高度 34.8 米，寓意战斗时间 1934 年 8 月；从底座到纪念碑顶部设计为"2+5"级，第 2 级上一个平台，寓意第二次、第五次反"围剿"，在纪念

309

碑上分别依次介绍第二、第五次反"围剿"的简况。

（2）高虎脑战斗红三军团前线指挥部旧址维修布展项目。对旧址进行修缮使其成为"高虎脑战斗陈列馆"，以高虎脑战斗背景、经过为主要布展内容，同时对第五次反"围剿"的情况进行较为全面的展示。

（3）万年亭旧址重修项目。恢复万年亭原有建筑，维修陈阿金烈士墓，使其成为爱国主义教育的场所。

2. 沙子岭邱家祠毛泽东旧居维修与重修布展项目

毛泽东旧居即沙子岭邱家祠红一方面军总前委第二次反"围剿"期间的第三次会议旧址，保存状况较好，但布展手段与方法较为简单。应对旧居进行必要维修后，采用先进的声光电技术重新布展。

3. 广昌革命烈士纪念馆维修与重新布展项目

纪念馆设施老化，布展手段落后，需进行必要维修和利用科技手段对馆内重新布展。馆外毛泽东雕像与《减字木兰花·广昌路上》用花岗岩或青铜材质重新塑造。

4. 符竹庭烈士纪念亭维修与事迹陈列馆修建项目

对纪念亭及纪念碑进行清理维修，碑文描漆，在亭子一侧建一当地传统民居风格的符竹庭烈士事迹陈列馆。

5. "红色广昌"革命历史文化主题公园项目

项目选址位于广昌县城近郊乌石岗，设计占地面积 500 亩，由第五次反"围剿"纪念广场、革命领袖雕塑园、革命烈士英名墙、乌石岗战斗遗址、乌石岗红一方面军前敌委员会旧址和园林绿化区组成。

第五次反"围剿"纪念广场设计一组雕塑群，中央大型雕塑主要介绍第五次反"围剿"的战斗经过及历史意义；四周雕塑分别展示第一次至第四次反"围剿"的经过。建议雕塑群整体构图设计为红色莲花图案，寓意红色苏区，莲乡广昌。

革命领袖雕塑园以在广昌从事过革命活动的领袖人物和广昌籍著名革命人物为题材，以花岗岩为材质设计。入口处雕塑设计为毛泽东同志骑马大型雕塑，背景墙镌刻毛主席手书《减字木兰花·广昌路上》。

广昌籍革命烈士数量众多，设计"革命烈士英名墙"镌刻他们的名字可以让历史永远铭记他们的功绩，让他们的家人得到慰藉，让后人得到有益的思想教育。对乌石岗战斗遗址、红一方面军前敌委员会旧址进行修缮清理，供人们凭吊。对景区进行园林化设计，美化环境，使之成为城郊重要的公共活动区。

6. 孟戏馆

孟戏馆选址位于广昌县城，设计为回字形两层中国江南传统乡村建筑，进门大厅为孟戏展示区，以图文展示孟戏的起源、历史、特色；庭院两侧一楼厢房专门用于展示孟戏表演道具、服装等实物；门厅二层朝内设计为中国古戏台，用于孟戏表演，庭院、正北大厅以及两侧二楼设计为观赏孟戏看台。为游客表演时，馆内供应传统盖碗茶和莲乡特色小吃。

7. 恐龙地质公园

恐龙地质公园在甘竹镇龙溪村恐龙化石发现地原址设立。一方面，保护恐龙化石发现地；另一方面，建立展示场馆，展示独特的广昌中国坦克龙模型，起到科普教育的作用。远期还可以进一步在此设立恐龙游乐园，在丛林中设置各种恐龙模拟造型，供游客游玩观赏。

8. 旅游基础建设项目

项目包括高虎脑景区游步道建设、旅游厕所建设、道路交通指示牌与导游解说系统配置、景点环卫设施配置等。

# 下篇

## 红色旅游策划报告

# 永新县曲白乡吾下村"行星"红色驿站策划方案（2020—2025）<sup>*</sup>

## 一、策划缘起

1. 宏观层面：践行生态文明建设理论，落实"五位一体"发展理念的迫切需要

生态文明建设是中国特色社会主义事业的重要内容，关系人民福祉，关乎民族未来。资源约束趋紧，环境污染严重，生态系统退化，发展与人口资源环境之间的矛盾日益突出，已成为经济社会可持续发展的重大"瓶颈"制约。加快推进生态文明建设具有极端重要性和紧迫性，矿山地质环境恢复和综合治理对推进生态文明建设的作用更是刻不容缓。

以"创新、协调、绿色、开放、共享"的新发展理念统领矿山地质环境恢复和综合治理工作，坚决贯彻节约资源和保护环境的基本国策，切实增强责任感和使命感，牢固树立尊重自然、顺应自然、保护自然的理念，坚持绿水青山就是金山银山，强化资源管理对自然生态的源头保护作用，努力开创社会主义生态文明新时代，事关"两个一百年"奋斗目标和中华民族伟大复兴中国梦的实现。

矿山废弃地的生态修复工作正在我国各地广泛展开，成效明显。积极探索矿山生态修复模式，使矿山重建目标从单纯的植被恢复向新兴替代产业转变，成为共识。在城郊选择类型适宜的矿山废弃地建设矿山遗址公园、生态示范公园、环保科普公园、主题游乐园等多种类型的景观绿地与旅游景区，不仅可以增添矿山废弃地活力和赋予其文化内涵，同时也是建设美丽中国、发展全域旅游、实现乡村振兴的重要路径。

2. 中观层面：永新实现文旅深度融合、旅游提质升级、乡村全面振兴的现实需要

永新虽然具备"历史红、生态好、人文浓"的特质，但真正过得硬、叫得响、喊得爆无疑当属"历史红"资源。第二次国内革命战争时期，永新全县人口近一半（10万人）参军参战，有名有姓的革命烈士达 8000 多人，是井冈山革命根据地的重要组成部分、湘赣革命根据地的中心，原湘赣省委所在地，"三湾改编"、"龙源口大捷"发

---

* 本方案是江西地产集团有限责任公司永新县全域废弃矿山生态修复工程项目的组成部分，主要编制人黄细嘉、王健、万户田等，完成于 2020 年。

生地，"红六军团西征"策源地。但身处"大井冈山红色旅游圈"核心层的永新县，其红色旅游发展不温不火，因为井冈山知名度高对其产生形象遮蔽效应。自然资源部《关于探索利用市场化方式推进矿山生态修复的意见》的出台，不仅为永新废弃矿坑的修复利用带来了利好政策支持，更为其发展生态旅游、红色旅游、研学旅行提供了历史性的机遇，尤其对永新县域红色旅游发展、乡村产业振兴意义重大。

如何在永新县全域矿冶废弃地进行生态修复的同时，将县域红色文化旅游资源、乡村旅游资源植入其中，串点成线、拉线成网，唱响"红色永新"旅游品牌，以"红"带"绿"、"古"、"土"，形成永新旅游发展的"红丝带"模式，是本策划需要重点解决的难点。

3. 微观层面：院下村变废为宝、古村品牌提升、新业态跨界蝶变的全新尝试

吾下采石场属于院下村管辖，工矿废弃地对当地自然生态环境、秀美乡村治理以及人居生活质量与幸福指数均造成一定的负面影响。通过实施矿山废弃地的生态修复工程，变废为宝，有助于当地民众牢固树立矿产资源既是重要自然资源也是重要生态要素的生态文明理念，积极培育当地生态文化，从而加速推动当地地质环境恢复和综合治理，快速形成开发与保护相互协调的"矿产+古色+红色"融合创新新亮点与多赢新格局。

近年来，院下古村积极谋划，充分发挥曲白乡独特的位置条件、生态优势和文化特色，坚持规划引领、文化传承、产业带动，把传承文化与产业发展、村庄建设有机结合，规划了永新本土非遗文化特色体验区、民宿酒店区、休闲游乐区及"寻味赣都"小吃文化等项目，留住青山绿水和乡愁记忆。鉴于此，通过吾下采石场红色驿站项目建设，古色与红色项目联动，形成工矿旅游复盘、红色旅游引爆、创意旅游引领、乡村旅游带动、生态旅游跟上等多业态融合跨界、不断蝶变的乘数效应，意在重塑"红六军团西征"这个历史性事件、标志性符号，全面塑造"红军西征策源地"品牌影响力。

初心：坚持绿水青山就是金山银山，实现废弃矿山生态修复和高质量发展的需要。

使命：坚持协调、创新发展观，实现"保护山水"到"经营永新"的需要。

态度：坚持绿色发展观，为山水"添景增绿"，助力永新全域"锦上添花"与秀美乡村建设的需要。

责任：坚持可持续发展观，将矿山伤疤转变为朵朵鲜花，实现全域废弃矿山适宜性经营与可持续发展的需要。

担当：落实立德树人根本任务，实现"绿红古土"四色融合，打造生态修复、人地和谐、红色教育主题类研学旅行基地的需要。

作为：坚持开放、共享发展观，践行生态文明助力乡村振兴与扶贫攻坚的需要。

# 二、典型案例

1. 美国密歇根州——港湾高尔夫球场

转化功能：服务升级换代主导的矿山生态修复及旅游开发模式。

简要介绍：球场占地 405 公顷，是一个修建在废弃工业旧址上的度假胜地和高尔夫社区。最初为采石场，水泥厂的关闭让其结束了对当地页岩和石灰石长达百年的开采，但却留下 400 英亩荒地，看起来就像"月球表面"，土地贫瘠，寸草不生。一家私人公司通过与当地政府合作，将高尔夫和其他设施整合进一个集环境恢复和开发为一体的总体规划中，从而对退化的自然景观进行修缮。通过规划设计，将这片退化的采石场废地转变成为集 27 洞高尔夫球场、游艇码头、酒店和私人住宅社区为一体的高端度假区。

修复方案：一个游艇码头，通过爆破一个分开 36 公顷采石场和密歇根湖的窄石墙通道修建而成；一座 27 洞高尔夫球场，部分球洞下就掩埋了这水泥窑粉尘，球手可以在石灰石和页岩开采后留下的陡峭峡谷间享受击球乐趣；一家度假酒店，建造在原有工厂的旧址上；800 处住宅和度假别墅，大部分沿采石场遗留的人工悬崖修建，自然而然地转变成为可欣赏游艇码头和高尔夫球场风光的绝佳宝地。28 公顷的原有土地被打造成为包含 1600 米湖滨线和 8000 米自然廊道的公园。

2. 加拿大维多利亚——布查德花园

诗意园林：休闲空间营造主导的矿山生态修复及旅游开发模式。

简要介绍：100 多年前，曾是一个水泥厂的石灰石矿坑，资源枯竭后被废弃。1904年，布查德夫妇合力建造了这座占地超过 55 英亩的花园，有 50 多位园艺师在这里终年劳作，精心维护。时至今日，布查德夫妇的园艺杰作每年吸引逾百万游客前来参观。每年 3~10 月近 100 万株和 700 多个不同品种的花坛植物持续盛开，其他月份，游客则可以观赏到枝头挂满鲜艳浆果的植物，以及精心修剪成各种形状的灌木和乔木。随着季节不同布查德花园的观赏有着不同的内容、主题和季相特色。

修复方案：因地制宜保持了矿坑的独特地形，将夫妇俩周游世界各地时亲手收集的罕见花卉植物有技巧地糅合起来，创造出享誉全球的低洼花园，包含下沉花园、玫瑰园、日本园、意大利园和地中海园 5 个主要园区。利用地势起伏构建景观层次，从单调园艺走向主题园区。花园道路纵横交错，到处是花墙、树篱。不同主题由不同的专业设计师设计完成，花园的日常养护管理也是由专业园艺师负责进行，做到了每种花卉都能以最佳的观赏效果展示给观众。

3. 英国圣奥斯特尔——伊甸园（大型植物展馆）

传承自然：生态文化利用主导的矿山生态修复及旅游开发模式。

简要介绍：原为当地人采掘陶土遗留下的巨坑，位于英国康沃尔郡，在英格兰东南部伸入海中的一个半岛尖角上，总面积达 15 公顷，投资 1.3 亿英镑，是世界上最大的单体温室，园区汇集了几乎全球所有的植物，超过 4500 种、13.5 万棵花草树木在此安居乐业。在巨型空间网架结构的温室里，形成了大自然的生物群落，是具有极高科研、产业和旅游价值的植物景观性主题公园。2001 年 3 月对外开放。开业第一年便吸引 200 万游客。

修复方案：以"促进对植物、人类和资源之间重要关系的理解，进而对这种关系进行负责任的管理，引导所有人走向可持续发展的未来"为设计理念，围绕植物文化进行打造，融合高科技手段建设而成。以"人与植物共生共融"为主题，以"植物是人类必不可少的朋友"为建造理念。由 8 个充满未来主义色彩的巨大蜂巢式穹顶建筑构成，其中每 4 座穹顶状建筑连成一组，分别构成潮湿热带馆和温暖气候馆，两馆中间形成露天花园凉爽气候馆。穹顶状建筑内仿造地球上各种不同的生态环境，展示不同的生物群，容纳了来自全球成千上万的奇花异草。制作伊甸园穹顶的材料不仅重量轻、具备自我清洁能力，还可以回收。此外，伊甸园里的其他建筑也都采用环保材料和清洁可再生能源，可以说伊甸园本身就是一个节能环保的典范。实现了在一个已经受到工业污染和破坏的地区重建一个自然生态区。

4. 罗马尼亚萨利那·图尔达——盐矿主题公园

讲述故事：主题文化演绎主导的矿山生态修复及旅游开发模式。

简要介绍：盐矿从有文献记载的中世纪 1075 年一直到 1932 年都在持续不断出产盐，直到 1992 年被改建成包含有博物馆、运动设施和游乐场的缤纷主题公园，更被《商业内幕》（Bussiness Insider）评论为世界上"最酷的地下景观"。

修复方案：以旧矿业的基础设施与现代的游乐园设施、科幻风格的建筑创意结合为设计灵感，呈现宛如外太空的科技场景，最终奇幻色彩成为其最鲜明、最特色的吸引点。开发模式中，保留原有矿坑中的走廊形成景观廊道；保留嶙峋的洞窟以及巨大的钟乳石构成园区背景；保留原有盐矿运输通道，作为游客体验通道；保留原有盐湖，形成划船游乐场地等。特色产品设置上，有地下摩天轮、迷你高尔夫球场、保龄球场、运动场、游船、水疗中心、盐矿疗养处等运动娱乐场地及设施。盐洞内建有电梯沟通上下层，上层有包括迷你高尔夫球场在内的运动场和剧院等休闲娱乐场所。下层建立在井底的一个小岛上，设有摩天轮和码头，也可以坐在船里游览美景。

5. 上海松江——辰山植物园矿坑花园

彰显个性：自然科普性格主导的矿山生态修复及旅游开发模式。

简要介绍：早期为上海四大原矿产区之一，由上海市政府与中国科学院以及国家林业局、中国林业科学研究院合作共建。是一座集科研、科普和观赏游览于一体的 AAAA 级综合性植物园，占地 207 万平方米，为华东地区规模最大的植物园、上海市第二座植物园，以华东区系植物收集、保存与迁地保育为主，融科研、科普、景观和休憩为一体，于 2011 年 1 月 23 日对外开放。

修复方案：通过对采石场遗址进行改造，形成独具魅力的岩石草药专类园和沉床式花园（矿坑花园）；展览温室由热带花果馆、沙生植物馆（世界最大室内沙生植物展馆）和珍奇植物馆组成，为亚洲最大展览温室。园区功能区包括中心展示区、植物保育区、五大洲植物区和外围缓冲区。植物园整体布局构成中国传统篆书"园"字。绿环构思充分体现了缓冲带思想，将内部空间有机地融合在一起，同时对外部起到屏障作用。

6. 湖北黄石——黄石国家矿山公园

还原记忆：工业记忆复原主导的矿山生态修复及旅游开发模式。

简要介绍：位于湖北黄石铁山区境内，"矿冶大峡谷"为黄石国家矿山公园核心景观，形如一只硕大的倒葫芦，东西长 2200 米、南北宽 550 米、最大落差 444 米、坑口面积达 108 万平方米，被誉为"亚洲第一天坑"。占地 23.2 平方公里，分设大冶铁矿主园区和铜绿山古矿遗址区，拥有亚洲最大的硬岩复垦基地，是中国首座国家矿山公园，湖北省继三峡大坝之后第二家"全国工业旅游示范点"，同时在 2013 年入选《中国世界文化遗产预备名单》。

修复方案：通过生态恢复的景观设计手法来恢复矿山自然生态和人文生态。把公园开发建设的着眼点放在弘扬矿冶文化，再现矿冶文明，展示人文特色，提升矿山品位，打开旅游新路上。打造"科普教育基地、科研教学基地、文化展示基地、环保示范基地"，为人们提供一个集旅游、科学活动考察和研究于一体的场所，实现了人与自然和谐共处，共同发展的主题。园内设"地质环境展示区、采矿工业博览区、环境恢复改造区"三大板块，以世界第一高陡边坡、亚洲最大硬岩复垦林为核心，观赏绿树成荫桃李芬芳石海绿洲，展示"石头上种树"的生态奇迹。划分"日出东方、矿冶峡谷、矿业博览、井下探幽、天坑飞索、石海绿洲、灵山古刹、雉山烟雨、九龙洞天、激情滑草"十大景观，使游客体验到"思想之旅、认识之旅、探险之旅、科普之旅"，满足不同层面、不同地域的游客求知、求新、求奇、求趣的需求。

7. 案例启示：江西永新——曲白乡吾下采石场红色驿站模式

生态修复及旅游开发模式：还原记忆——"红六军团西征"历史再现（红色）；主题演绎——"长征精神"中国故事（红色）；生态吾下——"水木清华"曲水流觞（绿色）；文化传承——"红军斗笠"、"十送红军"非遗扶贫（土色）；文旅融合——"寻味赣鄱"曲白人家（古色）。

# 三、策划总论

1. 项目范围

曲白乡吾下村采石场，总面积 115.2 亩。

2. 项目性质

属于曲白乡院下村废弃矿山资源生态修复点的旅游可持续利用与发展项目策划，战略上兼具永新县红色体验系列驿站旅游专项策划。

3. 项目期限

2020~2025 年。

4. 项目原则

（1）适宜性原则，实现废弃矿山生态修复适宜性利用与适宜性经营。

（2）锦上添花原则，为老区山水添绿增景、为秀美乡村添彩引客、为矿山经营添财上色。

（3）文化活化原则，践行生态文明，激活红色记忆，活化红色文化，讲好红色故事。

（4）深度融合原则，四产深度融合（文化、旅游、教育、农业），四色深度融合（绿色+红色+古色+土色），社区与企业、农户与企业深度融合。

（5）可持续性原则，绿水青山就是金山银山，保护好山水、经营好永新，助力乡村振兴。

# 四、项目分析

1. 区位与交通纵览

项目区位优越，地处永新县东南边陲，距井冈山市仅 12 公里，到井冈山市高速口拿山站 12 分钟，距井冈山机场仅 35 分钟车程，与最近的景点贺子珍故里黄竹岭仅 10 分钟，与龙源口大捷景区 30 分钟，与三湾改编景区 50 分钟车程，与永新洲塘书画村仅 50 分钟车程。319 国道、220 国道、莆炎高速、吉衡铁路形成边界交通体系。

2. 资源优势扫描

（1）政策资源。项目前期修复旨在达到消除地质灾害隐患、治理水土污染及流失和做好环境资源的开发利用，同时以产业结构调整为手段促进乡村振兴，带动经济社会发展。作为废弃采石矿山生态修复试点项目，将致力于打造成全省废弃矿山生态修复的精品与标杆，全面助力江西省废弃矿山三年行动计划，为全省开展矿山生态修复提供指导借鉴意义，助力美丽国土、打造生态江西。项目政治站位高，政策资源充裕。

（2）旅游资源。现状定性为废弃采石矿山，归属工矿旅游资源，要获得重生，需要借助当地的自然和人文资源，进行科学精准的定位与产业、产品重构。院下古村是一个有着几百年悠久历史文化的古村落，气候温和，年平均气温 26℃，是一个休闲度假胜地。同时于此可体验庐陵文化的魅力。项目区距贺子珍故里黄竹岭、龙源口大捷、三湾改编、永新洲塘书画村等景区车程均在 1 小时内，资源互链条件好。

（3）市场资源。项目区毗邻的县域境内的几个景区，均有一定的客群基础，可适当转化；院下古村的客群，在空间上十分易于引流，借势效应非常好；但周边临近的市场主体将与项目地产生市场竞合关系，应妥善处理。

3. 资源劣势总结

（1）景观资源单一。虽然是工矿文化旅游资源，但未留下可圈可点的工矿遗产，文化价值难体现；而因生态环境破坏造成的土地贫瘠、林相不良等现象致使景观色彩单调，显山不露水又使项目地缺乏生机盎然的景观气象。

（2）配套要素缺失。旅游配套要素完全缺失，无法满足市场需求。游客服务中心、停车场等接待设施以及食宿游娱等旅游项目、产品与服务均需进行统筹规划，全部新建。

4. 旅游时代类别

项目规划与建设在一个新的旅游时代，新时代演绎历史风云，"西征策源"、"长征精神"红出新高度。

（1）旅游休闲化时代。当前旅游已经步入休闲化时代，走马观花式的观光游逐渐转向深度体验式的休闲游，特别是随着都市生活节奏的不断加快，慢生活、慢旅游、慢游系统概念应运而生。慢旅游与传统旅游最大的不同就是旅游者由单纯追求游览景点，转而追求一种身心舒适的环境、体验互动产品与自在的旅行方式。

慢旅游的特点：营造舒适的环境、突出当地特色的体验产品、关注个性化的旅游慢行系统。（下表是国内自行车系统在部分城市的发展现状。）

**国内自行车系统发展现状**

| 城市 | 自行车服务点（处） | 自行车总保有量（辆） |
|---|---|---|
| 上海 | 32 | 4576 |
| 杭州 | 1080 | 25000 |
| 北京 | 231 | 20462 |
| 常州 | 20 | 2602 |
| 高雄 | 20 | 1500 |
| 台北 | 11 | 500 |

（2）旅游个性化时代。旅游个性化时代是旅游人本化发展的必然，未来旅游将从大众市场转向小众市场，而众多类型的小众市场又构成了市场主体，因此，通过个性化的产品、人本化的服务来创造价值的定向旅游、专项旅游、菜单定制式旅游等将成为未来市场发展的主流，将极大地促进旅游产品升级换代。

1）专项旅游：基于行业细分与融合，如农业旅游、工业旅游、会展旅游、体育旅游；基于职业与文化层次细分，如红色旅游、宗教旅游、探险旅游、养生旅游。

2）菜单定制式旅游：区分旅游者的喜好与个性化需求、精准的市场细分、旅游者体验价值为导向、灵活专业的顾问式服务。

（3）旅游自助化时代。中国在经历了大众旅游之后，人们更为倾向于选择自助的形式出游。自驾车、自助游、自由行成为流行的出游方式。对于旅游者来说，自助的旅游方式不受既定行程的束缚，更具灵活性，然而对于旅游目的地而言，则要求与旅游相关的基础设施配套、旅游相关信息获取渠道等各方面的进一步提高。

1）在信息收集方面，包括旅游网站形象、旅游信息提供、旅游行程推荐；

2）在实地游览方面，包括相关基础设施配套、旅游信息提供、社会治安卫生；

3）在结束旅游后，包括游客体验分享平台、正负信息处理。

（4）旅游体验化时代。随着体验经济时代的到来，旅游活动不再局限于传统的观光，而是为了获得某种独特的体验，旅游的中心任务由单纯地提供旅游产品与服务转变成为游客塑造难以忘怀的旅游体验，更强调游客对文化的、生活的、历史的体验，强调参与性与融入性，旅游体验化时代到来。

（5）旅游信息化时代。在当前的信息时代中，信息已经贯穿了旅游活动的全过程，特别是在线旅游与旅游电子商务取得了长足的发展，通过网络交互、线上预订和终端应用服务等信息化手段，实现为游客提供更便捷、周到和个性化服务的目的。

（6）旅游自助化时代。在当前高铁、航线、高速、轨道交通、枢纽站的交织下，实现了旅游城际化、旅游同城化、旅游环城化，形成1小时、3小时生活旅行圈，不断改变着旅游发展的时空观。

永新境内319国道、吉衡铁路、泉南高速以及高速公路连接线网络完善，渝长厦高铁、宜井遂高速规划建设，形成了"县内半小时、市内一小时、省内三小时、沿海六小时"的便捷交通圈。

# 五、市场分析

1. 旅游市场分析诉求

（1）宏观市场分析。契合市场发展趋势，引导市场需求。

（2）圈层市场分析。搜定客流市场来源，扩展客源渠道。

2. 旅游宏观市场

（1）自由行和家庭出游成为全球旅游市场重要趋势之一。全球旅游市场已经进入个性化、定制化时代，跟团旅行的人群比例逐年降低；随着家庭范围的日益缩小，全家出游成为当今市场的重要趋势之一。家庭化在世界旅游市场方面表现得尤为突出，景区游客大多是夫妻两人，或者是一家三口组成的亲子团。环城游憩带将更加适应家庭式短途出行需求，同时将成为今后很长一段时间旅游开发的热点。

品橙旅游2017年五一出行的数据统计报告显示：游客出游方式中，自由安排、自主选择的自由行是趋势。自由行在五一假期占比高达56.73%。跟团游热度保持稳定，半自由行有所浮动，占比 25.66%。

结伴方式中，带娃的家庭出游结伴方式成为五一假期出游的主力军。其中，家庭出游占比 42.67%，朋友出游占比 27.69%，情侣、夫妻档占比 22.21%，而独自旅行的相对较少，占比不足 8%。

（2）研学旅行市场规模将超千亿元。研学旅行成为在校学生的刚需，未来 3~5 年的学校渗透率将迅速提升。据估算，研学旅行市场总体规模将超千亿元，加上成年人和老年群体的研学需求，市场将进一步扩大。

政策鼓励依托自然和文化遗产资源、红色教育资源和综合实践基地、大型公共设施、知名院校、工矿企业、科研机构等，遴选建设研学旅行基地，未来市场是基地和营地的天下，1.78 亿的中小学生研学市场解决周一到周五的基地空窗期，具有极大的市场驱动力。

2020 年，教育部《关于全面加强新时代大中小学劳动教育的意见》明确根据各地区和学校实际，结合当地在自然、经济、文化等方面条件，充分挖掘行业企业、职业院校等可利用资源，宜工则工、宜农则农，采取多种方式开展劳动教育，各级政府部门要积极协调和引导企业公司、工厂农场等组织履行社会责任，开放实践场所，支持学校组织学生参加力所能及的生产劳动、参与新型服务性劳动。

（3）生态旅游潜力将进一步释放。党的十八大对建设生态文明作了全面部署，强调把生态文明建设放在突出地位，融入经济建设、政治建设、文化建设、社会建设各方面和全过程。生态文明建设开辟了人类文明建设的新境界，开启中华民族永续发展的新征程。《推进生态文明建设规划纲要（2013—2020 年）》提出以建设生态文明为总目标，以改善生态改善民生为总任务，切实履行保护自然生态系统、实施重大生态修复工程、构建生态安全格局、推进绿色发展、建设美丽中国，为应对全球气候变化作贡献的重大职责。

《中国生态文化发展纲要（2016—2020 年）》指出，森林文化、生态旅游、休闲养生正在成为最具发展潜力的就业空间和普惠民生的新兴产业。拟建 200 处生态文明教育示范基地、森林体验基地、森林养生基地和自然课堂。推动与休闲游憩、健康养生、科研教育、品德养成等相融合的生态文化产业开发，发展具有历史记忆、文化底蕴、地域风貌、民族特色的生态文化村，打造崇尚"天人合一"之理、倡导中华美德之风、遵循传承创新之道、践行生态文明之路的美丽乡村和各具特色的发展模式。

（4）乡村旅游将引领与推动乡村全面振兴。自 2015 年至今，国务院、国家旅游局、国家发展改革委、国土资源部等部门陆续发布或联合发布了一系列的乡村旅游扶贫政策，涵盖乡村旅游、休闲农业、田园综合体以及农业 PPP 等诸多方面，为乡村扶贫旅游提供了支持和保障。《关于促进乡村旅游可持续发展的指导意见》指出，乡村旅游是旅游业的重要组成部分，是实施乡村振兴战略的重要力量，在加快推进农业农村现代化、城乡融合发展等方面发挥着重要作用。从农村实际和旅游市场需求出发，强化规划引领，完善乡村基础设施建设，优化乡村旅游环境，丰富乡村旅游产品，促进乡村旅游向市场化、产业化方向发展，全面提升乡村旅游的发展质量和综合效益，为实现我国乡村全面振兴作出重要贡献。数据显示，2012~2017年我国休闲农业与乡村旅游人数不断增加，年均复合增长率高达31.2%，从2012年的7.2亿人次增至2017年的28亿人次。2017年中国乡村旅游接待游客人次占国内游客接待人次的56%，营业总收入超7400亿元，占国内旅游总收入的16.2%。

（5）红色旅游将进一步"红"出新高度。发展红色旅游的核心是进行红色教育、传承红色基因。2019年8月，中宣部印发《关于在重大活动中进一步发挥全国爱国主义教育示范基地作用的通知》，对全国爱国主义教育示范基地提出进一步的明确要求；11月，中共中央、国务院印发了《新时代爱国主义教育实施纲要》，明确提出要寓爱国主义教育于游览观光中，通过宣传展示、体验感受等多种方式，引导人们领略壮美河山，投身美丽中国建设。各地应利用"红+绿"、"红+古"等产业融合进一步延伸红色旅游的产业链，赋予红色旅游新内涵，与时俱进、注重设计、关注游客体验。

红色旅游已成为推动各地经济发展的重要力量，红色旅游景区也已经成为驱动文明发展和当地文旅融合的重要载体。各地应依托革命文物资源，善用科技与创意，充分运用现代文学、歌舞、影视和实景剧等艺术手段，讲好中国红色故事，让爱国主义教育基地成为网红打卡地，让红色历史和文化成为国人抹不去的"红色记忆"。

2019年，作为文旅市场中鲜艳的亮色，红色旅游市场"红"出了新高度，供给层面呈现了新特点，国家层面的统筹促进和地方政府的创新作为，为红色旅游发展环境的优化和发展质量的提升提供了制度保障，有效推进了红色旅游的提质升级。据统计，2019年，网络上"红色旅游"关键词搜索热度上涨比例达到200%。仅2019年暑期，红色旅游目的地就有超过1亿人次前往，"80后"、"90后"、"00后"正成为红色旅游市场的主力人群。2019年上半年，全国红色旅游出游达2.68亿人次，同比增速4.31%，占同期全国国内游总人次的8.72%；旅游收入达1643.63亿元，同比增速9.57%，占同期全国国内旅游总收入的5.90%。据相关机构预测，2019年红色旅游综合收入有望达到5845亿元。

**3. 旅游圈层市场**

一流旅游景区根据自身资源优势和竞争力，形成不同层次的景观场域，覆盖不同范围的客户群。不同层次的景观场域之间在市场覆盖度上存在包含关系，但客户结构各自不同。在同一层次的景观场域中，存在较大竞争。

**明晰旅游资源与圈层市场的关系**

| 资源 | 客户 | 与主要市场距离 | 所用交通工具 | 停留时间 | 每年光顾频率 |
|---|---|---|---|---|---|
| 非常优质稀见的资源，如高品质的海滩，滑雪场 | 全国性乃至跨国客户 | 几百公里甚至更远 | 绝大多数乘飞机 | 1~2周或更长时间 | 最多去1次 |

| 资源 | 客户 | 与主要市场距离 | 所用交通工具 | 停留时间 | 每年光顾频率 |
|------|------|---------------|-------------|---------|-------------|
| 一线景观资源或人文资源 | 分散，但本区域客户占较大部分 | 100～300 公里1.5～4 小时车程 | 多数自驾车前往 | 2～7 天 | 每半年 1～2 次 |
| 不必是特别优质稀见的资源 | 大部分来自本区域 | ＜100 公里，45分钟车程 | 自驾车或捷运系统；购房自住 | 周末 1 天或住1 晚 | 数次 |

　　结合井冈山在拓展客源市场方面的经验与实际效果，立足永新县、曲白乡以及项目区资源能级特点、区位与交通条件、现有市场阈值、总体目标定位以及旅游市场的综合发展趋势，市场定位宜划为四级圈层。

　　（1）核心圈层。

　　1）目标锁定：永新县主城区及其各乡镇村，井冈山市、萍乡市、吉安市等 100 公里范围内地域客群，以及乘火车 1～1.5 小时能达最近火车站的区域，飞行时间 1 小时内可达井冈山机场的国内区域市场。

　　2）客户直击：自驾、包车、火车、骑行、徒步来访，户外、研学、红培、拓展类客群。

　　（2）基础圈层。

　　1）目标锁定：吉安市除核心圈层以外的地域，赣州、新余、宜春、抚州、南昌、上饶、九江、湖南等地 250 公里范围内地域客群，以及乘火车 2～2.5 小时能达最近火车站的区域，飞行时间 1.5 小时内可达井冈山机场的国内区域市场。

　　2）客户直击：包车、自驾、火车、飞机来访，户外、研学、红培、拓展、考察、会展、科研类客群。

　　（3）辅助圈层。

　　1）目标锁定：九江、上饶、景德镇、武汉等地 300～500 公里客群，以及火车 3～4小时能达最近火车站的区域、飞行时间 2 小时内可达井冈山机场的国内区域市场。

　　2）客户直击：包车、自驾、火车、飞机来访，户外、研学、红培、拓展、考察、科研、会展、寻根类客群。

　　（4）机会圈层。

　　1）目标锁定：覆盖 500 公里以上的国内所有区域，以及港澳台、东南/北亚、欧美等国际客源市场。

　　2）客户直击：包车、自驾、火车、飞机来访，户外、研学、红培、拓展、考察、科研、会展、寻根类客群。

# 六、总体构思

1. 项目定位

（1）定位基本原则。

1）生态和谐。重生态环境保护：亲近自然、生态体验，严格的环境保护；可持续：规划放眼长远发展；去城市化：产业结构调整围绕旅游业展开。

2）功能复合。综合满足游客中长期对功能复合的需求；红色文化引领，倡导全新的游客体验；舒适性、高品质的多元旅游业态交互；大旅游产业所促生的新领地、新格局。

3）主题鲜明。废弃矿山资源与红色文化旅游资源的最佳利用；"星火燎原"红色主题体验产品和活动；"红+绿+古+土"四色旅游生活方式的多角度诠释。

（2）总体定位。以生态涵养、美丽中国、文旅融合、乡村振兴为导向，以重现"红六军团西征"红色记忆、塑造"西征策源地"品牌形象为原动力，以协调旅游项目开发与生态资源、乡村经济发展之间的关系，实现当地产业集聚与结构升级为核心，以塑造"省级废弃矿山生态修复精品标杆工程"、"县市级生态旅游示范区"、"县市级红色文化研学实践教育营地"、"长征精神主题教育基地"为目标，打造一个集红色教培、生命安全教育、研学旅行、会议会展、赣味寻访等多种功能于一体的红色教育扶贫旅游创新区。

2. 项目愿景

需明确项目建设的指导思想与核心旅游功能、延伸休闲功能，协调好旅游休闲功能与生态环境、红色文化、乡村振兴之间的关系，以便捷的交通区位、和谐的文旅社区、高效的红培产业、负责任的休闲环境、无障碍的贴心服务、多样化的体验活动产品为基调，打造集红色旅游、教育、会展、商业于一体的红色教育扶贫旅游创新区，建设一个具有全新红色休闲方式、完善红色休闲环境、培育红色休闲文化的红培产业先导区、网红打卡地，创建省内废弃矿山生态修复以及红培教育的先行区与示范区。

（1）创新红色休闲方式。结合生态休闲、教育休闲、户外休闲等体验，创新红色休闲方式，让每一个游客都能在红色驿站找到适宜的旅游休闲活动、激发潜在的旅游休闲需求。一是综合性休闲方式，打造多元系列旅游休闲活动；二是定制化休闲方式，让每个游客都能找到自己喜欢的、量身定制的旅游休闲活动；三是启发式休闲方式，让游客望一眼红色驿站，就想停、留下来，激发其产生旅游休闲的欲望和萌发新的旅游休闲想法，增加弹性消费。

（2）完善红色休闲环境。让每一个来客都能全面地感受休闲情境、便达地参与各项活动。红色驿站要打造最完善的休闲环境体系。一是红色旅游在政治上是严肃的，需要放轻松的感官环境，做到处处有美景（景观林相优），时时听故事（红色文化韵味），安抚游客感官，放松游客心情。二是慢节奏的交通环境，丰富的公交、电瓶车、单车、森林小火车，既实现覆盖全景区的便捷的交通系统，又成为让游客慢下来的游憩方式。三是智慧化的信息环境，通过红色驿站旅游一卡通、红色驿站旅游 App 等，打造智能化数字化红色旅游体验景区，让无障碍旅游随心而来，随性而行。

（3）培育红色休闲文化。让喜欢红色驿站旅游的游客都能认同红色休闲的理念、养成红色休闲的习惯。驿站里，游客的旅居环境宽松而有序，时而聚在树下下棋闲谈，时而做做编草鞋的手工活；泡一壶茶，聊聊红军的故事，讲一讲革命军人的传奇故事，在茶香暖阳里唱唱红歌。无论是土生土长的当地人，还是前来旅游的游客，都对驿站里红色休闲文化从心底生发出深深的认同，红色休闲成了人们的生活习惯之一，如影随形，使得整个驿站都浸润在红色休闲文化的氤氲中。曲白乡吾下采石场红色驿站培育红色休闲理念，红色休闲，让生活更惬意。吾下采石场红色驿站形成红色休闲习俗，红色休闲，让改变发生。吾下采石场红色驿站凝练红色休闲文化，红色休闲引导理想信念教育。像做主题公园一样，做曲白乡吾下采石场红色驿站。做具有示范意义的红色教育扶贫旅游创新区。吾下采石场红色驿站的建设，在改变游客旅游方式、教育方式、休闲文化与理念的同时，也在改变革命老区红色景点与乡村以及生态修复、生态涵养经济的未来形态，进而改变当地经济与社会发展模式。

3. 发展阶段

（1）近期：重点建设阶段（2020～2022 年）可借势造势"征"人心，完成建设目标的 90%。为此：一是扛大旗。扛"红六军团西征"之大旗，树"西征策源地"红色驿站品牌，重构大井冈山红色旅游圈红培产业新格局。二是做项目。环境整治、生态修复，推进停车场、游客中心等基础设施建设，前期市场预热与造势。三是笼人才。中高层运营管理与一线服务人才招募与培训。

（2）中期：全面发展阶段（2023～2025 年）可设立长征精神品牌弘扬中心，完成建设目标的 100%。为此，一是重运营。完成旅游、休闲、度假等产业体系构建，全面实施项目运营，做活做精，兼顾经济效益与社会效益。二是树形象。争创省级废弃矿山生态修复标杆项目；县市级生态旅游示范区、红色研学实践教育基地、长征精神主题教育基地等。

（3）远期：成熟阶段（2025 年以后）可借助"西征策源地"品牌崛起，完成模式与品牌的铸造。为此：一是做模式。逐步形成文旅教高度融合与互动的红色文化引领型经济产业链条，用成功的经验进行模式复制与再造，将生态修复与文旅结合闯新路的故事讲好、讲透。二是塑品牌。铸就红色旅游引领县域经济转型升级、提升地方知名度的典范，提炼与丰富"西征策源"品牌内涵。

4. 发展目标

整个曲白乡吾下采石场红色驿站分为创建阶段即一期（2020～2022 年）；运营阶段即二期（2023～2025 年）。通过两个阶段的发展，完成从数量式增长到质量式增长的转变：接待人次有所增长、逗留时间（过夜游客比例）显著增长、人均消费水平持续增长、红色旅游经济规模不断扩大。

**创建阶段的目标**

| 建设分期（年） | 期末平均接待游客（万人次） | | 人均消费水平（元） | 过夜游客比例（%） | 旅游综合收入（万元） | |
|---|---|---|---|---|---|---|
| | 高 | 低 | | | 高 | 低 |
| 一期创建（2020~2022年） | 14 | 9 | 180 | 20 | 2520 | 1620 |
| | 高 | 低 | | | 高 | 低 |
| 二期运营（2023~2025年） | 55 | 45 | 260 | 33 | 14300 | 11700 |

5. 功能分区

根据项目区未来发展战略，拟采取"三足鼎立"的布局形态：

"一足"：即西征策源展厅区域，主要功能为展陈红六军团及其西征的历史，开展长征精神主题教育。

"二足"：即西征教育营地区域，其功能主要是以西征为背景，设置特定的场景结合营地教育的逻辑，打造长征精神为主题的户外教育营地。

"三足"：即西征定向主题活动区域，该区域充分利用项目区外围环线，设置以参与体验为主的西征线路模拟区。

# 七、项目策划

1. 西征策源展厅

（1）策划理念。将坳南乡红六军团西征历史赋能于临近的曲白乡吾下采石场，以便系统挖掘与呈现永新代表性红色文化，意在展现永新在红六军团西征准备过程中的重要历史地位，铭记"西征之路"，让"长征精神"绽放永新大地。

（2）项目创意。通过室内展陈，虚拟与现实、历史与科技相融合等形式，展现红六军团从永新出发西征探路的红色记忆，开展以"长征精神"为主题的红色教培与研学旅行活动，打造"长征精神主题教育基地"。展厅按3层进行设计：1层主题为"军团诞生"，介绍红六军历史，设置1个容量400人的长征礼堂以及200人的军团教室；2层主题为"西征策源"，介绍西征始末，设置一个容量200人的西征教室；3层主题为"万里长征"，介绍西征后的长征历史，配套设置长征沙盘模型、长征主题展、长征影院。

2. 西征教育营地

（1）策划理念。红军长征途中碰到各种艰难险阻，长征精神、求生技能意义重大。

为了让长征精神更好地赋能当今社会，拟策划"西征教育营地"，通过模拟红军长征的各种场景，以情景再现、实践认知、合作学习、访谈调研等形式开展军事生存方面的教育与体验。

（2）项目创意。①室内场地设置长征生存体验馆，通过模拟红军长征路途的艰难险阻，配声光电以及 VR、穿越地平线等虚拟现实技术，体验红军万里长征的惊心动魄画面。②室外营地围绕"食住行自救"等野外生存知识与技能，结合红军长征的具体实景，设置野外生存体验教育项目与活动，主推"长征精神主题营、长征求生技能营"等主题类策划活动。③长征餐厅与长征营房，作为重点去进行打造，充分营造原生态环境。

3. 西征定向活动区

（1）策划理念。红色旅游需要在传统的政治意义上进行适当创新，运用现代化高科技、智能化手段，提升红色旅游的客户体验。因此，拟规划红六军团西征定向活动功能区，目的就是通过智能化移动互联网程序，模拟西征线路，增强客户体验。

（2）项目创意。通过移动互联智慧程序，将红六军团西征线路模拟在本区域空间，根据不同的群体设置定向闯关的不同环节与项目，让游客在有趣好玩的过程中，既培养了地图知识、运动知识、团队意识，又能够很好地理解和消化红六军团西征的意义，以此激发国民弘扬与践行长征精神的原动力。同时可以打造每年一度的全县、全市、全省乃至全国范围内的"红军西征定向越野赛"，提升知名度。也可与各企事业单位合作，为其企业文化建设定制"红军西征定向越野赛"项目。该创意内涵丰富，经营灵活，形式多样，适合企事业单位团建、中小学生研学、亲子家庭互动以及相亲一族活动互动等特殊群体。

# 八、市场营销

1. 营销定位

西征精神，吾下传承。

2. 推广路径

在发展前期，由于吾下红色驿站旅游市场感知度较低，需要推广积累。但由于地理位置优越，距井冈山市仅 12 公里，同时与永新县境内主要景点毗邻，具有较好的旅游集散作用。因此应着重前期的借势推广，积极开展对外宣传，提高知名度。在借势推广的同时，针对锁定的周边游市场进行重点拓展，从而有效地把握目标客群。在发展后期，吾下红色驿站应着重主动推广、重点运营，树立"西征策源地"品牌。

（1）前期推广路径。主动推广的前期，主要针对核心客源流入方向进行定向推广，其重点是吸引永新县城及其周边 200 公里范围的区域客源以及全力进行来井冈山游客的二次转化。在主动推广后期，应整合新旧媒体，针对客源地的目标客群进行重点营销，将"西征策源地"红色品牌打出去。

**前期推广路径**

| 诉诸地区 | 宣传路径 |
| --- | --- |
| 永新县城及其周边 200 公里内地域 | 设立旅游咨询中心，利用宣传册、宣传视频、旅游专线巴士进行推介 |
| 井冈山沿线高速公路服务区、井冈山服务中心及各酒店、宾馆等 | 利用高速公路沿线广告牌、服务区进行宣传；大力开展井冈山客源的宣传与转化 |
| 主要交通节点的重点客源城市 | 联合媒体、协会、高校红色研究机构联合举办"不畏远征难、自驾西征地、悟道长征魂"自驾游采风等活动 |

（2）后期推广路径。对于不同年龄层次、不同出游目的的旅游人群，其获取旅游信息的渠道也存在着差异。中老年人相对而言更偏向传统的媒介方式，而中青年人则偏向于网络、移动互联网的媒介方式，因此，要同时借助传统与新型媒体，针对不同类型的目标客群，有侧重地选择营销路径。

（3）推广目标。前期：红六军团西征历史记忆、长征精神主题教育基地。后期：永新红色旅游集散中心、西征策源地的红色品牌。

（4）推广重点。前期：永新县城及周边、井冈山游客二次转化。后期：客源地。

**传统媒体推广**

| 诉诸对象 | 媒体选择 | 媒体举例 | 宣传形式 |
| --- | --- | --- | --- |
| 中端大众 | 区域主流媒体 | 江西卫视、湖南卫视 | 广告、宣传片、参与旅游节目、综艺节目拍摄 |
| 精英群体 | 旅游、摄影类媒体 | 《新旅行》、《旅行者》、《时尚旅游》 | 游记、广告、旅游信息 |
| 高端群体 | 财经类媒体 | 《中国经营报》、《经济观察报》 | 广告、旅游信息 |

**网络媒体推广**

| 平台选择 | 平台举例 | 平台特点 | 传播内容 | 信息样板 |
| --- | --- | --- | --- | --- |
| SNS 类 | 开心人人 | 相关群体扩散 | 图、文 | 《红军西征策源地》 |
| 微博类 | 新浪微博 | 动态滚动传播 | 图、文、视频 | 《行者们：吾下红色驿站，重走长征路启航啦》 |
| 垂直门户 | 旅游门户 | 覆盖面广 | 图、文、视频 | 《吾下红军村，你不得不去的十个理由》 |
| 行业相关 | 摄影驴友 | 行业相关度高 | 高清图文 | 《吾下西征定向越野赛，摄友嗨起来》 |
| 视频类 | 抖音 | 视觉冲击力强 | 视频 | 系列短视频：《吾下红军策源地探秘》 |
| Wiki 类 | 百科问答 | 网民互动度高 | 提问→回答 | 《吾下红军西征定向越野赛每年什么时候举办》 |

总之，将曝光量转化为游客量——以强大的覆盖面和精准的传播速度设置议程。在线上议题成为热点后，迅速将线上的吸引力转化到线下。

3. 重点营销方案

（1）网络媒体营销。

1）网络媒体选择：潜在用户出行时了解旅游产品的网络渠道主要有综合搜索引擎（如百度、谷歌）、旅游搜索引擎（如去哪儿）、旅游预订类网站（如携程、同程）、门户网站的旅游频道以及旅游点评类网站（如搜狐旅游频道等）。

2）综合性网络媒体：吾下红色驿站市场推广时应重点借助综合搜索引擎、旅游门户、旅游点评类新媒体，以游记、博文、攻略、微电影等形式提升知名度和影响力；借助旅游搜索引擎、旅游预订类新媒体以及一起游、马蜂窝等旅游社区进行旅游活动策划和形象宣传。

3）专业性网络媒体：长征精神主题教育、中小学生研学旅行是三湾红色驿站主打的旅游产品之一。因此，在利用综合网络媒体的同时，还应借助该领域相对权威的一些门户网站以及网络平台，吸引市场关注。并与这些媒体进行合作，联合开展相关营销推广活动以及会议论坛合作等。

（2）微博营销。初期——营销形式："文字+美图+影像"；营销目的：告知；营销作用：知晓。中期——营销形式："美图+影像+故事"；营销目的：深度；营销作用：情感。后期——营销形式："美图+影像+活动"；营销目的：强化；营销作用：行为。

**微博营销具体方案**

| 营销阶段 | 营销重点 | 营销样板 |
|---|---|---|
| 初期 | 关注、知晓吾下红色驿站 | 关注吾下红色驿站官方微博并转发（介绍此地旅游风情的博文），就有机会赢得 N 天免费体验之旅 |
| | | 关注吾下红色驿站旅游官方微博并将此条微博（介绍此地相关旅游产品的博文）@给你的三位好友，就有机会赢取旅游年卡一张 |
| 中期 | 对吾下红色驿站旅游萌发兴趣与感情 | 融合微博与微电影营销，借助微博平台使更多的人参与到微电影营销的各个阶段，在潜移默化中培养对吾下红色驿站的情感 |
| | | 以#一起去吾下红色驿站红军营地拓展#为话题，说出你的旅行愿望，并@想一起旅行的好友，就有机会使你的旅行愿望成真 |
| 后期 | 促使潜在目标客群产生旅游行为，成为吾下红色驿站的游客群体 | 以#我在吾下、红动中国#为话题发条微博并上传一张在驿站笑得最开心的照片，就有机会入选旅游宣传大使。然后联合新浪微博等进行网络投票，从入选的参与者中，投选最适合的人员 |
| | | 利用微博招聘#世界上最享受的工作#：利用微博发布吾下红色驿站旅游体验师的招聘信息，应聘者只需撰写旅行博客，即可免费享受长征主题游玩项目，而且能得到高额报酬 |

（3）微信营销。相对于其他新媒体平台，微信营销更具有针对性，精准程度更高。在营销初期，重点是借助微博、二维码等策划一系列活动，带动吾下红色驿站旅游微信号的市场推广，从而赢得大众的关注。在营销中期，基于活动营销带来的订阅用户对潜在目标客群进行针对性的推介，每日推送相关的旅游信息，同时主打关键词搜索营销，加深潜在旅游者对吾下红色驿站的了解，激发其旅游兴趣。在营销后期，着重通过问答、服务等与旅游者之间的互动，来增加旅游者的体验，从而达到提高旅游者忠实程度的作用。

虽然营销的各阶段都有不同的侧重点，但在营销的各个阶段中，必须综合利用各种营销方式。例如，在营销中期，在利用关键词搜索式营销的同时，应辅助进行"你画我猜"等活动营销，从而调动被营销对象的积极性，取得更好的营销效果。

（4）微信营销具体方案。

1）活动营销。借助二维码，策划"扫一扫，打九折"等系列活动。在游客服务中心以及重要景观节点设置二维码宣传，游客只要扫描二维码即可享受指定范围的打折优惠。为了更好的营销效果，还可与周边知名景点，如井冈山等风景区进行联合营销，从而吸引更多的客群。

借助微博平台，推出"向吾下红色驿站微信要福利"的活动。只要添加客服为微信好友并向官方微信发送"我想去吾下红六军团西征策源地"，就能获得相应的旅游福利（可以是旅游纪念品、旅游明信片、特产、旅游代金券、旅游优惠券等），每天随机抽奖。

2）关键词营销。借助关键词搜索，提供更精致的营销服务。例如，订阅者通过发送"研学"、"美食"、"攻略"等关键词就可以接收到推送的吾下红色驿站旅游的相关信息。另外也可根据心情或者目的推荐旅游目的地：用户可以发送表情图片来表达此时的心情或者旅游目的，驿站官方微信则根据不同的表情图片选择相关路线以及目的地给予回应。

3）服务营销。利用微信"查看附近的人"和"向附近的人打招呼"两个功能，可以根据地理位置查找到周围的微信用户。然后将相应的旅游宣传信息推送给附近用户，进行精准投放。此外，还可以拓展旅游预订微信服务。

（5）微电影营销。一部好的旅游微电影能在网络上迅速传播，从而提高旅游地的知名度和影响力，更易取得良好的营销效果。微电影从提出、筹备到开机、实景拍摄，制作一部好的旅游微电影的关键是电影情节，情节吸引人，才能迅速传播。微电影的制作过程若能经过很好地策划则可以制造具体的"事件"，潜在旅游者可以通过参与"事件"与旅游地互动来获得愉悦感。而在这个参与过程中很多围观者就潜移默化地对旅游地产生了兴趣，从而提高了旅游地的影响力，拓展了其潜在旅游市场。

1）案例借鉴——爱在四川。故事情节与旅游资源的完美融合。此系列微电影通过生动有趣、诙谐幽默的故事情节，以电影语言展示出四川的好吃好玩、风土人情和自然风光。

2）案例借鉴——桔子酒店之十二星座。桔子酒店的微电影的成功之处就是选材。此系列针对目标客群最感兴趣的星座为话题，描绘了 12 星座的不同特征，从而吸引了大量的青年男女，使桔子酒店的品牌在网络上迅速传播。

**微电影营销阶段内容**

| 营销阶段 | 内容 |
| --- | --- |
| 筹备阶段 | 对外放出消息，制造声势吸引大众的注意 |
| 剧本征集阶段 | 征集微电影剧本的比赛，并设立一二三等奖 |
| 演员选拔阶段 | 投票选择"你想要哪个明星出演"或者是民间海选比赛 |
| 微电影预告阶段 | 微电影拍摄花絮分享或者部分微电影预告 |
| 网络互动阶段 | 让网友投票来决定故事的走向、结局 |
| 微电影完成阶段 | 网络播放和分享 |

（6）抖音短视频营销。抖音有注册用户 10 亿有余，日活跃用户 4.5 亿。用户可以通过搭配音乐、控制视频拍摄的快慢、滤镜、特效及场景切换等技术，创作时长不超过 1 分钟的短视频作品。通过抖音营销，一批景点成为旅游网红。例如，位于西安城墙脚下的永兴坊"摔碗酒"配上一曲欢快又洗脑的《西安人的歌》，在网上迅速蹿红，吸引八方"抖友"纷纷前来"打卡"，饮一碗古城老米酒，做一回西安"社会人"。其他抖音"网红"景点如重庆的"轻轨穿楼"、厦门鼓浪屿的"土耳其冰激凌"、山东济南宽厚里的"连音社"和张家界的天门山等。这些地方都借助抖音平台形成了滚雪球式的疯狂传播。

吾下红色驿站可以充分利用抖音平台，定制自身宣传模式，抖出一片新天地。

# 永新县三湾乡宕口"启明星"红色驿站策划方案（2020—2025）<sup>*</sup>

## 一、模式与目标

1. 模式：生态修复及旅游扶贫模式

宕口变废为宝、三湾乡品牌提升、新业态跨界蝶变的全新尝试。

2. 目标：打造新亮点、新样板

通过实施矿山废弃地的生态修复工程，变废为宝，积极培育当地生态文化，从而加速推动当地地质环境恢复和综合治理，快速形成开发与保护相互协调的"矿址＋文化＋旅游"多赢新亮点。近年来，全乡基本实现了"一村一品"的产业发展格局。加上围绕"三湾改编"旧址群，相继建设了红军街、三湾党员干部服务中心、三湾支部食堂等配套项目，三湾乡旅游发展态势良好。通过三湾宕口料石场红色驿站项目建设，整合现有优势资源，形成生态文明、秀美乡村的新亮点、新样板。全面提升永新三湾的品牌影响力，推动当地生态文明和社会经济协调发展。

## 二、主题概念

主题：永新三湾乡宕口启明星红色驿站。

三湾党建强军队、中国红培新门户。

还原记忆——"三湾改编"支部建在连队上，似启明星指引方向，开启中国革命从胜利走向胜利的辉煌（红色）。

主题演绎——"英雄八连"中国故事（红色）。

生态花园——"花语世界"火红三湾（绿色）。

---

＊ 本方案是江西地产集团有限责任公司永新县全域废弃矿山生态修复工程项目的组成部分，主要编制人黄细嘉、王健、万户田等，完成于 2020 年。

文化传承——"海天春茶"扶贫攻坚（土色）。

文旅融合——"舌尖上的永新"乡村振兴（古色）

# 三、形象设计

1. 主题形象设计

红色文化——三湾改编支部建在连队的中国故事。

绿色文化——宕口矿坑生态修复四季花团锦簇。

土色文化——海天春茶永新土菜扶贫攻坚乡村振兴。

2. 宣传口号

三湾改编，党建之根；党建之根、稳固军心；三湾启明耀中国、中国红培新门户；启明在三湾、燎原于井冈；支部建立连队上、党的建设乾坤在；英雄连队、宕口再现。

3. 风貌营造

矿坑彩色化；道路景观化；场地园林化；信息植入化；体验沉浸化。

4. 形象识别

山顶观景台上竖一高杆，杆顶设一启明星，晚上激光四射。

正面山崖壁上，用春鹃造型，夏鹃和 LED 灯带勾边，做巨幅映山红火炬。昼观花，夜观灯。

正门内侧场地，设计启明星、火炬组合景观，此地小景观与山崖山顶大景观相呼应，寓意星星之火三湾燎原。网红打卡拍照便于传播。

# 四、总体构思

1. 项目定位

定位基本原则包括：①生态和谐。重生态环境保护：亲近自然、生态体验，严格的环境保护；可持续：放眼长远发展；去城市化：产业结构调整围绕旅游业展开。②功能复合：综合满足游客中长期对功能复合的需求；红色文化引领，倡导全新的游客体验；舒适性、高品质的多元旅游业态交互；大旅游产业所促生的新领地、新格局。③主题鲜明：废弃矿山资源与红色文化旅游资源的最佳利用；"星火燎原"红色主题体验产品和活动；"红+绿+古+土"四色旅游生活方式的多角度诠释。

2. 项目愿景

像做主题公园一样，做三湾宕口料石场红色驿站；做具有示范意义的红色教育生态旅游创新区。三湾宕口料石场红色驿站的建设，在改变游客旅游方式、教育方式、休闲文化与理念的同时，改变革命老区红色景点与乡村以及生态修复、生态涵养经济的未来形态，进而改变当地经济与社会发展模式。

3. 项目定位

总体定位：以生态涵养、美丽中国、文旅融合、乡村振兴为导向，以提升"三湾改编"红色记忆、塑造"星火燎原"品牌形象为原动力，以协调旅游项目开发与生态资源、乡村经济发展之间的关系，实现当地产业集聚与结构升级为核心，以塑造"省级废弃矿山生态修复精品标杆工程"、"县市级生态旅游示范区"、"县市级红色文化研学实践教育营地"、"全国党员修为与组织纪律主题教育基地"为目标，打造一个集红色教培、生态休闲、会议会展、研学旅行等多种功能于一体的红色教育生态旅游创新区，成为引领永新红色旅游发展的新地标、新门户、燎原地，助力扶贫攻坚与乡村振兴。

# 五、功能项目建设

1. 项目建设总体思路

（1）启明星——三湾改编支部建在连队上，讲好人民军队英雄连队红色的故事。

（2）矿坑变花园——春鹃春茶夏紫薇秋红叶，讲好生态文明绿色故事。

（3）永新红茶海天春品牌系列，如启明星三湾茶、明星贺家茶、聚星将军茶、行星十送红军茶，红军后人做红茶，讲好扶贫攻坚土色的故事。

（4）禾水七星菜，做一桌永新传统乡土菜，讲好舌尖上的永新古色与红色故事。

（5）红培研学兼休闲游憩，通过红色旅游讲好永新可持续发展的故事。

（6）节庆活动：邀请贺子珍及老将军后代讲革命前辈的战斗经历，讲好禾水银河七星的故事。

（7）邀请游客参与采摘、制作海天春茶，体验绿色，讲好永新美好乡愁的故事。

2. 基本构想

根据项目区未来发展战略，拟采取"一环五区"的布局形态：

"一环"：即"星光大道"多功能环线，寓意成功之道、好运之道、健康之道。

"五区"：一是海天春潮红色研学驿站区，一楼主要功能为开展红色培训，二楼"舌尖上永新"、"海天春茶系列"沉浸式体验；二是创客演艺区，创客文化体验与剧场演艺；三是"花语世界"生态区，启明星发光造型、映山红火炬、星空知识科普、自然教育；四是禾水北斗七星营地区，7个水泥胶囊房命名禾水七星；五是扶贫攻坚乡村振兴区（点），由入口处土特产品购物点、一环上休憩凉亭茶水购物点等构成。

# 六、项目策划

1. 海天春潮红色研学驿站区

（1）策划理念。借助网红思维、旅游扶贫模式、沉浸式体验等理念，将主要功能区的亮点进行呈现，动静结合，丰富产品与体验内容，凸显教育功能、休闲功能与产业扶贫功能。

（2）项目创意。①临近正门内侧区域，设计启明星、火炬组合景观，此地小景观与山崖山顶大景观相呼应，寓意星星之火三湾燎原，网红打卡拍照便于传播。②打造一片海天春茶园，通过"企业+农户"的合作模式，鼓励农户参与种植打理，助力乡村扶贫与振兴。③建设海天春潮红色研学驿站，主体建筑为2层，1层为红色研学与红色培训场地，主要通过历史资料与高科技手段再现"三湾改编"的红色记忆，并对"三湾改编"的现实意义进行延伸，尤其展现在中国共产党领导下新冠疫情防护的突出亮点；2层为舌尖上的永新以及海天春茶沉浸式体验区域，品尝禾水七星宴等美食，品味启明星三湾茶、十送红军茶等海天春系列品牌茶，还可与红军后代一起学制茶。

2. 创客演艺区

（1）策划理念。将创客工坊与演艺区相结合，既考虑了市场引流、导流，也上升到了旅游脱贫的战略层面，利于实现经济效益与社会效益的结合。创客工坊意在展示各种创业者、创意者、文化工匠、非遗传承人的优质旅游项目；开辟微剧场及其演艺功能，旨在提升夜游经济效益。

（2）项目创意。①启明星创客工坊。前店后坊式，展、研、学、销一条龙扶持，通过创客扶贫，让返乡创客、地方创客、他乡创客过上体面的生活，为实现乡村振兴贡献企业智慧、尽到社会责任。②启明星微剧场。展演"三湾记忆"、"星火燎原"、"清正廉洁"、"军民一心"等经典历史剧场，同时也为参与红培的企事业、研学旅行的大中小学生及亲子家庭等客群开辟自导自演的微剧场。

3. 花语世界生态区

（1）策划理念。作为废弃矿山的生态修复项目，在科普、生态等教育功能上应有所体现，并且结合项目打造的文化主题进行策划，因此提出花语世界生态功能区的设想。

（2）项目创意。①地质星空世界。主要是地质地貌、矿藏矿产、星空星象知识类的科普场所，既可以是场馆式也可以是营地式。②花语世界。植物造景生态构建与红色主题契合，精选国内外四季红花、红树为背景，打造四季红色花语世界，并开展相应的自然教育类活动，并制作创意盆景盆栽纪念品对外销售。③山顶观景台上树。树一高杆，杆顶设一启明星，晚上激光四射。正面山崖壁上，用春鹃造型，夏鹃和LED

灯带勾边，做巨幅映山红火炬。昼观花，夜观灯。

4. "禾水北斗七星"营地区

（1）策划理念。三湾宕口作为首个项目启动区，将"禾水北斗七星"的总体概念引入，利用区域私密性、野奢性好的特点，打造相对高端的营地活动功能区。

（2）项目创意。①禾水北斗七星营地区，以7个水泥胶囊房为主要特色，分别命名启明星驿站、行星驿站、卫星驿站、振星驿站、聚星驿站、明星驿站、创星驿站，展现七星故事主题，吸引中高端市场，提供"七星级"服务。②永新将星雕塑廊道设计，让游客一睹永新走出去的40多位将军风采。③高空溜索体验，体验与感受飞渡游玩之乐。

5. 乡村振兴区（点）

（1）策划理念。矿山生态修复践行生态文明建设，在市场化运营的同时，可通过惠及社区百姓，致力老区、乡村振兴，兼顾经济效益与社会效益，彰显企业社会责任。

（2）项目创意。在景区入口、"星光大道"多功能环线上设置茶亭、回廊等不同风格的扶贫购物点，用立体红色五角星作为统一标识，增加严肃感与可信度。景区入口购物点可取名"星火燎原"或"启明星"商品中心，环线上其他购物点则以临近的"好八连"命名。

6. 星光大道多功能环线

（1）策划理念。因为"三湾改编"从政治上、组织上保证了党对军队的绝对领导，是共产党建设新型人民军队最早的一次成功探索和实践，从而走上了井冈山之路，踏上了中国革命的"星光大道"。所以星光大道寓意一条成功之道、胜利之道。之所以多功能，一方面是开辟一条环线绿道修复生态，并供游客休闲散步；另一方面是需要配合红色培训与研学，开辟一条行军体验之路。

（2）项目创意。①通过景观小品重现"三湾改编"支部建在连上的红色记忆。②打造"星光长廊"，沿线展示全国好八连的故事。③大道上布设不同风格的旅游扶贫点，销售当地"明星"土特商品。

# 七、市场分析

结合井冈山在拓展客源市场方面的经验与实际效果，立足永新县、三湾乡以及项目区资源能级特点、区位与交通条件、现有市场阈值、总体目标定位以及旅游市场的综合发展趋势，市场定位宜划为四级圈层。

1. 核心圈层

目标锁定：永新县主城区及其各乡镇村，井冈山市、萍乡市、吉安市等100公里范围内地域客群，以及火车1~1.5小时能达井冈山站的区域，飞行时间1小时内可达井冈山机场的国内区域市场。

客户直击：自驾、包车、火车、骑行、徒步来访，户外、研学、红培、拓展类客群。

2. 基础圈层

目标锁定：吉安市除核心圈层以外的地域，赣州、新余、宜春、抚州、南昌、上饶、九江、湖南等地 250 公里范围内地域客群，以及火车 2~2.5 小时能达井冈山站的区域，飞行时间 1.5 小时内可达井冈山机场的国内区域市场。

客户直击：包车、自驾、火车、飞机来访，户外、研学、红培、拓展、考察、会展、科研类客群。

3. 辅助圈层

目标锁定：九江、上饶、景德镇、武汉等地 300~500 公里客群，以及火车 3~4 小时能达井冈山站的区域、飞行时间 2 小时内可达井冈山机场的国内区域市场。

客户直击：包车、自驾、火车、飞机来访，户外、研学、红培、拓展、考察、科研、会展、寻根类客群。

4. 机会圈层

目标锁定：覆盖 500 公里以上的国内所有区域，以及港澳台、东南/北亚、欧美等国际客源市场。

客户直击：包车、自驾、火车、飞机来访，户外、研学、红培、拓展、考察、科研、会展、寻根类客群。

# 八、市场营销

1. 推广目标

前期：永新红培产业新门户，又红又专的红色目的地。

后期：三湾改编的历史记忆，启明星的红色品牌。

2. 推广重点

前期：永新县城及周边、井冈山游客二次转化。

后期：客源地。

3. 推广路径

前期推广路径：启动时主要针对核心客源流入方向进行定向推广，其重点是吸引永新县城及其周边 200 公里范围的区域客源以及全力进行来井冈山游客的二次转化。其后逐步整合新旧媒体，针对客源地的目标客群进行重点营销，将"启明星"红色品牌打出去。

**前期推广路径**

| 诉诸地区 | 宣传路径 |
|---|---|
| 永新县城及其周边 200 公里内地域 | 设立旅游咨询中心，利用宣传册、宣传视频、旅游专线巴士进行推介 |
| 井冈山沿线高速公路服务区、井冈山服务中心及各酒店、宾馆等 | 利用高速公路沿线广告牌、服务区进行宣传；大力开展井冈山客源的宣传与转化 |
| 主要交通节点的重点客源城市 | 联合媒体、协会、高校红色研究机构联合举办"三湾改编、感受经典，星火燎原、永续传承"自驾游采风等活动 |

后期推广路径：对于不同年龄层次、不同出游目的的旅游人群，其获取旅游信息的渠道也存在着差异。中老年人相对而言更偏向传统的媒介方式，而中青年人则偏向于网络、移动互联网的媒介方式。因此，要同时借助传统与新型媒体，针对不同类型的目标客群，有侧重地选择营销路径。

**传统媒体推广**

| 诉诸对象 | 媒体选择 | 媒体举例 | 宣传形式 |
|---|---|---|---|
| 中端大众 | 区域主流媒体 | 江西卫视、湖南卫视 | 广告、宣传片、参与旅游节目、综艺节目拍摄 |
| 精英群体 | 旅游、摄影类媒体 | 《新旅行》、《旅行者》、《时尚旅游》 | 游记、广告、旅游信息 |
| 高端群体 | 财经类媒体 | 《中国经营报》、《经济观察报》 | 广告、旅游信息 |

**网络媒体推广**

| 平台选择 | 平台举例 | 平台特点 | 传播内容 | 信息样板 |
|---|---|---|---|---|
| SNS 类 | 开心人人 | 相关群体扩散 | 图、文 | 《井冈山脚下的红色教育领军品牌》 |
| 微博类 | 新浪微博 | 动态滚动传播 | 图、文、视频 | 《吃货们注意啦：三湾红色驿站不可错过的红军美食》 |
| 垂直门户 | 旅游门户 | 覆盖面广 | 图、文、视频 | 《永新三湾，你不得不去的十个理由》 |
| 行业相关 | 摄影驴友 | 行业相关度高 | 高清图文 | 《晒一组三湾驿站红色花语世界的风景照》 |
| 视频类 | 抖音 | 视觉冲击力强 | 视频 | 系列短视频：《三湾红色驿站探秘》 |
| Wiki 类 | 百科问答 | 网民互动度高 | 提问→回答 | 《三湾红色驿站有什么好玩的？好玩么？》 |

4. 重点营销方案——抖音市场营销

抖音有注册用户超过 10 亿，日活跃用户 4.5 亿。用户可以通过搭配音乐、控制视频拍摄的快慢、滤镜、特效及场景切换等技术，创作时长不超过 1 分钟的短视频作品。通过抖音营销，一批景点成为了旅游网红地点。

三湾红色驿站可以充分利用抖音平台，定制自身宣传模式，抖出一片新天地。

# 青原区东固红色之旅精品策划报告[*]

东固镇位于吉安市青原区最南端，山清水秀，有着悠久的历史、优良的革命传统和丰富的革命历史文化旅游资源，它被陈毅同志誉为"东井冈"。

以青原区东固镇内丰富的革命历史文化旅游资源为依托，充分挖掘其丰富的革命历史文化内涵，通过合理策划、精心打造形成一个"红色"旅游产品。

## 一、旅游资源现状

1. 第二次反"围剿"纪念馆

位于东固中心小学左边 50 米，1977 年建成。砖石结构房屋，四周有围墙，院内翠柏蓊郁，花卉茂盛。

全馆占地面积 3850 平方米，建筑面积 1600 平方米。整个陈列馆分四个部分：即"诱敌深入，退却到根据地作战"；"准备反攻，造成有利于我不利于敌"；"慎重初战，痛快淋漓打破'围剿'"；"继续努力，把革命推到全国"。馆内陈列着各种重要革命文件和文物，共计 200 余件。这些珍贵的文件文物具有重要的史料价值和革命教育价值。

2. 革命烈士纪念塔

位于东固圩镇东北面的小山顶上。纪念塔于 1961 年建成。塔成八面体，其正面向西，中嵌汉白玉，上有毛泽东的亲笔题词"无上光荣"四个大字，右书"英勇牺牲的烈士们千古"，左书"毛泽东"。塔中座前横列三个谷穗状花圈，塔基八面用汉白玉镶嵌，典雅朴素。登塔之路，由下而上分 7 组共 105 级台阶，两旁之栏杆顺路而建。塔四周山坡上苍松翠柏，郁郁葱葱，显得烈士塔更加雄伟壮观、肃穆，象征着革命烈士的革命精神和革命事业万古不朽，永远常青。

3. 东固平民银行

位于东固镇街道中心北面，坐东南向西北，为砖木结构二层楼房，占地面积 169.51 平方米。1928 年 10~12 月，东固平民银行和东固消费合作社在此相继建立，东固平民银行发行了中共红色地区第一张纸币。1985 年 3 月，定为县文物保护单位。1987 年 12 月，江西省政府行文公布为江西省文物保护单位。

---

[*] 主要编制人黄细嘉、曾群洲、孙玉琴、田勇、龚志强、李向明、赵波、王晓宏、廖黎明，完成于 2002 年。

4. 红一方面军总部旧址

位于东固镇敖上村。1931 年 4 月 22 日，红一方面军战斗指挥所设此，研究部署第二次"反围剿"。1985 年列为县级文物保护单位。

5. 军民誓师大会会场旧址

位于东固镇敖上村。1931 年 5 月中旬，红军在敖上樟树坪上召开了"军民歼敌誓师大会"。1985 年列为县级文物保护单位。

6. 毛泽东、朱德旧居

位于东固镇敖上村。1931 年 4 月 22 日，毛泽东、朱德率领红军来到东固敖上，居住此地。1985 年列为县文物保护单位。

7. 公略亭

位于东固镇六渡村南侧，距东固镇 4.5 公里，砖木结构，占地面积 23.4 平方米。1931 年 9 月 15 日，红六军军长黄公略率领红军部队挥师瑞金、广昌等地时，路经东固六渡坳遭敌机扫射，壮烈牺牲。当时苏区人民为纪念黄公略，把一个凉亭命名为"公略亭"，以后沿用。1977 年加以修葺，1982 年重修，1985 年列为县级文物保护单位。

8. 红一方面军无线电训练班旧址

位于东固镇敖上村。1931 年 4 月下旬至 5 月上旬，红一方面军无线电训练班设此。毛泽东经常到此给学员上政治思想课，这里造就了中国工农红军第一批无线电通信兵。1985 年被列为县级文物保护单位。

9. 公略台

位于东固街。东固人民为了永远缅怀纪念黄公略军长，于 1951 年在东固镇政府对面敬建公略台。

## 二、旅游开发定位

1. 主题

红色之旅。

2. 功能定位

以东固镇丰富的革命历史文化旅游资源为基础，通过资源整合、项目策划、线路组织形成一个以反映优秀的革命历史文化为主题的红色革命圣地——"东井冈"。

## 三、景区景点建设

按照旅游资源分布现状及旅游开发需要，将东固镇的旅游景点归为敖上景区、纪念塔景区和东固街景区三大景区。

1. 敖上景区

主要景点包括红一方面军总部旧址、军民誓师大会会场旧址、毛泽东旧居、朱德旧居、红一方面军无线电训练班旧址、防空洞等。这些景点相对比较集中，有利于集中开发和线路组织。

（1）重点项目。红一方面军无线电训练班旧址、红一方面军总部旧址和军民誓师大会会场旧址。在旅游开发时，重点对这些景点进行整修、恢复和完善，对周围妨碍旅游开发和参观游览的建筑物进行拆迁。红一方面军无线电训练班旧址建筑因年久失修，破损较严重，应按照原貌进行重新检修，加固墙体，恢复室内的原有设施，如桌、椅等。军民誓师大会会场旧址——改道此景点前的公路，恢复景点原貌。

（2）村落建设。整个村落，特别是紧靠景点的地方不宜新建现代式的楼房。改造整个村庄的卫厕状况，严格管理村民的家禽牲畜，使整个村庄显得卫生、朴素、整洁。

（3）道路建设。改造由东固街到敖上村的公路，建国家级四级公路，柏油路面，路面宽4.5米。

2. 纪念塔景区

包括革命烈士纪念塔和第二次反"围剿"纪念馆两处景点。本景区以反映第二次反"围剿"的整个经过、纪念革命先烈为主题。

（1）革命烈士纪念塔。此处可以算是东固镇标志性景点，对其建设应该是整个东固镇旅游开发建设的重点之一。

此塔所处的山丘上植被并不丰富，有一定的人为破坏，有些地方已是灌木丛。因此，建设的首要任务就是恢复整座山丘的森林植被，在丘上大面积种植松科植物，如马尾松、湿地松等当地树种。在纪念塔前方的台阶两旁，种植塔柏或扁柏等柏科类树种，营造一种庄严肃穆的环境氛围。另外，在纪念碑旁立一解说牌。

（2）第二次反"围剿"纪念馆。由第二次反"围剿"陈列馆改名。对整个纪念馆的建筑进行全面检修，对其附属建筑也须进行维修。对馆内的地面、墙体进行重新粉刷、装修，对馆内的图片资料进行整理、完善和补充。将整个陈列部分分为4部分：①序篇：主要展示当时国内革命战争的历史背景和形势；②准备篇：主要展示第二次反"围剿"前的敌我战争准备、力量对比、兵力部署等情况；③作战篇：全面展示第二次反"围剿"战斗历程；④胜利篇：主要展示第二次反"围剿"战果及对国内革命战争的意义。

3. 东固街景区

（1）景点建设。

1）平民银行。东固镇最有特色的旅游景点，发行了中共红色地区的第一张纸币，因此其旅游价值较高，是东固镇重要的旅游景点，也是旅游开发的重点。在旅游开发时，首先是对房屋建筑的外墙进行恢复性粉刷，恢复墙上标语。其次是对房屋内建筑结构进行整修，恢复原貌。最后应按照银行原有风格，安放一些旧式银行柜台、家具等。

2）消费合作社。合作社紧靠平民银行，同样应对建筑内外进行恢复性整修，拆除建筑物边上后来建立的建筑，对其内部设施也一并恢复。

3）公略台。因公略台附近都已改变了原貌，且已被民宅所挤占，因此对此景点只作一般性开发，在现有公略台的基础上稍加进行改造，便于游客参观即可。

4）古街。东固镇的古街是一条反映当地旧时历史建筑风貌最典型的街道，且基本保存良好，可以对其进行适度的旅游开发，增加整个东固镇的旅游文化氛围。在这条总长100多米的街道内禁止新建现代建筑，保持街道两旁所有建筑的原有风貌；对街道内的电线等现代设施进行隐蔽处理；对街道路面进行整修，改善排水状况；在街道内从事旅游购物、茶庄、地方小吃、旅店等商业服务活动。

（2）集镇建设。对整个东固集镇进行全面规划，改变其脏、乱、差的现状。对集镇内所有建筑进行统一规划，合理布局；对集镇的街道进行适当的美化和绿化，改善卫生环境、美化镇区环境。

4. 六渡坳景区

景点包括黄公略殉难地六渡坳旧址和公略亭，以反映黄公略的革命战斗经历为主题，可以在现有殉难地和公略亭等纪念旧址基础上，新建其他纪念设施，如黄公略陈列室、黄公略铜雕像、黄公略墓寻访重修工程等。

# 四、旅游设施建设

1. 码头

在东固镇铜灶村新建一座码头，其主要作用是为从白云山水库由水路进出的游客提供服务。

2. 道路

改造白云山至东固镇的公路，建国家四级公路，柏油路面，宽4.5米。改造东固街至敖上村的公路，建国家四级公路，柏油路面，宽4.5米。

3. 接待设施建设

在东固镇建设中小型中档饭店1座，接待能力为80个左右的床位，提供中式餐饮服务。另建设2~3家经济型旅店，总接待能力为120个床位。

# 五、旅游线路

**东固红色之旅线路**

# 石城县红色旅游专题开发策划<sup>*</sup>

## 一、石城红色旅游资源分析

### 1. 石城红色旅游资源概况

石城是中央苏区全红县，毛泽东、周恩来、朱德、彭德怀、杨尚昆等老一辈无产阶级革命家在此进行过长期的革命实践活动，特别是长征前夕石城阻击战有力地延缓了国民党反动军队南进的步伐，为中央红军主力顺利转移赢得了宝贵的时间。杨尚昆还亲自为《石城革命斗争史》题写了书名，原国家军委副主席张震于 2001 年视察了石城阻击战场李腊石。整个革命战争时期，石城有数万人参军参战，为革命事业作出过巨大贡献和牺牲，新中国成立后经上级批准登记在册的烈士达 4000 余名，经历过红军攻克红石寨、石城阻击战、秋溪整编等许多重要革命事件。石城县保存完好的革命遗址主要有：

（1）观下毛泽东、朱德旧居。位于琴江镇观下古樟村。坐北朝南，砖木结构。一直两进，左右厢房，翼连横屋。1929 年 3 月，毛泽东、朱德、周恩来等曾在此召开军事会议。

（2）红四军军部旧址。位于横江镇秋溪村红家垄赖姓祠堂，土木结构，一直两进。1931 年 9 月，红军第三次反"围剿"胜利结束，中央革命根据地扩大到 5 万平方公里，总人数达 250 万左右。其时，残存的反动武装如土豪劣绅纷纷转移到一些工事坚固、地势险要的土楼山寨，企图保存实力，等待时机，破坏革命政权，阻碍革命根据地的巩固发展。10 月，红一方面军部署主力铲除分散于中央苏区的白色据点，肃清反动武装。上旬，红四军第十、第十一、第十二师奉命从宁都、瑞金分三路进军石城，军部即设于此，召开军事会议，进行战斗部署。

（3）红十三军军部旧址。位于横江镇秋溪村虎尾坑，宁都起义后，红十三军军部及军长董振堂驻此。屋宇尚存完整，并保留红军标语。

（4）红军秋溪改编旧址。位于横江镇秋溪村罗云山"西归堂"。1931 年 12 月中

---

* 主要编制人黄细嘉、曾群洲、黄志繁、龚志强、何静、顾筱和、郭安禧、欧阳卫，完成于 2006 年初。

旬，国民党第二十六路军准备起义，并与苏区中央革命军事委员会取得了联系。临时中央政府主席毛泽东、中革军委主席朱德以及萧劲光等从瑞金来到石城，在秋溪罗云禅寺"西归堂"召开紧急会议，研究部署二十六路军起义后的整编事宜。12 月 14 日，宁都起义成功，晚上，起义军向全军发出《原国民党第二十六路军于宁都起义加入红军宣言——中央工农红军第五军团宣言》。17 日，起义军到达秋溪、龙冈一带驻扎，并开始着手整编。起义部队的整编主要是进行以建立共产党对这支军队的绝对领导为中心内容的"换血"工作。通过整编，起义官兵的政治素质和军事能力显著提高，秋溪整编的成功，不但为中国工农红军增添了一支新的劲旅，而且为中国共产党改编旧式军队积累了宝贵的经验。

（5）李腊石石城阻击战址遗址。位于县城琴江镇北部 1 公里处的李腊石公园。由于王明"左"倾冒险主义的错误指导，第五次反"围剿"战斗一开始便陷入了被动。1934 年 8 月 30 日，地处广昌、石城之间的战略要地，与石城小松毗连的驿前被敌占领。中央革命根据地及中央红军已处于十分危险的境地。为迟滞敌北路军向中央革命根据地中心地域进犯，赢得时间保障中央机关和主力红军的安全集结和转移，中央军委电令红三军团在石城北部设防，阻击敌人，当时红三军团的军团长为彭德怀，政委为杨尚昆。

1934 年 9 月 26 日拂晓，石城阻击战正式打响，至 10 月 6 日结束，历时 11 天。在此期间，不但给敌人严重的打击，更为重要的是迟滞了南犯敌军的进攻步伐，为保障中央机关和主力红军的安全集结与转移，赢得了宝贵的时间。

（6）红石寨战斗遗址。红石寨位于石城县屏山镇河东村。该寨由大小两寨组成，两寨连成一体，小寨为大寨门户。红石寨四面绝壁但寨顶宽阔平坦，有田有水。1931 年 10 月上旬，红军向石城挺进时，国民党石城县党部、县政府、县靖卫团等反动机构的骨干人员及县城、屏山、珠坑、大由等地的土豪劣绅，闻风丧胆逃往红石寨，并迫胁群众数百人上寨。不久，宁都、瑞金、宁化、广昌等地的豪绅靖匪相继逃往寨内，红石寨也因此成为中央苏区北部数县反动势力云集的据点。他们在寨上垒筑碉堡，开掘壕沟，安装栅栏，设置铁刺，制造兵器，企图以 1000 余兵力和充足的粮食、弹药顽固抵抗，成为当年中央苏区最大的白色据点。攻寨战斗打响前，三十三团在地方武装的配合下，对红石寨实施了包围封锁。团部分析研究了敌情，制定了长围久困和政治攻势相结合的作战方针。1932 年 1 月 1 日清晨，攻寨部队对红石寨发动了猛烈的攻击，其时，宁都起义部队钢炮连赶来支援。攻寨部队持续激战 6 小时，大寨攻克。红石寨战斗是红军在中共苏区进行的一次历时较长、规模较大、影响较广的拔除白色据点的战斗。

2. 石城红色旅游资源特点

（1）保存数量较多、分布相对集中。石城是中央苏区全红县，毛泽东、周恩来、朱德、彭德怀、杨尚昆等老一辈无产阶级革命家在此进行过长期的革命实践活动，留下了第二次国内革命战争的众多历史遗迹。石城的红色旅游资源又相对集中在琴江镇、屏山镇和横江镇。

（2）有一定的历史地位，但影响力不大。红色旅游资源的评价除了革命纪念地的自然景观外，更主要的是革命纪念地在中国革命历史上的地位高低和影响大小。在石城的红色旅游资源中，红军长征前夕李腊石石城阻击战遗址和红军攻克当年中央苏区最大的白色据点——红石寨战斗遗址和秋溪改编旧址在革命历史上的地位较高，但总体来说石城红色旅游资源的影响力并不大，特别是在江西这片红土地上，其红色旅游的资源优势不明显。

（3）内涵比较丰富，开发条件较好。石城红色旅游资源内涵丰富，红色资源单体的自然景观和生态环境优越，有利于红色与绿色旅游资源的互动，此外在红石寨和李腊石山体上分别有云海寺和中华寺等资源单体，有利于红色与古色的结合。这些都很好地丰富了石城红色旅游资源的内涵，有利于石城红色旅游的开发。

3. 石城红色旅游开发现状及问题

（1）开发现状。石城旅游业起步较晚，除了县城的李腊石公园，红色旅游的开发仅仅停留在旅游资源的整合与资料的收集上，并没有组织旅游线路，形成成熟的旅游产品，相应的经济效益也不明显。2003年，石城县对红色旅游项目进行规范性资料建设，在上级计委等部门的支持下，通天寨旅游景区已纳入省红色旅游规划内。已得到国家计委红色旅游项目基金80万元扶助。

（2）主要问题。

1）"不破坏性"保护，"无规划性"开发。石城县的红色旅游资源基本列入了省级和县级重点文物保护单位，但对资源的保护仅仅在非破坏的层面，没进行文物的修复和维护，许多红色旅游资源都被闲置，无人管理。在石城红色旅游资源中，李腊石公园已经进行了开发，但其定位仅仅限于公园的休闲和观光作用上，旅游资源内涵的挖掘深度不够，开发利用比较盲目。

2）点小分散，可游性差。石城县红色旅游的景点规模与容量不大，点小分散，景点的内涵挖掘和展示不够，解说系统不完善，且景点的可进入性差，旅游交通设施不完善，开车1小时，到景点游览的时间却往往不到半个小时甚至只有十几分钟。此外，红色景点以静态展示为主，解说方式较为老套呆板，解说方式单一，互动性、参与性和娱乐性不强，有说头但看头与玩头不足，容易使旅游者产生审美疲劳。

3）影响力低，独特性差。江西是革命老区，红色旅游资源非常丰富。石城的红色旅游资源的历史地位和知名度低，本身资源就处于劣势，再加上周边瑞金、宁都以及吉安市丰富的红色旅游资源和已成规模的开发，石城县的红色旅游开发必须独辟新径。

# 二、石城红色旅游产品开发

1. 红色旅游产品开发定位

（1）主题定位。以革命遗址遗迹，伟人故居和博物馆等红色资源为载体，结合自然山水、生态与环境、历史古迹，构筑红色文化观光与生态休闲体验为一体的旅游主题。

（2）功能定位。红色文化旅游观光，山水生态休闲体验。

（3）目标定位。建设成为省内红色旅游与生态休闲度假游相结合的典范旅游区，闽赣红色旅游中心区域的重要旅游点。

（4）形象定位。中央苏区的全红县，全球客家的摇篮地。

2. 市场定位

（1）核心市场。石城本地青年学生，赣州市、南昌市的公务旅游者，瑞金、长汀红色旅游的顺访客。

（2）基本市场。福建、广东的高端旅游者，井冈山游客中的顺访客。

（3）潜力市场。在海外客家人中的文化旅游者。

3. 产品定位

（1）开发思路。以红色主题观光和革命教育为主，不断挖掘红色旅游的内涵，拓展红色旅游的外延，开发红、绿、古色相互结合的以教育型和红色观光型为基础，以生态体验型和休闲度假型为延伸提高的旅游产品。

（2）主要产品。一是革命教育游：横江镇红军秋溪改编旧址、琴江镇观下毛泽东朱德旧居、石城县革命烈士纪念馆、石城县苏维埃政府旧址参观游览产品；二是生态休闲游：琴江镇李腊石公园生态观光，战斗遗迹考察产品；三是会议度假游：屏山镇红石寨休闲度假、会议考察产品。

# 三、空间布局

以县城琴江镇为重心和集散地，形成"一核带两区"的由中部向南部扩散式的空间布局。"一核"既琴江镇李腊石红色文化与生态休闲游。"两区"即观下——秋溪革命文化教育与观光区、红石寨军体休闲与会议度假休闲区。

# 四、功能布局与分区

1. 琴江镇李腊石红色文化与生态休闲游览区

（1）红三军团、少共国际师石城阻击战纪念园。在石城阻击战主战场李腊石山口处建设中国工农红军第三军团、少共国际师纪念园牌楼，作为景区大门，大门两边分散布置浮雕8个；迁建石城县革命烈士纪念馆于李腊石山脚下，提高纪念馆内部设施的科技含量，运用声、电、光一体化的展示模型和模板，提高纪念馆的科学性和科技性，提高馆内讲解员的素质，设置幻灯片增加讲解的趣味性和可读性；在李腊石的三个山顶分别建设红三军团、少共国际师将军园，将帅诗词走廊和石城阻击战、红三军团长征出发地、少共国际师长征出发地纪念牌。

（2）第五次反围剿石城阻击战历史追觅。修复李腊石哨口、防御工事、战斗指挥部，重现当年的激烈战争场面。对山顶北侧旧战壕、小松镇杨村红三军团司令部旧址进行遗址遗迹的修复。在山顶架设望远镜供游人观看整体地形、地势，感受当年的革命场景，设置展区，配备展板和讲解员，生动科学地讲解当时的革命背景、整体形势和李腊石阻击战的历史意义，深度挖掘红色内涵。

（3）中华寺的修复。中华寺位于李腊石山体的山顶，距离县城琴江镇很近，香客不断，应修复寺庙主体建筑，增加佛像的数量，开设香房和斋房，进行一般性地面绿化，移植高大松树和柏树，改善周边环境。

（4）山顶鸟瞰石城全景。李腊石是距离县城琴江镇最近的山体，具有得天独厚的区位优势，站在山顶可观看石城全景。在距离中华寺左边100米左右的空地，开设观景台，供游人拍照和欣赏风景平台，建材应仿石灰岩状。

（5）管理服务区。在山脚下，建设售票点、导游服务中心和生态停车场，建议游客登山游览。上山路上，沿途建构石城特色购物一条街，供游客购买商品。

2. 红石寨军体休闲与会议度假游览区

（1）山下生态度假山庄：即在山下西部空地建设红石寨度假山庄，以接待团队游客和会议商务游客为主，接待容量远期200人左右，设客房、餐厅、会议中心、娱乐中心、商品部。其中客房设普通单人间、标准双人间、家庭式套间等类型房间，以标间为主；会议中心以接待50~100人的中小型会议为宜；娱乐中心建设项目包括茶（咖啡）室、军体俱乐部（含剿匪影视室、棋牌室、卡拉OK厅、桌球室、桑拿室、保健房、军号练习台、网吧等）。

（2）山顶兵器练习场。在山顶空旷平地开辟骑马漫步、射箭飞镖、打靶（非实弹）比武、反匪演习等娱乐性、刺激性项目，让游客体验革命军人的辛苦，增添游客们的现代国防意识。

（3）云海寺的改造。整治云海寺的周边环境，加强绿化，寺庙内部的游客休息区与参观游览区应隔开，把休息区设置于庙宇外部房间，增设香房和斋房。

（4）神仙米采集区。在云海寺后面，修建石板游步道，清除杂草，沿途设置石桌、石椅，观赏"微型土林"，寻找"神仙米"，享受神仙生活。

（5）管理服务区。位于山下红石寨度假山庄的对面，设景区大门、生态停车场、旅游公厕和游客服务中心。

3. 观下—秋溪革命文化教育与观光游览区

（1）横江镇红军秋溪改编旧址修复工程。修复罗云山红军秋溪整编旧址。

（2）琴江镇观下毛泽东、朱德旧居整治工程。在整治现有旧址房屋基础上，修复其附属建筑和配套设施。

# 五、游线设计

一日游：石城县革命烈士纪念馆（县城琴江镇）—红三军团、少共国际师石城阻击战纪念园（红色文化与生态休闲游览区）—红石寨（军体休闲与会议度假游览区）—琴江镇观下毛泽东朱德旧居—县城琴江镇。

二日游：县城琴江镇—琴江镇观下毛泽东、朱德旧居—横江镇红军秋溪改编旧址—红石寨（军体休闲与会议度假游览区）（晚上在红石寨度假宾馆住）—（第二天）红三军团、少共国际师石城阻击战纪念园（红色文化与生态休闲游览区）—石城县革命烈士纪念馆（县城琴江镇）。

# 六、旅游基础设施建设

1. 接待服务

（1）旅游住宿。以石城县城琴江镇为中心和集散地，县城琴江镇的宾馆饭店等接待服务设施可作为石城红色旅游观光客的住宿依托。红石寨军体休闲与会议度假游览区作为以休闲度假和会议考察为主题的游览区，需要配备充足的住宿设施。

红色寨游览区预计 2005 年接待游客约 2 万人，2010 年接待游客约 5 万人，2020 年接待游客 10 万人。住宿人数以 50% 计算，每人住宿 1 晚，每年游览天数按 250 天计，床位出租率达 70%。

**旅游饭店规模预算**

| 设施 | 2005 年 | 2010 年 | 2020 年 |
|---|---|---|---|
| 预计接待住宿人数（人／天） | 40 | 100 | 200 |
| 需要床位数（张） | 58 | 140 | 280 |
| 折算成标准间（间） | 29 | 70 | 140 |

具体的住宿建设项目是红石寨度假山庄，建设为三星标准，床位 60 张左右，远期床位 300 张。

（2）餐饮服务设施。主要由县城琴江镇主要宾馆、红石寨度假山庄提供餐饮设施。红石寨度假山庄为该旅游区的核心点所在，近、中、远期均以 80% 的就餐率计算，则需要提供餐位数计算为：近期 65 位，中期 160 位，远期 320 位。

（3）购物、通信服务等设施。购物设施共设两处：一是李腊石购物一条街 10 家店铺；二是红石寨度假山庄商品部 1 家。通信设施要求全区保证无线通信的通畅，为此要增强李腊石和红石寨的信号覆盖度，并在红石寨度假山庄设置程控电话，各房间配置内线电话分机，并配置卫星接收天线。

2. 道路交通

①小松杨村温家祠堂至 206 国道公路建设。②秋溪红家垄赖家祠堂至 206 国道公路建设。③罗云山"西归堂"至 206 国道公路建设。④屏山镇红石寨至 206 国道公路建设。⑤各旅游点的游步道。

# 七、投资估算

本投资分析主要是针对旅游策划项目，不包括景区景点建设征地费用，景区外围道路交通、供水、供电、排污、通信等基础设施投资费用和市场促销费用。各项目投资总额以 2005 年市场价格作为参考，未考虑策划期内物价变动因素。投资估算根据石城县旅游业发展整体需要，参照《建设项目经济评价方法与参数》（第二版），结合相关估算依据和标准，计算出各项目的投资，然后估算出综合总投资。

**石城县红色旅游项目投资估算**　　　　　　　　单位：万元

| 项目名称 | 建设内容 | 总投资 | 分阶段投资 | | |
|---|---|---|---|---|---|
| | | | 2005~2010 年 | 2011~2015 年 | 2016~2020 年 |
| 琴江镇李腊石红色文化与生态休闲游览区 | 石城阻击战纪念园牌楼大门建设 | 150 | 100 | 50 | |
| | 迁建石城县革命烈士纪念馆及文物展示 | 200 | 100 | 50 | 50 |
| | 建设红三军团、少共国际师将军园 | 50 | 30 | 20 | |
| | 将帅诗词走廊 | 80 | 60 | 20 | |
| | 石城阻击战、红三军团、少共国际师长征出发地纪念碑 | 80 | 70 | 10 | |
| | 李腊石山顶北侧旧战壕修复 | 50 | 30 | 20 | |
| | 小松镇杨村红三军团司令部旧址修复 | 30 | 20 | 10 | |
| | 展板、展区建设 | 25 | 25 | | |
| | 中华寺修复 | 30 | | | 30 |
| | 鸟瞰全城观景台 | 5 | 5 | | |
| | 景区内游步道 | 100 | 70 | | 30 |
| | 生态停车场 | 5 | 5 | | |
| | 购物一条街 | 100 | | 100 | |
| | 旅游公厕 | 30 | 30 | | |
| | 游客服务中心 | 20 | 20 | | |

续表

| 项目<br>名称 | 建设内容 | 总投资 | 分阶段投资 | | |
|---|---|---|---|---|---|
| | | | 2005~2010 年 | 2011~2015 年 | 2016~2020 年 |
| 红石寨军<br>体休闲与<br>会议度假区 | 生态度假山庄 | 2000 | 800 | 600 | 600 |
| | 兵器练习场 | 300 | | 200 | 100 |
| | 云海寺的改造 | 50 | | 50 | |
| | 神仙米采集区 | 50 | | 50 | |
| | 生态停车场 | 10 | 10 | | |
| | 游客服务中心 | 60 | 40 | 20 | |
| | 旅游公厕 | 10 | 10 | | |
| 革命文化<br>教育 | 秋溪改编旧址修复 | 50 | | 50 | |
| | 毛泽东、朱德旧居修复 | 20 | 20 | | |
| 其他 | 道路改造 | 1000 | 200 | 400 | 400 |
| | 规划编制、促销等 | 80 | 20 | 30 | 30 |
| 总计 | | 4585 | 1665 | 1680 | 1240 |

# 后　记

　　近年来，各地红色旅游规划实践进入策划高潮期与创意深水区，红色旅游规划如何与红色文化基因传承与发展相适应、与红色旅游创意体验的市场需求相协调，既是新时代红色旅游实践的重要关注点，也是构建红色旅游高质量发展格局的主要聚焦点。《红色旅游规划：实践与探索》一书，依托红色旅游规划研究的重要启示和红色旅游规划实践的优秀案例，形成红色旅游规划经验、红色旅游规划理论等成果。

　　本书中的研究内容最早开始于2002年，笔者及南昌大学旅游学院红色旅游研究团队历经20多年，走遍江西红色景区景点，参与多地红色旅游规划实务工作，形成了丰富的红色旅游规划研究实践成果。本书凝聚了多位专家、学者的智慧和辛勤劳动。我的同事曾群洲、黄志繁、龚志强、陈志军等参与和主持了部分红色旅游规划工作，我的朋友王健、万户田等和曾经就读的研究生魏伟新、黄建男、陈传金、龙建新等也加入团队，参与了部分红色旅游规划与研究工作。全书改稿、统稿、审稿、定稿工作主要由黄细嘉完成。

　　本书分为红色旅游规划研究、红色旅游规划实践、红色旅游策划报告三篇，上篇红色旅游规划研究，对优秀实践成果进行经验总结，运用案例归纳法等方法总结6种红色旅游区域战略模式的规划思路，启发红色旅游发展规划制定的创新思维，并力求上升为理论认知。中篇红色旅游规划实践，将规划理念落地于实践，运用实践演绎法等方法展现了景区、乡镇、县市等不同区域层面的红色旅游规划实践的多样性、立体性和在地性。下篇红色旅游策划报告，对规划中旅游项目策划深入思考，针对旅游驿站、旅游线路、游览项目等不同旅游项目产品类型，呈现具有典型性的策划案例报告成果。

　　本书将红色旅游规划研究、规划实践和区域红色文化专题建设相结合，围绕如何制定红色旅游发展规划、如何展开红色旅游目的地规划与建设、如何进行红色旅游规划问题探索等奉献相关成果，旨在为区域红色旅游发展规划提供思路和案例，既可作为高校红色旅游研究、规划与开发等学科方向的大学生、研究生教学辅助参考书，也适合从事红色旅游规划开发与研究的人士使用。

　　该书虽然由我署名出版，但很多工作是由我带领的团队和研究生们一起完成的，是南昌大学旅游研究院和江西红色旅游研究中心的成果。

本书的如期出版得到南昌大学立项的"江西省'十四五'期间一流学科——红色基因传承"学科群专项经费资助，感谢关心我的领导和同事们；感谢团队教师在参与或主持本书收录的若干红色旅游规划中所付出的心血；感谢南昌大学旅游研究院、全国红色旅游创新发展研究基地——南昌大学江西红色旅游研究中心等研究机构对本书出版给予的支持；感谢"闲兄"孙家骅愉快地接受我提出的撰写序言的要求，给予鼓励和鞭策。

限于学识，书中难免存在不足之处，也有诸多值得商榷的地方，祈请读者不吝赐教。

黄细嘉

2023 年 9 月 22 日